# 디지털시대의 직업윤리

학술총서 119

# 디지털시대의 직업윤리

송재범 · 김현수 지음

인간사랑

추운 겨울을 준비하며 열심히 땀을 흘리는 개미보다는, 실컷 낮잠을 즐기고 노래를 부르는 배짱이의 삶을 더욱 지혜롭고 현명한 것으로 여기는 사회를 생각해 본다. 애당초 경쟁이 되지도 않는 토끼와의 달리기 시합에서 죽을 힘을 다해 쉬지 않고 한 걸음 한 걸음 걸어가는 거북이의 노력을 비웃는 사람들을 그려본다. 형수에게는 밥주걱으로 뺨을 얻어맞고 뺨에 붙어 있는 밥알을 떼어먹는 흥부의 착한 마음보다는, 자기에게 주어진 몫을 확실히 챙길 줄 아는 놀부의 욕심을 합리적이라고 여기며 본받으려고 하는 우리 자신들을 되돌아본다.

직업윤리라는 한 움큼의 보따리를 내놓으며 가장 먼저 와닿는 느낌은 위와 같은 세태에 대한 두려움이다. 윤리를 전공하고 있다는 이유로 서점에 가면 '~윤리' 책이 먼저 보이고, 중·고등학교 수업과 대학 강의를 통하여 '윤리'라는 단어를 어린아이 배냇짓처럼 내뱉는 저자에게 위와 같은 우리 시대의 모습은 두려움을 넘어서 공포로 다가온다. 그리고 그 윤리의 내용이 다른 것이 아니라 바로 일과 직업에 대한 윤리일 때, 강단에 서 있는 내 앞에는 학생들이 아니라 커다란 벽만이 처연하게 나를 바라보고 있다.

그만큼 우리 시대의 윤리, 특히 직업윤리는 현실의 거대함보다는 현실의 구체성 앞에서 그 타당성과 당위성의 모습을 제대로 뽐내지 못하고 있는 것이다.

그러나 언제까지나 현실을 내세우며 마음에 들지 않는 시대의 부류(浮流)를 탓할 수만은 없는 법이다. 특히 이러한 현실의 형성에 나 스스로도 분명히 기여(?)한 바 있다면, 우리는 이제 이러한 시대에 대한 불평보다는 이 시대의 극복을 위한 몸부림을 시작하여야 한다. 그리고 이러한 몸부림은 단순히 잘못된 것으로부터의 탈피나 일시적 도피가 아니라, 우리의 생활 속에서 새롭게 녹아져야 할 바람직하고도 적실한 직업윤리의 제시가 있어야 한다. 그리고 그러한 직업윤리를 학생들에게 올바로 전하고, 성인들에게도 침투될 수 있는 구체적인 교육방침과 프로그램이 있어야 한다.

이러한 필요성에 따라 이 책의 방향은 크게 두 가지로 전개되고 있다. 하나는, 근래에 중요한 화두(話頭)가 되고 있는 '기본으로 돌아가자'는 측면에서 '직업윤리' 이전에 '윤리'에 대한 기본적인 이해를 확실히 하자는 것이다. 지금까지 대부분의 직업윤리 교재가 '윤리'에 대한 의미 및 적용에 대한 기본적 이해가 없이 훈시적이고 설법적인 직업윤리의 내용만을 강조한 것을 되돌아볼 때, '윤리'에 대한 이해는 기본으로 돌아가기 위한 너무나도 필요한 과정이다. 이와 같은 '윤리'에 대한 기본적 이해가 있을 때, 직업윤리의 세계에 있어서 개미의 부지런함과 거북이의 꾸준한 노력, 그리고 흥부의 정직과 착함이 왜 대접받아야 하는가를 가슴 깊이 이해할 수 있을 것이다.

다른 하나는, 구체적인 직업윤리의 제시에 있어서 현실적 적용 가능성에 대한 탐색과 고민이 배가되어야 한다는 것이다. 직업윤리를 다루다 보면, 직업윤리의 사상적 기초나 현실의 변화와 미래를 대비한 직업인의 자세는 빠뜨릴 수 없는 부분이다. 그러나 사상적 기초의 내용이 한 시대를 풍미했던 몇몇 사상가의 삶과 사상에 대한 단순한 소개로 끝나서는 안 되며, 현실과 미래를 준비하는 직업인의 자세 부분이 그렇게 갈 수밖에 없는 당연한 방향성의 되풀이가 되어서는 안 된다. '공직자, 기업인과 근로자, 전문직의 윤리'에서 볼 수 있듯이 직업윤리의 이념성은 구체적이고 현실적인 차원에서 검토되고 적용되어야 한다.

이렇게 '윤리에 대한 기본적 이해'와 '현실적인 직업윤리의 적용 가능성 탐색'이라는 두 욕심을 갖고 두 묶음으로 마련한 이 책이 소기의 목적을 달성할 수 있을지에 대해서는 두려움이 앞선다. 본래 천학비재(天學非材)인지라, 사명감과 욕심만 앞서 덜 익은 과일을 독자 여러분에게 내놓는 것 같아 죄송한 마음 가눌 길 없다.

그러나 이 책을 통하여 '일은 인간의 내면적 특성을 결정하며, 어떤 의미에서는 인간의 본질 자체를 형성한다'는 설법의 의미를 깊게 느끼는 계기가 된다면, 덜 익은 과일을 내놓는 저자의 손길이 조금 덜 부끄러울 수 있으리라는 기대를 가져본다.

끝으로 두 저자가 내뱉은 생각의 파편들을 이렇게 꾸러미에 담아 아름다운 포장까지 해주신 인간사랑 편집진에게 깊은 감사를 전한다.

2001. 2월

송재범 · 김현수

## 제2부 직업과 윤리/183

# 제1부 인간과 윤리

# 제1장 윤리가 선 자리

## 1) 왜 도덕적이어야 하는가?

플라톤의 『국가』(*Republic*)에는 다음과 같은 이야기가 소개되고 있다.

옛날에 리디아의 왕에게 충성하는 가이게스(Gyges)라는 한 목자가 있었다. 그런데 어느날 큰 폭풍과 지진이 일어나 땅이 갈라지더니 그가 양떼를 먹이던 장소에 큰 구멍이 생겼다. 그 광경에 놀라 그 구멍 속으로 들어갔다. 거기에서 그는 여러 가지 이상한 것들이 있었는데, 그 중에는 속이 비어 있고 자그마한 문들이 달린 청동 말 한 마리가 있었다. 가이게스가 문 아래로 몸을 꾸부리고 안을 들여다보니까, 사람 크기보다도 더 커 보이는 시체가 하나 있었다. 그리고 그 시체의 손가락에 금반지 하나가 끼여 있었는데, 가이게스는 이 금반지를 시체의 손가락에서 빼내어 가지고 다시 구멍 밖으로 올라왔다.

관례에 따라 목자들은 왕에게 양떼에 대한 월말 보고를 하기 위해 함께 모였다. 그는 손가락에 반지를 끼고 그 모임에 참석하였다. 그는 목자들 사이에 앉아 있다가 우연히도 반지의 위쪽(보석받이)을 손바닥 쪽으로 돌리게 되었다. 그러자 갑자기 그는 다른 목자들에게 보이지 않게 되었고, 그들은 마치 그가 그 자리에 없는 것처럼 그에 대한 이야기를 하기 시작했다. 그는 이 사실에 깜짝 놀라 다시 반지를 돌려 반지 위쪽(보석받이)이 손등 쪽으로 향하도록 했다. 그러자 그는 다시 보이게 되었다. 그는 반지로 여러 번 시험해 보았으나 그 결과는 항상 같았다. 반지를 손바닥 쪽으로 향하게 하면 보이지 않게 되고 바깥 쪽으로 돌리면 다시 보이게 되었다.

반지의 비밀을 알게 된 그는 계략을 짜서 왕궁에 보내질 사자(使者) 중의 한 사람으로 뽑히게 되었다. 그는 왕궁에 도착하자마자 왕비와 간통한 후에 왕비와 더불어 왕을 덮쳐 살해하고 나라를 차지했다.

그런데 이러한 마술의 반지가 두 개 있어서 하나는 올바른 사람이, 그리고 다른 하나는 올바르지 못한 사람이 끼게 된다고 하자. 그런 경우에 올바름 속에 머무르면서 남의 것을 멀리하고 그것에 손을 대지 않을 정도로 철석 같은 마음을 유지할 사람은 아무도 없을 것 같다. 갖고 싶은 물건을 시장에서 안전하게 가져올 수 있는데도 남의 물건에 손을 대지 않을 사람은 아무도 없으며, 수시로 남의 집에 들어가 원하는 대로 누구하고든 함께 잠을 잘 것이다. 죽이고 싶은 사람을 죽일 것이고 풀어주고 싶은 사람은 풀어줄 것이다. 모든 면에서 그는 사람들 가운데서 신(神)과 같이 될 것이다. 따라서 올바른 사람의 행동은 올바르지 못한 사람의 행동과 마찬가지일 것이다. 그 두 사람은 결국 같은 상태에 이르게 될 것이다.

이것은 인간에 대한 다음과 같은 사실을 증명해 주는 것이다. 즉, 인간은 자발적으로 원해서나 또는 올바름이 어떤 이익을 갖다준다고 생각하기 때문에 올바른 것이 아니라, 어쩔 수 없이 올바른 것이다. 왜냐하면 누구든지 올바르지 못한 일을 저지르고도 안전할 수 있다면, 그는 능히 올바르지 못한 일을 저지를 것이기 때문이다. 이것은 모든 사람들이 올바름보다는 올바르지 못함이 개인적으로 훨씬 더 이득이 된다고 믿는 것으로부터 나온다. 그리고 이러한 주장에 대하여 사람들은 진실이라고 믿고 있다. 만약 누구든 보이지 않게 되는 힘을 얻었는데도 아무런 나쁜 짓을 하지 않거나 남의 물건을 훔치지 않는다면, 사람들은 그를 가장 딱하고 어리석은 사람으로 생각할 것이다. 하지만 사람들은 자기가 올바르지 못한 일을 당하지 않을까 하는 두려움을 가지고 있기 때문에, 서로의 면전에서는 서로의 마음들을 속이면

서 그를 칭찬할 것이다.[1]

주지하다시피 플라톤의 『국가』(*Republic*)에서는 소크라테스와 여러 사람과의 대화 형식으로 소크라테스와 플라톤의 사상이 전개된다. 윗글에서 소크라테스와 대화에 참여하고 있는 인물은 글라우콘(Glaukon)[2]과 아데이만토스(Adeimantos)[3]이다. 두 사람은 소크라테스에게 윗글과 같은 이야기를 하면서 도덕적으로 올바른 삶을 살아야 할 이유를 대라고 요구한다. 이에 대하여 소크라테스는 도덕적 삶, 윤리적인 삶은 그 자체로서 보상이 되며, 도덕적으로 올바른 사람만이 참으로 행복하다는 것을 보여주려고 하였다. 그래서 소크라테스는 장기적으로 보면 도덕적 의무와 자기 이익 (self-interest) 사이에는 실제적인 갈등이 전혀 없다고 주장한다.

그렇다면 도덕적 의무보다는 가이게스의 반지를 가지고 자기 이익을 추구하려는 인간의 모습과, 소크라테스가 그린 도덕적 의무와 자기 이익의 일치를 믿으며 도덕적인 삶을 살아가려는 인간의 모습 중에서 어떤 것이 더 진실에 가까울까? 애석하게도 오늘날 우리가 살아가는 현실세계 속에서 가이게스의 반지를 갖고도 정직하게, 성실하게, 그리고 양심에 거리낌 없이 자기의 힘만으로 세상을 살아갈 사람은 많아 보이지 않는다. 심하게 말해 구약성경

---

1) Plato, 박종현 역주, 『플라톤의 국가·政體』(*Politeia*)(서광사, 1997), pp.127~130.
2) 플라톤의 형이며 외조부의 이름을 따랐다.
3) 플라톤의 큰 형. 『국가』의 해석자 중에는 글라우콘을 큰 형으로 보는 사람도 있으나, 『국가』 제8권(548d)에서 그가 글라우콘에 대해서 하게 되는 말투로 미루어 보아 형으로 보는 게 옳을 것 같다.

창세기에서 아브라함이 소돔과 고모라의 멸망을 막기 위하여 의로운 사람 열 명을 갈구하던 그 부르짖음을 다시 한 번 외쳐야 할지도 모르며, 애당초부터 인간에게서 도덕적인 삶을 기대한다는 것이 무리한 희망인지도 모른다.

그럼에도 불구하고 우리들은 언제나 도덕과 윤리의 중요성을 외치면서 사람들의 도덕적인 삶, 윤리적인 삶을 강조한다. 그렇다면 우리는 왜 꼭 도덕적이어야만 하는가? 이것은 도덕적이고 윤리적인 삶의 방식에 대한 다양한 논쟁과 같은 복잡한 문제 이전에, 우리가 꼭 도덕적으로 살아야 할 이유가 어디에 있는가에 대한 근본적 질문이다. 그리고 이것은 우리는 왜 다른 사람들에게 도덕적이고 윤리적인 삶을 요구해야만 하는가와 같은 질문이기도 하다.

그런데 위의 가이게스의 반지 이야기를 통해서 볼 때, '우리는 왜 도덕적이어야 하는가?' 라는 질문은 '도덕적 의무와 자기 이익 사이에 마찰이 생길 때, 왜 도덕적 의무를 자기 이익보다 더 중요시 해야만 하는가?' 라는 질문과 같은 의미가 된다. 이런 의미에서 테일러(P. W. Taylor)는 도덕적 삶을 긍정적으로 정당화할 수 있는가 하는 것이 윤리적 탐구의 한 주제가 되며, 그러한 물음은 "왜 누구든 자기 이익과 같은 다른 종류의 원리 대신에 도덕원리에 따라 살아야만 하는가를 밝혀줄 이유를 요구하는 물음"[4]이라고 주장한다.

이러한 '왜 도덕적이어야 하는가?' 라는 질문에 대하여 우리가 가장 일반적으로 준비하고 있는 답변은 소위 보편적 이기주의의

---

4) Paul W. Tayler, 김영진 역, 『윤리학의 기본 원리』(*Principle of Ethics*)(서광사, 1985), p.276.

역설이다. 보편적 이기주의의 역설에 따르면, 모든 사람이 자기 이익과 도덕이 마찰할 때마다 도덕보다는 자기 이익에 대해 더 큰 비중을 둔다면 모든 사회질서가 붕괴된다. 이러한 사회에서 각자는 자신만을 위해 힘쓰게 되고 다른 모든 사람 역시 자신만을 위해 힘쓴다. 그래서 다른 사람들이 자신을 해치지 않을 것이라고 확신하지 못한다. 모든 사람은 끊임없이 다른 사람을 두려워하면서 살 것이다. '자기 이익이 도덕적 의무보다 우선권을 갖는다'는 규칙이 일반적으로 받아들여지는 세상에서는 아무도 자기 이익의 확보라는 목표를 달성할 수 없다는 것이 보편적 이기주의의 역설이다.

이렇게 볼 때 '왜 도덕적이어야 하는가?'라는 질문에 대한 답변은 분명하다. 도덕적으로 살아야만 개인의 행복, 모든 사람의 행복을 확보할 수 있기 때문이다. 사람들이 도덕적일 때 모든 사람끼리 신뢰할 수 있고, 이를 바탕으로 진정한 자기 이익을 추구할 수 있기 때문이다.

그러나 일견 명확하고도 만족스러운 것처럼 보이는 이러한 답변에 대하여 테일러(P. W. Taylor)는 이의를 제기한다.[5] 왜냐하면 위와 같은 답변은 하나의 중요한 구분을 혼동하고 있는데, 그 구분은 (a) 왜 나는 도덕적이어야 하는가, (b) 왜 사람들은 일반적으로 도덕적이어야 하는가라는 두 물음을 비교해 봄으로써 알 수 있다. 테일러에 의하면 '모든 사람의 행복과 진정한 자기 이익 추구를 위해서'라는 답변은 (b)에 대한 답변으로는 적절하지만, (a)에 대한 답변으로는 적절하지 못하다는 것이다.

만약 어떤 사람이 "그렇다. 나는 만약 모든 사람들이 자기 이익

---

5) 위의 책, pp.295~302.

에 최고의 우선권을 부여한다면, 그 결과 모든 사람의 자기 이익
뿐만 아니라 내 자신의 자기 이익까지도 좌절될 것이라고 인정한
다. 그래서 나는 모든 사람이 이렇게 하는 것은 비합리적이라고
생각한다. 그러나 이것은 나라는 개인이 나의 이익을 위해서 행동
하는 것이 비합리적임을 입증하는 것은 아니다. 왜냐하면 어떤 사
람이 '모든 사람들이 도덕적이고자 하는 세상에서 나 개인적으로
나의 이익에 우선권을 두는 행동으로 중요한 이익을 얻을 수 있
을 때, 어찌 이것을 비합리적이라고 할 수 있는가?' 라고 의문을
제기할 수 있기 때문이다. 한 마디로 모든 사람이 도덕적이어야
할 이유는 있지만, 꼭 내가 도덕적이어야 할 이유는 없다는 것이
다. 이런 태도를 가진 사람에게 (b)의 질문에 대한 답변으로, 도덕
적 삶을 살아야 한다고 설득시키기는 어렵다.

이렇게 '왜 모든 사람들이'가 아니라 '왜 내가' 도덕적이어야
하는가라는 궁극적 질문에 대하여 테일러가 도달한 결론은, 도덕
적 결단과 선택은 이성의 문제가 아니라 의지의 문제라는 것이다.
사람들은 각자의 궁극적 결단을 내려야 한다. 그리고 이러한 결단
은 각자가 어떤 종류의 인생을 살 것인가에 대한 자율적이며 자
기통제적인 선택을 할 수 있는 능력의 발휘를 필요로 한다.

'왜 나는 도덕적이어야 하는가?' 라는 질문을 이성의 문제가 아
니라 의지의 문제요, 선택의 문제로 돌릴 때, 사람이 어떤 결단을
하는 것은 자신을 규정하는 것과 같은 것이라고 할 수 있다. 그것
은 일정한 종류의 사람이 되겠다고 결정하는 것이다. 이러한 선택
을 피할 방법은 없다. 왜냐하면 우리는 매순간 우리 자신을 형성
하기 위하여 선택하는 존재이기 때문이다. 그리고 우리가 어떤 삶
을 살겠다고 선택한 것은, 인간이 된다는 것이 무엇을 의미하는가
에 대한 우리의 생각을 표현한 것이기도 하다.

인간의 도덕적·윤리적 삶의 모습이 이해타산적인 계산보다는 의지와 선택에 의해서 결정되는 것을 다음과 같은 예를 통하여 볼 수 있다.

인도의 시사(詩史) 시대에 영웅 라마야나(Ramayana)에 대한 다음과 같은 설화가 전해지고 있다.

야요드햐라라는 연로했지만, 바르고 고상한 임금이 있었다. 그에게는 황태자가 있었는데, 그 황태자 이름이 바로 라마야나(Ramayana)이다. 그리고 태자비의 이름은 시타였는데, 태자와 태자비에 대한 국민의 지지는 열성적이었다. 그래서 연로한 야요드햐라 왕은 원로 회의를 소집하고 라마 태자에게 왕위를 물려줄 뜻을 밝혔다. 대왕의 뜻을 받든 원로들은 환호로 이것을 맞이하고 대관식의 날짜를 결정했다. 거리는 온통 축제 기분으로 들떠 있었고, 황태자와 황태자비는 사원에 들어가 밤을 새우며 왕으로서의 의무와 책임을 다할 수 있도록 몸을 정결히 하고 있었다.

그런데 라마 황태자에게는 이복 동생인 바라타 왕자가 있었다. 그리고 바라타 왕자의 생모(生母)인 케이케이 왕비는 야요드햐라 왕의 총애를 받고 있었다. 어느 날 간사스러운 여인이 케이케이 왕비에게 가서 왕위가 바라타 왕자에게 넘겨져야 한다고 부추겨댔다. 케이케이라는 젊은 왕비는 수년 전 야요드햐라 왕이 싸움터에서 죽을 고비를 당할 때에 몸소 이를 막아준 공이 있었고, 그 공으로 무슨 청이든 다 들어주겠다는 왕의 약속을 받은 일이 있었다.

케이케이 왕비는 이제서 청을 했다. 그것은 라마 태자를 14년 동안 수도자로서 숲속을 헤매는 방랑의 길을 떠나게 하고, 그 대신 자기의 소생인 바라타 왕자를 왕위에 올려달라는 것이었다. 이 청을 들은 왕은 슬펐다. 그리고 망신스러웠다. 왕은 왕비 발 아래 엎드려 빌며 제발 그 청만은 말아달라고 애원했다. 그러나 왕비는 대장부 사내로서, 또한 일국의 왕으로서 한 말을 어기는 것은 가장 큰 죄이므로 약속을 지켜주기를 주장했다.

할 수 없이 왕은 태자 라마를 불러 그 사연을 이야기했다. 라마는 계모 케이케이의 요구를 듣고 슬퍼하지도 노하지도 않으면서 부왕이 해놓은 말씀에 대한 신의의 중요성을 강조했다. 그리고 자신이 기꺼이 희생의 길을 걷겠다고 말했다.

그는 태자비 시타에게 사연을 털어놓고 자기는 출가 수도자가 될 것이므로 시민으로서 새 왕 바라타에게 충성을 다하라고 타일렀다. 그러나 시타는 남편의 운명은 아내의 운명이니 어찌 떨어질 수 있느냐고 하면서 자신도 출가 수도자로 남편과 함께 가겠다고 했다. 라마 태자는 너무나 힘든 숲속 생활을 이야기하면서 태자비의 결심을 돌리려고 했지만, 남편 없는 아내에게 안락과 보금자리가 무슨 필요가 있겠느냐고 하면서 시타 황태자비는 결심을 버리지 않으려고 했다. 할 수 없이 둘은 재산을 모두 가난한 사람들에게 나누어 주고 수도의 길을 떠났다.

라마가 떠난다는 소식을 들은 친동생 락쉬만도 즉시 형과 형수를 따랐다. 형들이 떠난 소식을 들은 이복 동생 바라타 왕자는 몹시 슬퍼하면서 결단코 왕위에 오르지 않겠다고 선언했다. 그래서 옥좌 위에 라마의 샌들(sandal)을 올려놓고 그 위에 왕의 권위를 표시하는 상징물을 펴놓은 다음, 형이 출가 수도를 마치고 돌아올 때까지 다만 섭정으로서 나라를 지킬 뜻을 밝혔다.

라마와 시타가 서울을 떠날 때 모든 사람들과 심지어는 새들까지도 아주 멀리까지 전송하러 따라갔다. 다만 나무들만이 아무리 가고 싶어도 너무 뿌리가 땅 속에 깊이 박혀 있어서 전송하러 따라가지 못했다.

수도의 길을 떠난 일행에게는 고생이 많았다. 더구나 시타는 나쁜 왕에게 붙들려 모진 고생을 하면서도 정절을 지켰고, 라마는 잃어버린 아내를 찾느라고 너무도 힘든 날들을 보냈다. 그러는 동안 엉뚱하게도 시타가 부정하다는 소문이 돌아 시타는 분신 자살을 하려고 하였다. 그 때 화신(火神)이 하늘에서 내려와 시타를 데려가 그의 정절을 증명해 주었다. 천신만고 끝에 라마와 시타는 다시 만나고 수도 기한이 끝나자 본국으로 돌아갔다.

돌아온다는 소식이 오자 바라타 왕자는 뛰어가 형 앞에 엎드려 태자를 맞이했고, 군중들은 하늘을 진동하도록 환성을 올렸다. 바라타는

길거리에서 형의 발을 씻겨주고 옥좌에 얹어두었던 샌들을 신겨주었
다.


## 2) 우리 시대의 윤리적 회의(懷疑)

사람들은 세상을 살아가면서 여러 가지 행위를 한다. 그러한
행위 중에는 칭찬을 받는 것도 있고 비난을 받는 것도 있다. 또한
칭찬도 비난도 받지 않는 일상적인 삶의 행위들도 많이 있다.[6] 이
렇게 어떤 사람의 행위에 대하여 칭찬이나 비난을 하는 것은, 우
리들의 행위 가운데 마땅히 해야 할 것과 해서는 안 될 것의 구별
이 엄연히 있다고 믿기 때문이다.

이렇게 일정한 행위에 대하여 그것은 마땅히 해야 할 행위 또
는 하지 말아야 할 행위라는 사회 일반의 신념이 확립되어 있을
때, 그러한 신념은 그 행위를 요구 또는 억제하는 사회적 규범으

---

6) 행위에 대한 칭찬, 비난, 칭찬과 비난과 관계 없음과 관련하여 우
리는 영어 단어 moral의 상대어로서 immoral과 nonmoral을 구분
해야 한다. moral을 '도덕적'으로 번역할 때 immoral은 '비도덕
적', nonmoral은 '도덕과 무관한', '도덕과 관련 없는'으로 번역하
고 그 의미를 이해해야 한다. 즉, 우리가 보통 '비도덕적인 사람',
'비도덕적인 행위'라고 할 때의 의미는 immoral이다. 약속을 하고
도 아무 이유 없이 약속을 어긴 행위, 남의 물건을 함부로 훔친 행
위 등은 이런 의미에서 immoral 행위이다. 그러나 우리가 식당에
가서 설렁탕을 먹느냐, 갈비탕을 먹느냐는 것은 immoral 행위가 아
니라 nonmoral 행위이다. 그것은 칭찬과 비난과는 관계없는, 다시
말해 도덕과는 무관한 행위로 도덕적 평가를 내릴 수 없는 행위이
다. 이러한 관계는 ethical(윤리적), unethical(비윤리적), none-
thical(윤리와 무관한)에도 그대로 적용된다.

로서의 힘을 발휘한다. 사람들의 행위에 제약을 가하는 이러한 사
회적 규범에는 크게 관습과 법, 그리고 도덕·윤리로 나누어 볼
수 있으나, 이 세 가지 가운데 가장 근본적이며 중요한 것은 도덕
또는 윤리규범일 것이다. 왜냐하면, 우리는 관습 가운데서 존중해
야 할 것과 타파해야 할 것을 구별하고 법 가운데서도 정당한 것
과 부당한 것을 구별할 필요에 부딪칠 경우가 있으며, 이러한 경
우에 관습 또는 법을 평가하는 기준이 되는 것은 도덕 또는 윤리
이기 때문이다. 다시 말해서, 참된 도덕이 요구하는 바와 일치하
는 관습과 법만이 올바른 사회규범으로서의 자격을 인정받을 수
있는 것이며, 만약 국민 모두가 도덕적으로 완전무결하다면 관습
이나 법은 따로 없어도 사회의 질서를 위해서 아무런 지장도 없
을 것이다.[7]

그러나 오늘날 우리 주위에서 이렇게 중요한 기능을 하는 윤리
나 도덕이 땅에 떨어졌다는 말을 많이 듣는다. 그리고 이러한 탄
식들은 종종 가치 상대주의(價値 相對主義)나 윤리적 회의주의(倫
理的 懷疑主義)의 이름으로 논의된다. 가치 상대주의는 각 개인과
사회는 그 자체의 규범체계를 갖고 있으므로 한 개인이나 한 사
회에서 적용되는 행위규범을 다른 개인이나 사회에 그대로 적용
해서는 안 된다는 주장이다. 이에 따르면, 가치로운 삶이란 어떤
객관적이고 보편적인 기준에 따라 사는 것이 아니라, 각 개인이나
문화권에서 받아들여지고 있는 규칙을 따르는 삶이다. 다시 말해,
도덕적 진리가 존재한다는 것을 부정하지는 않지만 도덕적 진리
가 국가·사회·문화·계층·개인들에 따라 상대적이라고 믿는

---

7) 국민윤리교육연구회 편, 『현대 국가와 윤리』(형설출판사, 1978),
   p.41.

다.[8]

그러나 더 큰 문제가 되는 것은 윤리적 회의주의다. 가치 상대주의는 가치의 절대성과 보편성을 부정할 뿐, 가치나 도덕·윤리적 규범 자체의 존재를 부정하지는 않는다. 그러나 윤리적 회의주의는 가치의 존재나 도덕성 자체의 실체를 인정하지 않는다. 윤리적 회의주의는 실제적인 측면에서 객관적이고 보편적인 도덕원리나 가치규범을 부정할 뿐만 아니라, 이론적인 측면에서 도덕·윤리적 가치의 근거를 탐구하는 윤리학이 하나의 학으로서 성립할수 없다고 주장한다. 윤리적 회의주의는 전통적인 윤리의 근거로 제시된 종교적 권위와 도덕적 직관을 부정하는데, 이러한 전통적인 도덕적 권위의 붕괴는 상대적인 도덕적 권위마저도 인정하지 않는 윤리적 허무주의를 낳게 만들었다.

이러한 윤리적 회의주의에 대하여 포겔린(J. Fogelin)은 다음과 같이 그 종류를 구분하고 있다.[9]

첫째, 이론적 회의주의와 처방적 회의주의로 구분하는 방법이다. 포겔린에 따르면, 어떤 사람이 이론적으로는 회의주의를 채택

---

8) C. E. Harris, 김학택·박우현 역, 『도덕 이론을 현실 문제에 적용시켜 보면』(*Applying Moral Theories*)(서광사, 1994), pp.17~30. 가치 상대주의에 대해서는 3장에서 더 자세하게 논의한다.

9) Robert J. Fogelin, *Hume's Skepticism in the Treatise of Human Nature*(London : Routledge, 1985), 참조. 원래 이 책에서 포겔린은 회의주의를 ① 이론적 회의주의와 처방적 회의주의, ② 선행적 회의주의와 결과적 회의주의, ③ 인식론적 회의주의 개념론적 회의주의의 세 가지 방식으로 구분하고 있다. 그러나 본서에서는 회의주의에 대한 일반적인 이해를 돕는다는 목적으로 ①②의 구분방식만 소개하여 설명한다.

하면서 실제 삶에 있어서는 이 회의주의에 따르지 않을 수도 있다. 일상적인 삶에서 이렇게 이론적인 측면과 실천적인 측면이 일치하지 않는 사람들을 우리는 종종 볼 수 있다. 따라서 순전히 이론적인 차원에서 회의주의를 받아들이는 사람은 이론적 회의주의자이며, 실천적 측면과 관련해서 회의주의를 받아들이는 사람은 처방적 회의주의자이다.

둘째, 선행적(先行的) 회의주의와 결과적(結果的) 회의주의로 구분하는 방법이다. 우리는 모든 탐구에 선행(先行)해서 회의적일 수 있으며, 어떤 특정 주제들을 탐구한 끝에 결함을 발견함으로써 결과적으로 회의주의를 채택할 수 있다. 우리 시대에 무조건적으로 '세상에 도덕·윤리가 어디에 있나?'라고 하면서 시종 일관되게 세상을 비웃는 사람이 있다면, 그는 선행적(先行的) 회의주의자일 것이다. 그리고 도덕·윤리의 존재와 인간에 대한 믿음을 가지고 어떤 탐구나 일을 하고 나서 '혹시나 했지만 역시나 도덕·윤리라는 것은 없구나!'라고 탄식하는 사람이 있다면, 그는 결과적(結果的) 회의주의자가 될 것이다.

한 사람이 이론적 회의주의자가 되느냐 처방적 회의주가 되느냐, 그리고 선행적 회의주가 되느냐 결과적 회의주의자가 되느냐는 중요한 문제이다. 그가 어떤 종류의 회의주의자가 되느냐에 따라서 그 사람의 삶의 방식에 큰 차이가 있기 때문이다. 예를 들어, 만약 어떤 사람이 선행적 회의주가 된다면, 그는 모든 삶에 있어서 윤리·도덕을 실현하려 하거나 아름다운 인간의 삶을 보여주려는 노력들을 처음부터 아예 무시하거나 실천하려 하지 않을 것이다.

이러한 윤리적 회의가 현대에만 있었던 것은 아니다. 인류 역사에 있어서 가치관의 혼란과 윤리적 회의 때문에 고민하지 않았던 때는 거의 없었을 것이다. 그러나 현대에 이르러 그 심각성이 더욱 심해지고, 극복의 노력조차 힘겨운 현실을 보면서 우리들은 윤리적 회의주의의 공포를 새삼 느끼고 있다.

그렇다면 왜 우리 시대에 들어서서 윤리적 회의주의가 더 심각하게 나타나고 있을까? 이에 대하여 여러 가지 원인들이 거론되고 있는데, 그것을 일상생활적인 측면과 사상사적 측면으로 구분해서 살펴볼 수 있다.

일상생활적인 측면에서 들 수 있는 첫째 원인은, 놀랍게 발전한 물질문명에서 윤리적 회의주의의 원인을 찾을 수 있다. 경험과학과 물질문명의 발달은 사람들의 사고방식을 경험론으로 기울게 하는 동시에 그들의 가치관을 물질주의의 방향으로 흐르게 했다. 경험론적 사고방식은 윤리적 현상도 경험적인 관점에서 탐구하다 보니 당연히 그 원리의 선천성이나 절대성에 대한 믿음이 파괴된다. 그리고 물질주의적 가치관은 물질의 가치를 높이는 가운데 인격 또는 윤리 따위의 정신적 가치의 위치를 상대적으로 낮추므로 윤리의 절대적 가치가 위협을 받는다.

그리고 이러한 경험론적 사고방식은 인간 자신을 유물론적 자연주의에 입각하여 이해하게 하는 계기가 되었다. 이른바 자연주의자(naturalist)들은 인간의 생물학적인 측면과 기계적인 측면, 그리고 화학적인 측면만을 문제삼고 마침내 인간을 사물화시켜 버렸다. 따라서 인간의 정신적 산물인 도덕세계는 자연주의자들이나 유물론자들에게서는 부인되며, 인간의 본질이라고 할 수 있는 자기 반성도 자기 억제도 부인된다.[10]

---

10) 우리는 자연주의의 전형적인 모습을 프로이트의 사상에서 찾아볼 수 있다. 프로이트는 인간의 자연적 측면만을 보고 인간을 물

일상생활에서 윤리적 회의주의를 조장한 둘째 원인은 거듭된 전쟁과 급격한 사회변화를 들 수 있다. 전쟁은 인간이 애써 가꾸어 온 문화유산과 자연환경만을 파괴하는 것이 아니라, 인간의 내면적인 정신세계까지도 파괴하였다. 전쟁은 인간이 얼마나 잔인할 수 있으며 악한 일을 저지를 수 있는가를 우리에게 보며주었으며, 인간의 존엄성과 인격 가치를 철저하게 파괴하였다.

이러한 전쟁과 급격한 사회변동은 이제까지 사회 공동생활의 중심이요 근간이던 전통을 무너뜨렸다. 전쟁이나 급격한 사회변동으로 생활양식과 인간관계가 근본적으로 변화를 일으켰을 경우에, 사람들은 전통윤리와 현실 사이에 부조화와 괴리를 느낀다. 그리고 전통윤리의 타당성과 권위에 대한 회의는 곧 윤리 그 자체의 절대성에 대한 의심으로 발전할 가능성이 크다.

다음으로 사상사적 측면에서 윤리적 회의주의가 대두된 배경을 살펴보면, 과거에 자연의 연구에만 적용되던 경험적 방법을 인간 연구에도 그대로 적용됨에 따라 인간 이해의 방법이 달라졌다는 데에서 찾을 수 있다. 형이상학적 방식으로 인간을 이해했던 19세기 이전의 사상가들을 따르면, 인간은 자연과는 근본적으로 성질이 다른 특수한 존재였다. 인간의 본성은 이성과 양심에 있었

---

리·화학적 요소들의 지배를 받는 충동의 다발로 해소시켜 버린다. 그에 의하면 정신적 것도 자연적이고 충동적인 것의 산물에 불과하다. 그는 이렇게 말했다 : "지금까지의 인간의 발달에는 동물의 설명 이외의 설명이 필요 없다고 나는 생각한다. 그러나 소수 개인에게서 그 이상의 완전화로 향한 끊임없는 노력으로 고찰되는 것은 실상은 충동으로 이해된다. 인간의 문화에 있어서 가장 가치가 있다는 것도 이 동물적인 충동 위에서 정립된 것이다" S. Freud, *Jenis des Lustprinzips*, Wien, 1920, S.40.

으며, 이성과 양심은 선천적이며 절대적인 기능으로서 모든 사람들에게 공통된 것이었다. 그리고 대부분의 윤리학자들은 이성 또는 양심을 절대적 윤리의 근원으로 보았다.

그러나 생물진화론이 인간에게도 해당된다고 보는 학자들의 출현으로 우주에 있어서의 인간의 특수한 위치가 도전을 받게 되었다. 만약 인간이 처음부터 이성적 존재로서 나타난 것이 아니고, 오랜 세월을 두고 진화한 결과로서 오늘과 같은 이성적 존재가 되었다면, 이성 자체가 경험의 산물이라는 결론이 되는 동시에 이성의 선천성과 절대성이 의심을 받게 된다. 현대의 행태주의 심리학(behaviorism)에서는 이성이나 양심과 같은 개념을, 인간의 행동을 객관적으로 설명하는 과학적 용어로는 적합하지 않다고 하여 거부한다. 정신분석학의 경우에는 굳이 이성이나 양심이라는 개념을 기피하지는 않으나, 이성을 인간의 본성으로 보거나 양심을 신성한 것으로 보는 전통적 인간관에 대해서는 절대로 반대의 입장을 취한다.[11]

현대 인문과학의 큰 비중을 차지하는 사회학의 발달도 절대론적 윤리의 믿음에 대한 커다란 위협이었다. 모든 시대의 모든 사람들에게 보편적으로 타당한 선천적 윤리가 존재한다는 윤리설을 입증하는 가장 큰 무기는 명증설(明證說)(self-evidence theory)이었다. 그러나 사회학과 인류학, 그리고 민속학의 발달은 명증설에 대하여 아주 불리한 입장을 취하였다.

---

11) 정신분석학의 개척자 프로이트(S. Freud)에 따르면, 인간 마음의 본바탕은 결코 이성이 아니라 맹목적 충동이다. 신성한 도덕의 원리로 알려져 온 양심도 실제는 본래 타인에게로 향하던 잔인한 공격의 충동이 일종의 반동심리(反動心理)의 작용을 거쳐 자기 스스로에게 방향을 돌린 것에 불과하다.

우리는 어떠한 도덕률에 관해서도 그 타당성을 엄밀하게 논증할 수는 없다. 가령 '폭행은 악이다' 또는 '빌린 돈은 갚아야 한다' 따위의 도덕판단 내지 도덕법칙이 보편적 타당성을 갖는다는 것을 엄밀한 논리로써 증명할 수는 없다. 폭행 또는 채무의 불이행이 악이라는 이유를 댈 수 있다 하더라도 그 이유가 결정적인 힘을 갖지는 못할 것이다. 가령 '그것은 사회의 질서를 파괴하기 때문에'라는 이유를 댄다면, '사회질서의 파괴가 왜 나쁘냐?'고 물을 수 있을 것이며, 다른 이유를 댄다 하더라도 그 이유에 대해서 새로운 물음을 제기할 수 있는 여지는 언제나 있을 것이기 때문이다. 결국은 '그것은 자명(自明)하다' '네 양심은 그것을 부인 못할 것이다' 따위의 명증설을 동원하기 전에는 결말이 나지 않는다.

윤리문제에 있어서 명증설이 가졌던 가장 큰 설득력은 도덕·윤리문제에 대한 사람들의 판단은 궁극적으로는 일치한다는 것이었다. 지엽적인 문제에 대해서 의견이 대립할 수는 있으나, 이성이나 양심의 판단에 따를 때 옳고 그름이나 선악의 근본문제에 관한 사람들의 판단은 궁극적으로는 일치한다는 견해가 지배적이었고, 그러한 견해가 지배하는 동안 명증설은 강한 설득력을 발휘할 수 있었다. 그러나 현대에 들어 사람들의 판단이 궁극적으로 일치한다는 견해를 의심스럽게 만드는 여러 가지 사례들이 인류학이나 민속학의 여러 연구결과에서 나타났던 것이다.

그러나 가치판단에 대해서 어떠한 타당성도 인정하지 않는 윤리적 회의주의는 자기 모순의 딜레마를 가지고 있다. 왜냐하면 그들의 이론을 내세울 때, 그들도 나름대로의 일정한 가치판단을 하고 있기 때문이다. 예를 들어, 만일 누군가가 회의론자들의 가치판단을 반박한다면, 그들은 반박하는 사람들의 판단이 잘못되었

고 자신들의 판단이 정당하다고 주장하면서 그것을 증명하려 할
것이다. 그렇게 하는 과정중에 그들도 또한 자신들만의 가치판단
을 실제로 하지 않을 수 없다. 자신들의 정당함을 주장하기 위하
여 어떤 가치판단을 전제함으로써 스스로의 회의주의적 입장을
거두어들이는 모순을 범하고 있는 것이다.[12] 그러므로 가치판단에
대하여 극단적으로 상대주의를 내세우는 사람이나 실증된 가치만
을 가치라고 주장하면서 가치회의론을 주장하는 사람들을 우리
시대의 궤변론자(소피스트)라고 할 수 있다.[13]


### 3) 윤리가 설 자리


과연 우리는 가치 상대주의나 윤리적 회의주의를 극복할 수 있

---

12) 매키(J. L. Mackie)는 윤리적 회의주의란 문자 그대로 윤리적 판단
   을 거부하는 사람이라고 주장한다. 그렇지만 그러한 사람도 그 자
   신이 윤리적 판단을 내리는 것을 좋아한다고 매키는 주장한다. 예
   를 들어, 윤리적 회의주의자는 습관적으로 윤리로 인정받는 모든
   것에 대하여 노골적으로 정죄를 내린다. 따라서 그는 정죄를 내리
   기 위하여 어떤 판단근거나 기준을 적용해야만 한다. 윤리적 회의
   주의자는 이론적으로 모순되는 이러한 두 견해를 혼동하기도 하며,
   실제로는 그가 성장해 온 사회에서 통용되고 있는 특정한 윤리에
   대해서 거부할 뿐, 모든 윤리를 거부한다고 말하기는 어렵다는 것
   이 매키의 입장이다. John. L. Mackie, 진교훈 역, 『윤리학—옳고 그
   름의 탐구(*Ethics : Inventing Right and Wrong*)』(서광사, 1990),
   pp.17~20.
13) 진교훈, "보편적 가치윤리학의 재구성과 가치관 교육", 한림과학원
   편, 『21세기를 여는 한국인의 가치관』(소화, 1997), p.24.

을까?

가장 바람직한 방법은 선천적이고 절대적인 윤리의 원칙이 실재한다는 것을 증명하는 것이다. 증명된 원칙에 대하여 모든 사람이 따라야 할 것으로 인정하고 그 원칙대로 살아간다면 윤리적 회의주의라는 말 자체도 사라질 것이다. 그러나 선천적인 윤리의 원칙이 실재함을 증명하고자 한 과거의 모든 시도는 실패했으며, 앞으로도 성공 가능성은 희박해 보인다.

다음으로 선택해 볼 수 있는 방법은 '선천적인 윤리의 원칙이 실재함은 의심의 여지 없이 자명(自明)하다'고 선언하는 것이다. 여기서는 윤리의 원칙이 선천적으로 주어져 있다는 점에서 사람들의 직관이 일치할 뿐만 아니라, 그 선천적 윤리의 원칙이 무엇이냐는 문제에 대해서도 의견이 자명하게 일치할 필요가 있다. 그러나 선천적 윤리원칙의 실재를 자명하다고 믿는 사람들의 비율이 점점 떨어져 가고 있는 오늘날, 그러한 일치에 도달한다는 것은 거의 불가능에 가까운 일이다.

선천적으로 주어진 절대적 윤리원칙이 실재하느냐 안 하느냐의 문제는 믿음의 문제이지 논증의 문제가 아니다. 그리고 현대인의 경우, 그 실재성에 대한 믿음이 약화되고 있다는 사실에 바로 문제가 있는 것이며, 또 믿음이라는 것이 인위적으로 할 수 없다는 데에 문제의 어려움이 있다. 여기서 선천적으로 주어진 절대적 윤리원칙에 대한 믿음을 강화하기 위하여 어떤 설득의 운동을 전개할 필요가 있다고 생각하는 사람이 있을지 모르나, 그러한 방법이 어느 정도의 실효를 거둘 수 있을지 의문이다.

어떤 종교적 신앙을 토대로 삼아 윤리적 회의주의를 극복하는 방법도 있다. 아마 신앙심이 투철한 사람들은 그 길에서 개인적 성공을 거둘 수도 있을 것이다. 그러나 현대에 있어서 어떤 특정한 종교의 교리로서 모든 사람들 또는 대부분의 사람들을 같은 윤리체계의 신봉자로 만든다는 것은 실현성이 없는 소망에 지나지 않는다. 신앙이라는 것은 본래 결의나 노력으로 얻을 수 있는 것이 아니며, 특히 실증주의적 사고의 경향이 강한 현대에 있어서 온 국민 또는 인류 전체를 한 가지 종교의 신도로 만든다는 것은 생각하기 어려운 일이다.

그렇다면 윤리적 회의를 극복하는 문제와 관련해서 가장 중요한 문제는, 선천적 윤리원칙에 대한 믿음이 없이도 윤리적 회의를 극복할 수 있느냐는 것이다. 이에 대해서는 긍정적인 입장과 부정적인 입장이 있겠으나, 윤리적 회의의 극복이라는 과제에서 볼 때, 긍정적인 입장을 택할 수밖에 없는 것이 우리의 현실이라고 하겠다. 이런 긍정적인 입장을 취할 때, 선천적으로 주어진 절대적 윤리원칙이 존재하지 않는다고 해도 윤리 그 자체가 기반을 잃거나 윤리의 권위나 가치가 무너지는 것은 아니라는 주장을 할 수 있다.[14]

선천적이고 절대적인 윤리에 대한 믿음 없이도 윤리가 설 수 있다는 것은 인간성에 근거를 둔 자율적 윤리에 대한 믿음으로부터 나온다. 정상적인 이성 또는 이성을 가진 사람이라면, 모든 사람이 일치하는 이론으로서 윤리가 아닌 모든 사람에게 도움이 되는 것으로서의 윤리, 삶의 지혜로서의 윤리가 필요하다는 것을 인정할 것이다.[15] 여기에서 중요한 것은, 아무리 회의주의자라 할지

---

14) 김태길도 이러한 입장에서 인간사회에 있어서 윤리의 불가피성을 주장하고 있다. 국민윤리교육연구회 편, 앞의 책, pp.49~53.
15) John Dewey, Richard M. Hare, John Rawls 등의 윤리설이 근본 정신에 있어서 이러한 길을 택한 것이라고 볼 수 있다.

라도 인간의 필요에 의해, 인간에 의해 만들어진 자율적 윤리라고
해서 모든 것을 무조건적으로 타당성과 권위를 부정해서는 안 된
다는 것이다. 왜냐하면 인류는 긴 역사를 통하여 여러 가지 윤리
체계를 만들어냈고 또 앞으로 만들어낼 것인데, 그 가운데는 반드
시 타당성과 권위를 가진 것이 적어도 하나는 있다고 보아야 할
것이다. 그렇게 보아야 할 이유는 다음과 같다.

첫째로, 우리 인간은 특정한 윤리체계를 거부할 수는 있으나
모든 윤리체계를 거부할 수는 없다. 모든 인간은 누구나 하나의
윤리체계는 갖게 마련이다. 인간은 반드시 선악과 옳고 그름에 대
한 평가를 하게 마련이고, 이 평가가 불가피하다는 사실은 곧 윤
리체계의 불가피성을 의미한다. 인간이 선악과 옳고 그름에 대한
평가를 반드시 하게 되는 것은 그가 욕망과 이성을 아울러 가지
고 있기 때문이다. 인간이 그의 모든 욕망을 충족시킬 수 있다면
선악이나 옳고 그름의 문제는 생기지 않았을지도 모른다. 그러나
인간의 욕망이란 끝이 없으며, 그 모두를 완전히 충족시킬 수는
없기 때문에 어떤 욕망을 우선적으로 충족시키느냐에 대하여 인
간은 여러 가지 점을 고려한다.

이와 같이 여러 가지 점을 고려하는 것은 인간이 이성의 소유
자이기 때문이다. 이성은 과거를 기억하고 미래를 예상한다. 이
기억과 예상은 인간 욕구의 폭을 넓히는 중요한 계기가 된다. 또
이성은 인간을 사회적이며 문화적인 동물로 만들었다. 이 사회성
과 문화성도 인간 욕구의 지평을 크게 넓히는 구실을 한다. 생물
학적 욕구 이외에 사회적 내지 문화적 욕구를 갖도록 만드는 것
이다. 이와 같이 인간은 이성을 소유했기 때문에 다른 동물과는
비교가 안 될 정도의 많은 욕망을 갖게 되었고, 또 여러 가지 욕
망의 우열과 완급을 생각하게 된다. 그리고 우열과 완급에 따라서

욕망을 선별하는 작용이 바로 평가에 해당한다. 그리고 이러한 평가과정에 윤리체계가 필연적으로 필요하다.

둘째로, 인간은 현존하는 윤리체계에 대하여 불만을 느끼거나 보다 나은 윤리체계를 모색할 경우에도 평가를 한다. 즉, 두 가지 이상의 윤리체계가 제시되거나 머리에 떠올랐을 경우에 우리는 반드시 그 가운데서 하나를 선택해야 하며, 이 선택은 평가작용을 통하여 이루어진다. 이성의 소유자로서 윤리체계와 같이 중요한 것을 주사위를 던지듯이 마구 선택할 수는 없으며, 이성적 숙고를 통하여 선택할 때 그것이 다름아닌 평가의 작용인 것이다.

이성적 숙고, 즉 평가를 통하여 하나의 윤리체계를 선택한 사람은 자기가 선택한 체계의 타당성이나 권위를 부정할 수 없다. 이성적 숙고를 통하여 하나의 윤리체계를 선택한다는 것은 그 체계를 인간의 지혜로써 생각할 수 있는 윤리들 가운데서 가장 타당하다고 보았기 때문이며, 스스로 타당성을 인정하고 선택한 윤리체계의 권위를 부인한다면 그것은 명백한 자기 모순이다.

신(神) 또는 그 밖의 어떤 초월자가 정해준 윤리의 체계라면 타당성도 있고 권위도 인정되지만, 인간의 이성적 숙고를 통하여 스스로 선택한 것이 권위를 가질 수 있겠느냐고 생각하는 사람들도 있다. 옛날에는 법률에 대해서도 같은 생각을 하는 사람들이 많았다. 즉, 선천적으로 정해져 있는 자연법(自然法)의 존재를 가정하고 그 자연법과 일치하는 법률만이 타당성과 권위를 갖는다고 생각하였다. 그러나 오늘날 그러한 생각을 하는 사람들은 비교적 적은 것으로 보인다. 굳이 자연법과의 관계를 따질 필요 없이 민의(民意)를 대표할 수 있는 정당한 입법기관에서 정당한 절차를 밟고 제정되었으며 나 스스로의 이성도 납득할 수 있는 법률이라면, 우리는 그 법률의 타당성이나 권위를 의심하지 않을 것이다.

신(神)이나 그 밖의 초월자가 타율적으로 제시한 법보다도 오히려 우리들 자신의 참여를 통하여 자율적으로 제정된 법률을 존중히 여길 이유가 있으며, 우리 스스로가 정한 것인 까닭에 그것을 지킬 책임도 더 크다고 볼 이유가 있다. 우리는 같은 논리를 윤리의 경우에도 적용할 수 있을 것이다. 법률에 대해서는 인간이 제정한 것의 타당성과 권위를 인정하면서 윤리에 대해서는 그것을 인정 못할 이유가 없는 것이다.

모든 법률제도를 배격할 수 없다는 사실과 가장 적합하다고 인정된 입법기관에서 소정의 절차를 통하여 제정했다는 사실이 그 법률의 타당성과 권위의 근거가 될 수 있듯이, 모든 사람은 반드시 하나 이상의 윤리체계는 가져야 한다는 필연성 및 우리의 이성적 숙고를 통하여 선택했다는 사실도 그 선택된 윤리체계의 타당성과 권위의 근거가 된다고 보아야 할 것이다.

선천적이고 절대적인 윤리체계의 부재 속에서도 인간성에 근거를 둔 자율적인 윤리체계로서 윤리적 회의주의가 극복될 수 있다는 믿음은, 더 나아가 그러한 믿음을 통하여 보편타당성을 가진 윤리체계의 형성이라는 욕심을 갖게 만들기도 한다. 여기에서 핵심적인 문제는 모든 사람들이 이성적 숙고를 통하여 선택한 윤리의 원리가 궁극적으로 일치할 수 있느냐는 것이다. 다시 말해 '우리에게 실현 가능한 가장 이상적인 사회가 무엇이며, 그 이상 실현을 위한 가장 적합한 방법이 무엇이냐?'는 문제에 대해서 모든 사람들이 같은 결론에 이를 수 있다면 우리는 사실상 보편타당성을 가진 윤리체계 밑에서 사는 결과가 될 것이다.

# 제2장 윤리의 의미

## 1) 윤리의 형성과 특징

모든 사회규범의 뿌리라고 볼 수 있는 윤리는 도대체 어디서 온 것이며 우리가 그것을 존중해야 할 이유는 무엇일까? 윤리는 선천적으로 정해져 있는 것일까? 또는 인간의 사회생활 내지 경험에 근거를 두고 생긴 역사적 산물일까? 도대체 윤리의 본질은 무엇인가? 이러한 어려운 물음에 접근하는 실마리를 찾기 위하여 우리는 경험세계에 나타난 윤리적 행위 또는 도덕적 행위의 유래와 특징부터 살펴보아야 하겠다. 예를 들어, 우리는 '거짓말을 해서는 안 된다' 또는 '약속을 지켜야 한다'는 따위의 규범을 도덕률로서 인정하는 동시에 이들 규범을 어기는 사람에 대해서는 비난을 보낸다. 이러한 도덕 내지 윤리규범은 어떠한 유래를 갖고 있으며, 또 그것이 우리들의 생활 전체와 어떠한 관계를 갖고 있는 것일까?

인간도 일종의 동물이다. 따라서 끊임없이 욕구를 갖게 되며, 욕구 충족을 위해 많은 노력을 기울인다. 이 때 인간은 욕구가 충족되는 것을 좋게 여기고 욕구가 충족되지 못하는 것을 못마땅하

게 생각한다. 뿐만 아니라, 그는 욕구의 충족을 위하여 도움이 되
는 사물이나 행동 및 그것을 방해하는 사물이나 행동에 대해서도
좋게 생각하거나 나쁘게 생각하는 평가의 태도를 취한다. 욕구의
충족을 좋아하고 그 불만을 싫어하는 원초적 심리가 욕구의 충족
과 관계를 가진 다른 사물 또는 행동에까지 전파되는 것이다. 이
렇게 볼 때, 우리에게 윤리적 삶을 요구하는 현실의 모습은, 바로
욕구 충족을 돕거나 방해하는 행동 또는 인품에 대하여 사람들이
취하는 태도를 바탕으로 삼고 형성된 일종의 사회현상이다.[1]

그러나 개인이 자기의 욕구 충족을 위해서 도움이 되는 행위를
좋게 여기고 방해가 되는 행위를 못마땅하게 여기는 심리가 곧
도덕적 평가의 기준이 되는 것은 물론 아니다. 도덕적 평가의 대
상이 되는 것은, 개인적 선호의 심리가 아니라 사회 전체의 공리
(公利)를 염두에 두고 관찰할 때 느껴지는 인정 또는 비난의 감정
이다. 다만, 사회 전체의 공리를 소중히 여기는 심리와 개인의 사
리(私利)를 소중히 여기는 심리는 모두 욕구의 충족을 희구하는
원초적 심리의 두 가지 형태에 불과하다는 뜻에서 근본이 같다.

인간은 원래 사회적 존재인 까닭에 비록 개인적 욕구의 충족이
라 할지라도 사회의 공동생활을 통하여 이루어지는 것이 보통이
다. 다시 말해 한 개인의 욕구가 만족스럽게 충족되느냐 안 되느
냐 하는 문제도 그 한 사람의 행동 여하에만 달려 있는 것이 아니

---

1) 인간의 욕구충족을 도와주는 모든 사물과 사건에 대하여 우리는
   가치를 인정한다. 그러한 가치들 가운데는 인간의 심정·의지·인
   격·행위 또는 전체로서의 인간에 속한다고 인정되는 가치도 있거
   니와, 인간의 심정이나 의지에 직결되는 가치로서 그 자체가 목적
   성을 가졌다고 인정되는 것을 우리는 도덕적 가치 또는 윤리적 가
   치라고 부른다.

라, 그와 사회적 관계를 맺고 있는 다른 사람들의 행동에도 크게
의존한다. 예를 들어, 농어민들의 생산활동이 부실하면 도시 사람
들의 식생활이 불안정하며, 우리가 즐겁고 안전한 여행을 하기 위
해서는 교통 관련 종사자들이 잘 해주어야 한다. 뿐만 아니라 같
은 사회 안에는 여러 사람들이 공통으로 희망하는 공동 목표도
많다. 따라서 사람들은 항상 남의 행위에 대해서도 서로 깊은 관
심을 갖게 되며, 이 깊은 관심은 곧 평가와 간섭으로 발전한다.

이 평가와 간섭의 과정중에 일반적으로 한 사회의 공동 목표의
달성 및 그 사회의 여러 성원들의 욕구 충족을 위해서 적합하다
고 판단되는 행위에 대해서는 찬양의 반응을 보인다. 그리고 그
반대라고 판단되는 행위에 대해서는 비난의 반응을 보이게 된다.
우리는 이것을 공익에 대한 사회적 시인(社會的 是認, social approv-
al)과 사회적 비난(社會的 非難 social disapproval)이라고 부를 수 있다.

그러한 시인과 비난이 거듭되는 가운데 어떤 행위는 '언제나
옳다'는 고정관념을 낳게 하고, 다른 어떤 행위는 '언제나 그르
다'는 고정관념을 낳게 된다. 그와 같은 고정관념이 일단 생기면
그러한 행위가 사회생활에 미치는 영향을 떠나서 그 행위 자체가
추구의 목적이 되는 동시에 '마땅히 해야 할 행위' 또는 '결코 해
서는 안 될 행위'로서의 확고한 가치를 인정받기에 이르게 된다.[2]

---

2) 예를 들어 어려운 사람을 도와주는 자선행위는 그 집단을 위해서
   도움을 주는 경향이 강하며, 남의 것을 훔치는 행위는 그 사회의
   질서를 파괴하는 경향이 강하다. 따라서 전자는 찬양의 대상이 되
   고 후자는 비난의 대상이 된다. 처음에는 사회에 미치는 영향 때문
   에 칭찬 또는 비난의 대상이 되지만, 그 칭찬과 비난이 거듭되는
   가운데 '자선행위는 훌륭한 행위'라는 고정관념이 생기고, '도둑질
   은 비열한 행위'라는 고정관념이 생긴다. 일단 그러한 고정관념이

그러나 평가의 대상이 된 어떤 행위가 사회생활을 위해서 도움
이 되는지 또는 방해가 되는지에 관한 사람들의 판단이 언제나
객관적인 타당성을 가질 만큼 정확한 것은 아니다. 특히 미개사회
에 있어서는 엉뚱한 인과관계를 인정하는 수가 많았다. 따라서 행
위의 옳고 그름에 대하여 매우 불합리한 고정관념이 생기는 경우
가 적지 않으며, 비록 불합리할 것까지는 없더라도 정당한 이유도
모르고 어떤 행위를 맹목적으로 강요 또는 금지하는 현상이 생긴
다. 그리고 또 어떤 행동의 양식은 단순히 오랜 전통을 이루고 행
해 내려왔다는 이유 때문에 습관적으로 답습되기도 한다. 이와 같
이 불합리성, 맹목성 또는 습관성 등이 내포된 전통적 사회규범을
우리는 관습이라고 불러, 보다 합리적이요 보다 심화된 사회규범
으로서의 윤리 · 도덕과 구별한다.[3]

이렇게 볼 때, 관습에 비해 윤리는 합리적이고 비판적이며 그
최후의 기준을 이성에 두고 있다. 윤리적 판단은 많은 가능한 것

형성되면 자선행위는 그것이 사회에 미치는 영향을 떠나서 그 자체
만으로도 높은 가치가 있는 행위로서 인정을 받게 되고, 남의 것을
훔치는 행위는 그 사회적 영향을 떠나서 보더라도 그 자체가 못된
행위라는 평가를 받게 된다. 이것은 수단적 가치가 목적적 가치로
변화하고 있는 것이다. 이러한 변화의 바탕이 되는 것은 '관심의
변이(變異)'(mutation of interest)라는 심리현상이다.
3) 이런 의미에서 관습과 윤리와의 차이점을 살펴보면 다음과 같다.
(1) 관습은 사회적 · 외면적 강제가 강한 대신 윤리는 내면적 자율
성이 강한 사회 규범이요, 관습은 있는 그대로 묵종하는 존재의 성
격을 가진 데 대해서 윤리는 이상적 인간생활, 보다 나은 가치, 이
념적인 성격을 갖고 있다. 따라서 관습이 평균인, 유형인(類型人)
을 요구하는 데 대해서 윤리는 자각적 이성인, 전형적 인간을 요청
한다.

들 중에서의 선택과정 중에 바로 내 자신이 바람직한 것을 선택
하는 가치 선택의 주체가 된다. 이렇게 윤리는 주체적 자각과 자
유를 기반으로 해서 관습을 합리화하고 개별화해 나감으로써 성
립하는 것이다.

그러나 비록 도덕이나 윤리단계에 이르렀다고 인정되는 사회
규범이라 할지라도 그것이 그 사회나 국가 전체의 이익과 완전히
일치하는 경우는 드물다. 그것은 한 나라의 법이 언제나 반드시
그 나라 국민 전체의 이익과 완전히 일치하지 않는 것과 마찬가
지이다. 한 나라의 현행 도덕이나 윤리가 국민 또는 국가 전체의
공익과 완전히 일치하기 어려운 이유는 두 가지가 있다. 그 하나
는 시대가 바뀌고 사회의 양상이 달라짐에 따라서 과거에는 적합
하던 사회규범도 차차 그 적합성을 상실할 수가 있다는 사실이다.
그리고 또 하나는, 한 사회 또는 국가의 현행 도덕·윤리의 내용
을 결정함에 있어서 가장 지혜로운 사람들의 판단만이 반드시 작
용하는 것이 아니라, 그 사회 또는 국가에 있어서 우월한 세력을
가진 사람들의 의사 내지 소망이 지나친 비중을 차지하고 반영될
경우가 많다는 사실이다.

(2) 윤리는 행위자의 자율적 자각과 그 자유에 기초해 있다. 관습
의 세계에는 선택의 자유도 불복종의 자유도 없다. 그러나 윤리의
세계는 윤리적 판단을 할 때, 자율적 자유를 가진 주체적 태도가
요청된다.
(3) 윤리는 éthos를 모체로 하는 점에서 관습 혹은 법으로서 개인
을 규율함과 동시에 사회통제를 위한 사회규범이 된다. 윤리는 개
인의 심정을 육성할 뿐만 아니라 법이나 관습으로서의 사회생활을
규율한다. 즉 개인적 차원에서 윤리는 개인의 양심 또는 자유의지,
자율성을 보장하고, 사회적 차원에서 윤리는 관습 또는 법을 규제
한다.

여기에 바로 우리들의 행동이 다른 생물처럼 조건적이고 무비
판적이어서는 안 된다는 이유가 있다. 우리가 합리적인 도덕·윤
리체계를 형성하고 새로운 시대변화에 맞게 그 체계를 적용하기
위해서는 항상 비판적이고 반성적인 태도를 갖고 있어야 한다. 여
기서 우리들의 생활이 다른 생물의 단순한 행동(行動, action)과는
다른, 목적과 반성과 비판을 담은 행위(行爲, conduct)라는 의미로
구분됨을 알 수 있다.

인간의 이성은 원래 각종의 결핍·불만·부족을 느끼게 되며,
이런 것을 충족시키기 위하여 목적의 관념이 생긴다. 목적을 달성
하려는 열렬한 열망은 욕망으로 나타나고, 여러 가지 욕망에 대해
서 숙고를 거듭한 끝에 그 중 어느 한 욕망을 실현하기로 결의(決
意, resolution)하게 된다. 여기서 그 결의로 말미암아 하나의 목적
관념이 외적 행동으로 옮겨지게 될 때 그 행동이 비로소 행위가
된다. 말하자면 행위(行爲, conduct)란 목적적인 행동(行動, action)
이라고 할 수 있다.

그리고 행위에는 무엇인가를 직접적으로 자기 것으로 하고 싶
어하는 단일 목적에서 일어나는 행위가 있고, 또 여러 목적 중에
서 어느 하나를 선택하여 결정함으로써 생기는 행위가 있다. 전자
는 단순한 심리적·욕구적인 행위인 데 대하여 후자는 심사숙고
와 선택을 통한 윤리적 행위(ethical conduct)이다. 이렇게 단순한
심리적 행동과 구별되는 윤리적 행위의 특징을 다음과 같이 정리
할 수 있겠다.

(1) 윤리적 행위는 유목적적·의식적 행동이라고 할 수 있다.
그러므로 무의식적·충동적 행동은 윤리적 행위라고 할 수 없다.

(2) 윤리적 행위는 특히 분별적인 행동이다. 다시 말하면 윤리
적 행위는 의식적 행동이기는 하나 여기에 옳고 그름, 좋고 나쁨

의 분별심까지 내재해서 생긴 행동이다. 어린 아이나 미성년자는 아직 분별심이 없이 즉각적인 충동에 끌리어 행동하게 된다. 그러므로 이런 사람들을 윤리적 행위 능력의 주체로 보지 않으며, 그들의 행동은 윤리적 판단의 객체가 되지 않는다.

(3) 윤리적 행동은 자유의지의 행동이다. 그러므로 자유의지에 의한 행동이 아닌 것은 윤리적 행위라고 할 수 없다. 타인의 완력이나 위협에 의해서 마지못해 한 행동이라든지, 또는 외계의 자연적·물리적 힘에 의하여 자기의 자유의지대로 행동하지 못한 데서 생긴 결과 등은 모두 윤리적 행위라고 할 수 없다.


## 2) 윤리와 도덕[4], 그리고 윤리학

'윤리(倫理)'에서 '윤(倫)'이란 글자는 두 가지 뜻을 지니고 있다. (1) 동료·친구·무리·또래 등의 인간집단을 뜻하기도 하고, (2) 길·도리·질서·차례·법(法)의 뜻도 가지고 있다. 이렇게 볼 때 '윤(倫)'이란 인간끼리 관련되어 맺어진 인간관계를 말하기도 하고, 그 인간관계에 있어서 필요한 길·도리·질서를 뜻하기

---

4) 도덕(morals)과 윤리(ethics)는 어원상으로 볼 때 엄밀하게 같은 뜻은 아니다. 학자들 가운데는 이 두 가지 말을 엄격하게 구별하는 사람들이 있다. 이런 주장을 하는 사람들이 내세우는 가장 일반적인 이유는, 도덕은 '인간 행위의 실천상의 준칙, 즉 규범'을 말하며, 윤리는 '그 준칙에 대한 이론'을 의미한다는 것이다. 그러나 윤리라는 말이 이론적인 측면만이 아니라 실천적인 측면도 함께 가지고 있고, 일상생활에서도 이 두 가지 말은 서로 통용되어 사용되고 있으므로 본서에서는 굳이 뜻을 구분해서 사용하지 않겠다.

도 한다. 따라서 '윤(倫)'이라는 글자에서 볼 수 있듯이, '윤리(倫理)'라는 것은 이 세상 어느 곳에 두 사람 이상이 있으면 존재하고 있고, 존재해야만 하는 것이다. 역설적으로 설명하자면 혼자 사는 세상에는 윤리가 필요 없다는 말이 되기도 한다.

동양사회에서는 예로부터 인간관계를 두 가지로 나누어 생각해 왔는데, 하나는 인간으로서는 끊을래야 끊을 수 없는 부자(父子) 사이와 같은 천륜(天倫), 다른 하나는 인간이 후천적으로 맺는 인간관계인 인륜(人倫)이 그것이다. 특히 유교문화는 인간관계의 질서 정립에 관심을 가진 인륜적(人倫的) 문화로서 공자(孔子)의 인(仁) 사상처럼 인간관계의 이상을 규범으로 만드는 데 힘썼다. 바로 이러한 동양적 전통들 속에 인간관계를 뜻하는 '윤(倫)'자가 나타나고 있다.

다음에 '리(理)'자는 치(治, 다스리다)·정(正, 바르다)·도리(道理, 이치에 따르다) 등의 뜻이 있으며, 그밖에도 옥(玉, 구슬·옥돌), 나아가서는 도의(道義, 옳은 길)·판단(判斷, 가리다)·해명(解明, 밝히다), 그리고 명백(明白, 명백하다) 등 여러 가지 뜻을 가지고 있다.

이리하여 두 글자를 합하여 '윤리(倫理)'라고 하면 '사람과 사람이 도덕적으로 관계되는 이론' 또는 '사람과 사람 사이에서 지켜야 할 도리'를 의미한다. 한 마디로 '인간사회의 도리와 그 이론'이라고 해석할 수 있다.

이렇게 동양적 사고에서 볼 때, 윤리는 전적으로 인륜과 같은 의미이며, 인간 공동체의 존재 근원인 도의(道義)를 뜻하는 것으로 이해할 수 있다. 그리고 이러한 의미에서의 윤리라는 말에는 엄격한 규율이나 규범이 강조되고 있는 느낌을 갖게 된다.

이와는 대조적으로 서양의 윤리의 어원인 éthos는 (1) 오래 살아 친숙해진 환경이나 보금자리, 또는 둥지 등을 뜻하기도 하고,

(2) 관습, 생활방식, 개인의 몸가짐이나 마음가짐 등을 뜻한다. 이렇게 본다면 서양에서의 윤리라는 것은 동양에서처럼 의도적이고 엄격한 규율이 강조된 것이기보다는, 자연발생적이고 관습적인 것으로 인간생활에 있어서 동양보다 좀더 친숙한 모습으로 전개된 것이라고 할 수 있다.

이제 종종 윤리와 같은 뜻으로 쓰이기도 하는 '도덕(道德)'의 의미에 대하여 살펴보자.

'도덕(道德)'에서 '도(道)'는 길을 뜻하면서 (1) 사람이 마땅히 걸어야 할 길, (2) 인간의 마음을 연결시키는 길, (3) 인간이 마땅히 행해야 할 도리, (4) 인간관계에 있어서의 규칙과 질서 등을 뜻한다. '도(道)'의 원래 한자(漢字)는 다닐 행(行)과 머리 수(首) 두 글자가 합쳐진 것으로, 글자 뜻대로 직역을 하면 머리로 생각을 하고 그 생각을 행동으로 옮기는 것을 의미한다고 할 수 있다. 그리고 그러한 행동은 사람이 단순히 걸어가는 길을 의미하는 것이 아니라, 사람이라면 마땅히 해야 할 도리를 다하는 것이라고 할 수 있다. 공자(孔子)가 "아침에 도(道)를 깨달으면 저녁에 죽어도 좋다"(朝聞道, 夕死可矣)고 한 것은 바로 인간이 인간으로서의 도리를 깨달아야 함을 강조한 것이라 할 수 있다.

'덕(德)'에는 혜(惠, 은혜), 득(得, 얻음)이란 뜻이 있는가 하면 더욱 넓게는 "크고, 밝고, 옳고, 빛나고, 착하고, 아름답고, 부드럽고, 따스하여 사람으로서의 길[道理]을 행하는 마음 또는 짓"이란 의미를 내포하고 있다. 이와 같은 의미들은 모두 사람이 지켜야 할 도리를 잘 이행해서 나의 것으로 얻는 것을 말한다. 얻을 득(得)과 상통하는 것에서 볼 수 있듯이 사람이 몸과 마음으로 얻게 되는 성품을 뜻한다.

이리하여 '도(道)'와 '덕(德)'이라는 두 글자를 합하여 '도덕

(道德)'이란 말이 되면 '인간행위의 법칙, 또는 인간이라면 마땅히 행하여야 할 도리를 깨달아 내는 것'을 뜻하게 된다. 이런 의미에서 동양의 유교에서는 바른 마음과 진실한 뜻을 가지고 몸을 닦는 길(正心誠意修身之德)이라 하여, 우리들이 '수양을 쌓고 그를 실천하는 태도'를 도덕이라고 하였다. 이런 의미에서 법률이 외적 규범을 가리키는 것이라면 도덕은 내면적 규범으로서 모든 사람의 마음 속에 내면화된 내재율(內在律)을 뜻하는 것이다.

한편 서양에서 도덕을 뜻하는 moral은 라틴어의 mores에서 유래한다. mores는 제재를 동반한 강력한 관습을 말한다. 그런데 관습이란 사회적인 것이고 자연적으로 발생하는 사회규범이다. 비록 관습의 발생이 자연발생적이며 무의식적인 것이었다 하더라도 미개사회, 법 형성 이전의 사회에는 주로 관습과 mores에 의해 사회질서가 유지되어 왔다.

그렇기 때문에 mores에는 이미 있는 그대로의 풍속이나 관습의 의미를 가질 뿐이지, 개인의 자율적 반성이나 자각의 상태는 아니다. mores에서의 행위는 외적 제재나 혹은 '남이 뭐라고 할까'의 두려움으로부터 나온 것이다. 그러나 관습은 원래 사회의 여러 가지 필요와 목적에서 생긴 것이지만, 관습의 폐쇄적 성격과 보수적 경향 때문에 나중에는 그 사회에 맞지 않는 점이 생기게 된다. 사회는 발전하고 관습은 정체한다. 여기서 관습의 자연도태가 생긴다. 사회발전에 이바지하는 것은 그대로 존속하고, 사회의 발전을 방해하는 부조리한 관습은 폐기되고 만다. 이러한 관습의 체계가 다시금 분화하여 일부는 법이 되었고, 일부는 도덕 또는 윤리가 되었다.

이렇게 서양에 있어서 윤리의 어원인 éthos와 도덕의 어원인 mores가 관습을 의미하는 말로부터 온 것임을 살펴볼 때, 서양윤

리와 도덕의 원천은 관습에 있음을 분명히 할 수 있다. 서양 고대
사회에 있어서 관습은 인간의 생활을 규율하는 사회적 규범이다.
그 사회의 구성원들이 준수하지 않으면 안 되는 사회의 행동방식
의 체계가 곧 관습이었다. 고대인은 관습의 체계로 살았다. 관습
은 고대사회의 행동규준이요 생활규범이었다. 동양 윤리·도덕의
특징이 주로 이념제시적이고 현실세계의 인간의 모습을 극복할
것을 강조하는 데 비하여, 서양 윤리·도덕의 특징이 실제적인 삶
을 강조하고 인간 현실세계에서의 예절이나 질서를 강조하는 것
은 바로 이러한 뿌리로부터 나온 것이라고 할 수 있다.

　윤리에 대한 동서양의 어원적 의미를 종합해 볼 때, 윤리란 한
마디로 인간의 사회적 행동기준, 행동규범, 행동법칙이다. 윤리의
의미를 이렇게 본다면, 윤리학은 인간 공동체의 바탕이 되는 질서
와 도리를 밝히는 학문이라고 할 수 있다. 그리고 그것이 단순한
이론적 탐구로서만 끝나는 것이 아니라 실천적 행위와도 연결된
다는 것을 인정할 때 윤리학의 의미를 다음과 같이 정의 내릴 수
있겠다. 윤리학은 "인간관계의 이법(理法)을 밝히고 인생이 어떻
게 살아가야 할 것인가를 탐구하여 그 목적을 구하고 이것을 그
이법(理法)에 비추어서 실천을 지도하려는 학문이다."[5]

　모든 학문이 인간의 행위와 관련 있지만 윤리학은 행위자 당사
자의 동기나 결과에 대하여 가치판단을 내리는 경향이 있다. 어떤
행위 또는 행위를 구성하고 있는 경향성이 선인가 악인가, 이 행
위는 옳은가 옳지 않은가와 같이 언제나 가치판단을 해야 하는
것이 윤리학의 특징이다. 그래서 윤리학은 옳고 그름, 착함과 악
함과 같은 가치판단에 대한 조직적 평가의 학문이라고 할 수 있

───────────────

5) 국민윤리교재편찬회 편, 『국민윤리』(학문사, 1977), p.17.

다. 한 마디로 윤리학은 품성 및 행위를 연구하는 규범학이라고
할 수 있다. 이 정의를 좀더 자세하게 살펴보자.

첫째, 윤리학은 품성을 연구하는 학문이다. 품성이란 우리가 날
마다 같은 일을 되풀이하고 있는 사이에 생기는 행위의 관습성을
말한다. 예컨대 자주 자선행위를 하게 되면 결국에 가서는 자선적
활동이 쉽게 되는 것과 같은 관습성을 품성이라고 말하는 것이다.
물론 품성에는 선한 품성과 함께 악한 품성도 있는데, 윤리학은
행위의 이러한 관습성을 문제삼는다.

둘째, 윤리학은 행위를 연구하는 학문이다. 윤리학상 행위란 목
적적이요 의식적인 인간의 행위(conduct)임을 이미 앞에서 밝혔
다. 그러나 인간은 이러한 행위만을 하는 것이 아니라 다른 생물
들이 하는 행동(action)도 한다. 다만, 윤리학에서는 인간의 이러한
행동(action)은 문제삼지 않고 행위(conduct)만을 문제삼을 뿐이
다.[6]

셋째, 윤리학은 규범(規範)의 학(學)이다.[7] 일반적으로 학문은

---

6) 여기에서 인간의 어떤 움직임이나 삶의 방식을 가지고 그것을 행
   동(action)으로 볼 것이냐, 행위(conduct)로 볼 것이냐는 또 다른
   차원의 논란거리이다. 이러한 논란은 어떤 사람의 삶의 방식을 im-
   moral로 볼 것이나 nonmoral로 볼 것이냐와 마찬가지로 나타난다.
7) 김태길은 있는 사실을 있는 그대로 밝히기를 목적으로 삼는 탐구,
   즉 진리의 인식 그 자체를 목적으로 삼는 학문을 '존재의 학(學)'
   또는 '사실의 학'으로 부르고, 마땅히 있어야 할 세계 또는 우리가
   마땅히 해야 할 바를 밝히고자 하는 연구, 즉 올바른 실천을 궁극
   의 목적을 삼는 학문을 '당위의 학' 또는 '가치의 학'으로 구분하
   면서, 윤리학을 "우리는 어떻게 살아야 할 것인가"의 문제에 해결
   에 궁극의 목표를 두었다는 점에서 '당위의 학'이라고 규정하고
   있다. 김태길, 『윤리학』(박영사, 1984), pp.21~25.

설명과학과 규범과학으로 구분할 수 있다. 설명과학이란 사실을 사실로써 연구하는 학문을 총칭하는 것이요, 규범과학은 사실에 대하여 내려지는 평가에 관한 것을 연구하는 학문의 총칭이다. 규범이란 표준이라는 의미이다. 대체로 사물을 평가함에는 어떠한 표준을 세워서 이 표준에 맞추어 선(善)·미(美)·추(醜) 등을 평가하게 된다. 이처럼 평가에 관하여 연구하는 학문을 규범과학이라고 한다. 윤리학은 품성 및 행위에 대한 학문 가운데서도 규범과학의 하나라고 말할 수 있다.

칸트(I. Kant)는 인간 이성의 관심은 ① 나는 무엇을 알 수 있는가? ② 나는 무엇을 해야 할 것인가? ③ 나는 무엇을 희망해도 좋은가? ④ 인간이란 무엇인가?라는 네 가지로 집약된다고 하면서, 둘째 번 질문에 대한 해답이 윤리학이라고 하였다. 자연 존재의 세계는 필연의 영역이고, 자연의 법칙에 따를 뿐이며, 당위는 있을 수 없다. 그러나 인간은 자유를 지닌 존재로서 행해야 할 의무로서의 행위를 설정할 수도 있고 그렇게 할 필요도 있다. 칸트(I. Kant)에 있어서의 윤리학은 '나는 무엇을 해야 할 것인가?'(Was soll ich tun?)에 답하는 학문이고, 의무를 논하는 의무론(義務論, Pflichtenlehre)이라고 할 수 있다.

## 3) 윤리적 규범의 근거

우리는 사람들에게 도덕적이고 윤리적일 것을 요구한다. 그리고 이러한 요구에는 '어떤 행위는 선한 행위이고 어떤 행위는 악한 행위이다'라는 전제가 깔려 있다. 그렇다면 어떤 행위에 대하여 우리가 선함과 악함을 부여하는 근거는 어디에 있는가? 예를 들어, 일반적으로 거짓말은 악한 행위이고 자선은 선한 행위라고 인정된다. 그렇다면 어떤 근거에서 거짓말은 악하고 자선은 선하단 말인가? 그러한 근거란 선천적으로 주어진 것일까, 아니면 경험적으로 형성된 것일까? 이것은 우리가 윤리적인 옳고 그름, 좋음과 나쁨을 판단할 때, 그 판단의 기준과 근거가 무엇이고 어디로부터 오는가에 대한 질문이다.

이러한 문제들에 대하여 많은 논의들이 전개되었지만, 윤리의 근거에 대한 이러한 논의들을 다음과 같이 크게 세 방향으로 나누어 볼 수 있다.

첫째는 이성적이고 선천적인 것으로부터 윤리의 근거를 찾으려고 하는 입장이다. 우리는 선이 무엇인지를 구체적으로 제시하려고 한다면 선에 대한 확실한 근거를 제시할 수 있어야 한다. 이러한 근거는 우선 이론적으로 납득될 수 있는 것이어야 할 것이다. 만일 그렇지 않다면 우리는 단지 자기 마음에 드는 의견이나 감정만을 토로하고 말 것이며, 이것은 보편 타당한 것이 되지 못한다. 그렇다면 이성적인 윤리의 근거란 도대체 무엇인가?

아리스토텔레스에 의하면 인간의 본성인 이성에 따를 때에 도덕적인 선과 인간의 자기 완성이 실현된다. 이러한 이성에 의하면, 우주의 만물은 선천적으로 어떤 목적에 따라 만들어졌으며, 인간이 창조된 목적은 선의 실현에 있다. 따라서 인간 행동의 궁극적 목표는 선의 추구와 실현이다. 아리스토텔레스는 '선은 덕에 부합하는 영혼의 행동이다' 라고 정의했다.

그리고 이러한 인간의 최고 목표인 선의 실현은 곧 행복으로 연결된다. 인간 행동의 궁극적인 목표는 행복을 추구하는 것이며, 행복하기 위해서는 덕을 행해야 하며, 덕을 행하려면 덕이 무엇인가를 이성에 의해 바로 알아야 하며, 덕을 바로 아는 것이 선이다.

따라서 그에 의하면 선이 곧 행복이며 덕이다. 따라서 선과 덕과 행복은 일치한다. 이렇게 아리스토텔레스의 윤리학은 목적론적 윤리학이며 행복주의 윤리학이다.

토마스 아퀴나스에 의하면, 선은 인간의 이성이 목적으로 삼는 것이며, 악은 이 목적에 거스르는 것이다. 이 근본원리에 비추어 보면 선과 악은 분명히 구별될 뿐만 아니라, 무엇이 선이고 무엇인 악인지를 인간은 알 수 있게 된다. 예컨대 '부모를 공경해야 한다' '약속은 꼭 지켜야 한다'는 등의 계명은 인간의 이성에 의해 밝혀진다. 이러한 계명은 선천적 도덕법이다.

토마스 아퀴나스는 이 선천적 도덕법을 자연법(自然法)이라고 불렀다. 이 자연법은 이성을 통하여 인간에게 알려지며, 그 근원을 영원법(永遠法)에 두고 있다. 여기서 영원법이란 하느님이 창조한 피조물들이 하느님이 계획한 목적에로 나아가도록 만든 법으로서 근원적으로 하느님의 본성에 속한다. 그래서 이 영원법은 신법(神法)이라고도 불린다. '선을 행하고 악을 피해야 한다'는 계명은 자연법의 제일 의무, 제일 원리이며 보편적 원리이다.

칸트에 의하면, 모든 인간은 도덕법칙을 지켜야 할 의무를 지닌다. 도덕법칙은 언제 어디서나, 그리고 누구에게서나 타당한 것으로서 모든 사람이 지켜야만 하는 것이다. 이 도덕법칙을 존중하는 것은 곧 인간의 의무이다. 따라서 이러한 도덕법칙은 언제나 우리에게 절대적인 명령으로서 나타난다. 이 절대적 명령이란, 도덕적 존재인 인간은 그 스스로가 절대적 가치로서의 존엄성을 지니고 있기 때문에 인간을 항상 목적으로 대우해야 하고 결코 수단으로 취급해서는 안 된다는 것이다.

그러나 사물들은 그 가치가 언제나 공리적이고 실용적이므로 단지 상대적 가치만을 지닐 뿐이다. 그러므로 사물들은 그 쓰임새를 잃게 되면 아무런 가치도 지니지 못하게 된다. 인간은 이와 달리 자신의 존엄성과 무한한 내재적 가치를 지니고 있다. 그러므로 우리는 서로 존중해야 한다. 이와 같이 칸트에 있어서는 인간의 존엄성이 곧 도덕성의 기초가 된다.

이상에서 살펴본 세 철학자의 윤리사상은 같은 방향을 향하고 있다. 그들은 도덕적 선이 인간에게 선천적으로 부여되어 있고, 이성을 통해 그것을 깨닫고 실천할 수 있다는 것이다. 그 선천성이 인간 외부에 있든 인간 내부에 있든, 도덕·윤리의 근거가 선천적으로 주어져 있다는 것은 윤리적인 삶에 대한 명확한 지침을 줄 수 있다는 장점이 있다. 선천적으로 주어진 도덕률을 제대로 파악하고 그대로 살아간다면 그 사람의 삶은 윤리적인 삶이 되기 때문이다.

둘째로, 경험론자들은 선천적인 윤리적 근거를 제시하는 이성주의자들과는 달리 인간이 이성적 존재로서 자유롭게 행위할 수 있는 정신적 존재임을 부정한다. 경험론자들의 입장에 따르면 인간의 실천적 행위는 쾌감과 불쾌의 동기, 즉 감각적이고 경험적인 것에 의해 결정된다. 쾌락주의와 공리주의가 바로 이러한 입장을 취하고 있는데, 그들의 주장을 자세히 살펴보면 다음과 같다.

쾌락주의자들은 쾌락을 극대화하고 고통을 극소화하는 것이 선이라고 주장한다. 그들은 쾌락을 많이 충족시킬수록 사람들은 더욱 행복해질 수 있다고 생각하였다.

쾌락주의자 중에서 에피쿠로스(Epikuros, B.C341~270)는 쾌락을 능동적인 쾌락과 수동적인 쾌락으로 나누었다. 능동적 쾌락은 고통이 따르는 쾌락으로서, 예컨대 성적 욕구를 충족시키는 것, 포식·음주 등이며, 반면에 수동적 쾌락은 고통이 뒤따르지 않는 쾌락으로서, 예컨대 담소와 같이 마음이 편안한 상태를 가리키는 것이다. 그는 이렇게 쾌락을 구분한 뒤 수동적인 쾌락에서 진정한 쾌락을 찾아볼 수 있다고 하였다.

이렇게 마음이 편안한 상태를 '아타락시아'(ataraxia)라고 하는데, 이것은 나중에 현실도피 사상으로 발전하기도 하였다. 이처럼 쾌락의 원리를 윤리적 근거로 삼는 윤리학설을 쾌락주의(hedonism)라고 하며, 이러한 쾌락주의는 영국의 경험주의적 윤리 이론을 발전시켰다.

경험주의적 윤리학은 선의 이론적 근거를 도덕적 감각에 둔다. 경험주의자들은 도덕적 가치들을 감각이나 정서에서 생겨 나오는 주관적 가치라고 주장한다. 사람들은 도덕적 감각에 의해 행복을 판단하며, 다른 사람들의 행복까지도 바라게 된다고 한다. 따라서 이러한 도덕적 감각은 주관적인 느낌이며 상대적인 것이 되고 만다.

공리주의(utilitarianism)는 선의 근거를 유용성(utility)에 둔다. 즉, 일반적으로 공리주의자들이 말하는 선이란 쾌락이나 행복을 말하는데, 이러한 쾌락과 행복을 낳게 하는 데에 얼마나 유용한가에 따라 행위의 옳고 그름이 결정된다. 따라서 공리주의자들은 '최대 다수의 최대 행복'을 삶의 목표로 삼는다. 왜냐하면 공리주의자들은 절대적인 선은 없고 상대적인 선밖에 없으므로 보다 많은 사람에게 보다 많은 쾌락을 가져다 줄 수 있는 것을 선의 기준으로 삼기 때문이다.

벤담에 의하면, 쾌락이 충족될수록 인간은 행복해지는데, 이 쾌락은 질적으로 차이가 없으며 양적으로만 차이가 있다. 그러나 밀은 벤담과는 달리 쾌락은 질적 차이가 있다고 말했다. 밀에 의하면, 사람들은 질적으로 더 가치 있는 쾌락을 좋아한다고 주장했다. 그래서 그는 "만족한 돼지보다 불만에 가득 찬 소크라테스가 더 낫다"고 말했다. 그래서 벤담의 공리주의를 양적 공리주의라고 부르며, 밀의 공리주의를 질적 공리주의라고 부른다.

이렇게 선천적이고 이성적인 윤리의 근거가 아니라, 감각적이
고 경험적인 윤리적 근거를 찾으려는 입장에 대해 몇 가지 비판
이 따른다. 인간의 경험이나 감각을 어떻게 신뢰할 수 있느냐가
그 첫째 비판일 것이다. 그리고 효용성이나 유용성만을 인간 행위
의 목표로 삼는 공리주의에 대하여 집단적인 이기주의라고 비판
하는 사람들이 있다. 도덕적 의무를 실천하는 것은 개인의 이익이
나 유용성과는 무관하다는 것이다. 그리고 유용성은 결과적으로
이득을 가져다 줄지는 모르지만 결코 수단을 신성하게 해주지 못
한다고 비판자들은 주장한다.

또한 비판자들은 경험적이고 감각적인 윤리적 근거를 주장하
는 사람들이 인간이 이성적 존재로서 쾌락이나 불쾌와 상관없이
자유롭게 행위할 수 있다는 사실을 간과하고 있다고 지적한다. 쾌
락주의자나 공리주의자들은 인간의 행위가 자연과학적인 의미의
인과관계만으로는 설명될 수 없는 더 깊은 내면의 세계가 있다는
것을 보지 못하고 있다는 것이다.

마지막으로, 인간의 이성이나 감각이 아니라 윤리적인 근거를
현상학적(現象學的)인 가치감(價値感)에 바탕을 두고 설명하는 사
람들이 있다. 셸러(M. Scheler)·하르트만(N. Hartman)·헤센(J.
Hessen) 등이 그들이다. 이들은 이성주의자들이나 경험론자들처럼
합리적 근거에서 윤리의 기원을 찾는 것이 아니라 윤리적 근거는
합리적일 수 없다고 생각한다.

셸러에 의하면, 윤리적 근거는 이성이나 감각이 아니라 인간의
가치 감정으로부터 도출할 수 있다. 인간은 무엇이 가치가 있고
무엇이 가치가 없는가를 직접적으로 느끼는 가치감을 가지고 있
다. 우리는 이 가치감에 의해서 가치 판단을 할 수 있다. 이 가치

감은 합리론자들이 설명할 때 사용하는 수학적 논리와는 다른 마음의 논리, 즉 마음의 질서에 의해서 해명된다. 이 가치감은 날 때부터 완성된 모습으로 나타나는 것이 아니라, 우리의 인격이 성숙함에 따라 성숙한다. 그러나 이 가치감은 선천적인 바탕에 근거를 두고 있다. 예컨대 가치감의 선천적 특성은 양심의 현상에서 나타난다.

양심(良心)이라는 말은 희랍어나 라틴어에서는 '함께 안다' (synderesis, conscientia)는 뜻을 가진다. 다시 말해서 인간이 신(神)과 함께 안다는 뜻이다.

인간의 내면에는 자연도덕법의 요청에 호응하는 기능이 있다. 이 기능은 도덕법의 요청을 파악하여 인간으로 하여금 결단을 하게 해주며, 구체적인 윤리적 행위를 하도록 이끌어 준다. 이것이 바로 양심이다. 따라서 윤리적인 근거는 선을 위한 양심의 결단이다. 양심은 인간의 윤리적 결단을 하는 최종적이고 주체적이며 내면적인 규범이다. 따라서 양심의 요청은 선과 악에 대한 기준이며 윤리적 근거가 된다. 우리가 나쁜 짓을 하려고 하거나 남에게 해로운 짓을 하려고 할 때 양심은 우리에게 경고하고 올바른 행위를 하도록 타이르며, 잘못한 일에 대해서 스스로 유죄판결을 내리며 죄의식을 불러일으킨다.

그러나 실제로 어떤 사람의 양심은 무디다. 윤리적 가치를 보지 못하거나, 또는 어떤 윤리적 가치에 대해서 민감하지 못한 사람들이 있을 수 있다. 그러므로 어떤 사람은 가치감이 부족하다고 말할 수 있다. 그러나 인간은 자기 단련으로 부족한 가치감을 풍부하게 할 수 있다. 그러므로 양심도 발전하고 성숙한다고 말할 수 있다. 그러므로 어떤 사람의 양심이 무디거나 민감하게 반응하지 않는다고 해서 양심이 없다고 우리는 말할 수 없다.

하르트만은 셸러의 가치론을 계승하면서 본질로서의 가치를 말한다. 그는 이 세상의 모든 가치는 좋은 것들(Güter) 또는 가치가 있는 것들(Wertdinge)로부터 독립되어 있을 뿐만 아니라, 사물들이 가치 있기 위한 전제라고 주장한다. 다시 말해 사물들이 가치가 있는 것은 그것들 자신이 가치가 있기 때문이 아니라, 초월적인 객관적 실재로서 존재하는 '본질로서의 가치'에 의해서 가치가 있게 되는 것이다. 그리고 이러한 가치는 셸러와 마찬가지로 이성의 반성적 능력에 의해서가 아니라 감정적 직관에 의해 파악된다고 그는 주장한다.

그러나 이러한 현상학적인 근거에서 가치, 즉 도덕·윤리적 가치의 근거를 찾으려는 것도 또한 비판의 소지가 있다. 우선 현상학적 가치론자들이 주장하는 이론과 용어들이 여러 가지 뉘앙스를 갖고 있어 정확한 의미 규정이 어렵다는 것이다. '가치감', '본질적 가치' 등은 규정하는 자에 따라서 그 의미와 존재방식이 다르게 나타날 수밖에 없다. 그리고 이에 따르는 당연한 문제점으로, 가치감이라는 것은 너무나도 주관적인 방향으로 흐를 수 있고, 그 배후에 종교적 색채가 짙게 깔릴 수 있다는 것도 문제점으로 지적되곤 한다.

# 제3장 윤리학의 주요 논쟁

## 1) 윤리적 절대주의와 상대주의

옛날부터 대부분의 사람들은 완전한 도덕을 위한 거울이 될 수 있는 절대적 윤리의 존재를 믿어왔다. 윤리는 경험적으로 생긴 것이 아니라, 인간이 이 세상에 생겼을 때 이미 주어져 있는 선천적 규범이라는 것이다. 마치 자연계에도 모든 자연현상이 따라야 할 법칙이 처음부터 정해져 있듯이, 인간의 세계에도 인간인 이상 누구나 지켜야 할 행위의 규범이 미리 정해져 있다고 믿었다. 그리고 자연의 법칙이 그렇듯이, 선천적으로 주어진 윤리의 규범도 공간이나 시간을 초월하여 절대적이라고 그들은 믿었다. 그리고 많은 학자들이 그 절대적 윤리의 원리와 법칙을 밝혀내려고 하였다.

그럼에도 불구하고 '로마에서는 로마인처럼 행동하라'는 것처럼 모든 도덕·윤리규범은 문화권에 따라 상대적이라는 견해 또한 많은 사람들이 받아들이고 있는 입장 중의 하나이다. 이 입장에 따르면, 한 사회에서 적용되는 윤리규범이 다른 사회의 사람들에게도 그대로 적용되지는 않는다. 한 마디로 각 사회는 자체의 규범을 갖고 있다는 것이다. 이러한 입장을 우리는 윤리적 상대주의라고 한다.

윤리적 상대주의자들은 도덕적인 진리가 국가·사회·문화·계층·개인에 따라 항상 상대적이라고 주장한다. 그들은 윤리학이 진리를 갖지 않는다고 생각하기보다는 오히려 윤리학은 많은 진리를 가진다고 생각한다. 절대적이고 보편적인 진리가 모든 사람에게 객관적으로 동일하지 않다고 하더라도 사람들은 옳고 그름을 구별하는 도덕적인 판단을 한다. 상대주의자들에게 있어서 어떤 판단이 그르다고 말하는 것은 불합리하다. 각자의 개인 혹은 각각의 사회는 자신의 도덕적 진리를 발견해야 하며, 그 진리에 따라 살아가야 한다고 그들은 믿기 때문이다.

이러한 윤리적 상대주의는 접근하는 방식에 따라 몇 가지로 구분될 수 있는데, 여기서는 크게 기술적 상대주의와 규범윤리적 상대주의의 두 입장으로 구분해 보고자 한다.[1]

먼저 기술적 상대주의(記述的 相對主義, descriptive relativism)란 절대적이고 보편적인 윤리규범이나 진리가 없는 현실을 있는 그대로 설명하고 기술(記述)하는 것이다. 이것은 하나의 사실적이고

---

1) 테일러(Paul W. Taylor)는 윤리적 상대주의를 ① 기술적 상대주의 ② 규범윤리적 상대주의 ③ 분석윤리적 상대주의의 세 가지로 구분하고 있고, 프랑케나(William K. Frankena)는 ① 기술적 상대주의 ② 규범적 상대주의 ③ 메타 윤리학적 상대주의의 세 가지로 구분하고 있다. 두 사람 모두 상대주의의 구분에 있어서 같은 입장을 취하고 있는데, 본서에서는 논의의 목적상 크게 기술적 상대주의와 규범윤리적 상대주의의 두 입장만을 구분해서 설명하고자 한다. Paul W. Taylor, 앞의 책, pp.27~41 참조. ; William K. Frankena, 황경식 역, 『윤리학』(Ethics)(종로서적, 1990) pp. 192~195 참조.

경험적인 이론으로서 보편적으로 인정되어 온 어떠한 도덕적 표준이나 행위의 규칙도 역사적·사회적 사실로부터 끌어낼 수 없다는 것이다. 이 입장에 따르면, 모든 문화권에 공통되는 도덕규범은 없다. 각 사회는 무엇이 옳고 무엇이 그른가에 대한 나름대로의 견해를 갖고 있으며, 이러한 견해는 여러 사회의 도덕률간의 차이점 때문에 사회마다 각기 다르다. 그러므로 모든 인류를 하나의 도덕공동체 속에 묶을 수 있는 공통적 규범이 있다고 생각하는 것은 잘못된 일이다.

기술적 상대주의를 주장하는 사람들은 그들의 이론을 뒷받침하는 증거로서 몇 가지 사실을 지적하는데, 그 내용을 정리하면 다음과 같다.

(1) 문화적 다양성에 대한 사실 : 우리는 원시문명에 대한 인류학자들의 연구업적을 통하여 상이한 사람들의 관습·금기·종교·도덕·일상 생활습관, 그리고 삶에 대한 일반적인 견해상의 차이가 얼마나 심한가를 알고 있다. 마찬가지로 현재 우리들의 세계에 있어서도 문화권에 따라 다양한 삶의 방식들이 전개되고 있으며, 같은 사회구조 안에서도 다양한 사회경제적 계층간에도 상당한 차이점이 있다는 것을 알고 있다.

(2) 도덕적 신념이나 도덕률의 기원에 대한 사실 : 우리의 모든 도덕적 태도와 판단은 사회환경으로부터 습득한 것이다. 옳고 그름에 대한 우리의 믿음도 우리의 조상과 부모들로부터 전달되어 온 것으로, 우리의 문화권에서 인정된 규범을 개인적으로 내면화한 것에 불과하다. 우리가 어렸을 때 무엇을 해야 하고 또 무엇을 해서는 안 된다는 소리를 들었을 때, 그리고 우리가 한 일에 대하여 부모들이 동의하거나 거부했을 때, 우리는 우리 사회에서 인정되는 행위의 표준과 규칙을 배우고 있었던 것이다. 이렇게 한

개인의 어떤 신념체계는 합리적이고 잘 조절된 사고와는 거의 관계가 없이 어린 시절의 훈련을 통해 사회적 규범을 내면화하는 무의식적 과정을 통해 형성된 것이다.

(3) 자기 민족 중심주의에 대한 사실 : 대부분의 사람들은 인간에게 부합되는 진실은 오직 하나뿐이라고 생각하며, 자신들의 윤리가 바로 그러한 진실이라고 생각한다. 그들은 자신들이 그 영향 아래서 자라고 또 그들의 옳고 그름에 대한 깊은 감정을 형성시킨 도덕률, 즉 그들 자신의 도덕률이야말로 어느 누구라도 생활에서 지켜야 할 유일한 도덕률이라고 굳게 믿고 있다. 따라서 이러한 자기 민족 중심주의는 종종 관용의 상실과 함께 독단주의로 흐르게 된다. 이러한 독단주의에 빠지게 되면 사람들은 극도의 편협한 윤리관을 갖게 되고, 그들의 견해와 다른 견해를 가진 사람들은 도덕·윤리문제에 있어서 잘못을 범하거나 무식하다고 생각한다. 그들의 태도는 '우리는 진보되었고 너희들은 뒤떨어진 민족이다' 라거나 '우리는 문화민족이지만 너희들은 야만인이다' 와 같은 것이 된다.[2]

기술적 상대주의자들이 내세우는 위와 같은 증거들을 종합해 볼 때, 기술적 상대주의는 다음과 같이 요약될 수 있다. 모든 문화는 서로 다른 윤리규칙과 표준을 갖고 있고, 또 개인들이 갖고 있는 윤리적 신념은 그들 각각의 문화권 내에서의 도덕률 체계에 의해 습득되기 때문에 보편적인 윤리규범이 없다. 만일 누가 보편적인 윤리규범이 있다고 믿는다면 그 현상은 자기 민족 중심주의로 설명될 수 있다.

그러나 우리는 기술적 상대주의자가 자신의 입장을 뒷받침하

---

2) William K. Frankena, 앞의 책, p.31.

기 위한 증거로서 제시한 사실이 궁극적 도덕원리가 상대적이라
는 것을 입증하지 못한다는 것을 알 수 있다. 그것은 다만 구체적
표준과 규칙이 상대적이거나 문화제한적이라는 것을 보여줄 따름
이다. 서로 다른 사회가 좋고 나쁨, 옳고 그름에 대하여 서로 다른
규범을 갖고 있다는 사실은 그러한 사회의 다양한 도덕률을 이루
는 표준이나 규칙에 대한 사실이다. 이러한 사실은 모든 사회가
그들 사회의 도덕률을 정당화시키기 위한 최종 근거로서 명시적
으로나 묵시적으로 호소하는 단 하나의 궁극적인 원리가 없다는
데 대한 증거가 되지 않는다. 왜냐하면, 만약 보편적인 궁극적 원
리가 있다면 도덕률간의 실제적인 차이는 상이한 사회의 서로 다
른 세계관, 전통, 그리고 물리적 환경으로 설명될 수 있기 때문이다.

　이러한 한계 때문에 우리는 다른 종류의 윤리적 상대주의, 즉
규범윤리적 상대주의(規範倫理的　相對主義, normative ethical relativ-
ism)에 관심을 두게 된다. 이 입장에서는 다른 사회에 속한 사람
의 행동을 자기 자신이 속한 사회의 규범을 적용해서 판단하는
것은 정당하지 못하다고 주장한다. 기술적 상대주의가 '사회마다
서로 다른 윤리규범이 적용되고 있다'는 사실을 있는 그대로 설
명하고 보여주는 것이라면, 규범윤리적 상대주의에는 '사회마다
서로 다른 윤리규범이 적용되는 것은 당연하다. 따라서 자기 사회
의 윤리규범을 다른 사회에 강요하지 말라'는 식의 가치 판단과
당위적 명령이 포함되어 있다.

　이것은 규범윤리적 상대주의자가 사회에 따라 윤리규범이 다
르다고 말할 때, 그는 단순히 서로 다른 사회가 서로 다른 규범을
받아들이고 있다는 사실만을 주장하려는 것이 아니다. 그는 기술
적 상대주의의 입장을 넘어서서 규범적인 주장을 하고 있는 것이
다. 그는 윤리규범에 보편타당성이 있다는 것을 부정한다. 그는

윤리적 표준이나 규칙은 이러한 표준이나 규칙을 현실적인 도덕률의 일부분으로 채택한 사회의 구성원에게만 올바르게 적용된다고 주장한다. 그러므로 그는 이러한 표준이나 규칙을 가지고 다른 사회의 구성원들의 행위나 성격을 파악한다는 것은 부당하다고 생각한다. 한 사회의 규범을 가지고 다른 사회에 있는 사람의 성격이나 행위를 판단하는 기초로 사용하려는 자는 누구나 결과적으로 오류에 빠지게 된다.

그렇다고 해서 규범윤리적 상대주의자가 반드시 모든 사람들의 규범에 대한 자의적 적용을 인정하는 것은 아니다. 또한 모든 사람들이 그들 자신들의 규범에 따라 살 권리를 허락하는 것도 아니다. 왜냐하면 규범윤리적 상대주의자는 자의적 적용 자체에 대해서도 상대주의적 견해를 가질 것이기 때문이다. 자의적 적용을 인정하는 규칙을 포함하는 도덕률을 가진 사회에서는 다른 사람들의 규범에 대한 자의적 적용을 인정하는 것이 옳을 것이며, 반면에 자의적 적용을 인정하지 않는 도덕률을 가진 사회에서는 다른 사람들이 다른 규범에 의해 사는 것을 금지하는 것이 옳을 것이다. 규범윤리적 상대주의자는 단순히 자의적 적용을 인정하는 사회가 인정하지 않는 사회보다 더 낫다고 판단하지 말아야 한다고 말할 뿐이다. 그 이유는 우리 자신이 갖고 있는 관용의 규범을 다른 사회에 적용하는 것이 때문이다.

규범윤리적 상대주의를 옹호하기 위해 가장 잘 쓰이는 논의는, 만약 기술적 상대주의가 참이라면 당연히 규범윤리적 상대주의를 받아들여야 한다는 것이다. 왜냐하면 각 개인의 도덕판단이 그가 속한 문화와 시대의 규범체계 내에서 형성되고 그러한 규범도 시대에 문화에 따라 다르다면, 어떤 사람이 자신의 규범을 다른 사회나 시대의 행위에 적용시키는 것은 부당하기 때문이다. 자신의 규범을 다른 사회나 시대의 행위에 적용하는 것은 기술적 상대주의가 보여준 바와 같이 일종의 맹목적이고 편협한 자기 민족 중심주의가 된다. 이렇게 볼 때 규범윤리적 상대주의의 주장을 뒷받침하는 근거는 기술적 상대주의를 지지하는 사실로부터 도출된다는 결론에 도달하게 된다.

기술적 상대주의이건 규범윤리적 상대주의이건 간에 윤리적 상대주의가 기본적으로 갖고 있는 문제점으로 종종 지적되고 있는 것은, 구체적인 도덕 표준·규칙과 궁극적인 도덕원리와의 관계를 혼동하고 있다는 것이다.[3] 그러나 윤리적 상대주의가 갖고 있는 더 큰 문제점은 모든 윤리적 가치를 궁극적으로 인위적인 것, 사회적인 것, 주관적인 것으로 보는 데 있다. 콜버그(L. Kohlberg)도 윤리적 상대주의가 " '모든 사람이 자신의 가치를 지니고 있다' 는 사실로부터 '모든 사람은 각자 자신의 가치를 지녀야만 한다' 는 당위(當爲)가 나올 수 있다고 추론하는 것은 잘못이다"[4] 라고 말한다. 그는 윤리적 상대주의나 문화적 상대주의가 편견에 근거를 둔 것이라고 주장한다.

이러한 윤리적 상대주의의 난점 때문에 사람들은 윤리적 절대주의를 외친다. 사람들이 이렇게 절대주의에 매달리는 것은 "불확실한 삶 속에서 확실한 것이 있어야만 된다고 느끼는"[5] 인간들의 바람이 표현된 것이기도 하며, 확실성에 대한 믿음이 우리를 편하

3) Louis P. Pojman, *Ethical Theory : Classical and Contemporary Readings* (Belmont : Wodsworth Publishing Company, 1989), p.15.

4) Lawrence Kohlberg, *The Philosophy of Moral Development : Moral Stage and the Idea of Justice,* V.1 (San Francisco : Harper & Row, 1981), p.107.

5) David Nyberg, *The Varnished Truth : Truth Telling and Deceiving in*

게 만들기 때문이기도 할 것이다.[6] 실로 윤리학의 역사는 절대적
윤리의 탐구를 위한 역사라고 하여도 과언이 아닐 것 같다.

그럼에도 불구하고 절대론적 윤리설은 만인이 납득할 만한 윤
리의 원칙을 확립하는 일에 성공하지 못하였다. 그러나 절대적인
윤리의 원칙을 발견하기에 성공하지 못했다는 사실은 반드시 선
천적이며 절대적인 윤리의 원칙이 존재하지 않는다는 증거로서
충분한 것은 아니다. 이러한 논리는 절대적인 윤리원칙이 존재하
기를 바라는 소망과 쉽게 결합한다. 그리하여 학자들이 만족할 만
한 윤리설을 수립하기에 거듭 실패한 뒤에도 절대적인 윤리 원칙
이 존재하며, 또 그것은 이성의 탐구 앞에 언젠가는 정체를 나타
낼 것이라는 희망은 여전히 살아 있다. 물론 그러한 희망에 냉수
를 끼얹는 비판적 학설도 종종 있었지만,[7] 윤리의 절대성에 대한

---

Ordinary Life(Chicago and London : Chicago University Press, 1993),
p.30.

6) 실용주의 철학자 제임스(William James)는 선천적인 도덕원리의
존재 여부에 대하여 우리의 실생활을 위해서 유리한 편, 즉 선천적
도덕원리가 존재한다는 편을 들자는 의견을 내놓고 있다. 이에 대
하여 김태길은 다음과 같은 두 가지 이유를 들어 반대하고 있다.
첫째, 어떤 대상이나 사건의 존재 유무에 대하여 어느 편을 위한
확증도 없을 때, 부정과 긍정의 명제 두 가지가 동등한 권리로서
주장될 수 있다는 전제에 문제가 있다. 둘째, 실생활에 대한 유용성
을 사실 판단의 진위와 관련시키는 발상에 인식론적 무리가 있다.
김태길, 『변혁 시대의 사회철학』(철학과 현실사, 1990), pp.21~22.
7) 절대론적 윤리설에 반대한 학자들로서 옛날 희랍에 이미 소피스트
들이 있었고, 근세에 와서는 D. Hume의 시인설(是認說, approval
theory), A. Comte의 실증주의, C. Darwin의 진화론, F. Nietzsche의
초인윤리 등 그 자체 회의론적 윤리설은 아니나 바탕에 그렇게 발

믿음은 쉽게 허물어지지 않을 것이다.

이러한 윤리적 절대주의에 대한 종류 및 특성을 알아보기 전에 '절대적'이라는 말의 의미부터 명확하게 이해할 필요가 있다.

도덕이나 윤리규범이 절대적이라는 첫번째 의미는, 어떤 도덕·윤리규범은 모든 인간에게 공통적으로 정당화되고 적용될 수 있다는 것이다. 한 마디로 윤리적 보편주의를 말하는 것으로 규범 윤리적 상대주의를 부정한다. 이 의미에서의 윤리적 절대주의자는 한 사회에서 실제로 받아들여지고 있는 도덕·윤리규범이 무엇이든 간에 모든 사람에게 적용되는 도덕·윤리규범이 있다고 주장한다.

두 번째 의미에서의 절대적이라는 의미는 첫번째와는 전혀 다르다. 두 번째 의미에 의하면, 도덕·윤리규범이 절대적이라고 하는 것은 그 규범이 어떠한 예외도 갖지 않는다는 것이다. 따라서 '약속을 어기는 것은 잘못이다'라는 규칙이 두 번째 의미에서 절대적이라면 어떠한 상황에서도 약속을 결코 어겨서는 안 된다. 심지어 약속을 지키기 위하여 아무 잘못 없는 사람에게 고통을 준다 하더라도 약속을 지키는 것이 우리의 의무이다.

여기서 중요한 것은 위와 같은 윤리적 절대주의의 두 가지 의미가 서로 논리적으로 독립되어 있다는 것이다. 두 번째 의미의 윤리적 절대주의자는, 세상에 그 어떤 합리화나 정당화로도 어떠한 예외도 인정될 수 없는 적어도 몇 가지 필수적인 도덕규범이 있다고 주장한다. 이렇게 볼 때, 첫번째 의미에서의 절대주의는 두 번째 의미의 절대주의를 논리적으로 함축하지 않는다. 다시 말

---

전할 요인을 숨긴 학설이 많았다. 선천적 윤리설을 의심하는 태도를 보다 명백하게 드러낸 근세의 학자로는 T. Hobbes가 있다.

해, 첫번째 의미의 윤리적 절대주의자이면서 두 번째 의미의 윤리적 절대주의자가 아닐 수도 있다. 왜냐하면, 모든 사회의 모든 사람에게 타당한 도덕·윤리규범이라도 특수한 상황이 생기게 되면 합법적인 예외를 허용하는 경우가 있을 수 있기 때문이다.

## 2) 목적론과 의무론

이제 구체적으로 윤리적 절대주의의 이론에는 어떤 것이 있는가를 살펴볼 때 크게 목적론적 윤리설과 의무론적 윤리설로 나누어 살펴볼 수 있다.[8)]

목적론적(teleological : 목적 또는 목표를 뜻하는 그리스어 telos에서 유래) 윤리설에 따르면 인생에는 모든 사람이 그것의 실현을 위해 최선을 다해야 할 목적이 있다. 그것은 삶의 궁극 목적으로서 사람들이 마음대로 정할 수 있는 것이 아니라, 이미 선천적으로 주어져 있는 절대적인 것이다. 그 절대적 목적이 무엇이냐에 관해서는 여러 가지 견해의 차이가 있으나, 하여간 '우리는 어떻게 살아야 하는가?'의 윤리학적 근본문제는 선천적으로 정해진 저 인생의 궁극 목적에 비추어서 대답되어야 한다고 믿는 점에 있어서 그들은 의견을 같이한다. 그러므로 목적론적 윤리학이 대답해야 할 최초의 근본문제는 '인생의 궁극적인 목적이 무엇이냐'라는

---

8) '목적론적 윤리설'과 '절대론적 윤리설'이라는 용어 및 개념 구분은 브로드(C. D. Broad)로부터 시작되었다. Charlie, D. Broad, 박찬구 역, 『윤리학의 다섯 가지 유형』(*Five Types of Ethical Theory*)(철학과 현실사, 2000) 참조.

것이다.

'인생의 궁극적인 목적이 무엇이냐?'는 물음에 대한 대답은 목적론자들 사이에도 견해의 차이가 많다. 플라톤은 선의 이데아(idea)로 접근함 또는 선의 이데아를 본받음을 삶의 목표로 삼았는가 하면, 아리스토텔레스는 행복을 삶의 궁극 목적이라고 주장했다. 그리고 19세기 영국의 철학자 그린(T. H. Green)은 자아의 실현을 최고의 선으로 보았다.

이렇게 인생의 궁극적인 목적이 무엇인가가 정해지면 목적론적 윤리설에서는 한 사람이 행동을 할 때, 원하는 목적을 잘 달성하는 결과를 가져오는 행동이 윤리적으로 옳은 행동이다. 즉, 목적론적 윤리학에서 행위의 옳고 그름을 결정하는 것은 추구하는 목적에 좋은 결과를 가져오느냐 나쁜 결과를 가져오느냐에 달려 있다. 이러한 윤리체계에서 한 행동의 결과란 그 행동이 미래에 가질 모든 영향을 포함하는 것으로 이해되어야 한다. 모든 영향이란 그 행동이 수행됨으로 말미암아 생기는 모든 것, 즉 그 행동이 일어나지 않는다면 미래에 달라질 것까지 모두 포함한다.

이러한 목적론적 윤리학은 선악을 판단하는 기준이 명확하다는 장점이 있음에도 불구하고 몇 가지 난점을 가지고 있다.

첫째 난점은, '인생에 주어진 객관적인 목적이 있다'는 명제가 논증된 것도 아니며 또 자명한 원리도 아니라는 사실이다. 인생 또는 우주 전체가 모종의 선천적이요, 객관적인 사명을 띤 하나의 목적론적 체계라는 주장을 옹호한 사상가들의 수는 많다. 그러나 그들의 옹호는 결국 형이상학적 사변 또는 종교적인 신앙에 근거를 두었을 뿐이었다. 그런 까닭에 '과학'에 의한 논증을 중요시 여기는 현대의 정신이 '증거의 제시'를 요청했을 때 만족스러운 답변을 내놓을 수 없었다.

둘째 난점은, '비록 인생 내지 우주가 하나의 객관적 목적을 가진 체계라고 할지라도, 바로 무엇이 그 목적인지 어떻게 알 수 있느냐'는 것이다.[9] 이러한 난점이 목적론적 윤리설에 대한 심각한 문제가 되는 것은, 여러 목적론자들이 제시한 '인생의 목적'이 동일한 결론으로 귀결되지 못하고 구구한 견해의 대립으로 이어졌다는 사실에 의하여 더욱 분명하다. '선의 이데아'니 '행복'이니 '자아의 실현'이니 하는 것들은 이와 같은 난점을 보여주는 대표적인 예라고 할 수 있다.

셋째 난점은, 일정한 목적을 달성함에 어떤 행위가 그 수단으로서 적절한지 인간의 판단력으로는 정확히 파악할 수 없다는 것이다. 목적론적 윤리설에서 행위의 선악을 결정하는 기준은 설정한 목표를 얼마나 달성했느냐의 여부, 즉 행위의 결과이다. 하지만 인간의 완전하지 못한 판단력으로 완벽하게 결과를 예측한다는 것도 어렵거니와, 이루어진 행위의 결과에 대해서도 보는 관점과 시점에서 서로 다른 평가가 내려질 수 있다. 따라서 목적 달성에 가장 부합하는 길과 수단을 찾는다는 것이 인간의 삶에 있어서 말처럼 그렇게 쉬운 것이 아니다.

의무론적(deontological : 의무를 뜻하는 그리스어 deon에서 유래) 윤리설에 따르면, 우리 인간에게는 사람인 이상 누구나 지켜야 의무가 있다. 그것을 다른 말로 하면 행위의 법칙이라고도 말할 수 있는데,[10] 그 법칙은 인간이 편의에 따라 정할 수 있는 것이 아니

---

9) 김태길은 이러한 첫째 난점을 형이상학적 난점, 둘째 난점을 인식론적 난점이라고 부르고 있다. 김태길, 『윤리학』(박영사, 1984), p.27.

10) 그래서 의무론적 윤리설을 법칙론적 윤리설이라고 말하기도 한다

라 인간의 의지를 초월하여 미리 주어진 것으로 절대불변의 것이
다. 그 절대적 의무가 구체적으로 어떤 조목들로 되어 있으며, 그
것을 우리들에게 준 것이 누구냐에 관해서는 의무론자들 사이에
도 이론이 많다. 그러나 행위의 옳고 그름이 선천적으로 주어진
도덕법칙에 비추어서 결정해야 한다고 믿는 점에 있어서 그들의
견해는 근본적으로 일치한다. 그러므로 의무론적 윤리학이 대답
해야 할 최초의 근본문제는 '시대와 지역의 차이를 초월하여 언
제나 어느 곳에서나 타당한 행위의 법칙, 즉 도덕률이 무엇이냐'
라는 것이다.

　의무론자들이 말하는 '시간과 공간을 초월한 절대적 윤리의 법
칙'이 구체적으로 어떠한 내용들이며 법칙이 몇 가지냐 하는 문
제에 대해서는 의견이 분분하다. 칸트는 유일한 실천 이성의 근본
법칙을 절대적 윤리의 원리로서 제시했고, 프라이스(R. Price)는 여
섯 가지 기본원칙을 제시했으며, 모어(H. More)는 23개조의 도덕
법칙을 제시하고 있다.[11]

　이러한 법칙이나 의무가 정해진다면 행위의 옳고 그름에 대한
판단은 쉬워진다. 즉, 정해진 의무에 부합하는 행위는 옳은 행위
이고 의무에 위반되는 행위는 그른 행동이 된다. 의무론자들은 목
적론자들과 달리 행위를 옳거나 그른 것으로 만드는 것은, 행위

──────────

11) 칸트(I. Kant)가 제시한 근본법칙은 "네 의지의 준칙(Maxime)이
　　항상 동시에 보편적 입법의 원리로서 타당하도록 행위하라"이다.
　　영국의 윤리학자 Richard Price가 제시한 여섯 가지 원칙은 ① 신에
　　대한 의무 ② 자아에 대한 의무 ③ 인애 ④ 보은 ⑤ 성실 ⑥ 공정
　　이며 ; Henry More의 23개조의 예는 "인간 또는 자신의 욕망에
　　따르기보다는 신의 명령에 따르라", "선은 선으로 갚아야 하며, 악
　　으로 갚지 말라" 등이다.

결과의 좋고 나쁨이 아니라[12] 행위의 종류라고 주장한다. 한 행위가 제시된 도덕적 의무에 부합하는 종류의 행위인지, 위반되는 행위의 종류인지의 판단이 의무론자에게는 중요하다.

이러한 의무론적 윤리설도 목적론적 윤리설과 마찬가지로 난점을 갖고 있다.

첫째 난점은, 어느 시대 어느 지역에서나 타당한 절대적인 도덕의 법칙이 있다는 것 그 자체가 의문의 대상이다. 어떤 사람들은 그 법칙이 밖으로부터 주어진 초인간적인 것이라고 주장한다. 그런 주장을 하는 사람들 중에는 신앙적 차원이나 신성한 차원에서 '초인간적인 법칙'을 주장하는 사람들이 많이 있다. 그러나 신앙적 차원에서는 가능할지 모르나 우리의 일상적인 비판적 사고능력에 비추어 볼 때, 그러한 초인간적 법칙이 존재한다는 것을 증명한다는 것은 거의 불가능에 가깝다.

---

12) 목적론과 의무론의 대립은 흔히 결과주의와 동기주의의 대립관계로 보기도 한다. 목적론이 결과를 가지고 선악 판단을 하는 반면, 의무론은 결과와는 상관없는 도덕적 의무나 법에 충실하고자 하는 동기에 따라 선악의 판단이 이루어지기 때문이다. 그러나 김태길은 다음과 같은 논의로서 이러한 목적론과 의무론이 대립이 결과주의와 동기주의의 대립과 반드시 일치하는 것은 아니라고 주장한다. 목적론이 결과주의와 결합되기 쉬우며, 의무론이 동기주의와 결합되기 쉬운 것은 사실이다. 그러나 목적론이 반드시 결과주의자가 되어야 할 이유는 없으며, 의무론자도 반드시 동기주의자가 되어야 할 필연성도 없다. 실제로 목적론과 의무론의 대립은 결과주의와 동기주의의 대립처럼 심각한 것은 아니다. 경우에 따라서는 목적론이 주장하는 인생의 길과 의무론이 주장하는 인생의 길이 그 내용에 있어서 큰 차이가 나지 않을 수도 있기 때문이다. 김태길, 『윤리학』(박영사, 1984), pp.26~27.

둘째 난점은, 설령 그러한 외부로부터 주어진 도덕·윤리적 규범이나 법칙이 있다고 인정하더라도, '왜 우리가 그 밖으로부터 주어진 법칙에 맹종할 필요가 있느냐'는 것이다. 이 문제도 종교적으로 해결하기 쉬울지 모르나 철학적으로 만족스러운 대답을 내리기는 매우 어려운 성질의 것이다. 절대적인 도덕법칙이 밖으로부터 주어지는 것이 아니라 인간 자신의 내부에 선천적으로 본유(本有)한다고 주장할 때, 이러한 문제는 해결된다. 내 자신 안에 도덕의 법칙이 본래 있다 함은 나의 심층이 나에게 필연적으로 명령을 내렸다는 뜻이며, 스스로가 내린 명령에 스스로 복종하지 못하겠다 함은 일종의 자기 모순이기 때문이다.

그러나 문제는 그와 같이 선천적인 행위의 법칙이 인간 자신의 내부에 본유(本有)한다는 주장 자체가 과학적인 자료로 뒷받침되지 못하고 있다는 사실에 있다. '양심'의 보편성을 주장한 버틀러(J. Butler)나 '실천 이성'의 절대적인 법칙에서 도덕의 원리를 구한 칸트(I. Kant)의 시대만 하더라도 양심 또는 실천 이성이 선천적이요, 자율적인 도덕의 원리가 될 수 있다고 믿었던 사람들이 많았다. 그러나 생물진화론이 하나의 상식처럼 되고, 민속학·심리학 따위의 인간 연구의 과학들이 도덕관념의 다양성을 여지없이 드러낸 오늘날 이 점에 관한 사정은 달라졌다.

셋째 난점은, 보편적인 도덕·윤리법칙이 존재함을 인정한다 할지라도 그것을 어떻게 발견하느냐 하는 인식론적인 문제이다. 이 문제를 풀기 위하여 여러 학자들이 직각설(直覺說, intuitionism)을 들고 나섰다. 행위의 옳고 그름을 직각적으로 판별하는 선천적 능력이 우리에게 구비되어 있다는 것이다. 그러나 직각론자(直覺論者)들이 제시하는 도덕의 법칙 내지 원리가 또한 서로 다르게 나타나는 것을 보면 직각설도 우리가 쉽게 의존할 수 없는 이론이라고 할 수 있다.


## 3) 규범 윤리학과 분석 윤리학


사람들은 어떤 행동에 대하여 그들의 기대를 만족시키면 옳다 하고 어기면 그르다고 한다. 그 동기가 남을 도우려는 것이면 선하다 하고 해치려는 것이면 악하다고 한다. 약속을 잘 지키는 사람을 믿을 만한 사람이라고 하고 약속을 잘 지키지 못하는 사람을 신뢰하기 어려운 사람이라고 한다. 이처럼 사람을 평가하는 것은 일정한 윤리적 기준의 적용에서 나온다.

따라서 윤리학에서 다루는 핵심내용은 이러한 평가와 윤리적 기준의 적용과 관련된 규범의 문제이다. 따라서 우리는 일반적으로 윤리적 진술을 규범적 진술이라고 부를 수 있으며, 우리가 일반적으로 윤리학이라고 할 때, 그것은 규범 윤리학(規範 倫理學, normative ethics)을 가리키는 말이다.

규범 윤리학은 도덕적이고 윤리적인 규범을 인생의 길잡이로 설정한다. 규범 윤리학은 윤리이론을 연구하며, 윤리적 원리들을 합리적으로 정당화할 수 있는 기반 위에서 구축한다. 어떤 규범 윤리학자들은 우리들의 도덕적 의무와 책임을 제시하는 객관적인 도덕적 진리(moral truth), 즉 우리들이 해야 할 것과 하지 않아야 할 것을 지시하는 객관적인 기준이 있다고 믿는다.

따라서 규범 윤리학자들은 항상 도덕적인 가치판단을 제시한다. 따라서 그들은 '옳은 것은 무엇인가?' '좋은 것은 무엇인가?' '인생에 있어서 가치 있는 것은 무엇인가?' '인생은 살 만한 가치가 있는가?' '나는 무엇을 해야만 하는가?' 등의 규범적인 질문에 관심을 기울인다.

　그러나 어떤 학자들은 이와 다르게 윤리적인 원칙이나 규범은 우리들이 욕구하거나 할 만한 가치가 있는 것으로 믿는 것에 불과하다고 주장한다. 예를 들어, 윤리학적 자연주의자(ethical naturalist)인 슐리크(M. Schlick)는 '내가 어떤 것을 해야 한다' 는 것은 '사람들이 나에게 그것을 하도록 원한다' 는 것을 뜻할 뿐이라고 말한다. 또한 윤리학적 주관주의자(ethical subjectivist)인 러셀(B. Russell)은 당위(當爲)란 '개인적인 욕구를 보편화한 것' 에 불과하다고 말한다. 즉 '너희들이 거짓말을 해서는 안 된다' 고 하는 것은 나와 모든 사람들이 거짓말을 하지 않기를 바라는 나의 욕구를 나타나는 데 불과한 것이지, 도덕적이고 윤리적인 규범을 제시한 것은 아니라는 것이다.

　이렇게 윤리적 규범을 개인적 욕구나 감정의 표현쯤으로 여기면서 전통적인 규범 윤리학에 반기를 들고 20세기에 나타난 윤리학적 사조가 바로 메타 윤리학(meta ethics) 또는 분석 윤리학(analytic ethics)이다. 이의 등장으로 규범 윤리학은 커다란 위기에 처하게 되었다. 왜냐하면, 분석 윤리학자들은 규범윤리가 우리들이 스스로 도덕적인 선택을 할 수 있는 자유를 방해한다고 하면서 윤리학에 있어서 모든 규범적인 견해를 부정했기 때문이다. 또한 그들은 규범적인 철학자들을 비난하고 있는데, 규범적인 철학자들이 도덕적인 진리를 통찰할 수 있는 예언자임을 자처하면서 사람들에게 올바른 도덕적 행위를 하라고 명령하고 있기 때문이라고 주장한다.[13]

　물론 분석 윤리학도 나름대로의 의미가 있다. 왜냐하면 현대와 같이 전통적인 윤리적 규범의 권위가 무너지고 윤리적 원칙과 가치에 대한 사람들의 생각이 위기에 처해 있을 때, 나 자신의 윤리

판단이 갖는 의미의 정당화에 대한 이해를 가져야만 할 것이기 때문이다. 즉, 오늘날과 같은 가치 혼돈의 시대에는 '나의 가치 또는 규범은 이것이다' 만을 강요할 것이 아니라, 나의 그러한 입장에 대하여 정당한 근거 및 주장하고 있는 규범의 의미를 정확하게 분석하고 이해시킬 필요가 있다. 분석 윤리학적 입장에서 볼 때, 가치나 규범의 혼란을 가져온 중요한 원인 중의 하나가 바로 비과학적이고 애매한 윤리적 표현이라고 할 수 있기 때문이다.[14]

이러한 윤리적 애매성을 제거하기 위하여 분석 윤리학에서는 다음과 같은 문제들을 제기한다.[15]

(1) 옳다, 그르다, 좋다, 나쁘다와 같은 윤리적 용어나 개념의 의미와 정의가 무엇인가? 이러한 용어나 개념 및 그와 비슷한 것이 나타나는 판단의 성격, 의미, 혹은 기능은 어떤 것인가? 이러한 용어나 문장의 용법에 대한 규칙은 무엇인가?

(2) 이러한 용어를 도덕적으로 사용하는 경우와 도덕과 무관하게 사용하는 경우는 어떻게 구별되는가? '도덕과 무관한'과 대비되는 '도덕적'이라는 말의 의미는 무엇인가?

(3) 이들과 관련되어 있는 용어나 개념들인 행위·양심·자

---

13) William S. Sahakian, 송휘칠·황경식 역, 『윤리학의 이론과 역사』(*Ethics : An Introduction to Theories and Problems*)(박영사, 1988), p.5.

14) Friedrich Kaulbach, 하영석·이남원 역, 『윤리학과 메타 윤리학』(*Ethik und Metaethik : Darstellung und Kritik metaethischer Argumente*)(서광사, 1995), p.72. 메타 윤리학적 입장에서 볼 때는 오히려 규범 윤리학이 학문적으로 객관적이고 중립적인 태도를 취하는 본래의 학과는 구별되어야 한다.

15) William K. Frankena, 앞의 책, p.168.

유・의지・의도・약속・변명・동기・책임・이유・자발적 등과
같은 말은 어떻게 분석되며, 그 의미는 무엇인가?

(4) 윤리판단이나 가치판단은 증명되거나 정당화될 수 있으며
그 타당성이 입증될 수 있는가? 만일 가능하다면 어떻게, 그리고
어떤 의미에서인가? 혹은 도덕적 추론이나 가치에 관한 추론의
논거는 무엇인가?

이와 같은 것에서 볼 수 있듯이, 분석 윤리학자들은 일상생활
에서 사용할 수 있는 체계적인 윤리이론을 만들려고 애쓰지 않는
다. 그들은 도덕적인 개념 혹은 도덕적 개념에 내포되어 있는 논
리적 구조분석에 집중한다. 예를 들어, 메타 윤리학이라는 분석적
인 사조를 일으키는 데 크게 기여한 스미스(Nowell-Smith)는 『윤
리학』에서 '무엇을 해야 하는가?' '어떤 도덕적인 준칙을 고수해
야 하는가?' '도대체 나는 왜 특정한 도덕률을 고수해야 하는가?'
등의 질문은 제기하지 않는다. 오히려 그는 저서에서 옳은・좋
은・해야 하는・선택・의무・욕구・쾌락 등의 윤리적 의미와 복
잡한 상호 관련성을 명확하게 밝히는 데 목적을 두고 있다.[16]

메타 윤리학이라는 용어는 1949년에 발표한 에이어(A. J. Ayer)
의 「도덕적인 판단의 분석에 관하여」라는 논문에서 처음 사용된
말이다.[17] 그는 이 말을 직관주의(直觀主義, intuitionism)・자연주의
(自然主義, naturalism)・정의주의(情意主義, emotivism)를 포함한 모
든 도덕이론들이 실제의 행동에 관해서는 중립적이라는 점을 설
명하기 위하여 사용했다. 그에 의하면 도덕이론은 행동의 수정을

---

16) P. H. Nowell-Smith, *Ethics* (Baltimore : Penguin, 1954).

17) A. J. Ayer, "On the Analysis of Moral Judgements," Horizon,
20(1949).

시도하거나 법의 수호자가 되는 것을 목표로 하지 않는다. 에이어
는 "윤리이론은 사람들에게 어떤 도덕적 판단을 해야 한다고 암
시하는 것이 아니라", 그것은 오히려 "사람들이 도덕적 판단을 할
때 무엇을 하고 있는가를 보여주려는 시도"[18]라고 말하고 있다.
또한 그는 윤리적 개념들이란 객관적인, 즉 그것의 진리에 관하여
검증될 수 있는 사실에 관계되는 것이 아니라 단지 동의하느냐
동의하지 않느냐는 감정을 표시할 뿐, 그것의 진리가 과학적으로
검증되지 못하는 '사이비 개념'(pseudo-concept)이라고 주장한
다.[19]

가너(R. T. Garner)와 로즌(B. Rosen)은 다음과 같은 간략한 표현
을 통하여 규범 윤리학과 메타 윤리학의 중요한 차이점을 적절하
게 잘 지적하고 있다.

쾌락주의, 공리주의 등을 논의하는 것으로 시작되는 규범윤리의 연
구는 불가피하게 여러 가지 의문과 문제점에 부딪친다. 예를 들어 규
범 윤리학은 쾌락이 선인지 아닌지 여부를 물을 수 있고, 또 고통의
원인이 되는 행동은 나쁘다고 주장할 수 있다. 이런 것들이 규범적인

---

18) A. J. Ayer, *Philosophical Essays* (London : Macmillan, 1963), p.246.
19) 에이어(A. J. Ayer)는 도덕적 언어의 개념의 의미를 다음과 같은 예
를 들어 설명한다.
"'존이 도둑질한 것은 나쁘다'고 짐이 판단한다면, 도둑질이 나쁘
다는 것에 대한 가치판단이 아니라 짐 자신의 감정이나 태도를 표
현한 것뿐이다. 다시 말해 짐의 판단은 '존이 도둑질을 했다'라고
말한 것 이외에 아무 것도 의미하지 않으며, 이것은 마치 '만세!
인생은 아름다워!'라고 말하는 것과 같은 것이다." A. J. Ayer,
*Language, Truth and Logic,* 2nd(ed.) (New York : Dover, 1946),
p.107.

질문이며 논점들이다. 그리고 규범 윤리학은 옳은 것, 좋은 것이란 무
엇을 의미하는가라고 물을 수 있다. 그러나 이 같은 질문은 무엇이 좋
고 나쁘며, 무엇이 옳은 것이고 그른 것인가를 묻는 것과는 다르다.
왜냐하면 옳은 것, 좋은 것은 무엇을 의미하는가라는 질문은 규범적
인 판단에 '관한'(about) 질문으로서 메타 윤리학적 질문이기 때문이
다.[20]


어떤 학자들은 규범 윤리학도 일관되게 도덕적인 언어의 논리
적 분석결과에 의존하고 있기 때문에 그것의 발전은 곧 분석 윤
리학의 성과라고 주장하고 있다. 그러나 일반적으로 윤리학을 입
문하는 사람에게 있어서 분석 윤리학은 일종의 거부감을 불러일
으킨다. 왜냐하면 분석 윤리학에는 그들이 찾고 있는 도덕적 지침
이 없기 때문이다.[21] 아리스토텔레스가 말한 것처럼 윤리학이라는
것은 깊은 사려를 요하는 학문이다. 학문의 이런 성격에 비추어
볼 때 분석 윤리학에서 제기된 직관주의나 이모우티비즘은 윤리
학의 존립 근거를 위협하는 도전이었다고 할 수 있다. 왜냐하면

---

20) Richjard T. Garner and Bernard Rosen, *Moral philosophy : A Systematic
   Introduction to Normative Ethics and Meta-Ethics* (New York :
   Macmillan, 1967), p.213.

21) 피퍼(A. Piper)에 따르면, 메타 윤리학은 '우리가 무엇을 해야만 하
   는가' 라는 윤리학의 근본 물음에 대하여 해답을 주려고 하지 않으
   며 해답을 줄 수도 없다. 피퍼는 메타 윤리학이 윤리학이라는 용어
   만 사용하고 있을 뿐 진정한 윤리학이고 할 수 없으며, 일종의 언
   어 분석철학 내지 언어적 놀이에 불과하다고 주장한다. Anne-marie
   Pieper, *Einführung in die Ethik* (Tübingen : Francke, 1991),
   SS.78~83 참조.

이 입장에 따르면 아리스토텔레스적 의미의 윤리적 추론은 사실
상 불가능하기 때문이다. 윤리적 판단에는 직관이나 정서적 반응
으로 처리 불가능한 합리성과 객관적 자료가 필요한 것이다.

# 제4장 윤리적 삶과 이기주의

## 1) 이기주의의 의미와 종류

윤리적인 문제로 고민하다 보면 꼭 부딪치게 되는 것이 이기주의의 문제이다. 왜냐하면 도덕성과 비도덕성, 윤리성과 비윤리성을 가늠하는 척도로 내세우는 것 중에서 이기성의 유무 및 정도가 아주 중요한 요소로 등장하기 때문이다. 이것은 윤리학적 고민 중에서 어떤 것을 인생의 목적으로 삼아야 하는가보다는 누구의 선, 누구의 목적을 고려해야 하는가와 관련된 것이다. 나의 선, 타인의 선, 또는 나와 타인의 공동선 중 어느 것이어야 하는가? 이에 대한 대답에 따라 이기주의, 이타주의, 그리고 공리주의의 세 입장으로 나뉘어진다.

이기주의는 나의 선, 즉 나의 이익을 목적으로 하는 입장이다. 사람은 누구나 자기 이익을 고려하지 않을 수 없다. 그런 의미에서 이기주의는 가장 원초적이고 상식적인 규범의식이라고 할 수 있다. 그러나 참된 자기 이익이 무엇이냐 하는 문제는 그리 쉽게 풀리지 않는다. 이처럼 심사숙고를 할 여지가 있기 때문에 이기주의가 윤리설로서 다루어질 수 있는 것이다.

반대로 이타주의는 타인의 이익을 목적으로 삼는다. 타인의 이익을 도모하는 데에는 자기 이익의 희생이 요구되는 수가 많다. 그런 의미에서 이기주의와 이타주의는 대립한다. 그러나 자기 목숨을 내주면서까지도 다른 사람의 이익을 위하여 일방적으로 자기 자신을 희생하는 것은 일반인들이 감당하기도 어렵거니와 그런 삶의 자세를 요구할 수도 없다. 아마도 그런 일들이 가능하다면 종교 윤리의 세계에서 종종 볼 수 있을 것이다. 따라서 윤리학에서 일반적으로 이타주의라고 하면 상식적이고 실행 가능한 수준에서 이타적 행위를 염두고 두고 있는 용어라고 할 수 있다.

공리주의는 이기주의와 이타주의의 종합이라고 할 수 있다. 즉, 나 자신 및 나와 관련된 모든 사람의 이익을 동시에 추구하는 것이 목적이 된다. 인간이란 전적으로 이기적이라 할 수도 없고, 반대로 이타적이라고 할 수도 없다. 그런 의미에서 공리주의는 인간의 본성과도 가장 잘 부합하는 윤리설이라고 할 수 있다. 목적론적 윤리설 중에서도 공리주의가 가장 주목을 끄는 것은 바로 이런 이유에서이다.

이기주의 중에서 인간은 본성적으로 이기적이며 이기적일 수밖에 없다고 보는 입장이 심리적 이기주의(心理的 利己主義, psychological egoism)이다. 이에 반해 인간은 마땅히 자기 이익을 추구하여야 한다고 주장하는 입장은 윤리적 이기주의(倫理的 利己主義, ethical egoism)이다. 이 입장의 차이는 인간의 이기성이 사실이냐, 아니면 당위이냐의 차이이다. 이러한 차이점을 구별하는 것은 이기주의의 개념을 좀더 명확하게 하는 데 도움이 된다.

엄격하게 말하면 심리적 이기주의는 윤리설이라고 할 수 없다. 심리적 이기주의가 주장하는 바와 같이 인간의 본성이 이기적이고 모든 사람이 이기적일 수밖에 없다면 여기에는 당위(當爲)가 있을 수 없다. 뒤집어 말하면 윤리적 진술에 포함되어야 할 당위를 결여하고 있는 것이다. 그러나 심리적 이기주의는 윤리적 이기주의에서 흔히 언급되고 전제된다. 그것은 심리적 이기주의를 가지고 윤리적 이기주의의 근거로 삼으려는 의도에서이다. 그러나 심리적 이기주의는 인간 중에 이기적이 아닌 사람이 발견되거나 인간 행동에 이기적이 아닌 사례가 발견되면 그 근거가 무너져버린다. 그런 사례가 발견되면 인간의 본성이 이기적이라 할 수 없기 때문이다.

윤리적 이기주의는 하나의 규범적 이론으로 그 기본적인 주장은, 자신의 이익이야말로 옳은 행위를 위한 유일하게 타당한 표준이라는 것이다. 그 표준은 다음과 같이 설명될 수 있다. 임의의 상황 속에서 한 사람이 택할 수 있는 여러 가지 대안의 행위들 가운데 어느 것을 도덕적으로 해야 할 것인가를 알려면 다음과 같은 절차를 거친다.

우리는 먼저 여러 대안 중 제1의 대안을 따를 경우 나타날 결과를 계산한다. 다음으로 제2의 대안을 택할 경우에 나타나는 결과를 계산하고, 이런 식으로 주어진 모든 대안들을 계산한다. 그러고 나서 우리는 여러 가지 가능한 행위 중에서 어느 행위가 그 사람의 이익을 가장 많이 증진시키는가를 묻는다. 다시 말해 이러한 대안들 가운데 어떤 것이 그 사람의 인생 전체를 놓고 볼 때 다른 대안의 행위들보다 그가 선호하는 것을 더 증가시키고 또 혐오하는 것을 더 감소시키게 될 것인가를 묻는다. 이러한 질문에 대답할 때 우리는 그 사람이 무엇을 해야만 하는가를 안다. 왜냐하면 그의 개인적인 이익의 표준에 따라 판단할 때 어느 행위가 가장 좋은 대안인가를 알기 때문이다.

이렇게 윤리적 이기주의는 자기 이익을 추구하는 것이 당연하다고 주장한다. 그 당위성의 근거는 이기적 인간 본성에 있다 할 것이다. 그리고 '진정한' 자기 이익을 추구하는 데에는 심사숙고가 필요하기도 하다. 때문에 당위성이 요구된다고 할 수도 있다. 그리고 심리적 이기주의와는 달리 진술에 당위성이 포함되기 때문에 본격적인 윤리설의 면모도 갖추고 있다.

이러한 윤리적 이기주의에서 문제가 되는 것은 그 목표가 되는 '자기 이익'의 뜻을 명확하게 하는 것이다. 참된 자기 이익이 무엇이냐에 따라 이기주의를 분류할 때 다음과 같은 하는 것은 구분이 있겠다.[1]

(1) 보편윤리적 이기주의(universal ethical egoism) : 모든 개인은 각자의 이익을 가장 많이 증진시키는 것을 해야 한다. 이 경우에 있어서 올바른 행위의 표준은 행위자가 누구인가에 관계없이 그 행위자 자신의 이익이다. 따라서 '자기 이익을 추구하여야 한다'는 말은 모든 사람이 각자 자기 이익을 추구하여야 한다는 말로 해석할 수 있다.

(2) 개인윤리적 이기주의(individual ethical egoism) : 모든 개인은 나의 개인이익을 가장 많이 증진시키는 것을 해야 한다. 이러한 입장에 따르면 올바른 행위의 표준은 모든 행위자 자신의 이익이 아니고 개인윤리적 이기주의자 자신의 자기 이익이다. 따라서 타인의 '자기'를 인정할 수 없고 진술자의 이익만을 염두에 두는 것이다. 이런 이기주의는 가장 비난받는 유형이라고 할 수 있는데, 한 개인의 이익을 위하여 다른 모든 사람의 이익을 희생시

1) 이기주의에 대한 분류에는 여러 가지 방식이 있으나 여기서는 테일러의 방식에 따라 분류하였다. Paul W. Taylor, 앞의 책, pp.53~54.

켜야 하기 때문이다.

　(3) 고립윤리적 이기주의(personal ethical egoism)[2] : 나는 오직 나의 개인적 이익을 가장 많이 증진시키는 것을 해야만 한다. 이것은 타인의 이익에 전혀 무관심하고 자기 이익에만 전념하는 이기주의를 말한다. 이런 태도는 자신을 고립된 상태에 두어 다른 사람과 이해 관계를 갖지 않는다는 점에 특이점이 있다.

　여기에 A, B, C, D 네 명의 윤리적 이기주의자로 구성된 집단이 있다고 가정해 보고 위의 세 입장을 비교해 보자. 보편윤리적 이기주의자는 A, B, C, D가 각기 자기 이익을 추구하여야 마땅하다고 주장한다. 그러나 개인윤리적 이기주의는 네 사람 중 A가 개인적 이기주의자라면, 그 자신은 말할 것도 없고 B, C, D 모두 A의 이익을 위하여 기여하여야 한다고 주장하는 입장이다. 그리고 고립윤리적 이기주의에 의하면, A가 고립적 이기주의자라면 A는 자기 이익을 도모하고 B, C, D 등 다른 사람과의 이해관계에 무관심하다. 따라서 개인윤리적 이기주의자와 고립윤리적 이기주의자는 이기주의의 원리를 보편적으로 적용하지 않고 자기에게만 적용하는 특징을 가지고 있다.

　지금까지의 논의들을 종합해 볼 때, 우리는 무리 없이 심리적 이기주의와 윤리적 이기주의를 받아들일 수 있을 것처럼 보인다. 그러나 실천 가능한 행위규범의 제시라는 윤리학적 과제에서 볼 때, 심리적 이기주의와 윤리적 이기주의를 우리가 동시에 받아들이는 데는 어려움이 따른다는 것을 알 수 있다. 규범윤리적 체계의 목적은 사람들로 하여금 그 윤리체계가 옳다고 판단하는 것을

---

　2) 'personal ethical egoism'을 '사적 윤리적 이기주의', '독단적 윤리적 이기주의' 라고 번역하는 학자도 있다.

행하게 하거나 또는 최소한 행하도록 노력하게 하며, 나쁘다고 판
단되는 행위를 삼가도록 하는 것이다. 이러한 목적을 달성하기 위
하여 규범윤리적 체계는 사람들에게 무엇을 해야 하며 또 무엇을
하지 말아야 하는가를 밝혀야 한다.


## 2) 심리적 이기주의

심리적 이기주의는 규범을 다루거나 윤리적 명제를 다루지 않
고 사실적 명제를 다룬다. 그러면서도 심리적 이기주의는 윤리적
이기주의와 뗄 수 없는 관계를 가진다. 왜냐하면 자기 이익을 추
구하여야 한다는 윤리적 명제가 당위성을 갖는 것은 자기 이익을
추구하는 것이 인간의 본성이라는 전제가 있어야 하기 때문이다.

어떤 사람이 어떤 행위를 '해야 한다'(ought)고 말하는 것은 그
가 그것을 '할 수 있다'(can)를 함축한다. 왜냐하면 만일 그가 그
것을 할 수 없다면 그것을 해야 한다고 말하는 것은 아무런 의미
가 없기 때문이다. 그런데 심리적 이기주의는 어떤 사람이든 순수
하게 이타적이거나 비이기적으로 행위하는 것이 불가능하다고 주
장한다. 다른 사람의 이익을 증진하려는 욕구에서 생긴 것처럼 보
이는 행위라 할지라도 그 뒤에는 항상 자기 이익을 추구하고자
하는 동기가 있다. 그러므로 자기 자신의 행복을 도외시하고 타인
의 행복에 대한 관심을 가지고 행위해야만 한다고 말하는 것은
정당화될 수 없다. 사람들은 결코 그렇게 하지 않을 것이고 또한
그런 일을 행할 수도 없기 때문이다. 따라서 이러한 논의에 따르
면 심리적 이기주의와 윤리적 이기주의는 서로 밀접한 관계를 갖
고 있다고 말할 수 있다.[3]

심리적 이기주의의 기본적인 주장은 여러 가지 방식으로 표현
될 수 있는데, 다음과 같은 몇 가지가 전형적이다.[4]

(1) 각자는 항상 자신의 이익을 증진하기 위하여 행동한다.

(2) 모든 행위의 유일한 목적은 행위자 자신의 선을 추구하는
   것이다.

(3) 행위 가운데서 어떤 것은 비이기적인 것처럼 보이지만 실
   제로 모든 행위는 이기적이다.

(4) 각자는 항상 그가 하고 싶은 것을 하거나 혹은 가장 싫어
   하지 않는 것을 한다.

---

3) 그런데 이와는 반대로 심리적 이기주의와 윤리적 이기주의가 밀접
   한 관련성보다는 상호 모순의 역설적 관계에 있다는 주장도 있다.
   어떤 사람에게 그가 할 수밖에 없는 것을 가지고 해야만 한다고
   말하는 것은 어색하다는 것이다. 만약 어떤 사람이 어떤 일을 할
   수밖에 없게 되어 있다면 우리는 그것을 불가피한 행위라고 한다.
   그런데 그것이 불가피한 행위라면 우리는 왜 그것을 꼭 해야만 한
   다고 규정하는가? 한 사람이 다른 것을 선택할 수 없고, 우리가 요
   구하기 이전에 어쩔 수 없이 우리가 요구하는 그 행위를 하게 되
   어 있다면 그것을 해야만 한다는 우리의 당위적 요구는 아무런 의
   미가 없다. 이것이 바로 심리적 이기주의와 윤리적 이기주의를 동
   시에 받아들일 경우 일어날 문제이다.
   심리적 이기주의자는 모든 사람은 항상 자기 이익을 위하여 행위
   한다고 말한다. 사람은 달리 행위할 수 없고, 단지 자기 이익을 위
   해 행위할 수밖에 없다. 그런데 윤리적 이기주의자는 우리 스스로
   우리 자신의 이익을 위해 행위해야 한다고 요구한다. 그러나 이렇
   게 하나 저렇게 하나 우리가 할 수밖에 없는데, 왜 우리에게 꼭 그
   것을 해야만 한다고 말하는가? 여기에 역설적인 모순이 생기는 것
   이다.

4) Paul W. Taylor, 앞의 책, pp.52~53.

(5) 자신의 복지에 대한 관심은 동기상의 강도로 볼 때, 다른
사람의 복지에 대한 관심보다 더 강하다.

위의 진술은 심리적 이기주의에 대한 몇 가지 공통점을 표현하
고 있다. 첫째, 다섯 가지 모두 인간에 대한 사실적인 주장을 하고
있는 것이지 가치판단을 하고 있는 것이 아니다. 둘째, 모든 인간
에 대한 보편적인 주장을 하고 있다. 셋째, 모든 인간 존재의 모든
행위에 대하여 보편적인 주장을 한다.

이러한 심리적 이기주의에는 냉소주의(冷笑主義, cynicism)의 요
소가 포함되어 있다.[5] 냉소주의자들은 이타적 행동을 보고도 이것
을 이타적 행위로 보지 않고 이기주의의 위장 또는 위선으로 본
다. 왜냐하면 이기적이 아닌 예외를 인정하게 되면 그 입장 전체
가 무너지기 때문에 심리적 이기주의자는 냉소적 태도를 가질 수
밖에 없다. 이렇게 일반적으로 이기적 행동에도 그 이면에 이기적
동기가 숨겨져 있다고 보는 것이 냉소주의이다. 셸러(M. Scheler)
는 서민들이 권력자를 대하는 태도에 원한의 감정이 숨겨져 있다
고 보았는데, 이것도 일종의 정치적 냉소주의이다.

또한 심리적 이기주의에는 심리적 쾌락주의(psychological hedon-
ism)의 측면도 있다. 심리적 쾌락주의자는 다음과 같이 주장한다.[6]
즉 모든 사람이 전적으로 명성·재물·권력·명예를 추구하는 것
은 아니다. 그러나 모든 사람은 최대의 만족(쾌락 또는 행복)을 얻
기 위하여 행동하는 것이라 할 수는 있다. 돈이나 권력을 얻지 못
하여도 만족이라는 것은 자기의 직업에서 찾을 수 있다. 헐벗고

5) John Hospers, *Human Conduct : Problems of Ethics*(New York : Harcourt Brace Jovanovich, Inc., 1972), p.142 이하 참조.
6) 위의 책, p.144 이하 참조.

굶주린 사람들을 위하여 자기 자신의 안락함을 버리고 희생과 봉
사의 삶을 사는 사람은 그러한 자신의 삶에 대하여 많은 보람을
느낀다. 즉, 의도했던 의도하지 않았던 간에 심리적으로 '보람'이
라는 일종의 쾌락감을 느끼는 것이다.

　실제로 우리는 선한 일을 했을 때 일반적으로 뿌듯하고 기분이
좋아진다. 이것이 심리적 이기주의자의 입장에서 볼 때는 심리적
쾌락주의로 설명된다. 즉, 모든 사람은 이런 쾌락을 얻기 위하여
이타적인 행위를 할 뿐이지, 실제의 출발점에는 이기주의가 자리
잡고 있다는 것이다. 그리고 이러한 행위를 하는 사람들이 이타적
인 태도를 취하는 데 대하여 냉소적인 평가를 할 수도 있다. 이러
한 심리적 이기주의자의 시각에 대하여 여러 가지 반론들이 제기
되고 있지만, 그들이 '인간은 근본적으로 이기적일 수밖에 없다'
는 신념을 버리지 않는 이상 그러한 시각들을 주장하는 것은 논
리적으로 이해가 된다.

　심리적 이기주의자로는 홉즈(T. Hobbes)를 대표적으로 들 수
있다. 그에 의하면 인간은 본래 이기적이고 잔인하며 반사회적 동
물이다. 인간은 자연상태에서는 힘과 능력과 희망의 평등을 누렸
다. 아무리 약자라 해도 마음만 먹으면 어떤 강자라도 때려눕힐
수 있다. 어떤 자라도 자기 이익을 도모하는 데는 유능하며, 그래
서 나도 남들처럼 살 수 있으며 살아야 한다는 '희망의 평등'을
누린다.

　오히려 이런 평등관념으로 인하여 사람들간에는 힘 겨루기가
불가피하고, 그 결과 투쟁상태가 벌어지게 마련이다. 그 투쟁상태
에서는 자기 보존이 최선이며, 자기 보존을 위한 것이면 무엇이든
지 정당화된다. 선은 우리의 욕망의 대상, 악은 우리의 혐오의 대
상을 말하는 것이다. 선이기 때문에 이것을 바라거나 악이기 때문

에 이것을 기피하는 것이 아니다. 홉즈는 다음과 같이 말했다.

> 어떤 사람에 대하여 의욕이나 욕구의 대상이 되면 그것은 선이라
> 할 수 있다. 그리고 그의 증오나 혐오의 대상이 되면 그것은 그에 대
> 하여 악이다. 그의 경멸의 대상이 되는 것은 비열하고 대수롭지 않은
> 것이 된다. 왜냐하면 선악 또는 경멸이라는 말들은 말하는 사람에 따
> 라 다르게 사용되기 때문이다. 어떤 것도 단적으로 또는 절대적으로
> 그래야만 하는 것은 없다. 대상 자체의 본질에서 보면 선악에 어떤 공
> 통된 기준이 있는 것이 아니다.[7]

홉즈에 따르면 모든 도덕적 평가는 자기 이익을 기준으로 한
다. 겉으로 보기에 이타적인 것에도 자기 이익을 도모하는 동기가
작용한다. 이웃의 죽음을 슬퍼하는 것은 그 죽음이 언젠가는 자기
에게도 닥칠 것을 예상하고 자기 자신을 위하여 슬퍼하는 것이다.
이처럼 홉즈는 냉소적이었다.

인간의 이기적 본성은 문명사회에서도 버리지 못한다고 홉즈
는 주장한다. 예를 들면 잘 때에는 문단속을 하며 귀중품 상자에
는 언제나 자물쇠가 채워진다. 이런 짓들은 이웃과 가족들을 어떻
게 보고 하는 것일까? 사람들은 신분의 높고 낮음이나 교양의 유
무와 관계없이 모두 이기적 욕망의 덩어리로 보아야 한다는 것이
다. 이런 홉즈의 주장에서 우리는 인간의 수치스러운 본성이 가차
없이 폭로되는 통쾌감도 느껴지지만,[8] 인간 존재에 대한 단편적이
고 사시적(斜視的)인 평가의 일면도 볼 수 있다.

---

7) T. Hobbes, *Leviathan*, Everyman's Library, p.24.
8) 강재륜,『思考와 行動』(일신사, 1993), p.58.

## 3) 윤리적 이기주의

윤리적 이기주의를 이해하는 데 있어서 우리가 주목할 것은 윤리적 이기주의자가 반드시 자기 중심주의자(egoist)도 아니요, 그 말의 일상적인 의미에서 이기적이거나 자기적일 필요도 없다는 것이다. 윤리적 이기주의는 하나의 행동양식이나 성격상의 특성이 아니라 하나의 윤리이론이며, 그 실천에 있어서 비이기적이고 자기희생적인 것과도 양립 가능한 것이다.[9]

자기 이익을 추구하는 행위가 언제나 실제로 자기 이익을 가져오는 것은 아니다. 자기 이익을 지나치게 추구하다 보면 오히려 역효과를 가져올 수도 있고, 결과적으로는 손해를 가져오는 경우도 많다. 참으로 자기 이익을 위하여서는 이타적 행동을 하여야 하는 역설도 적지 않게 있는 것이다.

그러나 윤리적 이기주의는 이런 생각에 대하여 반대한다. 사람들은 언제나 자기 이익을 위하여 행동하여야 한다는 것이다. 진심으로 자기 이익을 추구하다 보면 이타적 행동도 할 수 있다. 그러나 이타적 행동은 이기적 목적에 수단이 되어야 한다고 강조한다.

윤리적 이기주의를 표방하는 것은 나름대로의 도덕적·윤리적 근거가 있다. 아담 스미스(A. Smith)가 주장한 것처럼, 사회성원들이 각자 자기 이익을 증진시켜 나가는 것은 공동의 이익과 번영에 귀결될 수도 있기 때문이다. 예를 들어 경제활동의 동기는 순수한 이윤추구에 있지만 자유로운 이윤추구 없이 경제적 번영을 생각할 수는 없다.

---

9) William K. Frankena, 앞의 책, p.33.

그리고 윤리적 이기주의는 인간 본성의 솔직한 표출이라는 점에서 관심을 불러일으키기도 한다. 이런 면에서 가장 노골적으로 윤리적 이기주의를 표방한 사람 중의 하나는 니체(F. W. Nietzsche)이다.

그는 이타적이고 약자를 동정하는 기독교 도덕을 강자에 대한 원한에서 나온 것으로 본다. 그리고 그것을 노예 도덕이라고 비판한다. 이에 반하여 이른바 귀족적 이기심, 즉 이기주의는 고상한 정신의 본질에 속한다고 그는 주장한다. 동정·온정·인내·근면·겸양·우애 등의 덕성은 권력자와의 투쟁에 있어서 약자의 무기에 불과하다. 그것은 약자에 대하여 생존의 압박을 헤쳐나가는 데 가장 유용하고 유일한 수단이라고 니체는 주장한다.[10]

니체는 생(生)의 증진을 지향하는 건강한 충동으로 이기주의를 본다. 동정심은 약자로서 남의 동정이나 선심으로 살아가려는 비굴한 감정인 데 반하여 이기심은 끈질기게 생의 본능을 추구하며 활력을 증진시키는, 고상하고 용감한 사람의 도덕감정이라고 한다.

그러나 이기주의는 때로는 매우 조잡한 모습으로 나타나기도 하고 때로는 매우 세련된 모습으로 나타난다. 이기주의자도 불우이웃 돕기에 나서며 공익사업에도 열성을 다한다. 그것은 거시적으로 자기 이익이 된다는 판단에서는 하는 경우도 있다. 그러한 이기주의는 개인 이기주의·가족 이기주의·지역 이기주의 등, 그 중간과정을 거쳐 국가 이기주의에 이르기까지 그 범주가 다양하다. 이처럼 범주가 커지면 이기인지 이타인지 구별이 안 된다.

소크라테스는 정의의 덕이 결국 개인의 행복에 기여하는 것임

---

10) Friedrich Nietzsche, 박준택 역, 『善惡의 彼岸』(*Jenseits von Gut und Böse*) (박영사, 1987), § 260 참조.

을 강조하고 젊은이들의 이기심을 도덕적 수양으로 유인하는 논법을 구사했다. 사람이라는 것은 원초적으로 자기 이익을 위하여 행동하게 마련이고, 인간은 행복해지려고 하는 성향이 있다고 볼 수도 있다. 이런 점에 관하여 우리는 호스퍼스(J. Hospers)는 다음과 같이 말하고 있다.

'왜 우리는 바른 행동을 하여야 하는가?' 라는 물음에 대한 가장 일반적인 대답, 그리고 가장 흔한 대답은 다음과 같은 것이다. '그렇게 하면 보답이 되기 때문에—그렇게 하는 것이 금방은 아니라도 뒤에 우리의 이익이 되기 때문에.' 이런 동기가 끊임없이 작용하고 있기 때문에 정직하라고 말하지 않는다. '정직하면 보답이 있다', 그리고 '정직이 최선의 정책이다' 라고 말해진다. 물론 이때 최선의 정책이란 길게 보아 우리에게 가장 이로운 정책임을 말한다.

'도움이 필요한 사람을 돕도록 하라. 그러면 네가 도움이 될 때 그들이 도울 것이다.' '안전 운행을 하라. 네가 구제한 생명이 너 자신의 생명일 수도 있다.' 이 말은 만약 네가 구제한 생명이 너 자신의 것이 아니라면 너는 안전 운행에 신경을 쓰지 않는다는 뜻을 함축하고 있다. 성서의 계명조차 흔히 그런 호소를 한다. '너의 빵을 바다 위에 던져라. 그러면 후일 네게 돌아오리라.' 그러나 그것이 되돌아오지 않는다 하여 너는 계속 바다 위에 그것을 던져야 하는가? 매해 25만 불을 암 연구소에 기탁하는 미국의 어떤 큰 회사 사장이 그 이유를 질문 받았다. 그는 '그것은 요트 한 척의 값이지만 나는 그보다 더 재미있다' 라고 대답했다. 어떻든 여기에도 뻔뻔스러운 이기주의적 동기가 있다. 그런 도덕성에 대한 호소가 모두 그처럼 거칠게 이기주의적인 것은 아니다. '남을 도와라. 그렇게 하면 그들이 보답으로 너를 도울 것이기 때문이다' 라고 한다면 너무 직선적으로 이기주의적이다. '남을 도와라. 그것이 너에게 마음의 평화가 될 것이기 때문이다' 라고 한다면 덜 조잡할지 모르지만 역시 이기주의적이다. 만약 마음의 평화가 되기 때문에 남을 돕는다면 그 뜻은, 만약 도와서 마음의 평화

가 없다면 그렇게 할 것 없다는 뜻이 된다.[11]


　이기적인 동기가 밑받침이 되어 도덕적 실천을 하는 데 대하여 호스퍼스는 이처럼 자세히 해명하고 있다. 소크라테스나 예수와 같은 성인이 평범한 사람들에게 도덕을 가르칠 때 반드시 이기로써 이타를 유도하였다는 것은 주목할 만하다. 그들은 인간이라는 것은 순전히 이기적일 수도 이타적일 수도 없다는 것을 투시해 보았는지 모른다.

　사실 이기와 이타는 객관적으로 식별하기 어려운 경우가 많다. 이기적 행동이 길게는 이타적 결과를 가져올 수도 있고, 이타적인 동기에서 한 행동이 이기적 결과를 가져와서 비난의 대상이 되는 수도 가끔 있다. 그래서 우리는 이기성과 이타성의 배합 비율에 따라 윤리적 이기주의의 유형을 다음과 같이 네 가지로 생각해 볼 수 있을 것 같다.[12]

　(1) 타인의 손해가 자기 이익이 된다고 생각하는 유형
　(2) 타인의 이익에 무관심하고 자기 이익만 챙기는 유형
　(3) 자타(自他)의 이익을 동시에 고려하되 양자가 상충하는 경
　　　우 자기 이익을 우선시키는 유형
　(4) 자기 이익을 증진시킬 의도에서 타인 이익에 공헌하는 유형


　(1)의 경우는 자타간에 치열한 경쟁관계가 벌어질 때 나타난다. 그 경쟁관계는 학생들의 입학시험에서부터 동업자간의 경쟁, 그리고 공직자의 선거에서도 그런 것을 볼 수 있다. (2)의 경우는

---

11) John Hospers, 앞의 책, p.175.
12) 강재륜, 앞의 책, p.62.

시야가 좁고 활동범위가 좁은 소시민들에게서 흔히 발견되는 이기주의이다. 사회적으로는 무해무득한 생활태도이며 개인적으로는 고독한 생활이라고 할 수 있다. (3)의 경우는 사회적으로 가장 흔한 태도이다. 사회 중견층은 공익과 사익이 갈등하게 되면 사익을 우선시키는데, 이것은 무리가 아니다. 언제나 사익을 희생하고 공익을 존중하라고 한다면 그것은 전체주의적 도덕이 되기 때문이다. (4)의 경우는 이익 집단에 흔히 발견되는 태도이다. 어떤 후보자의 당선을 위하여 선거운동을 벌인다든가 회사원이 회사의 이익을 위하여 바이어와의 상담에 기지를 발휘하는 등, 이런 유형도 많이 발견된다. 흔히는 이것을 집단 이기주의(group egoism)라고 부른다.

이처럼 이기주의는 도덕적으로 비난만 할 수 없는 현실적 규범으로서의 의미를 지닌다. 그리고 그것은 공리주의 윤리의 전제가 되기도 한다. 이기주의는 이기의 범주가 개인 이익에 그치지 않고 가족·사회·국가 등 조직의 크기에 따라서는 이타주의와 구분이 안 되기도 하여 개념적으로는 애매한 점도 있다. 어떻든 이기와 이타는 인간의 도덕적 정서를 구성하고 있는 다원적 요소들 중에 포함되는 것이어서, 인간의 도덕적 행동은 이기나 이타의 어느 하나로 설명이 다 되는 것은 아니라고 하여야 한다.


## 4) 이기주의에 대한 평가

심리적 이기주의 관련하여 다음과 같은 일화가 있다.

에이브라함 링컨이 어느 날 마차를 타고 가다가 함께 타고 가던 친구에게 사람이란 모두 자기 이익을 위하여 선행을 한다고 설득하고 있었다. 이 때 그는 마차가 다리를 지나는데 한 마리의 암돼지가 강기슭에서 비명을 지르는 것을 들었다. 새끼들이 익사상태에 있었기 때문이다. 이 광경을 보고 그는 마차를 급히 멈추게 하고 물에 빠진 새끼 돼지들을 모두 기슭에 끌어올렸다. 일을 끝내고 마차에 돌아온 그에게 친구가 말했다.

"이보게, 이 작은 사건에 무슨 자기 이익이 작용하였겠나?"

이에 대하여 링컨은 다음과 같이 대답하였다.

"바로 이것이 자기 이익이야! 새끼들을 걱정하는 늙은 돼지를 묵살하고 지나갔으면 종일 마음이 편치 않았을 것일세. 나는 마음의 평화를 얻으려고 그렇게 한 것인데 자네는 그렇게 보지 않나?"[13]

우리는 위의 이야기를 통하여 인간 행위의 출발점으로서 이타성과 이기성을 살펴볼 수 있다. 심리적 이기주의를 받아들이지 않는 사람은 새끼 돼지들을 구해준 링컨의 행동이 대단한 이타주의라고 평가하기에는 주저할지 몰라도, 이기주의와는 전혀 관계가 없다고 말하는 데에는 단호하고 분명할 것이다. 링컨의 행위가 어떤 의도에서 이루어졌는지에 대해서는 정확하게 알 수 없더라도, 분명하게 이기주의적인 의도에서 이루어진 것은 아니라는 것이다. 그리고 한 걸음 더 나아가 정상적인 판단력과 감정을 가진 사람이라면 누구든지 링컨과 같은 상황에서 링컨과 똑같이 행위했을 것이고, 물론 그런 행위의 배경에는 이기주의적인 요소가 전혀 없다고 주장할 것이다.

그러나 심리적 이기주의자는 새끼 돼지들을 구해준 링컨 행위

13) Joel Feinberg, "Psychological Egoism," L. P. Pojman, *Ethical Theory : Classical and Contemporary Readings* (Belmont California, 1989), pp.72~73.

의 배경에 분명하게 이기주의적인 요소가 있다고 주장할 것이다. 위의 이야기에서 링컨 스스로 인정한 것처럼 '심리적 쾌락주의'의 밑바탕에 깔려 있다는 것이다. 링컨이 새끼 돼지들을 구해준 것은 돼지들 자체의 이익을 위한 이타적인 이유보다는, 돼지들을 구하지 않았을 때 링컨이 갖게 될 심리적 부담과 고통을 예방하기 위한 것이라는 것이다. 그리고 돼지들을 구함으로써 심리적 편안함과 평화를 얻었다면, 그것은 개인의 이기적인 욕구를 충족한 것이라고 심리적 이기주의자는 주장할 것이다.

이러한 심리적 이기주의자의 평가에 대하여 우리는 어떤 반론을 펼칠 수 있을까? 여러 가지 반론이 있을 수 있지만, 어떤 행위의 진정한 출발점이 어디였는가를 살펴보면 심리적 이기주의를 논박할 수 있는 실마리를 찾게 된다. 즉, 심리적 이기주의자가 주장하는 '심리적 쾌락'이 행위의 진정한 출발점이었느냐, 아니면 이타적 행위로 인한 부수적 산물이었느냐를 따져볼 때, 우리는 심리적 이기주의가 무리한 논의를 전개하고 있다는 것을 보여줄 수 있다.

위의 링컨의 예를 통해 볼 때, 링컨은 새끼 돼지들을 구해준 결과 마음의 평화라는 일종의 심리적 쾌락[심리적 이기주의자들이 주장하는]을 얻었다. 그런데 과연 링컨은 이 마음의 평화를 얻기 위하여 새끼 돼지들을 구해준 것인가? 아니면 그러한 이기적인 의도가 아닌 다른 의도 또는 아무런 의도 없이 무조건적으로 구해주다 보니 결과적으로 그러한 마음의 평화를 얻은 것인가? 즉, '마음의 평화'라는 것이 링컨의 행위를 불러온 애당초의 동기인가, 아니면 행위 이후에 저절로 또는 부수적으로 얻게 된 산물에 불과한가의 판단이 문제가 된다.

물론 여기에 대하여 우리가 링컨 자신이 아닌 이상 정확하고 완벽하게 그 심리적 의도를 밝혀낼 수는 없다. 어쩌면 링컨 스스로도 자신이 얻은 '마음의 평화'가 애초부터 의도한 결과인지, 행위의 결과로 생긴 부수적인 산물인지를 정확하게 판단할 수 없을지도 모른다. 그러나 일반적인 상식에서 볼 때, 우리는 위의 예화에서 링컨이 얻은 '마음의 평화'가 새끼 돼지들을 구해주게 한 동인(動因)이라기보다는 착한 행위를 하고 난 후에 얻게 된 심리적 상태라고 판단할 수 있다. 아마도 링컨이 새끼 돼지들을 구해준 동인(動因)은 생명존중이라든지 동물사랑과 같은 감정일 가능성이 높다.

이와 마찬가지로 심리적 이기주의자가 이타주의적 행위의 배후마다 이기주의적 요소가 있음을 주장할 때, 우리는 그 이기주의적 요소가 애초부터 의도하고 있었던 것인지, 행위의 결과로 저절로 나타난 것인지를 물을 수 있다. 그리고 그런 물음에 대하여 우리가 행위자의 삶의 자세와 상황을 평가해 볼 때, 이기적인 요소의 선후 관계를 판단해 볼 수 있다. 그럴 경우, 이기적인 요소가 행위자가 어떤 행위를 갖게 만든 동인(動因)이 아니라 행위의 결과로 얻게 된 부수적인 산물이라고 평가가 된다면, 심리적 이기주의자의 주장은 근거를 잃게 된다.

평생 동안 희생과 봉사로 살아간 테레사 수녀의 삶이, 그녀가 어떤 심리적 쾌락이나 보람감을 갖기 위하여 그런 삶을 시작했는지, 아니면 헐벗고 굶주린 사람들에 대하여 순수하게 도움을 주고 싶은 마음에서 그런 삶을 시작했는지는 우리가 그녀의 삶의 자세와 행적들을 통하여 충분히 알 수 있다. 테레사 수녀의 삶이 우리에게 고귀하게 느껴지는 것은, 그녀가 심리적인 쾌락이라는 이기적인 동인(動因)에서 그런 삶을 산 것이 아니라는 것을 우리가 인정하고 있기 때문이며, 아마도 그런 봉사의 삶을 살아가면서도 테

레사 수녀는 심리적 쾌락보다는 오히려 헐벗고 굶주린 사람들에
대한 사랑과 걱정으로 나날들을 보냈을지도 모른다.

윤리적 이기주의에 대한 평가에 있어서 우리가 짚고 넘어가야
할 것은, 윤리적 이기주의자가 이기주의적 원리를 단순히 개인적
인 행위규범으로만 보지 않는다는 것이다. 다시 말해 사람은 자기
이익을 추구하면서 살아가야 한다는 규범을 그 개인에게만 적용
하는 것이 아니라, 모든 사람이 그래야만 한다는 것이다. 그래야
만 그것이 하나의 도덕률로서 채택될 수도 있고, 다른 사람들에게
그렇게 살도록 요구할 수도 있기 때문이다.

그런데 윤리적 이기주의를 이렇게 해석할 때, 그것은 자기 모
순적 결과를 가져올 수도 있다. 왜냐하면 모든 사람들이 열렬히
자신의 이익을 추구한다면, 윤리적 이기주의를 주장하는 한 개인
에게는 이득이 될 수 없기 때문이다. 물론 한 사람의 이익이 모든
다른 사람들의 이익과 합치될 경우에는 문제가 없다. 만약 그렇게
된다면 우리는 일관성 있게 이기주의적 규범이 보편적으로 실행
되기를 바랄 수 있다. 그러나 경험적으로 볼 때 한 사람의 이익이
모든 다른 사람의 이익과 일치한다는 것은 매우 의심스러운 가정
이며, 그것은 세계 속에 일종의 예정 조화를 가정하는 것이기도
하다.[14]

그러나 무엇보다도 윤리적 이기주의에 대하여 가장 큰 비판은
그것이 윤리적 분쟁 해결에 도움이 되지 못한다는 것이다. 가령
'갑'과 '을'이 시장 후보로 출마했다고 하자. '갑'이 당선되면 을
이 낙선이요, 을이 당선되면 갑이 낙선이다. 이기주의는 이런 경
우 갈등의 해소에 도움이 되지 않을 뿐만 아니라 싸움을 부채질

---

14) William K. Frankena, 앞의 책, p.35.

하는 결과를 빚는다. 제3자인 '병'이 이기주의자로 '갑'을 만나 당선을 위하여 최선을 다하라고 격려한다면 그것은 이기주의의 원리에 맞는다. 그러나 병은 '을'을 만나서도 똑같은 격려를 하는 것이 이치에 닿는다. 그러나 그것은 두 사람간의 경쟁을 부채질하는 효과밖에 기대할 수 없다. 그리고 '병'은 두 경쟁자에 대하여 똑같이 격려하는 처지에 대하여 자기 모순을 느끼게 될 것이다.

인간이 특정한 상황에서 특정한 행동을 할 경우 그 동기는 어떤 것이라야 할 것인가? 이기주의에서는 이기적 동기에 따라야 한다고 주장할 것이다. 그러나 행동을 일으키는 동기는 헤아릴 수 없이 많다. 그 많은 동기들 중에 이기적 동기도 있을 수 있다. 그런데도 언제나 이기적 동기만이 행동을 유발한다고 보는 것은 지나친 단순화이다. 동기에는 우정 · 동정심 · 사랑 · 분노 · 슬픔 등 여러 가지가 있다. 이런 동기들을 함께 참작한다면 이기주의의 주장은 지나치게 단순하고 할 것이다. 이기심이 이처럼 다양한 동기들과 함께 작용하게 되면, 그것은 노골적으로 나타나지 않고 지연되기도 하고 다른 것으로 대체되기도 할 것이다.

그러나 이기주의자는 이기심이 여러 동기들 중에서 가장 우세한 것으로 본다. 그래서 덕행을 쌓는 것, 이웃을 돕는 것, 규칙을 지키는 것 등이 모두 자기 이익에 귀결된다고 보는 것이다. 그런데 이 견해에는 이기성이 그 밖의 많은 동기들과 배합될 수 있다는 뜻이 깔려 있다. 가령 내 자신이 어려운 처지에 있을 때 도움을 받기 위하여 이웃을 돕는 것은 이기와 이타의 배합이라 할 수 있다. 당장은 손해를 보는 것 같으나 장기적으로는 이익이 돌아온다는 판단에서 도서관에 많은 도서를 기증하는 것은 공익과 사익의 배합이 된다.

이처럼 이기주의에 우정 · 공익 · 희생 등의 다른 도덕적 요소가 배합되면 이것을 세련된 이기주의(enlightened egoism)라고 부를 수 있다.[15] 비록 윤리적 이기주의자라 할지라도 자기중심적·이기주의적·자기도취적 또는 자기본위적 행위를 하지 않을 수도 있다. 실제로 그는 겸손하고 남을 위하는 것이 인생을 살아가는 데 있어서 '최상의 방도'라고 생각할 수 있다.[16] 당장의 이익보다 간접적이고 장기적인 이익을 추구하거나 구체적 이익보다 마음의 평화 등과 같은 추상적 이익을 추구하는 것도 이 범주에 속한다. 한 마디로 자기 이익을 지혜롭게 추구할 때 그것은 세련된 이기주의라고 할 수 있다.

이렇게 볼 때, 이기주의는 논리적으로 공동생활의 원리로서 모순이 있음에도 불구하고 도덕적 판단에로 들어가는 입문적 의의와 세련된 이기주의의 두 측면에서 의미를 가진다고 할 수 있다.[17]

---

15) Jesse Kalin, "In Defense of Egoism," L. P. Pojman, 앞의 책, p.85 이하 참조.

16) William K. Frankena, 앞의 책, p.33.

17) 강재륜, 앞의 책, p.66.

# 제5장 개인윤리와 사회윤리

## 1) 사회윤리의 등장과 의미

다음과 같은 경우를 읽어보고 행위의 옳고 그름에 대한 윤리적 판단을 내려보자.

어느 한 청년이 존속 유기죄로 경찰의 조사를 받고 있었다. 죄목은 병들고 거동이 불편한 노모(老母)를 보살피지 않고 길가에 내버려두어 하마터면 노모가 숨질 수도 있었다는 것이었다. 그 청년은 노모의 단 하나밖에 없는 자식이었다. 40이 넘어서야 어렵게 얻은 자식 하나에 대하여 부모님은 한없는 사랑을 보냈지만, 청년이 어렸을 때 아버지가 불치의 병으로 돌아가셨다. 그러는 동안 집안 형편은 아주 어렵게 되었고, 청년은 그래도 어머니께 효도를 다하면서 열심히 살아갔다.

그러나 어려운 집안 형편에 좋은 교육도 제대로 받지 못하여서 청년은 일용직으로 노동을 팔며 생계를 유지해 나갈 수밖에 없었다. 게다가 환갑이 넘으신 어머니가 질병으로 인하여 거동까지 불편하게 되자, 청년은 앞으로 살아갈 길과 어머니에 대한 걱정으로 한숨만 더해 갔다. 악재는 더욱 겹쳐 경기가 아주 나빠져 사람들이 일자리를 구하기 어렵게 되었고, 청년도 어떻게든 일자리를 구해야만 했다. 그러나 청년이 없으면 화장실 출입도 제대로 못 하는 어머니를 혼자 놔두고 며칠간 밖으로 돌아다닌다는 것은 불가능한 일이었다. 여러 방면으로 알아보았지만 어디 도움을 청할 만한 곳도 없었다.

어쩔 수 없이 청년은 어머니를 밖으로 모시고 나와 사람들이 많이 지나다니는 길목 한 모퉁이에 앉혀 놓았다. 그리고 어머니에 대한 도움을 부탁하는 호소문이 적힌 종이를 실에 묶어 목에 걸어놓고 일자리를 구하기 위해 집을 나섰다. 그리고 며칠간 청년이 일을 찾아 헤매는 동안 길에 쓰러진 할머니를 사람들이 병원으로 모시고 갔고, 후에 청년은 존속 유기죄로 경찰에 붙잡히게 되었다.


우리는 이 청년의 행위에 대하여 어떻게 말할 수 있을까? 분명 그 청년의 행위는 잘못된 행위이다. 그 의도가 어디 있든 간에 거동 능력이 없는 어머니를 내버린 청년의 행위 자체에 대해서는 우리는 비난을 보내게 된다. 인간이 갖고 있어야 하는 기본적인 윤리정신이라는 의미에서 볼 때, 그 청년은 비도덕적이고 비윤리적인 인간, 더욱 심하게는 '인간같지도 않은 놈'이라고 비난할 수도 있다.

그러나 앞뒤 상황을 살펴볼 때, 애당초 청년이 효도가 부족하다거나 나쁜 사람이 아니었다는 것을 알 수 있다. 이럴 경우, 우리는 청년의 행위에 대해서 비난을 보내면서도, 그가 그렇게 할 수밖에 없었던 사회적인 구조나 상황에 대해서도 아쉬움과 비난을 보낸다. 만약 우리의 사회 복지 시스템이 그런 상황에 처한 청년이나 할머니에게 약간의 도움이라도 줄 수 있는 구조였다면 과연 청년이 그러한 행위를 했을까? 그런 상황에서 청년이 한 행위는 청년 자체의 잘못이라기보다는 청년을 그렇게까지 몰고간 이 사회적 상황이 더욱 잘못이 아닌가?

더 나아가 이러한 질문을 일반화시켜 본다면 우리는 다음과 같은 질문을 던져볼 수 있다. 전체 사회적인 관행이나 시스템, 그리고 구조가 잘못되어 있는데 개인에게만 올바른 삶, 올바른 행위를 요구하는 것은 잘못이 아닌가? 아무리 개인이 도덕적이고 윤리적으로 살려고 해도 그가 살고 있는 전체 사회의 도덕이나 윤리, 그리고 사회구조가 잘못되어 있다면 개인의 노력이 무슨 소용이 있겠는가? 개인에게 무엇을 요구하기 이전에 잘못된 사회의 관행이나 제도부터 바꾸어야 하지 않겠는가?

이러한 일반화된 질문을 던지면서 우리는 윤리적 판단의 세계에서 전통적인 개인윤리적 접근과 대비되는 사회윤리적 접근을 만나게 된다. 그리고 이러한 사회윤리적 접근법을 다루는 사회윤리학이라는 윤리학의 새로운 흐름도 마주치게 된다.

사회윤리나 사회윤리학에 대한 관심은 1960년대 중반 전후해서 증가하기 시작하였고, 근래 들어 사회윤리라는 개념이 매우 광범위하게 사용되고 있다. 이러한 시기를 전후하여 사회윤리에 대한 관심이 증가한 데에는 몇 가지 이유가 있다. 첫째는 산업사회의 본격적 발달로 인한 사회구조의 복잡성이 개인의 삶과 사회 사이의 유기적 관계를 증대시켰기 때문이다. 둘째는 사회적 변화가 급속하게 되었기 때문이다. 고속적 사회변화 속에서는 사회변화와의 관계를 떠나서는 삶을 제대로 영위할 수가 없다. 셋째는 윤리학이 도구로 사용할 수 있는 사회과학이 발달했기 때문이다. 다시 말해서 증대되는 사회적 복잡성과 거기에 대한 인간의 대처능력 사회의 갭, 즉 '인간적 갭'(the human gap)을 극복하는 방안 강구를 뒷받침해 줄 수 있는 사회학 · 지식사회학 · 사회심리학 등의 사회과학이 발달했기 때문이다.

하지만 이러한 배경과 함께 등장하면서 사회윤리학이라는 이름으로 현대사회의 문제점을 분석해 보려는 다양한 시도들이 있음에도 불구하고, 사회윤리와 사회윤리학의 개념 및 접근방법에 대한 명확한 규정은 부족한 상태이다. 일반적으로 사회윤리와 사회윤리학이라는 말은 동일한 의미로 사용되기도 하지만,[1] 그 개념 자체에 대한 논의는 매우 한정되어 있다고 할 수 있다. 일반적으로 사회윤리라는 개념을 사용하는 사람들이 염두에 두고 있는 개념 자체에 대한 정의는 대체로 다음과 같은 세 가지 중의 하나라고 볼 수 있다.[2]

첫째, 윤리의 독자성을 강조하면서 모든 윤리는 근본적으로 사회윤리라고 보는 시각이다. 즉 사회적인 존재로서의 인간이 사회적 맥락에서 선택하는 윤리규범이 사회윤리라고 보는 관점인 것이다. 이 시각을 수용한다면, 개인윤리와 사회윤리는 구분되기 어려울 뿐만 아니라 구별할 필요성도 없게 된다. 물론 이 관점을 택하는 사람이 윤리라는 개념 대신에 사회윤리라는 개념을 사용할 때에는 조금 다른 뉘앙스를 전제하는 경우가 많다고 보아야 할 것이다. 개인의 양심에 근거를 둔 개인적인 반성이라는 기존의 윤리적 원리와는 조금 다른 차원에서 윤리의 사회적 차원을 강조하는 의미가 내포되어 있을 수 있기 때문이다. 그러나 사회윤리와 개인윤리를 엄격하게 구분하지 않는다면 점이 특징으로 지적될 수 있다.

둘째, 개인윤리가 주로 개인의 양심에 토대를 둔 원리를 문제삼는 데 비해 사회윤리는 사회질서를 문제삼거나 근대 이후에 부

---

1) 흔히 사회윤리는 사회윤리학과 동의어로 사용되고 있지만, 사회윤리는 윤리의 하위개념이고, 사회윤리학은 윤리학의 하위개념이기 때문에 일단 우리말 속에서는 구분이 된다.

2) 박병기, "사회윤리에 있어서 책임의 주체와 관한 연구"(서울대학교 박사학위논문, 1994), pp. 17~27.

각된 집단이나 제도의 윤리성을 문제삼는 개념이라고 보는 관점
이다. 사회윤리는 인간공동체와 사회정책을 둘러싼 문제들의 선
과 옳음, 당위 등의 사회질서를 문제삼는 윤리학의 새로운 분야라
고 보는 입장이다. 윈터(G. Winter)의 견해가 대표적인 견해로서,
그는 사회윤리학의 주제는 인간사회를 둘러싼 도덕적 선과 옳음
이라고 강조한다. 더 나아가 사회적 편견에 대한 예를 들면서 이
러한 편견을 갖게 만드는 사회적 환경을 반성하는 것이 사회윤리
학의 과제이고, 보다 본질적인 차원에서는 개인과 공동체, 개인적
인 선과 사회질서가 사회윤리적 반성의 참된 주제라는 것이다. 동
시에 사회윤리적 반성은 사회적 조직에 대한 윤리적 반성을 포함
하게 된다는 점도 강조하고 있다.[3]

　사회윤리를 보는 세 번째 관점은 사회나 집단의 독자성을 인정
하는 바탕 위에서 공동선(共同善, The Common Good)의 추구가 사
회윤리의 궁극적인 목표라고 주장하는 관점이다. 최근의 윤리학
적인 논의 주제인 개인주의적 자유주의와 공동체주의 사이의 논
쟁에서 많은 공동체주의자들이 갖고 있는 사회윤리관이 그 대표
적인 예로 제시될 수 있을 것이다. 또 개인의 도덕성이 결정되는
과정에서 사회구조적인 영향력을 강조하는 마르크스주의적인 사
회윤리관도 이 관점에 포함시킬 수 있을 것이다. 마르크스주의 윤
리학은 도덕 주체가 어떤 사회적 조건에서 선을 택하고 그것을
행동으로 옮기는지에 대해서 깊은 관심을 갖는다. 그가 윤리적인
문제에 대해 개인의 도덕성이라는 차원에서 접근하지 않고 사유
재산제도나 사회계급, 노동의 분업과 같은 사회적 제도들에 대한

---

3) Gibson Winter(ed.), *Social Ethics : Issues in Ethics and Society* (N. Y. &
London : Harper & Row, 1968), p.7.

도덕적 평가와 그것들이 개인의 도덕성의 형성에 미치는 영향에 대하여 관심을 보였다는 사실을 부인할 수 없을 것이다.

사회윤리의 독자성을 강조하면서도 마르크스주의 윤리학과는 일정한 거리를 유지하고 있는 견해로서 공동체론적 관점 또는 사회존재론적 관점을 들 수 있다. 이 관점은 사회가 하나의 독립된 존재임을 강조하면서 이 사회의 존재성에 토대를 둔 윤리학으로서의 사회윤리학을 내세우고자 한다. 사회를 하나의 독립된 존재로 보고 이 존재에 윤리성을 부여하려는 시도의 대표적인 예로는 헤겔의 사회이론이다. 헤겔에게서 국가 또는 시민사회는 그 스스로 절대정신의 한 표현이 윤리성(倫理性, Sittlichkeit)의 구현체로 이해된다. 특히 국가를 윤리적 전체이고 자유의 실현태이며 가족의 원리와 시민사회의 원리의 통일로 보고 있다.[4]

이렇게 사회윤리라는 개념이 내포하고 있는 공통된 요소들을 뽑아서 조작적인 정의를 내려본다면, "사회윤리는 개인적인 영역을 넘어서는 역할에 따른 도덕성 문제, 집단 또는 사회 자체의 도덕성 문제를 해결하고자 하는 윤리학적인 노력의 총체"[5]라고 할 수 있다. 그리고 이러한 의미와 연결시켜서 생각할 때, 사회윤리학은 개인으로서의 도덕적 행위자의 윤리성을 다루는 것이 아니라, 개인이 속해 있으며 엄청난 영향력을 행사하는 사회적 시스템이나 구조와의 관련에서 윤리적 문제를 다루는 윤리학이라고 할 수 있다.

---

4) G. W. Hegel, 서동익 역, 『철학강요』(*Enzyklopadie der Philosophischen Wissenschaften in Grundrisse*)(을유문화사, 1983).
5) 박병기, 앞의 글, p.27.

## 2) 개인윤리적 접근법의 특징

동서양을 막론하고 윤리학은 개인윤리에만 치중했고 사회윤리
에 대해서는 거의 관심을 기울이지 않다. 사회윤리에 대해서 관심
을 가졌다 하더라도 그러한 관심은 단편적이고 부수적이었다.[6] 따
라서 동서양 윤리학의 주류를 이룬 것은 개인윤리와 개인윤리학
이었다. 이러한 개인윤리적 접근법의 특징을 살펴보면 다음과 같
다.

첫째, 도덕적 진리나 목적의 실현과 윤리적 문제의 해결을 개
인의 도덕성, 곧 개인적인 의지의 자유와 결단에서 다룬다. 이 경
우 의지의 자유란 의지의 자율을 말하며, 결단이란 자율적 의지의
선택적 결단을 말한다. 이러한 윤리의 대표적인 것은 칸트의 이른
바 '심성적 윤리'(心性的 倫理)이다. 그의 윤리는 문자 그대로 '개

---

6) 고범서는 1960년대 이전의 윤리학이 사회윤리에 관심을 두지 않았
던 이유를 두 가지로 들고 있다. 첫째는, 전통사회가 갖고 있는 삶
의 영역의 제한성과 구조와 조직의 단순성이다. 전통사회에서는 오
늘의 산업사회에서처럼 삶과 삶의 관계가 전사회적으로 복잡하고
상호 관련적이고 상호 의존적이 아니었다. 그래서 개인의 삶이 현
저하게 개인의 영역에 국한되어 있었고, 따라서 개인의 윤리적 문
제를 사회와 관계시켜서 다루는 것이 절실한 것이 아니었다. 둘째
는, 사회가 본격적인 산업사회로 들어가면서 사회적 변화가 오늘처
럼 고속화되기 이전에는 윤리나 윤리학이 사회변화 또는 상황에
대해서 관심을 갖지 않아도 무방했다. 고범서, 『사회윤리학』(나남,
1993), pp.38~39.

인윤리'(personal ethic)요, 오직 개인의 도덕성에만 모든 것을 거는 심성적 윤리이다. 그의 심성의 윤리는 철저한 동기론의 입장을 취했다. 칸트는 무조건적으로 그 자체로서 선한 것으로 내세운 '선의지'(善意志, der gute Wille)에 대한 복종을 주장한다. 칸트에게는 의지 스스로 세운 도덕률에 스스로 복종하는 것만이 선이요, 따라서 선은 결과와는 무관한 것이다. 아무리 결과가 좋아도 그것에 의해서 의지가 결정된다면 그것은 의지의 자유에 대한 침해로서 선이 아니다.

칸트의 이러한 동기론적인 심성적 개인윤리는 매우 중요한 윤리적 의미와 역할을 가지고 있다. 만일 이러한 윤리의 본질을 밝혀주는 동기론적 심성의 윤리를 떠나서 결과만 가지고 도덕적 선과 악을 따진다면 우리는 극단적인 상대주의와 혼란에 떨어지게 될 것이며, 나아가서는 목적이 수단을 무차별하게 정당화하는 것을 막을 수 없게 되고 말 것이다. 이런 관점에서 보면 칸트류의 심성적 개인윤리는 매우 중요한 의미를 가지고 있다.

그럼에도 불구하고 그런 윤리는 현실적 상황과 사회적 측면을 고려에 넣고 있지 않다는 문제점을 가지고 있다. 사회적 변화가 극히 완만하고 제한된 지역 속에 살면서 윤리를 사색했던 칸트의 시대에는 심성적 개인윤리로 통했을는지 모르지만, 오늘날의 지구촌과 고속적 사회변화의 시대에는 그러한 심성적 개인윤리만 가지고는 윤리적 문제를 제대로 해결할 수가 없다.

둘째, 윤리적 문제의 원인을 개인에게서 본다. 전통적 개인윤리는 윤리적 문제의 원인을 우선적으로 개인에게 있다고 생각하며, 따라서 윤리적 문제의 해결 역시 개인의 윤리적 자각과 결단에 의해서 해결할 수 있다고 생각한다. 어떤 윤리적 문제가 발생했을 때, 소위 '내가 잘못이지, 누구를 탓할 수 있는가?' 하는 방식이

바로 개인윤리적 접근방식의 특징이다. 그리고 자신의 잘못을 인
정하고 윤리적 문제의 해결을 자신의 문제로부터 접근하는 것에
대하여 당연하고도 올바른 자세로 여긴다.

이러한 입장에서는 모든 문제의 원인을 개인에게 돌리기 때문
에 문제를 기본적으로 유발시키는 사회정책적 또는 제도적 원인
을 보지 못한다. 또한 사회정책이나 제도가 도덕적 행위자에 대해
서 행사하는 강력하고도 부정적인 영향력을 깨닫지 못한다. 개인
윤리적 접근법의 결정적인 약점은 그것이 윤리적 문제의 정책적
또는 제도적 원인을 보지 못하고 도덕적 행위자 개인에게만 모든
책임을 떠넘긴다는 것이다.

셋째, 개인 도덕성의 사회적 발현을 통해서 사회적 문제를 해
결하려 한다. 개인윤리적 접근법의 이러한 특징에 대하여 멜(R.
Mehl)은 다음과 같이 표현하고 있다.

사회가 그 자신의 윤리적 시스템에 의해서 지배된다는 생각은 최근
의 생각이다. 오랫동안 사회생활이 개인들간 관계들의 총화에 지나지
않는다고 생각되었고, 따라서 또한 사회윤리학은 개인윤리학과 다르
지 않다고 생각되었다. 다시 말해서 같은 덕(德)들이 두 윤리학의 영
역에서 함양되어야 한다고 생각되었다. 좋은 남편과 아버지는 당연히
좋은 시민이요, 훌륭한 사회인일 것이라고 생각되었다. 이렇게 해서
개인윤리의 사회적 영역에의 연장은 결과적으로 옳다고 인정을 받는
사회적 보수주의를 초래했다.[7]

---

7) Roger Mehl, "The Basis of Christian Ethics", John C. Bennett, (ed.),
*Christian Social Ethics in a Changing World : An Ecumenical Theological
Inquiry*(New York : Association Press, 1966), p.44.

이 입장에 따른다면 모든 도덕·윤리적 문제의 해결은 개인이
해야만 한다. 이런 요구에는 하나의 중요한 의미가 내포되어 있
다. 즉, 아무리 사회가 모순과 부조리로 가득 차 있어도 개인은 얼
마든지 올바르게 살 수 있으며, 그런 올바른 삶으로 세상을 고쳐
나가야 한다는 것이다. 사회를 개혁할 수 있는 개인의 능력을 부
정적으로 보는 사회윤리적 입장과는 전혀 다르게 개인의 윤리적
능력에 대한 평가를 내리고 있는 것이다.

물론 전통적 윤리학이 윤리의 사회적 측면을 전혀 고려에 넣지
않은 것은 아니었다. 예를 들어, 플라톤은 이상국가를 논함으로써
국가적 체제의 차원에서 윤리적 문제를 다루었다고 할 수 있다.
아리스토텔레스는 개인의 선을 다루는 윤리학을 정치학의 한 분
야로 보았다. 그러나 그들은 윤리의 사회적 측면에 언급했을 뿐,
개인윤리와 구별되는 사회윤리에 관심을 가지고 그것을 개발하고
발전시키려고 했던 것은 아니다. 이렇게 볼 때, 전통적 윤리학은
대체로 사회적 문제나 사회적 성격이 짙은 문제까지도 도덕적 행
위자 개인의 도덕성의 함양과 발전에 의해서 해결하려고 하였고,
또한 해결할 수 있다고 믿었던 것으로 볼 수 있다.


## 3) 사회윤리적 접근법의 특징

개인윤리적 접근법과 대비되는 사회윤리적 접근법은 다음과
같은 몇 가지 특징을 갖고 있다.

첫째, 현실적인 사회적 상황이나 결과를 문제삼고 분석하려고
한다. 칸트의 심성적 윤리는 현실적 세계 속에서의 구체적 결과와
는 관계가 없이 개인의 순수한 내적 동기에만 치중했다. 이러한

윤리는 비역사적이고 비정치적인 도덕적 고립주의의 윤리라고 사회윤리를 강조하는 사람들은 평가한다. 이와는 달리 사회윤리는 결과, 특히 사회적 결과를 추구하는 윤리이다. 이 입장에서도 물론 개인의 내적 동기를 강조하는 개인윤리가 전혀 없다면 목적이 수단을 무차별하게 정당화하기 때문에 윤리가 파괴되고 만다는 것을 인정한다. 그러나 반대로 현실의 구체적 결과를 무시하는 심성적 윤리는 무력한 개인적 윤리가 되어버리고 말 것이다. 그렇기 때문에 개인윤리와 사회윤리는 양자 중 어느 하나를 버리고 다른 하나를 택하여야 하는 서로 모순되고 반대되는 것이 아니라 상호보완적 관계에 있다고 주장한다.

둘째, 윤리 문제나 사회 문제의 발생에 대하여 '사회적 원인'(social cause)을 강조한다. 사회윤리는 개인 행위의 원인이나 사회적 문제의 원인을 규명하고 해결하려고 하는 데 있어서 개인적 원인을 무시하는 것은 아니지만, 일차적 관심을 사회적 원인에 둔다. 여기서 사회적 원인은 매우 중요한 것이며, 사회윤리의 핵심을 볼 수 있는 결정적인 요소이기도 하다. 사회윤리의 시각에서 보면 개인윤리는 도덕·윤리적 문제의 원인을 개인에게서만 보고 그 같은 개인적 원인을 극복하는 데만 치중하는 데 있다. 개인적 차원의 원인이 없는 것은 아니지만, 보다 현실적인 차원의 사회적 차원의 원인을 규명해야만 올바른 해결의 실마리를 찾을 수 있다는 것이다.

셋째, 사회적 문제의 해결을 위해 사회적 정책이나 제도, 그리고 체제 차원의 접근이 필요하다고 주장한다. 앞에서 말한 사회적 원인이란 사회적 정책이나 제도 또는 구조가 불합리하거나 아예 그런 것들이 존재하지 않는 것을 말한다. 따라서 사회적 원인의 해결이나 제거는 정책이나 제도적인 차원에서 추구되어야 한다.

이 경우 다음과 같은 두 가지 접근을 생각할 수 있다.

하나는 사회적 정책이나 제도 및 체제의 개선을 통해서 사회적 원인을 해결하는 것이다. 이것을 부동산 투기의 경우에서 보면 세제의 개혁이 이러한 접근방법에 해당한다. 이렇게 설명하면 이 같은 접근방식은 너무나 당연한 것처럼 보이지만 사실은 그렇지가 않다. 현상 유지적인 보수적 사고는 기존의 주어진 정책이나 제도 또는 체제 안에서 모든 문제를 해결하려고 하고 또한 해결할 수 있다는 단순한 보수주의적 멘탈리티에 사로잡히기 때문에 기존의 정책이나 제도의 개선과 개혁을 거부하게 마련이다. 더 나아가 잘못된 제도나 정책 등에 대한 개선과 개혁 노력에 대하여 적대시하거나 조직적 반발을 보이기도 한다.

다른 하나는 개선을 통해서도 해결하기 어려운 잘못된 정책이나 제도 등을 아예 제거하고 새로운 정책이나 제도 등을 도입함으로써 사회적 문제를 해결하려는 것이다. 이것은 잘못된 제도나 정책의 개선보다도 더욱 심각한 저항에 부딪히는 어려움을 갖고 있다. 그러한 저항이 개인적·집단적 이익을 지키기 위한 것이든, 단순히 기존의 습관화된 제도로부터 벗어나기 싫은 타성에 의해서든, 새롭게 도입하는 정책이나 제도를 이해시키고 정착시키는 것은 말처럼 쉬운 것이 아니다. 우리 사회가 의약 분업이라는 새로운 제도를 받아들이는 데 있어서 얼마나 많은 저항과 시행착오가 있었는가를 살펴보면 이러한 어려움을 분명하게 알 수 있다.

넷째, 정치적 방법을 사용하여 윤리적 문제를 다루고 해결하려고 한다. 사회윤리적 접근방법적 특색의 하나는 정책이나 제도의 개선과 새로운 정책의 도입을 위하여 정치적인 접근을 시도한다는 것이다. 이러한 윤리적 접근방법을 니버(R. Niebuhr)는 『도덕적 인간과 비도덕적 사회』에서 '정치적 방법들'·'정치적 전략들'·

'정치적 필요성들'이라고 부르면서 그 의미를 다음과 같이 설명
하고 있다.

> 그들(도덕가들, 사회학자들, 그리고 교육가들)은 인간사회의 정의를
> 위한 싸움에서 정치적 필요성들(political necessities)을 완전히 무시해
> 버린다. 그 이유는 그들이 자연의 질서에 속하며 이성이나 양심이 결
> 코 완전하게 지배할 수 없는 인간의 집단적 행위 속의 요소들을 보지
> 못했기 때문이다. 그러한 사람들은 제국주의의 형태에서건 혹은 계급
> 투쟁의 형태에서건 집단적 힘이 약자를 착취할 때는 힘에 대해서 힘
> 으로 대항하지 않는 한 그 문제는 결코 해결될 수가 없다는 사실을
> 인정하지 않는다.[8]

니버 자신은 이 같은 정치적 방법 또는 정치적 필요성이 무엇
을 의미하는지를 자세하게 설명하지 않았다. 그러나 분명한 것은
그것이 단일한 한 가지를 의미하지는 않는다는 사실이다. 이것은
그가 '정치적 방법들' 또는 '정치적 필요성들'이라고 복수를 사
용하고 있다는 사실로부터 알 수 있다. 아마도 그가 말하고 있는
정치적 방법은 다음의 세 가지를 뜻하고 있는 것으로 생각된다.[9]
　(1) 그것은 윤리적 문제의 해결과 윤리적 이념의 실현을 정책
이나 제도, 체제의 차원에서 추구하는 방법이다. 우리는 이것을
'정치적 정책들'이라는 개념을 사용하여 표현한 니버의 다음과
같은 말 속에서 찾아볼 수 있다.

---

8) Reinhold Niebuhr, *Moral Man and Immoral Society*(New York :
　Charles Scribner's Sons, 1932), p.xii.
9) 고범서, 『사회윤리학』(나남, 1993), pp.50~51.

이 저서 속에서 고심하여 전개할 명제는 개인들의 도덕적·사회적 행동과 국가적·인종적·경제적 사회집단들의 도덕적·사회적 행동 사이에 예리한 구별을 두지 않으면 안 된다는 사실이다. 그리고 또 이러한 구별이 순수하게 개인적인 윤리가 항상 당혹스럽게 생각하는 정치적 정책들(political policies)을 정당화하고 필요로 하게 한다는 사실이다.[10)]

(2) 그것은 강제성 또는 강제력을 사용하는 방법이다. 윤리적 측면에서 볼 때 정책, 제도 및 체제는 개인윤리에서는 찾아볼 수 없는 특이한 성격을 가지고 있다. 그것은 다름이 아니고 그러한 것들이 강제력에 의해서 유지되고 또한 기능을 발휘하고 있다는 사실이다. 이 때 강제력은 정치적 권력이나 법적 권력을 의미한다. 예컨대, 국민이 납세의 의무나 병역의 의무를 자발적으로 이행하지 않으면 공권력이라는 강제력에 의해서 납세나 병역의 의무를 이행케 한다. 이와는 달리 개인윤리는 개인의 양심과 의지의 자율에 의한 윤리적 규범에 대한 복종을 문제삼기 때문에 강제력의 사용과는 상관이 없다. 물론 단순한 개인적 관계에서의 도덕적 행위라고 할지라도 그것이 개인이나 타인 또는 사회에 심각한 피해를 줄 경우에는 공권력에 의한 제재가 사용된다.

(3) 그것은 대응력 또는 저항력을 사용한다. 정책이나 제도 또는 체제의 개혁, 제거 및 창출은 기득권자의 강력한 저항에 부딪치게 된다. 이러한 저항을 물리치고 제도의 개혁 및 창출을 감행하기 위해서는 대응력 또는 대항력이 있어야 한다. 예컨대 노사관계에서 노(勞)의 각 개인이 아무리 정당한 임금과 대우를 위해서 주장하고 싸워도 실효를 거두기는 어려우며, 오히려 사(社)에 의

10) Reinhold Niebuhr, 앞의 책, p.xi.

한 피해를 보게 되기 쉽다. 그렇기 때문에 노(勞)가 그의 권리를 유지하고 신장하기 위해서는 사(社)의 힘에 대응할 수 있는 힘을 갖지 않으면 안 된다. 그러나 노(勞)만이 대응력이나 대항력이 필요한 것은 아니다. 노(勞)가 그 힘을 남용하거나 악용할 때 사(社)는 경영권과 관리권을 가지고 거기에 대응할 수 있으며, 필요할 경우에는 다른 기업체들과 연대성을 발휘하여 경영권의 힘을 강화하고 심지어는 정부의 힘에 의한 지원을 받기까지 한다.

## 4) 개인윤리와 사회윤리의 조화

그렇다면 왜 오늘날에 와서 사회윤리적 접근법이 필요성이 증대하고 논의가 활발하게 진행되고 있는가?

집단의 크기가 한 마을이건, 한 직장이건, 그리고 전체 국가이든지 간에 사회집단의 윤리적 행동에는 개인과 개인 사이의 관계에서는 없는 집단적 이기주의가 작용한다. 그런데 그러한 집단적 이기주의의 이기성은 아주 강한 힘을 발휘하기 때문에 개인의 도덕적 능력을 현저하게 약화시키고 심지어는 무력하게 만든다. 이로 인하여 개인윤리, 즉 개인의 도덕적 노력만으로는 해결하기 매우 힘든 사태를 발생시킨다.

이것을 개인윤리와 사회윤리의 개념을 사용해서 말하면 그러한 사태는 개인윤리적 접근방법에 의해서는 해결할 수 없고 사회윤리적 접근방법에 의해서만 해결할 수 있다는 것이다. 이것을 니버의 용어를 사용하면 '정치적 방법들' 또는 '정치적 정책들'을 사용해야만 한다는 것이다.

사회적 집단의 윤리적인 문제 있어서 집단적 이기주의가 작용하면, 그러한 이기주의는 개인의 도덕성을 가지고는 견제하기 어렵다고 니버는 주장한다. 그는 인간의 집단적 관계에서는 이성과 도덕성의 능력이 개인적 관계에서보다 현저하게 떨어진다고 아래와 같이 말했다.

　개인들은 행위의 문제들을 결정함에 있어서 그들 자신의 이익이 아닌 다른 사람들의 이익을 고려할 수 있으며, 또한 때로는 그들 자신의 이익보다 먼저 다른 사람들의 이익을 생각할 수 있다는 의미에서 도덕적일 수 있을 것이다. 사람들은 선천적으로 그들의 동료를 위한 어느 정도의 동정과 고려를 가지고 태어났다. 그러한 동정과 고려의 범위는 치밀한 사회교육에 의해서 확대될 수 있을 것이다. 사람들의 합리적인 능력은 그들도 하여금 정의감을 가지도록 촉구하고, 그러한 정의감은 교육적 도야에 의해서 세련되며, 그들은 이익이 개입된 사회 상황을 객관적으로 공정한 척도를 가지고 볼 수 있는 데까지 이기적 요소를 제거할 수 있을 것이다. 그러나 이러한 모든 도덕적 성취는 인간사회와 사회집단을 위해서는, 만일 불가능하지 않다면 더욱 어렵다. 모든 인간집단에서는 본능을 지도하고 견제하는 이성의 힘과 자기 초월의 능력과 다른 사람들의 필요를 이해하는 능력이 집단을 형성하는 개인들이 개인적 관계에서 보여주는 것보다 미약하다. 따라서 이기심이 더욱 제약에서 벗어난다.[11]

　니버의 이러한 주장은 개인윤리와 사회윤리를 구별해야 하는 필요성을 설득력 있게 밝혀준다. 집단적 이기주의는 너무나 집요한 것이어서 이성과 도덕성의 능력을 현저하게 떨어뜨리기 때문에 개인의 도덕성에만 의존하는 개인윤리적 접근 방식은 별로 효과를 거두지 못한다는 것이다.

---

11) Reinhold Niebuhr, 앞의 책, pp.xi～xii.

사회윤리학에서는 정치적 방법이 갖는 독자적 기능을 강조한다. 정치적 방법은 정책이나 제도 또는 체제와 같은 사회적 장치, 즉 사회적 기구 또는 제도적 장치에 의해서 도덕적 문제를 해결하거나 도덕적 이념의 사회적 실현을 추구한다. 이러한 제도적 장치는 인간의 사회적 관계를 유지시키는 강제적 시스템으로서 개인의 도덕성에만 의존하는 개인윤리가 도저히 할 수 없는 기능을 수행할 수 있다.

또한 정치적 방법은 정치적 권력이나 법적 제재력의 뒷받침을 받는 강제력을 사용한다. 이러한 강력한 대응력이나 저항력을 사용은 도덕적 규범으로 규제하려는 것이나 도덕적 행위자의 도덕성에 호소하는 것보다 강력한 제재력과 효과를 갖고 있다. 이러한 정치적 방법은 개인윤리적 접근의 심성적 윤리가 할 수 없는 기능을 가지고 있다. 물론 심성적 윤리가 윤리적 본질을 밝혀주지 않으면 도덕적 상대주의와 혼란에 빠지고 말 것이지만, 정치적 방법에 의한 현실적인 사회적 결과를 거두는 것 역시 결정적 중요성을 가지고 있다.

물론 이러한 강제력은 의지에 대해서 밖으로부터 위협과 압력을 가하는 것으로서 심성적 윤리에서 보면 타율적인 의지 규정이다. 따라서 그것은 근본적인 도덕성의 의미에서 바람직하지 못한 것이고, 개인의 도덕성이 성숙함에 따라 가능한 한 제거되어야 한다. 그러나 니버가 밝혀준 바와 같이 각각의 사회나 집단들 사이의 질서와 조화는, 정도의 차이는 있는 것이 사실이지만, 강제력을 떠나서는 생각할 수 없는 것이 엄연한 현실이다. 그는 도덕가들·사회학자들·교육가들이 개인의 합리성과 도덕성의 발달에만 의해서 국가와 국가, 그리고 집단과 집단 사이의 도덕적 문제가 해결될 수 있다고 믿는 생각이 심각한 도덕적 및 정치적 혼란

을 초래한다고 비판했다. 그에게 있어서는 그들의 단순하고 낙관
적인 생각은 도덕적 환상이요, 감상주의에 지나지 않는다.

"도덕적인 문제란 결코 단순히 그에 당면하고 있는 행위자의
관심사일 수만은 없고 반드시 타인의 이해관계를 내포하게 된다"[12]
는 고티에(D. P. Gauthier)의 표현을 볼 때, 현대사회의 윤리적인
문제를 전통적인 방식으로 단순하게 개인윤리적 접근만으로 해결
하기에는 많은 한계점이 노출되고 있다. 특히 사회적 제도에 의한
어느 정도의 타율적 제약을 거부할 수 없는 현대인의 삶 속에서
는 도덕적 자율성과 이타성에의 호소를 통해 문제를 해결하려는
것은 공허한 메아리에 그칠 수도 있다. 그래서 사회윤리적 접근법
의 필요성이 증대되고 있는 것이다.

그러나 생각을 바꾸어 보면 그 반대도 성립한다. 공간적 부피
를 본다면, 거대한 사회에 비하여 한 개인의 존재는 아무 것도 아
니다. 그러나 우리들 한 사람 한 사람은 스스로의 속에 독립된 정
신적 왕국과 독자적인 세계를 만들어 갖고 있는 완성자이다. 한
마디로 독립된 주체아이다.[13]

이렇게 본다면 나와 나를 둘러싸고 있는 사회는 정신적 비중을
같이하며 서로 독립된 존재로 머문다. 삶의 가치와 질을 다루는
저울대가 있다면 나와 세계는 그 무게를 같이 할 것이다. 개인만
으로 윤리는 존재하지 않으며 사회만으로도 윤리는 존재하지 못
한다. 전체주의자들이 그 전체성과 사회적 맥락만을 강조하여 인
간 개개인을 보지 못하는 잘못을 저질렀다면, 개인주의자들은 사

---

12) David P. Gauthier, *Pratical Reasoning*(Oxford University Press,
    1963), p.147.
13) 김형석, 『윤리학』(철학과 현실사, 1992), p.212.

회적 맥락을 무시한 개인만을 내세우는 잘못을 저질렀다.

　개인윤리와 사회윤리도 이러한 차원에서 접근해야 한다. 개인윤리적 접근에서는 속도와 범위의 측면에서 이전과는 엄청나게 다르게 변화하고 있는 사회적·구조적 맥락의 흐름을 과소평가하거나 간과하지 말아야 한다. 사회윤리적 접근법에서는 도덕적 자율과는 반대되는 타율적이고 강압적으로 문제를 해결하려는 도덕·윤리적 접근의 근본적인 한계성에 대한 비판을 겸허하게 받아들여야 한다. 아무리 현실적이고 효과적인 방법이라 할지라도, 그것이 도덕적 사고와 행위의 주체로서의 인간 존재를 무시하게 된다면 우리 자신을 버리는 행위나 마찬가지이기 때문이다.

　따라서 우리에게는 두 가지 차원에서 접근이 함께 요구된다. 하나는, 인식적인 차원에서 개인윤리적 접근과 사회윤리적 접근이 서로 배타적이고 모순적인 관계가 아니라는 것을 깨닫는 것이다. 다른 하나는, 실천적인 차원에서 윤리적 문제를 해결하기 위하여 개인윤리적 접근과 사회윤리적 접근이 상호 보완적인 방법으로 노력해야 한다는 것이다. 이렇게 된다면 개인윤리적 접근과 사회윤리적 접근은 문제 해결에 대한 상반된 입장이 아니라, 공통된 목적을 실현하기 위한 공동 노력의 모습으로 나타날 것이다.

# 제6장 상황윤리

## 1) 상황윤리의 등장과 의미

다음의 글을 읽고 한 부인의 행위에 대한 윤리적 평가를 내려 보자.

소련 군대가 미국군 및 영국군과 합세하기 위하여 엘베 강 유역에 진출했을 때, 한 소련의 수색 대원은 베르그마이어(Bergmeier)라는 여자를 붙들어 간 일이 있었다. 그 여자는 그녀의 세 자녀를 위해 식량을 구하던 중이었고, 자기 자녀들에게 한 마디 말도 남기지 못한 채, 아무 이유도 없이 우크라이나까지 붙들려 갔었다. 그녀의 남편은 불게 지방에서 포로가 되어 웨일스의 포로 수용소에 있었다.

베르그마이어 부인의 남편은 다시 베를린으로 돌아와 한참 만에야 그의 자녀들을 찾아낼 수 있었다. 12살 난 둘째 아들 일제와 10살 난 셋째 아들 폴은 부랑민 수용소인 학교에서 찾아냈고, 15살 난 맏아들 한스는 알렉산더 플라츠에 있는 지하실에서 발견했다. 그러나 그의 아내의 행방은 알 도리가 없었다. 그는 아내의 행방을 계속해서 백방으로 알아보았다. 기아와 혼돈과 공포 속에 있는 이 집안은 어머니를 찾아내지 않으면 안 되었다.

우크라이나 수용소에 있는 동안 베르그마이어 부인은 그 부대 지휘

관의 특별한 배려로 자기 남편과 아이들이 자기를 찾고 있다는 사실을 전해 듣게 되었다. 그러나 다음의 두 가지 경우가 아니면 석방이 허가되지 않았다. 첫째는, 후방 병원까지 후송해서 치료해야 할 병이 있어야 한다는 것과, 둘째는, 임신을 했을 경우이다.

그녀는 마음 속으로 여러 가지 궁리 끝에 볼가 독일인 수용소에 있던 보초병에게 임신을 시켜달라고 부탁을 하기에 이르렀다. 그녀는 드디어 임신이 확인되고 베를린으로 돌아와 그녀의 가족들을 만날 수 있게 되었다. 그녀의 남편이나 모든 가족들이 그녀가 어떻게 하여 돌아올 수 있었는가를 알았으나 그래도 그들은 그녀를 진심으로 환영하였다. 아기가 태어나자 모든 식구들은 그 아기 때문에 따뜻한 보금자리를 찾았다는 것을 생각하여 그 아기를 가장 귀하게 아껴주었다.

그 아기의 명명식 날이 되어 가족은 아기를 데리고 교회로 갔다. 의식이 끝난 다음에 아이들을 전부 집으로 돌려보내고 그들 부부는 목사에게 찾아가서 베르그마이어 부인과 아기 디트리히(Dietrich)에 대한 그들의 생각이 그릇되지 않았는가를 물어보았다. 볼가 독일인 수용소의 보초병에게 감사하여야 할 일이겠는가? 또 베르그마이어 부인이 한 일은 좋은 일이며 옳은 일이었던가?"[1]

위의 글에서 우리는 베르그마이어(Bergmeier) 부인의 행위에 대하여 어떤 평가를 내릴 수 있을까? 아마도 그 평가는 각 사회가 가지고 있는 규범적 관점에 따라, 또한 개인이 가지고 있는 도덕·윤리적 관점에 따라 평가의 내용이 달라질 수 있다. 하지만 그 평가가 어떻게 차이가 나든 간에 공통적인 하나의 경향이 있을 것이다. 간음(姦淫)행위 자체가 윤리적으로 비난받는 것은 당연하지만, 일반적으로 우리가 비난하는 종류의 간음과 베르그마

1) Joseph Fletcher, 이희숙 역, 『상황윤리』(*Situation Ethics*)(종로서적, 1989), pp149~150.

이어 부인의 간음행위와는 차이가 있다는 것이다.[2] 그리고 이러한
평가는 간음행위 자체에 대한 평가가 달라진 것이 아니라, 그 행
위가 이루어진 상황과 여건을 고려했을 때 나온 결과일 것이다.

위와 같은 일의 평가과정 중에 우리는 상황과 여건의 의미를
살펴볼 수 있게 된다. 물론 이 때 상황이란 윤리적 선택이나 판단
과 관련된 상황을 말한다. 어찌 보면 어떤 행위에 대한 윤리적 평
가에 있어서 그 행위가 발생한 상황을 고려해야 한다는 것은 당
연한 일인지도 모른다. 그럼에도 불구하고, 윤리학에서 이러한 상
황에 대한 논의가 관심거리로 등장한 것은 1960년대 중반을 전후
하여 사회윤리학의 등장과 함께였다. 그만큼 그 이전에는 윤리적
판단과 행위에 있어서 원칙론적 입장만이 강력한 힘을 발휘하고
있었다고 이해할 수 있다.

사회윤리학적 입장에서 보면 '상황'(situation)은 사회적 정책이

---

2) 물론 이러한 필자의 의견에 대하여 반대하는 입장을 갖는 사람도
있을 수 있다. 칸트류의 확고한 도덕적 원칙론자의 입장에서는 베
르그마이어 부인의 행위가 일반적으로 비난받는 간음과 다를 바
없다. 그리고 유연한 도덕성의 적용과 베르그마이어 부인의 딱한
처지를 동정하는 입장에서는 부인의 행위에 대한 비난의 강도가
다른 일반적인 간음 행위보다 훨씬 약해질 수 있다. 더 나아가 부
인의 행위를 간음행위라고 매도해서는 안 된다는 주장까지도 할
수 있다. 전자의 평가에서는 일반적 간음과 베르그마이어 부인의
간음과의 차이점을 인정하지 않는 것이고, 후자의 경우에는 차이점
을 인정하거나 더 나아가 전혀 다른 행위라고까지 평가를 내리는
것이다. 이렇게 평가는 차이점 인정과 불인정 사이의 수많은 연속
선상에서 이루어지는데, 외곬수적인 원칙론자가 아니라면, 정도의
차이는 있겠지만 많은 사람들이 베르그마이어 부인의 상황을 고려
한 평가를 내릴 것으로 필자는 판단한다.

나 제도 못지않은 중요성을 갖고 있다. 따라서 사회윤리학과 동시에 상황윤리가 관심거리로 등장한 것은 자연스러운 일이었다. 이러한 상황윤리는 바로 상황이 갖는 윤리적 의의를 규범의 타당성과의 관계를 중심으로 하여 다루었다는 점에서 그 특성을 갖고 있다. 그리고 상황이 갖는 윤리적 의의는 그것이 규범의 타당성에 미치는 영향에 국한되는 것이 아니라, 상황은 보다 넓게 사회윤리의 본질적 요소의 하나가 되었다.

상황윤리의 전개에 불을 지핀 것은 로빈슨(John A. T. Robinson)이었다. 로빈슨은 1963년 『神에 대한 정직』(Honest to God)이라는 저서에서 '새로운 도덕'(The New Morality)과 '상황의 윤리'(ethic of the situation)라는 표현을 사용하며 기독교 신학계에 큰 논란을 불러일으켰다. 로빈슨은 다음과 같이 주장하고 있다.

아무 것도 그 자체로서 항상 '나쁘다'고 딱지를 붙일 수 없다. 예컨대 '결혼전 성관계' 혹은 '이혼'이 그것들 자체로서 나쁘고 죄라는 입장에서부터 출발할 수는 없다. 그러한 것들은 100 중의 99 혹은 심지어 100의 경우 나쁘고 유죄일 수 있으나, 그것들은 본질적으로 그렇지 않다. 왜냐하면 유일의 본질적 악은 사랑의 결여이기 때문이다. 금욕과 확고불변은 사랑의 반응을 보여주기 위한 안내적 규범일 수 있다. 그러한 것들은 사회의 법과 관습에 의해서 보호되어야 할 것이고, 또한 보호되지 않으면 안 된다. 왜냐하면 율법과 관습은, 변덕스럽고 사랑이 없는 세계 속에서 사랑의 방벽이기 때문이다. 그러나 도덕적으로 말하면 법과 관습은 플레처(J. Fletcher)가 말하는 바와 같이, 규범적으로(prescriptively)가 아니라 상황적으로(situationally), 다시 말해서 사람들이 문제라는 사실, 즉 세상의 다른 어떤 것보다도 이 특정된 상황에서 특정한 사람들의 가장 깊은 복지가 문제라는 사실의 입장에서 방어되지 않으면 안 된다. 사랑의 결의론(決疑論, casuistry)은 사랑이 개인적 상황의 핵심에 미쳐야 한다는 바로 그 이유 때문에 율법에 의해

서 요구되는 어떤 것보다 더욱 깊게 들어가지 않으면 안 되고, 더욱
탐색하지 않으면 안 되며, 더욱 많이 요구하지 않으면 안 된다.[3]

위와 같은 말을 살펴볼 때 로빈슨이 강조하는 상황의 윤리는
다음과 같은 세 가지 요소를 가지고 있다. 첫째는 사랑만이 그 자
체로서 무조건적으로 선하며, 따라서 사랑만이 절대적 타당성을
갖고 있다는 것이다. 둘째는 도덕적으로 옳고 선한 것이란 특정한
상황에서 특정한 개인의 복지를 위한 요구를 충족시키기 위한 사
랑의 실현이라는 것이다. 셋째는 법·율법·관습은 사랑의 실현
이나 반응을 위한 안내적 규범의 기능을 할 뿐이지, 그것들 자체
가 선하거나 악한 것은 아니라는 것이다.

로빈슨의 이 같은 입장은 율법과 관습의 성격과 기능에 대하여
매우 중요한 해석을 내리고 있다. 그에 의하면 그러한 것들은 사
랑의 실현을 위한 '안내적 규범' 또는 '안내적 규칙'의 역할을 하
는 이른바 '실용적 규칙'에 지나지 않는다는 것이다. 따라서 율법
과 관습들이 사랑의 실현에 부적합하거나 방해가 되면 타당성을
상실하게 되며, 그 때에는 도덕적 행위자는 사랑과의 직접적 관계
에서 초규범적 결단을 해야 한다. 다시 말하면, 특정한 상황에서
특정한 개인은 율법과 관습의 준수보다는 사랑의 실현이라는 입
장에서 상황적 결단을 내릴 것을 주장하고 있다. 만약 율법·관
습·규범들이 사랑의 상황적 실현에 방해가 되거나 반대된다면
수정되거나 폐기되어야 한다는 것이 로빈슨의 입장이다.

로빈슨의 이 같은 '새로운 도덕'의 입장은 기존의 규범윤리에

---

3) John A. T. Robinson, *Honest to God*(Philadelphia : Westminster Press,
　　1963), p.118.

만 익숙했던 사고방식에서는 매우 충격적이고 많은 비판을 받기도 했다. 그러나 로빈슨은 자신이 주장한 '새로운 도덕'과 종래의 규범적 윤리, 즉 '낡은 도덕'이 서로 반대적이 아니라 보완적이라고 주장한다. 다시 말해 그의 '상황적 윤리'와 기존의 '규범적 윤리'가 서로 대립되는 것이 아니라 서로 보완하는 관계라는 것이다. 비록 사랑 이외의 규범들이 상대적 타당성만을 갖지만, 사회를 유지하는 데 매우 중요한 기능을 한다고 여러 차례 강조함으로써 낡은 도덕과 새로운 도덕과의 상호 보완적이라는 입장을 견지했다.[4]

그럼에도 불구하고 로빈슨에게 있어서 중요한 것은, 계명과 율법이 타당성을 갖게 하거나 갖지 못하게 하는 작용을 하는 요인은 바로 상황이라는 점이다. 그에게는 상황이란 특정한 개인이 처해 있는 구체적 처지를 의미한다. 계명과 율법은 특정한 상황에서 특정한 개인의 요구를 사랑으로 실현해 주는 안내적 역할을 수행하는 한에서 타당성을 가지며, 그렇지 못하면 타당성을 상실한다. 이러한 결정은 상황적 결정이며 이러한 윤리는 상황의 윤리이다. 왜냐하면 그러한 결정과 윤리에서 결정적 역할을 하는 것은 바로 상황이기 때문이다.

상황윤리에 대한 본격적인 관심을 불러일으킨 것은 플레처(J. Fletcher)가 1966년 『상황윤리』(Situation Ethics)라는 저서를 통하여 '상황윤리'라는 용어를 사용하면서부터이다. 그는 이 책에서 도덕적 결단을 내리기 위해 취할 수 있는 방법으로 다음과 같은 세 가

4) 낡은 도덕과 새로운 도덕과의 상호보완적 조화관계를 로빈슨은 다음 책에서 여러 차례 강조하고 있다. John A. T. Robinson, *Christian Morals Today*(Philadelphia : Westminster Press, 1964).

지 입장을 있을 수 있다고 밝혔다.

　도덕적 결단을 내림에 있어서 따를 수 있는 길 또는 접근방법에는 본질적으로 세 가지 택할 길이 있다. 그러한 세 가지는 (1) 계율적 접근방법 (2) 도덕률 폐기적 접근방법—이것은 계율적 접근방법과는 정반대되는 극단적인 것으로 법이 없거나 원리가 없는 접근방법이다. (3) 상황적 접근방법이다.[5]

　위의 주장 중에서 계율주의(legalism)는 기존의 계율이나 율법에 의거해서 구체적 결단을 내리는 입장이다. 규범윤리가 기존의 규범을 기계적으로 지키는 입장을 취할 때 이 같은 계율주의에 빠지게 된다. 사실 규범윤리는 계율주의적 경향을 짙게 가지고 있다. 도덕률 폐기주의(antinomianism)란 "어떠한 법칙과 격률도 갖추지 않고 결단을 내려야 하는 상황 속으로 들어가는 접근방법"[6]이다. 플레처는 이러한 도덕률 폐기주의의 예로서 기독교 신도에서 찾아볼 수 있는 방탕적 자유주의(libertinism)를 들고 있다. 은총을 받았고, 그리스도 안에서의 새로운 삶을 가지게 되었고, 믿음으로 구원을 받았으니 기독교인은 율법이나 도덕적 규칙의 제약을 받을 필요가 없다고 생각하는 신앙의 경우이다. 이것은 어떤 율법이나 규범에 의거하지 않고 자유롭게 결단을 내리는 입장이다.
　플레처는 자신이 선택한 세 번째 접근방법을 '상황주의'(situationism)라고 말하면서 그 의미를 다음과 같이 말하고 있다.

---

5) Joseph Fletcher, *Situation Ethics* (Philadelphia : Westminster Press, 1966), p.17.
6) 위의 책, p.22.

　계율주의와 원리가 없는 도덕률 폐기주의 사이에 있는 셋째의 접근
방법은 상황윤리이다[하나의 극(極)으로 뛰어넘어 가는 것은 프라이
팬의 불 속으로 뛰어들어 가는 것밖에 되지 않는다]. 상황주의자는 그
의 공동체의 윤리적 격률과 전통으로 충분하게 무장하고 결단을 내려
야 하는 모든 상황 속으로 들어간다. 그리고 그는 그러한 격률과 전통
을 그의 문제로 조명자로 존중하여 다룬다. 이와 동시에 그는 또한 그
러한 것들을 어떠한 상황에서도 절충하여 다루고, 그렇게 함으로써
사랑이 보다 잘 봉사되지 않는 상황에서는 그것들을 파기할 준비가
되어 있다.[7]

　상황주의에 대한 위의 설명은 플레처가 규범을 무시하지 않으
며, 다만 그것이 사랑의 실현을 위한 조명자로서의 기능을 하지
못할 경우에는 절충하고 파기할 수 있다는 상황주의적 입장을 분
명히 말해 주고 있다. 이렇게 그는 상황주의가 도덕률 폐기주의와
는 근본적으로 다르다는 것을 분명히 하려고 하였다.
　이렇게 플레처의 상황윤리는 도덕적 규범을 무조건 절대화하
는 계율주의와, 어떠한 규범도 모두 무시해 버리는 도덕률 폐기주
의를 극복할 수 있는 새로운 창조적 윤리의 출발점을 개척했다.
그는 "상황주의자는 그의 공동체의 윤리적 격률과 전통으로 충분
하게 무장하고 결단을 내려야 하는 모든 상황 속으로 들어간다"
고 했다. 그리고 또한 그의 상황주의가 도덕률 폐기주의와는 근본
적으로 다르다는 사실을 분명히 했다.
　그럼에도 불구하고 그는 이론을 전개하는 과정에서는 사랑만
이 객관적으로 타당하며 보편적 선이라는 입장에 치중하여, 다른

7) 위의 책, p.26.

도덕적 규범은 사랑을 실현하는 목적에 부합하는 한에서만 타당
성을 가지며 그렇지 못할 때는 타당성을 상실한다는 사실만을 역
설했다. 그 뿐만 아니라 도덕적 규범의 상대적 타당성을 밝히기
위해서 그가 제시한 여러 가지 예외적 경우들에 대한 일방적 강
조는 그의 상황주의가 마치 도덕적 규범을 무시하거나 심지어 부
인하는 것 같은 인상마저 짙게 주었다.


## 2) 상황주의에 대한 비판

상황주의자들은 상황이 윤리적 요소이며, 상황이 윤리적 결단
에서 규범에 못지않은 중요한 역할을 한다고 주장했다. 따라서 지
나친 원칙론적인 윤리적 규범의 적용이 아니라, 상황과 여건을 고
려한 유연한 윤리적 규범의 적용을 위한 길을 열어놓은 셈이다.
그러나 그들은 사회윤리적 접근방법의 핵심적 요소인 '상황'의
정체를 규명하려는 노력을 하지 않았다. 그들에게는 상황이란 단
순한 사정의 변화나 사회적 변화를 의미하는 데 지나지 않았다.
한 마디로 그들의 상황 이해는 너무나 단순하고 단편적이었다.

이러한 문제점을 발견한 신(Roger L. Shinn)은 상황이라는 것이
상황주의자들이 생각하는 것처럼 단순한 여건의 변화쯤으로 여겨
서는 안 된다고 주장하였다. 즉, 여건이 달라졌다고 해서, 또는 상
황이 변했다고 해서 자동적으로 도덕·윤리적 결단이 달라지거나
달라져야 한다고 생각해서는 안 된다는 것이다. 그는 윤리적 판단
에 있어 상황은 단순한 여건의 변화를 뛰어넘는 복잡한 의미를
갖고 있고, 따라서 상황 자체의 성격과 기능에 체계적인 이해가
있어야 함을 다음과 같은 표현을 통해서 강조하고 있다.

상황적 윤리 속에는 상황이 스스로 결정한다고 생각하는 이상한 흐름이 있다. 실제로는 행동의 컨텍스트의 규정은 윤리적 물음 중에서 가장 복잡한 것들 중의 하나이다. 어떠한 계기에 우리는 주어진 상황(예컨대, 차별을 받는 분리된 하위 문화나 또는 국제적 전쟁) 속에서 일할 것을 합의하는가? 그리고 또 어떤 계기에 우리는 행동의 보다 중요한 컨텍스트를 인정하기 때문에 상황에 반대하여 싸우기를 결정하는가? 너무나 많은 근본적인 윤리적 결단들이 이러한 문제들과 뗄 수 없는 관계를 가지고 있는 것이다.[8]

신은 상황의 복잡성의 예로서 살인의 동기에 여러 가지가 있다는 경우를 들었다. 그는 러시아의 작가 도스토예프스키의 소설 『죄와 벌』의 주인공 라스콜리니코프의 살인 동기와 독일 신학자 본 훼퍼(Dietrich Bonhoeffer)의 히틀러 암살 계획에 대해 언급했다. 신의 판단에 의하면, 사회에 해가 되는 자를 죽이는 것은 암살자의 목적은 달성했을지 모르지만, 결국 인간사회의 성립을 위협하기 때문에 이를 위하여 인간이 법을 만들게 된다. 따라서 히틀러의 암살 계획은 성공했기를 희망할 수 있는 예외적 경우이지 원치 않는 모든 지배자를 암살로 제거한다는 것은 윤리적으로 받아들일 수 없다는 것이다. 여기서 중요한 것은 살인을 금지하는 윤리규범에 예외가 있을 수 없다는 것이다. 사람을 죽이지 말라는 살인 금지 윤리규범은 인간의 내면적 도덕성과 사회규범 속에 엄연한 사실로 있는 것이며, 따라서 인간은 일상생활에서 살인을 할 것인지 여부를 그때그때 결정하지 않는다는 것이다.

---

8) Roger L. Shinn, "The New Wave in Christian Ethics," *Encounter*, Vol.28, No.3(Summer, 1967), p.253.

　결국 신이 주장하려고 한 것은 상황을 너무나 단순하게 생각하여 마치 상황이 스스로, 즉 자동적으로 윤리적 결정을 내리는 것 같은 착각을 해서는 안 된다는 말이다. "상황이 결단을 결정하는 것이 아니라, 상황 속에 있는 사람이 결단을 내린다"[9]는 그의 주장은, 상황이 스스로 윤리적 결단을 내리는 것 같이 착각하여 규범을 소홀히 여기는 상황주의자들에게 규범의 중요성을 강조하는 의미이기도 하다.

　레이니(James T. Laney)는 상황주의자들이 도덕적 결단을 내림에 있어서 '구체적 현재'의 중요성만을 강조하고, 그 같은 구체적 현재로서의 상황이 속해 있는 공동체가 도덕적 행위자에게 갖는 도덕적 요구를 무시하고 있다고 비판했다. 레이니에 따르면, 로빈슨은 도덕적 생활에서의 개인적 차원만을, 플레처는 각 상황의 극단적 고유성만을 강조함으로써 도덕적 행위자가 공동체에 대하여 갖고 있는 책임을 고려하지 않고 있다.

　레이니는 구체적 상황의 요구에 응답하여야 할 결단에 직면해 있는 도덕적 행위자가 속해 있는 공동체의 요구를 '상황 자체'(situation itself)라고 부른다. 그리고 그러한 상황 자체의 도덕적 요구가 바로 상황의 본질적 측면인데, 상황주의자들은 그것을 고려하지 않았다고 그는 다음과 같이 말했다.

　그러나 이들 상황주의자들의 어느 누구도 도덕적 상황의 본질적 측면을 분명하게 밝히지 않는다. 그러한 본질적 측면을 나는 상황 자체 속에 들어 있는 명령 또는 요구라고 부르기로 한다. 이러한 상황 자체는 우리가 여기서 문제삼고 있는 결단과 행동을 하는 행위자, 곧 자아를 물론 포함하는 상황을 의미한다. 현상학적으로 말하면, 구체적 상

---

9) 위의 책, p.254.

황은 사람이 그의 밖에 있는 요구에 의해서 불려지는 것을 의식하는 바로 그 장소로서 당장의 도덕적 요구의 현장인 것이다.[10]

여기서 레이니가 '사람이 그의 밖에 있는 요구'라고 말할 때의 요구란 무엇을 의미하는가? 그것은 도덕적 행위자가 속해 있는 공동체의 요구인 것이다. 그는 이 같은 공동체의 요구를 사회의 구성원들이 공유하고 있는 사회적 가치가 그들에게 부과하는 요구로 이해한다. 그에 의하면 그같은 사회적 가치는 사회의 구성원들을 묶고 유대성을 갖게 하는 역할을 한다.

레이니에 의하면 이러한 사회적 가치는 규범과 원리로 패턴화되며, 행위자는 그가 속해 있는 사회에 책임을 갖고 있는 한 그러한 규범과 원리를 무시하거나 부정할 수는 없다. 물론 당장의 상황적 요구가 다급하기 때문에 그러한 규범과 원리가 우선순위에서 밀릴 수도 있다. 그러나 그런 경우라도 규범이나 원리가 폐기되는 것이 아니라, 그 타당성이 확장되는 것이라고 그는 주장한다.

따라서 레이니가 상황주의자들이 상황을 구체적 현재로만 보고 공동체의 요구를 무시하는 것에 대하여 다음과 같이 비판하는 것은 당연하다고 하겠다.

상황윤리의 가장 인기 있는 대표자 플레처(J. Fletcher)부터 비판한다면, 우리는 다음과 같이 생각한다. 그는 율법의 타율적 요구에만 사로잡혀서 사회적 연대성과 공동체의 정당한 제약을 이해하지 못한다. 그는 각각의 상황이 고유하고 따라서 그것 나름대로의 특정한 반응이 요구된다는 것을 알고 있지만, 그는 그러한 반응이 전적으로 관계된 개인의 주관적 상황 판독에 의해서 결정되게 한다. … 상황의 참된 요구도 공동체의 그것도 다루어지지 않는다. 아톰적 개인이 전혀 그의 멋대로 공리적 계산을 해석하고 적용한다.[11]


사회의 구성원들이 공유하고 있는 공동체적 가치의 요구를 도덕적 행위자들에게 요구하고 있는 사회적 요구 역시 상황으로 보아야 한다는 것이 레이니의 주장이다. 그렇기 때문에 그에게는, 도덕적 생활이란 구체적 현재의 요구와 공동체의 요구에 대한 두 가지 책임 사이의 변증법적 통일에 있다.


## 3) 상황의 발전적 이해

신(Roger L. Shinn)은 상황주의자들이 상황을 아무런 문제의식 없이 단순하게 이해하고 있다고 비판했다. 한 걸음 더 나아가 레이니는 도덕적 행위자가 속해 있는 공동체의 공유된 가치나 이념의 요구를 상황으로 보아야 하며, 그러한 보다 크고 넓은 상황과의 관계를 무시하고는 각각의 구체적 상황도 이해될 수 없다고 했다. 레이니의 이러한 입장은 상황주의자들이 상황을 각각의 고유한 구체적 현재로만 이해한 것을 넘어서 상황을 행위자가 속해 있는 공동체, 즉 사회 전체로도 이해했다는 데 있어서 상황 해석에 대한 중요한 진전을 이루었다고 할 수 있다.

그러나 로저 신이 상황주의자들의 상황이 매우 복잡하다고 주

---

11) 위의 책, p.319.

장한 것처럼, 레이니의 공동체 역시 단순하지 않고 복잡한 의미를 가지고 있다. 그런데 레이니는 공동체 또는 사회 전체를 단순하게 이해했다. 다시 말해서 그에게는 공동체가 공동체적 가치의 실천을 행위자에게 요구하는 사회적 현실로 이해되었을 뿐, 그 이상 분석의 대상이 되지 않았다.

그러나 공동체는 성격상 나라나 사회별로 많은 차이가 나며 또한 변화한다. 따라서 공동체의 성격과 변화의 과정중에 상황에 대한 규정도 달라지게 되는데, 수많은 상황들을 크게 정상적 상황과 비정상적 상황으로 구분해 볼 수 있을 것이다.

정상적 상황이란 "도덕적 규범과 정책이나 제도 또는 법률과 같은 삶의 유지 패턴들(sustaining patterns of life)이 심각한 지장이 없이 기능을 할 수 있는"[12] 상황을 의미한다. 이 때 삶의 유지 패턴들은 물론 합리적인 패턴들이다. 여기서 그러한 삶의 유지 패턴들이 '심각한 지장이 없이'라는 표현은 다음과 같은 두 가지 의미를 갖는다.

첫째는 도덕적 규범이나 법률, 그리고 정책이나 제도가 방해를 받지 않고 순조롭게 기능하는 것을 말한다. 다시 말해 사회의 구성원들이 기존의 삶의 유지 패턴들에 따라서 원활한 질서를 유지하는 가운데 삶을 유지할 수 있으며, 또한 직면하는 문제들을 그것들의 적용을 통해 해결할 수 있음을 말한다. 그리고 사회의 질서를 위협하거나 파괴하는 행위들이 부분적으로 발생해도 그것들은 삶의 유지 패턴들에 의해서 억제되고, 제재됨으로써 기존의 사회질서 속에 흡수되고 소화된다.

둘째는 삶의 유지 패턴들이 사회질서의 유지를 위협하지 않고

---

12) 고범서, 앞의 책, p.107.

합리적 과정을 통해서 수정·보완되거나 폐기·창출되는 것을 말한다. 정상적인 상황이라도 기존의 삶의 유지 패턴들이 아무런 변화가 없이 그대로 기능할 수는 없다. 사회는 변화하기 때문에 그러한 변화에 맞추어서 삶의 유지 패턴들이 새롭게 수정되거나 보완되어야 하고, 더 나아가서는 폐기와 새로운 정립이 불가피한 것이다. 그 같은 수정·보완과 폐기·정립이 사회질서의 기능과 유지를 위협하지 않고 토론과 합의라는 합리적 과정에 의해서 수행되는 상황이 바로 정상적 상황이다. 사회 구성원들이 공통으로 신봉하는 궁극적 가치나 이념은 변화하지 않지만, 그 외의 가치들은 완만하게든 급속하게든 변화하기 때문에 그것들을 일반화된 형식으로 대표하는 삶의 유지 패턴들 역시 변화한다. 그러한 변화가 사회질서를 유지하는 가운데 수행되는 상황을 정상적 상황이라고 할 수 있다.

이와는 반대로 합리적인 삶의 유지 패턴들의 기능이 심각하게 위협을 받거나 불가능한 상태를 비정상적 상황이라고 할 수 있다. 이러한 비정상적 상황은 두 가지로 구분할 수 있는데, 전체적인 비정상적 상황과 부분적인 비정상적 상황이다.

전체적인 비정상적 상황이란 전체 사회의 체제나 구조가 크게 왜곡되고 불의로 가득 차 있거나, 국가·사회를 위협하는 큰 위기가 닥쳐서 합리적인 삶의 유지 패턴들이 전혀 제 기능을 하지 못하는 경우이다. 예를 들면 히틀러의 국가 사회주의나 기타 공산주의 독재체제의 경우이다. 또 일제의 식민지 통치 아래서의 한국적 사회적 상황도 이러한 전체적인 비정상적 상황이라고 할 수 있다. 그리고 일반적으로 전쟁이라는 국가적 위기가 발생했을 때도 비정상적 상황이라고 할 수 있다. 이러한 상황들은 사회의 어떤 한 부분에서의 비정상적 상황이 아니라, 사회 전체의 삶 속에나 나타나는 것이기 때문에 '전체적인 비정상적 상황'이라고 말할 수 있다.

그런데 이러한 전체적인 비정상적 상황에서는 두 가지 삶의 태도가 있을 수 있다. 하나는 상황에 대한 순응이요, 다른 하나는 상황에 대한 저항이다. 이 중에서 상황에 대한 저항과 투쟁의 과정 중에는 매우 중요한 사태가 발생한다. 그것은 저항하고 투쟁하는 사람들 역시 불의하고 사악한 체제의 지배자와 마찬가지로 현행 법률상 불법을 감행한다는 사실이다. 예컨대, 지하 저항 운동가들이나 독립 운동가들은 살인과 약탈을 감행한다. 그러나 피상적으로 볼 때는 동일한 살인과 약탈을 하지만 그 성격에 있어서 본질적으로 차이가 있다. 사악한 체제나 침략적 지배는 합리적인 삶의 패턴들을 불법적 지배를 위해서 부정하고 유린하지만, 그러한 체제나 지배에 대한 항거와 투쟁은 상실된 합리적 삶의 패턴들의 정상적 기능을 회복하기 위한 일시적 수단으로써 그런 것들을 범하는 것이다.

상황주의자들은 이러한 차이를 보지 못하고 비정상적 상황에서의 탈법적이거나 탈규범적 행위들의 상대적 타당성 입증에만 몰두했다. 그 결과로 그들은 삶의 유지 패턴들이 갖는 기능의 필요성과 중요성을 보지 못했다. 삶의 유지 패턴들이 갖는 중요성을 이해하고 인정해야만 오히려 탈규범적 행위들의 타당성이 확보될 수 있는 지평이 넓어진다는 것을 알아야 한다.

부분적인 비정상적 상황이란 사회 전체의 상황이 아니라 구체적 현재로서의 상황 때문에 합리적인 삶의 유지 패턴들이 제 기능을 못하게 되는 경우를 말한다. 앞에서 플레처가 예를 든, 베르그마이어(Bergmeier) 부인의 희생적 간음의 예가 여기에 해당할 것이다. 이 예에서 정상적인 인간이 정상적인 상황 아래서라면 당연히 '간음하지 말라'는 계율을 지켜야만 한다. 하지만 베르그마이어 부인이 처해 있던 상황은 부분적인 비정상적 상황이었고, 그 상황이 인정된다면 베르그마이어 부인의 행위도 용납될 수 있다는 것이 플레처(J. Fletcher)의 주장이다.

여기에서 우리가 한 가지 염두에 두어야 할 것은, 복잡한 개인 간의 연관관계 속에서 삶의 방식이 유지되는 오늘날과 같은 시대에 부분적인 비정상적인 상황이 부분적인 것만으로 끝나는 경우가 드물다는 것이다. 다시 말해 처음에는 부분적인 비정상적 상황으로 보이던 것도 전체 사회에 미치는 영향을 생각할 때에 전체적인 비정상적 상황으로 발전할 수 있다는 것이다. 예를 들어, 급격한 경제위기로 굶주림에 시달린 한 사람이 도둑질을 했을 때, 그 개인적 입장에서 볼 때는 당연히 부분적인 비정상적 상황이라고 할 수 있다. 그러나 그러한 도둑질이 극소수의 개인이 아니라, 많은 사람들에게 의해서 어쩔 수밖에 없는 상황으로 받아들여지면서 도둑질하는 사람들의 숫자가 늘어난다면, 그것은 분명히 전체적인 비정상적 상황이라고 할 수 있다. 아무리 부분적인 비정상적 상황이라고 인정된다 할지라도, 어느 특정 사태가 로빈슨크루소와 같은 상황에서 벌어진 것이 아니라면 그것은 다른 사람과도 연결된 문제이고, 사회 전체와도 관련된 문제이기 때문이다.

비정상적 상황의 의미를 이렇게 이해한다면 상황주의의자들의 상황 이해와 거기에 대한 우리의 평가는 좀더 신중해질 필요가 있다. 원칙적이고 고립적인 윤리규범의 적용이라는 질곡에서 벗어나 좀더 유연한 윤리규범의 적용을 주장하는 상황윤리는, 구체적이고 현실적인 인간의 삶의 모습과 상황을 고려한다는 측면에서 큰 매력을 가지고 있다. 하지만 앞에서도 지적했듯이, 상황논리에 빠져 주체적 결정자로서의 인간존재를 무시하거나 공동체적 규범의 요구를 무시할 수도 있는 위험성을 상황윤리는 내포하고

있다. 그리고 자칫 개인적 상황의 인정, 즉 부분적인 비정상적 상
황의 인정이 오늘날과 같은 복잡한 인간 삶의 사회적 맥락을 간
과해 버린다면 그것은 커다란 사회문제가 아닐 수 없다.

따라서 상황윤리는 상황의 지나친 독자성보다는 사회적 삶의
맥락 속에서 그것이 갖는 기능과 필요성, 그리고 결과적으로 미치
게 되는 영향들을 함께 고려하여 적용할 때 그 순수한 의미를 살
릴 수 있을 것이다.

# 제7장 비도덕적 행위의 종류

## 1) 비도덕적 행위에 대한 관점들

사람들이 왜 비도덕적으로 행동하는가에 대한 질문은 역사적으로나 그 범위에 있어서 다양한 수준에서 제기되어 왔다. 그러나 이러한 다양성에도 불구하고, 사람들의 비도덕적 행위에 대한 탐구에 있어서는 하나의 공통적인 흐름을 발견할 수 있다. 그것은 비도덕적 행위에 대한 연구들이 '사람들은 왜 도덕적으로 행동해야만 하는가?'를 정당화하기 위해 주장되고 있는 이론들과 밀접하게 연결되어 있다는 것이다. 따라서 비도덕적 행위에 대한 탐구는 언제나 도덕적 권위의 존재기반이나 특정한 도덕판단 상황에서의 도덕적 정당화와 같은 논의들 속에서 전개되어 왔다.

비도덕적 행위에 대한 이러한 접근 태도에 관하여 살펴볼 때, 비도덕적 행위의 원인과 그 종류에 대해서 가장 오래되고 광범위하게 논의되어 온 것은 무지론적 관점이다. 이 입장에 따르면, 사람들은 도덕적으로 무엇이 옳고 그른지를 모르기 때문에 비도덕적 행위를 저지른다고 본다. 그런데 사람들이 무엇이 옳고 그른지를 모른다는 것은 두 가지로 구분해 볼 수 있다. 첫째로 사람들은 어떤 목적을 바라보며 세상을 살아가는데, 일부러 비도덕적인 목적을 설정해 놓고 세상을 살아가는 사람은 드물거나 없다. 정상적인 사람이라면 도덕적인 목적을 위하여 노력을 한다. 그런데도 사람이 비도덕적 행위를 저지르는 것은, 그가 선(善)이라고 생각하고 노력하고 있는 대상이 실제로는 악(惡)이라는 것을 모르는 것이다. 즉, 이런 종류의 무지는 욕구하고 있는 목적이나 대상 자체의 성격을 모르고 있는 것이다.

둘째는 선한 대상이나 목적을 제대로 알고 있으나, 그것을 달성하기 위한 수단적 덕목들을 제대로 알지 못하는 것이다. 이것은 목적-수단과의 관계에 있어서 수단에 대한 무지나 오해라고 할 수 있다. 예를 들어 어떤 사람이 인생의 목적을 '행복'으로 설정해 놓았는데, 그 행복을 달성하는 방법과 수단으로 무조건 돈을 많이 모으는 삶을 살고 있다고 하자. 하지만 돈을 모으는 데만 심혈을 기울이다 보니 기타 다른 중요한 삶의 가치들을 모두 상실하게 되고, 결과적으로 돈은 많이 모았지만 행복보다는 엄청난 불행에 빠졌다고 할 때, 그는 행복을 위한 수단적 덕목을 잘못 알고 있었던 것이 된다.

비도덕적 행위에 대하여 이러한 무지론적 관점을 취하고 있는 소크라테스는 『프로타고라스』(Protagoras)에서 "사람들이 쾌락과 고통의 선택, 즉 선과 악의 선택에 있어서 잘못을 저질렀을 때, 그 잘못은 지식의 결여에서 나온다"[1]고 주장하고 있으며, 『메논』(Meno)에서는 "실제로는 악인데도 사람들은 선이라고 생각하는

---

1) Plato, *Protagoras*, 357d-e. ; C. C. W, Taylor (trans.), *Plato, Protagoras* (Oxford, 1976) .; W. K. C. Gathrie (trans.), *Plato, Protagoras and Meno*(Penguinbooks, 1956)(Paperback repr. 1972).

것을 욕구하게 된다. 따라서 그것을 모르거나 그것을 선이라고 생
각하는 사람들은 실제로는 선을 욕구하는 것이다"[2]라고 주장하고
있다. 이러한 주장들 살펴볼 때 소크라테스는 선을 실현하기 위한
수단을 모르는 사람보다 어떤 것이 선인지를 모르는 사람, 즉 선
자체에 대한 무지에 초점을 두고 있다.

비도덕적 행위에 대한 두 번째 입장은 무관심적 관점이다. 이
관점에서는 행위자가 도덕적인 행위에 대하여 어떤 관심도 기울
이지 않는 것으로 나타난다. 도덕적으로 무관심한 행위자는 어떤
행위가 특정한 목적을 위한 덕 있는 행위라는 것을 알고 있지만,
그 스스로는 그러한 목적을 갖고 있지 않기 때문에 덕 있는 행위
에 대하여 아무런 관심을 기울이지 않는다. 이러한 관점에서의 행
위자는 자신의 목표를 정확하게 알고 있는데, 그가 가지고 있는
목표를 따를 때 그것은 곧 비도덕적 행위를 유발하게 된다.[3] 따라
서 비도덕적 행위는 무지로 인한 실수로부터 나오는 것이 아니라,
어떤 특정한 목적을 달성하기 위하여 의도적으로 이해관계를 따
지면서 행한 것이다. 이러한 관점에서 볼 때, 비도덕적인 사람이
란 자신의 행위가 비도덕적 행위라는 것을 알면서도 이해관계 때
문에 지속적으로 그러한 행위를 하려고 하는 사람이다.

비도덕적 행위에 대한 이러한 설명은 우리가 가지고 있는 일반
적인 생각과 어느 정도 일치한다. 일반적으로 사람들은 자신에게
매력적으로 보이는 것을 달성하려고 노력하는데, 이러한 과정중

---

2) Plato, *Meno,* 77e. ; R. S. Bluck (trans.), *Plato's Meno,* Introduction, translation, notes and appendices (London, 1955).

3) Ronald D. Milo, *Immorality* (Princeton : Princeton University Press, 1984), p.27.

에 비도덕적 행위가 나타나는 것은 비도덕적 행위가 자신의 목표를 달성하는 데 도움을 주기 때문이다. 그리고 더 나아가 실제로 사악한 사람들은 덕 있는 사람의 가치로운 행위에 대하여 무관심하거나 경멸적이기도 하며, 그들이 원하는 것을 얻기 위하여, 그리고 때로는 비도덕적 행위들이 가져오는 타인에 대한 해로움을 즐기기 위하여 가책 없이 다른 사람들에게 폭력을 가하기도 한다.[4] 종종 우리는 비도덕적 행위 때문에 비난받고 있는 사람이 '왜 도덕적으로 행동해야만 하는가?'를 우리에게 거꾸로 반문하며, 모든 행위에 대하여 도덕적 고려를 하는 것을 거추장스럽거나 불필요한 것으로 여기는 경우를 볼 수 있다.

그러나 비도덕적 행위에 대한 무관심적 관점은 행위자가 자신의 행위에 대하여 느끼는 죄책감이나 부끄러움 같은 것을 잘 설명하지 못한다.[5] 아마도 행위자는 사람들이 욕심내지 말아야 한다

---

4) 마일로에 의하면 이와 같이 비도덕적 행위 자체를 좋아하거나 즐거운 일로 여기고 그 자체를 목적으로 삼는 것은 '무도덕성'(amorality)에 속한다. 이러한 의미에서 햄프턴은 비도덕적 행위에 대한 무관심적 관점이 모든 악한 행위자들을 무도덕성의 경우로 취급할 수 있는 가능성을 가지고 있다고 주장한다. Jean Hampton, "The Nature of Immorality," in E. F. Paul, et al.(eds.), *Foundations of Moral and Political Philosophy* (Cambridge : Basil Blackwell Inc., 1990), pp.28~29 참조.

5) 이러한 문제와 관련하여 우리가 던질 수 있는 물음에는 다음과 같은 것들이 있다. '우리는 무엇 때문에 죄책감을 느끼고, 왜 그래야만 하는가?' '어떤 사람의 행위가 그 자신의 욕구를 달성하는 데 완벽하게 적절하다고 한다면, 왜 우리는 그가 잘못을 저질렀다고 주장해야만 하는가?' '행위자 자신이 그러한 욕구를 가지고 있다는 사실에 대하여 그가 부끄러움을 느낄 수 있을까?'

고 여기는 것을 그가 욕심내고 있다고 생각할 수 있다. 하지만 우리가 그 행위자에게 어떤 욕구를 갖지 않을 것을 원한다는 사실 자체가 행위자가 그 욕구를 가진 데 대하여 후회하게 하는 이유가 되지는 않는다. 물론 다른 이유들 때문에 행위자가 스스로의 욕구에 대하여 후회할 수 있지만, 그것은 그 행위자의 동기체계이지 우리들의 것은 아니다.

사람들이 비도덕적 행위를 저지르는 이유에 대한 세 번째 관점은 무절제적 관점이다. 이 관점에서는 사람들이 자신의 행위가 잘못이라는 것을 알고 있고, 그런 행위를 하지 않으려 함에도 불구하고, 자신의 통제를 넘어서는 어떤 요인으로 인하여 비도덕적 행위를 저지르는 것이다. 그런 요인을 우리는 무절제적 요인이라고 할 수 있는데, 이런 의미에서 아리스토텔레스는 "무절제한 사람은 자신의 판단과 선택에 반대되는 행동을 하기 때문에 양심을 가책을 느낄 것 같다"[6]고 말하고 있다. 그리고 자신의 행위가 잘못임을 알고 있으면서도 비도덕적인 행위를 저지르는 데 대하여 아리스토텔레스는 행위자의 통제를 넘어서는 어떤 것이 있다고 주장한다.

비도덕적 행위에 대한 무절제적 접근방식은 인간본성에 대한 많은 논의들로 꾸준히 진행되어 왔는데, 이러한 많은 논의들의 공통점을 찾아보면 다음과 같이 정리할 수 있겠다.

(1) 인간 내부에는 동기가 발생하는 어떤 부분들이 있다.
(2) 선한 행위와 악한 행위는 서로 다른 부분에서 동기화되고 발생한다. 그리고 개인에게 있는 이러한 부분들이 투쟁하여 개인의 행위를 결정한다.

---

6) Aristotle, *Nicomachean Ethics*, 1150b.

(3) 개인에게 있는 부분들간의 투쟁은 힘이 강한 것이 항상 승리하게 되고, 여기서 승리는 한 사람의 행위를 결정하게 된다.

(4) 인간에게 있어서 진정으로 인간이게 만드는 부분은 선한 부분이다. 따라서 비도덕적 행위는 인간 스스로 선택한 것이 아니다.


## 2) 비도덕적 행위에 대한 도전적 관점

지금까지 살펴본 비도덕적 행위에 대한 무지론적 관점, 무관심적 관점, 그리고 무절제적 관점은 나름대로의 장점과 함께 답변하기 힘든 여러 문제점들을 가지고 있다. 그런데 각각의 관점이 갖고 있는 서로 다른 문제점에도 불구하고 하나의 공통되는 점을 발견할 수 있다. 그것은 비도덕적 행위에 대한 세 가지 관점이 기본적으로 비도덕적 행위자를 비합리적인 것으로 본다는 것이다. 다시 말해 비도덕적 행위가 어떤 근원으로부터 발생했건 또는 행위자가 어떤 목적을 가지고 비도덕적 행위를 저지른 것과는 관계없이, 비도덕적 행위를 저지른 행위자는 모두 비합리적이고 정상이 아닌 것으로 여겨진다. 이것은 정상적인 사람은 비도덕적 행위를 할 수 없다는 것이며, 만약 정상인이 비도덕적 행위를 저지른다면 그것은 이해할 수 없다는 태도이다.

그러나 햄프턴(J. Hampton)은 비도덕적 행위에 대한 이러한 태도를 거부하면서 비도덕적 행위자가 모두 불합리한 것은 아니라고 주장하였다. 정상적이며 합리적인 사람도 얼마든지 비도덕적 행위를 저지를 수 있다는 것이다. 햄프턴은 자신의 이러한 입장을 도덕적 권위에 대한 '도전적 해석'(defiance explanation)이라고 부르면서[7], 그것을 유대-기독교 전통에 깊이 뿌리내리고 있는 인간 악의 기원으로부터 설명하고 있다.

햄프턴은 잘 알려진 에덴 동산의 아담과 이브의 이야기로부터 자신의 입장을 전개하고 있다. 햄프턴은 아담과 이브의 죄책감이 신(神)에 의해서 명백하게 금지된 어떤 것을 저지른 것과 관련 있다고 주장한다. 햄프턴에 있어서 선악을 알게 하는 나무의 과실을 먹지 말라는 신의 명령은 가언적(假言的)인 의미에서가 아니라 유일한 신의 명령이기 때문에 권위적인 것이다. 신이 그 명령을 내렸고, 신이 최고의 명령자이기 때문에 그 자체로 권위적이고 정언적(定言的)인 것이다. 아담과 이브는 정언적 권위를 가지고 있는 신의 명령에 불복종한 것이다.

따라서 아담과 이브가 왜 신의 명령에 복종하지 않았는가의 이유가 설명되어야 한다. 기본적으로 성경의 저자는 아담과 이브의 비도덕적 행위가 무지로 인한 것으로 설명하고 있다. 죄의 책임 추궁에 필수적인 요소인 선악에 대한 지식이 아담과 이브가 과일을 먹고 난 이후에 생겨났기 때문이다. 모리스(H. Morris)에 의하면, 아담과 이브는 사과를 먹기 전에는 옳고 그름에 대한 필요한 지식을 가지고 있지 못했기 때문에 그들에게 죄의 책임을 추궁할 수 없다. 사과를 먹고 난 후에 아담과 이브는 지식을 획득했고 죄에 빠진 것이다. 사전에 알고 있지 않은 이상, 아담과 이브에게 죄를 물을 수 없다는 것이 모리스의 주장이다.[8]

---

7) Jean Hampton, "The Nature of Immorality", in E. F. Paul, et al.(eds.), *Foundations of Moral and Political Philosophy*(Cambridge : Basil Blackwell Inc., 1990), p.37.

그러나 햄프턴은 아담과 이브의 이야기를 전하고 있는 『창세기』의 저자가 결국에 가서는 비도덕적 행위에 대한 이러한 무지론적 설명을 버리고 비도덕적 행위의 근원에 대한 아주 다른 설명을 제시하고 있다고 주장한다. 우리는 일반적으로 자신이 나쁜일을 하고 있다는 것을 모르고 있다면 잘못에 대한 책임으로부터어느 정도 면제될 수 있다고 생각한다. 따라서 만약 내가 이브이고 아무런 도덕적 지식을 갖고 있지 않다면, 이런 상태에서의 모든 나의 행위들은 도덕적 비난의 여지가 없다. 하지만 분명히 성경의 저자는 아담과 이브에게 과일을 먹은 죄가 있으며 그들이죄에 빠졌다는 것을 보여주려고 한다. 신은 과일을 먹은 것에 대하여 그들을 꾸짖었을 뿐만 아니라 그들에게 커다란 처벌을 가함으로써 그들에 대한 아주 강력한 대응적 태도를 보여주었다.

더욱 흥미 있는 것은, 이 창세기의 이야기가 아담과 이브가 신이 먹지 말라고 금지한 것을 알면서도 그 과일을 먹기로 결정했다는 것을 명백하게 밝히고 있다는 것이다. 따라서 그들은 적어도이미 어떤 도덕적 지식, 즉 그 과일을 먹는 것은 나쁘다는 것을알고 있었던 것으로 보인다. 그들은 무지로 인해서 악에 빠진 것이 아니라 그들의 눈을 열어서, 그리고 하지 말아야 한다는 것을알면서 그것을 선택한 것이다.[9] 햄프턴에 의하면, 결국 창세기의저자는 인간 비도덕성의 근원에 대한 설명으로 밀턴(Milton)이『실락원』(*Paradise Lost*)에서 사용한 용어인 '그릇된 저항'(foul revolt)을 주장하고 있다.[10]

8) Herbert Morris, "Lost Innocence," *Guilt and Innocence*(Berkeley : California University Press, 1976), p.141.
9) Jean Hampton, 앞의 글, p.38.

비도덕적 행위에 대한 이러한 도전적 관점은 몇 가지 면에서 무지론적 관점 및 무관심적 관점과는 아주 중요한 차이점이 있다. 무관심적 관점에서는 비도덕적 행위자가 도덕적 명령에 대해서 어떠한 권위도 부여하지 않는 모습으로 나타난다. 그와 같은 사람은 이미 그가 도덕규칙의 굴레로부터 자유롭기 때문에 도덕적 권위에 대한 도전 같은 것이 나타나지 않는다. 그러나 도전적 관점에서는 비도덕적 행위자가 우리들과 똑같이 도덕적 명령에 지배되고 있다는 것을 직관적으로 알고 있는 것으로 나타난다. 그는 자기 자신이 도덕적 규칙의 범위 안에 있음을 안다. 그는 자신에게 향한 도덕적 권위의 요구를 느낀다. 그럼에도 불구하고 그 자신의 욕구를 권위적인 것으로 만들려고 하는 과정중에 그는 복종을 거부하고 도전한다.

따라서 햄프턴의 도전적 관점에서는 행위자의 선택에 의해서 비도덕적 행위가 저질러지고 있다. 그런데 행위자가 자신의 행위가 잘못임을 알면서도 비도덕적 행위를 하는 것에도 미묘한 차이가 있다. 우리가 일반적으로 행위자의 선택에 의해서 비도덕적 행위가 저질러진다고 말할 때, 그것은 행위자가 잘못임을 알면서도, 즉 도덕적 명령이 금지하고 있음을 알면서도 잘못을 선택한다는 의미이다. 우리가 이러한 의미로 행위자의 선택을 이해한다면 비도덕적 행위에 대하여 충분히 책임을 물을 수 없는 경우도 있을 수 있는데, 협박이나 긴박한 상황에서 그러한 행위가 발생할 수도 있기 때문이다. 이러한 선택은 행위자에게 책임을 물을 수 없는 선택이다.

그러나 햄프턴이 도전적 관점에서 말하려는 선택이란 행위자

10) 위의 글, p.39.

에게 책임을 추궁할 수 있는 선택이다. 행위자는 자신의 행위가 잘못임을 알면서, 즉 도덕명령이 금지하고 있다는 것을 알면서도 비도덕적 행위를 저지른 것이다. 더 나아가 행위자는 이러한 도덕 명령이 그의 선택을 결정하는 지배적이고 권위적인 원리가 되기를 요구한다는 것을 알면서도 비도덕적 행위를 저지르기로 선택한 것이다. 여기서 바로 '요구한다'(claims)는 말이 중요하다.[11] 이브는 신의 명령이 그녀에게 '반드시 권위적이어야 함'을 모르고 있었다. 그녀는 단지 그것이 권위적이어야 할 것을 '요구하고 있다'는 것만을 알고 있었을 뿐이다. 이브가 도덕명령의 요구를 거부하고 비도덕적 행위를 저지르는 과정에 있어서, 그녀가 저항하고 거부한 것은 도덕 명령 자체가 아니라 바로 이 요구에 대한 저항이다.[12]

따라서 그 도덕명령은 그녀가 간단히 무관심할 수 있는 것이 아니다. 왜냐하면 그녀 자신이 그것에 의해 지배당하도록 되어 있었다는 것을 알고 있었고, 따라서 그녀의 입장에서 본다면 반드시 제거되어야 하는 것이기 때문이다. 만약 그녀의 저항이 성공한다면, 그녀는 자신이 도덕명령의 경계 밖에 있음을 보여줄 것이다. 그러나 도덕명령을 경멸하는 바로 그 행위에 의해서 그녀는 자신이 도덕명령의 경계 안에 놓여져 있음을 알게 된다.[13]

여기에서 바로 비도덕적 행위란 개인의 이익에 상충되는, 행위자가 아주 싫어하는 권위적인 종류의 명령에 대한 저항이다. 칸트가 도덕법을 위반하고 의무의 이행보다는 그 자신의 욕구를 만족

---

11) 위의 글, p.39.
12) 위의 글, p.40.
13) 위의 글, p.40.

시키려는 행위자의 '저항'으로부터 나오는 것으로 비도덕적 행위를 설명하고 있을 때도,[14) 비도덕적 행위에 대한 이러한 설명을 암묵적으로 인정하고 있는 것으로 보인다. 또한 유대-기독교적 전통에서도 비도덕적인 사람은 자주 저항자의 모습으로 나타난다.[15)

비도덕적 행위에 대한 이러한 도전적 관점은 많은 강점을 가지고 있다. 우선적으로, 비도덕적 행위에 대한 이유로서 많이 논의되는 행위자의 이기심 문제를 잘 설명할 수 있다. 비도덕적 행위자는 자신의 이기적인 목적을 위하여 도덕명령이 요구하는 것을 거부하거나 그 자신을 도덕적 권위보다 더 높은 곳에 놓으려고 한다. 그러한 목적은 도덕이 요구하는 것이 아니라 행위자가 원하는 것이다. 그리고 행위자의 욕구에 따른 행위는 종종 다른 사람들의 피해를 가져오기도 한다. 따라서 도전적 관점은 비도덕적 행위가 어느 정도까지 심하게 나타날 수 있는가를 설명할 수 있다. 즉, 도덕적 권위에 대한 행위자의 저항이 강해질수록 비도덕적 행

14) 칸트에 의하면, 행위자 스스로 비도덕적 행위를 저지르도록 동기를 부여할 때, 그 행위자는 악한 행위의 생성자이고 그 자신을 악하게 만드는 특징의 생성자이다. 그리고 행위의 동기들은 도덕법이 우선적인 것이 될 때에 올바르게 부여된다. 비도덕적 행위는 도덕법이 욕구들에 지배되도록 동기 부여될 때에 나타나게 된다. 따라서 비도덕적인 사람은 도덕성의 꼭대기에 그 자신의 기질을 위치시켜 놓는 사람이다. 비도덕적 행위자가 동기의 적절한 부여를 뒤집어 놓는다면 그는 도덕법의 권위에 저항하는 것이고, 그러한 저항 때문에 그는 비난받게 된다. I. Kant, *Religion Within the Limits of Reason Alone*, pp.31~32 참조.
15) 예를 들어 기독교에서는 비도덕적 행위자 중에서 가장 악한 사람을 악마(the Devil)라고 부른다. 따라서 그 악마는 신의 창조물 중에서 가장 완전하게 저항적인 것으로 묘사된다.

위는 더 심각하게 나타나며, 행위자에 대한 우리의 부정적인 태도
도 더 깊어진다.

　비도덕적 행위에 대한 도전적 관점의 또 다른 장점은 비도덕적
행위자들에 대하여 갖게 되는 우리의 태도들을 잘 설명할 수 있
다. 비도덕적 행위자가 어쩔 수 없는 원인에 의해서가 아니라 스
스로의 선택에 의해 비도덕적 행위를 저지른다고 한다면, 우리가
그러한 행위자에게 부정적인 태도를 갖는 것은 당연하다. 도덕적
행위의 측면에서 볼 때, 우리는 비도덕적 행위자의 저항적인 선택
이 도덕성을 위반하는 것이라고 말할 수 있다. 비도덕적 행위자는
우리가 존중하고 따르고자 하는 도덕적 권위를 오히려 적으로 여
기고 있다.[16)]

---

16) 이러한 경우에 우리는 비도덕적 행위자를 비판할 때, 비도덕적 행
　　위를 발생하게 한 행위자의 내적인 측면에 더 초점을 두고 있다.
　　따라서 비도덕적 행위에 대한 이러한 설명은 도덕적 추론에 대한
　　내재론적 관점을 전제하고 있다. 왜냐하면 도전적 관점에서의 비도
　　덕적 행위자는 그가 그것에 지배당하고 있다는 것을 직관적으로
　　알면서도 도덕적 권위에 대하여 저항하고 있기 때문이다. 우리가
　　만약 그의 저항을 비난한다면, 우리의 관점에서 뿐만이 아니라 행
　　위자 자신의 관점에서도 그는 다르게 행동해야 했었다고 우리가
　　주장하는 것이 된다. 그의 행위는 스스로 해야만 한다고 생각하는
　　것에 있어서 단순한 실수를 했다는 것을 보여주는 것이 아니라, 무
　　엇을 해야만 하는가를 그가 명확하게 알고 있다는 것을 보여준다.
　　결국 우리가 도전적 관점에서의 비도덕적 행위자를 비난하는 것은,
　　그 행위자가 성공적으로 도덕 명령을 버리고 그 자신의 선택에 따
　　라 살아갈 수 있다고 생각하고 있다는 점이다. 우리는 비도덕적 행
　　위자가 도덕 명령 없이는 아무 것도 할 수 없다고 생각하며, 비도
　　덕적 행위자의 태도에 대하여 응분의 처벌을 주장하고 있다. 행위

도전적 관점은 또한 죄의식과 부끄러움 같은 느낌들을 잘 설명할 수 있다. 아담과 이브의 저항이 발각되어 신에 의해 처벌받았듯이 도덕적 저항들은 종종 패배로 끝난다. 그리고 만약 도덕명령들이 진정으로 정언적 권위를 가지고 있다면, 그 패배에 대하여 사람들은 도덕적 권위에 대한 정당하지 못한 반항의 결과라는 것을 깨닫게 된다. 그리고 이러한 깨달음은 자신이 다른 사람에게 부당하고 정당하지 못한 해악을 끼쳤을 때 죄책감과 부끄러움 같은 것을 느끼게 한다.

그러나 비도덕적 행위에 대한 도전적 관점은 몇 가지 문제점을 가지고 있다. 우선 이러한 관점이 대부분의 비도덕적 행위가 어쩔 수 없이 저질러지고 있다는 생각과 얼마나 어울리는가의 문제이다. 비도덕적 행위의 원인과 형태에 대해서 다양한 설명들이 있을 수 있으나, 우리는 일상생활에서 대부분 적극적인 의미보다는 소극적인 의미에서 비도덕적 행위를 저지르는 경우가 많다. 적극적으로 우리가 도덕적 권위에 저항하거나 그 자체를 즐긴다고 하는 경우는 일반적이기보다는 특수한 경우라고 할 수 있다. 도덕적 권위에 대한 저항을 즐기기 위해서라기보다는 마음 내키지 않는 비도덕적 행위를 저지르는 경우가 더 일반적이라고 할 수 있다. 다시 말해 우리의 일반적인 비도덕적 행위는 미약하고 소극적인 데 반하여 도전적 관점에서는 적극적이고 직접적인 비도덕적 행위를 가정하고 있는 것이다.

다음으로, 도덕적 권위에 대한 도전적 행위가 결과적으로 성공

---

자의 이러한 사고방식과 응분의 처벌에 대한 더 자세한 논의는 Jean Hampton & Jeffrie Murphy, *Forgiveness and Mercy*(Cambridge : Cambridge University Press, 1988), ch.4. 참조.

할 수 없다는 사실의 무지에서 저질러진 것이라면, 그것을 우리들의 비도덕적 행위 중에서 가장 나쁜 것으로 여길 수 있느냐의 문제가 있다. 무지론적 관점에서도 이미 살펴보았듯이, 우리는 비도덕적 행위자에게 어떤 무지론적 요소가 있다는 것을 인정할 경우 완전하게는 아닐지라도 어느 정도 책임을 경감시킬 수 있다고 생각한다. 따라서 어떤 무지론적 요소가 인정되는 비도덕적 행위는, 아무런 무지론적 요소가 인정되지 않는 다른 비도덕적 행위보다 더 나쁘다고 할 수 없다. 비도덕적 행위에 대한 도전적 관점에서는 행위자의 적극적이고 의도적인 비도덕적 행위에 초점을 둔 나머지, 도전적 행위 중에 있는 무지론적 요소의 의미를 과소 평가하고 있다고 할 수 있다.

마지막의 문제점은, 도전적 관점이 우리가 도덕적 권위를 인식할 수 있다는 관념과 진정으로 결합될 수 있느냐는 것이다. 무지로 인한 행위자도 면책될 수 없다는 것을 내세우기 위하여 도전적 관점은 사람들에게 권위적이어야 할 것을 요구하는 도덕적 요구에 대하여 알고 있어야만 한다고 주장한다. 그러나 또한 도전적 관점에서는 도덕적 권위가 행위자들에 의해서 인식되지 못할 뿐만 아니라 폐기되기를 원하는 것이어야만 된다고 주장하고 있다. 그러나 우리가 혐오하고 폐기되기를 바라는 도덕적 권위가 있다는 것을 이해할 수 있지만, 이러한 도전적 방식으로 우리가 도덕의 권위에 도전하고 있는지는 분명하지 않다.

비도덕적 행위를 자신을 지배하려고 하는 것에 대한 행위자의 도전으로서 이해한다면, 비도덕적 행위를 멈출 수 있는 길은 행위자에게 도덕적 권위가 요구하는 것이 그에게 해롭기보다는 이롭다는 것을 인식시키거나, 그가 저항한다면 언제나 패배하게 된다는 것을 인식시키는 것이다. 그러나 우리가 언제나 패배할 것이라

는 믿음도 도덕원리가 항상 매력적이고 결코 해롭지 않다는 믿음
이 있을 때 가능한 것이다. 여기에서 우리는 도덕원리가 어떻게
매력적일 수 있는가를 탐색할 수 있는 가능성을 가질 수 있다. 또
한 도덕원리가 매력적인 요소를 갖지 못했을 때 어떤 비도덕적
행위들이 발생하는가를 살펴봄으로써 비도덕적 행위를 설명할 수
있는 새로운 관점을 탐색하게 된다.


## 3) 비도덕적 행위의 유형

아리스토텔레스는 비도덕적 행위를 사악함(wickedness) 나약함
(weakness)의 두 가지 형태로 구분하면서, 나약한 사람은 선한 법
칙을 가지고 있지만 그것을 적용하지 못하는 사람으로, 사악한 사
람은 그 자신의 법칙을 적용하지만 나쁜 법칙을 적용하는 상태로
설명하고 있다.[17] 사악함과 나약함에 대한 아리스토텔레스의 이러
한 구분은 행위자가 자신의 행위가 나쁘다는 것을 알지 못하고
잘못을 저지르는 무의식적인 비도덕적 행위와, 자신의 행위가 나
쁘다는 것을 행위자 자신이 알면서도 잘못을 저지르는 의식적인
비도덕적 행위를 구분하게 만든다.

그러나 마일로(R. D. Milo)는 비도덕적 행위에 대한 이러한 이
분법적 구조는 사람들이 저지르는 수많은 종류의 비도덕적 행위
를 설명하는 데 충분하지 못함을 지적하면서, 비도덕적 행위에 대
한 행위자의 인식 여부와 행위자의 도덕적 결함에 따라 여섯 가
지의 비도덕적 행위 유형을 구분하고 있다. 마일로가 얘기하고 있

---

17) Aristotle, *Nicomachean Ethics*, 1152a.

는 행위자의 인식 여부란, 행위자가 비도덕적 행위를 범할 때 행위자 스스로 자신의 잘못을 알고 있느냐, 모르고 있느냐는 것이다. 그리고 행위자가 갖고 있는 중요한 세 가지 도덕적 결함이란 나쁜 선호, 자기 통제의 결여, 도덕적 관심의 결여 등을 말한다.

먼저 자신의 행위가 도덕적으로 나쁘다는 것을 진심으로는 알면서도 자신의 행위가 나쁘다는 사실에 대한 무관심 때문에 비도덕적 행위를 저지르는 경우를 마일로는 '도덕적 무관심'(moral indifference)이라고 부른다. 도덕적으로 무관심한 행위자는 그가 행한 것에 대하여 양심의 가책이나 죄의식을 느끼지 않는다. 이런 점에 있어서 그는 사악한 행위자와 비슷하고 도덕적으로 나약한 행위자와 다르다. 그러나 사악한 행위자와는 다르고 도덕적으로 나약한 행위자와는 유사하게, 도덕적으로 무관심한 행위자는 자신의 행하는 것이 나쁘다는 것을 알고 있다.

자신의 비도덕적 행위에 대한 무관심 때문이 아니라 행위자가 비도덕적 행위를 피하기보다는 어떤 다른 목적을 달성하려 하기 때문에 스스로 나쁘다고 여기는 것을 행하는 경우가 있을 수도 있다. 이런 경우의 행위자는 자신이 행한 것에 대하여 양심의 가책을 느끼지 않지만, 아리스토텔레스가 말한 사악한 행위자와는 다르게 자신이 행한 것이 나쁘다는 것을 알고 있다. 마일로는 이렇게 아리스토텔레스와는 달리 사악한 행위자도 자신의 행위가 잘못임을 알 수 있다는 전제하에 사악함을 두 가지 종류로 구분하고 있다. 행위자가 나쁜 도덕원리를 가지고 있기 때문에 행위자의 행위가 비도덕적인 행위가 될 수 있는 경우, 즉 행위자가 자신의 행위가 잘못이라는 것을 믿지 못하고 오히려 옳다고 여기는 경우를 마일로는 '도착적(倒錯的) 사악함'(perverse wickedness)이라고 부른다. 이것은 아리스토텔레스가 말한 사악함과 일치하는 것

이다. 그리고 행위자가 자신의 행위가 도덕적으로 잘못인 것을 알
면서도 비도덕적 행위를 피하기보다는 다른 목적을 선호하기 때
문에 비도덕적 행위를 저지르는 경우가 있는데, 마일로는 이것을
'선호적(選好的) 사악함'(preferential wickedness)이라고 부른다.[18]

그리고 행위자가 자신의 특정한 행위가 자신이 나쁘다고 여기
는 행위의 종류에 속하는지를 모르는 경우가 있을 수 있다. 예를
들어, '다른 사람의 마음을 아프게 하는 행위는 나쁜 행위이고 나
는 그렇게 하지 않겠다'는 생각하고 있는 사람이, 다른 사람과의
대화중에 어떤 특정한 사람에 대한 비난을 하여 후에 그 때문에
그 특정한 사람이 마음의 상처를 입었다고 하자. 그렇다면 결과적
으로 비난한 행위는 자신이 나쁘다고 생각하고 있었던 행위의 한
종류이고, 자신도 모르게 그러한 행위를 저지른 것이다. 이러한
경우의 비도덕적 행위를 마일로는 '도덕적 태만'(道德的 怠慢,
moral negligence)이라고 부른다.

또한 행위자가 자신의 행위가 옳다고 믿어서가 아니라, 어떠한
도덕 원리도 갖고 있지 않아서 비도덕적인 행위를 저지르는 경우
가 있을 수도 있다. 도착적(倒着的)으로 사악한 행위자는 적어도
나쁜 도덕원리라도 가지고 있기 때문에 자신의 행위가 나쁘지 않
다고 믿는다. 이러한 도착적으로 사악한 행위자의 종류에 속하면
서도 자신의 행위에 대하여 나쁘다는 것도 모르고 또한 옳다고

---

18) 마일로는 사악함을 도착적으로 보거나 선호적으로 보거나 하는 것
에 관계없이, 행위자가 자신이 원하는 행위를 하는 것으로 묘사한
다. 이런 입장에서 마일로는 엄격하게 말해서 도착적 사악함과 선
호적 사악함이 서로 다른 두 가지 형태의 비도덕적 행위가 아니라,
하나의 비도덕적 행위를 이해하는 두 가지 다른 방식이라고 주장
한다. Ronald D. Milo, 앞의 책, p.234.

여기는 것도 아닌 행위를 저지르는 사람을 생각해볼 수 있다. 즉, 행위와 관련하여 아무런 도덕 원리를 전혀 갖고 있지 않은 행위자를 생각할 수 있는데, 마일로는 이것을 '무도덕성'(無道德性, amorality)[19] 이라고 표현하고 있다. 이 여섯 가지 유형을 도표로 나타내면 다음과 같다.[20]

---

19) 무도덕성에 대해서는 많은 질문과 반론들이 있을 수 있다. 우리가 보통 무도덕적 행위라고 말할 때, 그 행위자는 그가 나쁜 행위를 하고 있다는 것을 모르거나 적어도 무관심한 것으로 묘사된다. 여기서 행위자의 행위가 나쁜 것은 의지가 약하기 때문도 아니고 잘못된 가치를 가지고 있기 때문도 아니다. 그것은 오히려 자신의 행위가 도덕적으로 옳은지 그른지에 대한 관심이 부족하기 때문이다. 따라서 무도덕한 행위자에게 문제가 되는 것은, 그가 나쁜 도덕 원리를 가졌다거나 자신이 갖고 있는 좋은 원리에 따라 행동하지 못한다는 것이 아니다. 문제가 되는 것은 그가 어떠한 도덕 원리도 갖고 있지 않다는 것이다. 따라서 무도덕한 행위자는 하나의 행위가 도덕적으로 나쁘다는 것이 무엇인지를 모르는 사람이다. 도덕적 의미에서 옳고 그름을 구분하지 못하고 있는 것이다.

그렇다면 이러한 사람이 비도덕적 행위를 저지른 것에 대하여 우리는 어떻게 비난을 보낼 수 있을까? 이에 대하여 마일로는 행위자가 비도덕적인 행위의 의미를 이해하건 이해하지 못하건 간에, 잘못을 저지른 것은 비도덕적 행위라고 주장한다. 그 사람의 행위는 도덕과 무관한 것이 아니라, 어린 아이나 정신병자가 아닌 이상, 도덕적 책임에 요구되는 능력을 가지고 있기 때문이다(Ronald D. Milo, "Amorality," *Mind*, V.92. (1983), pp. 481∼498 참조). 그렇다면 정신병자나 어린 아이가 아닌 정상적인 어른 중에서 어떤 도덕 원리도 갖고 있지 않고 도덕적 옳고 그름을 구분하지 못하는 사람이 과연 존재하는가? 이렇게 인간 행위의 무도덕성에 대해서는 그 가능성과 특징에 대하여 답변해야만 하는 많은 과제가 있다.

| 행위자의 인식 여부 / 행위자의 도덕적 결함 | 잘못을 알지 못함 | 잘못을 알고 있음 |
|---|---|---|
| 나쁜 선호 | 도착적 사악함 | 선호적 사악함 |
| 자기 통제의 결여 | 도덕적 태만 | 도덕적 나약함 |
| 도덕적 관심의 결여 | 무도덕성 | 도덕적 무관심 |

이런 방식으로 비도덕적 행위의 유형을 구분하면서 마일로는
이러한 행위들에 대한 비난의 강도를 비교한다. 비슷한 상황에서
같은 종류의 행위들이 일어났을 경우, 다른 조건들이 같다면 무도
덕적 행위와 도덕적으로 무관심한 행위는 사악한 행위보다 더 비
난받는다. 그리고 사악한 행위는 도덕적으로 태만한 행위와 도덕
적으로 나약한 행위보다 더 비난받는다. 그리고 예외가 있기는 하
지만, 도덕적 태만과 도덕적 나약함은 같은 정도의 비난을 받을
만한 것으로 보인다고 마일로는 평가한다.

그리고 도덕적으로 무관심한 행위는 무도덕적 행위보다 더 나
쁜 것으로 여겨지고 있고, 도덕적으로 나약한 행위는 도덕적으로
태만한 행위보다 더 나쁜 것으로 여겨진다고 마일로는 주장한다.
왜냐하면 전자(前者)와 같은 비도덕적 행위는 후자(後者)와 같은
비도덕적 행위에 비해 의식적이고 의도적이기 때문이다. 비도덕
적 행위에 대한 비난의 강도가 행위자의 의도성 여부에 따라 비
교되는 것이 타당한 지에 대해서는 여전히 의문의 여지가 있지
만,[21] 마일로가 객관적인 나쁜 행위보다는 주관적인 나쁜 행위를

---

20) Ronald D. Milo, *Immorality*, p.234.
21) 무도덕한 행위자는 자신의 행위가 나쁘다는 것을 알지 못하는 반
    면에, 도덕적으로 무관심한 행위자는 자신의 행위가 나쁘다는 것을

강조하고 있듯이 그는 행위자의 의도성 여부는 중요하게 다루고
있다.

───────────────

알면서도 비도덕적인 행위를 저지른다. 이렇게 의도적이냐 비의도
적이냐는 입장에서만 본다면, 도덕적으로 무관심한 행위자가 무도
덕한 행위자보다 더 비난받아야 하는 것으로 보인다. 그러나 좀더
깊이 생각해 보면 무도덕한 행위자는 자신이 행하는 것이 옳은지
그른지를 알려고 하지 않기 때문에 모르는 것이며, 설령 자신의 행
위가 도덕적으로 나쁘다는 것을 안다 할지라도, 그 행위를 그만두
지 않을 것이기 때문에 도덕적으로 무관심한 행위보다 더 나쁜 것
으로 보일 수도 있다.

이러한 경우는 도덕적 나약함과 도덕적 태만을 비교하는 데 있어
서도 나타난다. 도덕적으로 나약하거나 태만한 행위자는 모두 비도
덕적 행위를 피하고자 하는 것을 좋아하지만, 어떤 합리적인 자기
통제 능력을 발휘하지 못함으로써 비도덕적 행위를 저지르는 경우
이다. 여기에서 중요한 것은 도덕적 태만이 무의식적인 비도덕적
행위라는 사실 때문에 도덕적 나약함보다 덜 비난받지는 않는다는
것이다. 왜냐하면 도덕적으로 태만한 행위자가 도덕적으로 나약한
행위자보다 비도덕적 행위를 피하는 데에 더 많은 관심을 가지고
있다는 것을 뜻하는 것은 아니기 때문이다. 그리고 어떤 도덕적 태
만의 경우에는 실제로 무의식적인 것인지에 대해서도 의심의 여지
가 간다. 마일로가 지적하고 있듯이(위의 책, pp.248~249) 도덕적
무모함이나 자기 기만적 행위같은 도덕적 태만은 전형적인 도덕적
나약함보다 더 의도적인 것으로 보이기도 한다.

# 제8장 한국 사회의 비도덕성

한국 사회에서 주로 나타나는 비도덕적 행위에는 어떤 것이 있을까? 여기에 대해서는 다양한 의견이 있을 수 있지만 여기서는 도덕적 타성, 도덕적 태만, 그리고 거짓말의 3가지를 주요한 것으로 살펴보고자 한다.

## 1) 도덕적 타성

놀이공원에 가보면 놀이용 궤도 열차가 있다. 그리고 많은 사람들이 그 열차의 스릴을 느끼기 위하여 줄을 서서 탈 차례를 기다리고 있다. 사람들은 궤도 열차를 타기 위하여 돈을 지불한다. 그런데 그 열차는 우리에게 안락함이나 편안함보다는 두려움과 놀라움, 그리고 공포를 가져다 준다. 사람들은 일부러 돈을 지불하면서까지 그러한 감정들을 자발적으로 받아들이고 있다. 그러한 기대를 잘 알고 있듯이 궤도 열차는 빠른 속도로 질주한다. 때로는 머리가 부딪칠 것만 같은 좁은 터널을 빠른 속도로 통과하고, 때로는 아주 높은 지점까지 올라갔다가 땅과의 전투를 치르는 양 아래를 향해 곤두박질한다. 그리고 때로는 술을 먹은 것처럼 몇 바퀴 원을 그리며 열차에 타고 있는 사람들의 얼을 빼놓는다. 그럼에도 불구하고 열차가 종착점에 멈추었을 때, 내리는 사람들의 표정은 큰 사고나 위기를 넘겼다기보다는 재미있었다거나 흥미만점이었다는 표정들을 짓고 있다.

끊임없이 이어지고 있는 수많은 비도덕적 사태들을 접하면서 우리는 오늘을 사는 우리의 삶의 방식이 바로 이런 궤도 열차를 타고 있는 사람들과 다름이 없음을 느낀다. 수많은 비도덕적 사태나 상황들을 목도하면서 우리는 과연 어떠한 태도와 행동들을 취하는가? 우리는 차마 입에도 올리기 싫은 끔찍한 행위로부터 우리가 세심한 관심을 기울이지 않으면 잘 인식할 수 없는 감추어진 비도덕적 행위들까지 다양한 종류의 비도덕적 행위들을 접하고 있다. 마치 우리가 궤도 열차를 타고 있으면 좁은 터널도 나오고 곤두박질하는 상황과도 마주치는 것과 같다. 우리는 궤도 열차를 타는 순간에 그러한 상황들이 오리라는 것을 이미 알고 있다. 궤도 열차를 처음 타본 사람은 정확한 위치나 상황은 모르지만 짜릿한 상황들이 나타날 것이라는 것을 분명히 알고 있다. 궤도 열차를 자주 타본 사람은 어느 위치에서 어떤 상황이 나타난다는 것까지도 잘 알고 있다. 그리고 그러한 상황이 닥치는 것을 당연한 것으로 여긴다.

비도덕적인 사태들을 접하는 우리들의 태도도 이와 같다. 궤도 열차의 진로를 예견하고 있듯이 사람들은 일상적으로 저질러지는 비도덕적 사건들에 대하여 놀라움이나 탄식보다는 복잡한 사회에서 그 정도의 사건과 사고는 당연한 것이고 예상할 수 있는 것이라고 여기고 있다. 그러다 보니 웬만한 사건에는 놀라지도 않고 관심을 기울이지도 않는다. 그것이 더욱 심해지면 웬만한 사건들

에 대해서는 비도덕적 행위라는 라벨을 붙이는 것에 대해서도 거
부감을 느낀다. 한 마디로 우리는 수많은 비도덕적 행위들과 부딪
치면서 습관적으로 굳어진 타성 때문에 도덕적 민감성과 합리적
인 판단 능력을 잃어가고 있는 것이다.

　사람들이 가지고 있는 이와 같은 관행적이고 타성적인 사고방
식과 생활방식을 도덕적 영역에 적용할 때, 그것을 도덕적 타성
(道德的 惰性, moral inertia)이라고 부를 수 있다.[1]

　원래 물리학에서 타성(惰性, Inertia)이란 물체가 현재의 운동상
태를 지속하려는 성질을 말한다. 즉, 외부의 어떤 힘이 작용하지
않는 한 어떤 속도로 운동하고 있는 물체는 언제까지나 같은 속
도로 운동을 계속하려 하며, 정지하고 있는 물체는 언제까지나 정
지를 계속하려고 하는 성질을 타성이라고 말한다.[2] 차가 움직이려

---

1) Paul Edwards (ed.), *The Encyclopedia of Philosophy*, V. 5 (New York : Macmillan Publishing Co., Inc. & The Free Press, 1967), p.177.
2) 우리는 물리학에 사용하는 이와 같은 물체의 성질을 가리키는 말로 일반적으로는 '관성'(慣性)이라는 용어를 사용한다. 따라서 영어 inertia도 일반적으로는 관성이라고 번역된다. 관성력(慣性力, force of inertia), 관성 저항(慣性 抵抗, inertia resistance), 관성 질량(慣性 質量, inertia mass)라는 용어들이 관성(慣性)이라는 용어가 통용되고 있는 예들이다. 그러나 여기에서는 단순한 물체의 성질을 이야기하는 것이 아니라, 습관화된 사고나 동작으로 인한 인간의 굳어진 습관을 나타내는 의미로 타성(惰性)이라는 용어로 번역한다. 특히 그것이 과학적인 용어가 아니라 도덕 철학에 쓰여서 moral inertia라는 용어로 사용될 때, 이것은 도덕적 관성(道德的 慣性)보다는 도덕적 타성(道德的 惰性)이라는 용어가 더 적합한 것으로 보인다. 추병완은 moral inertia를 '도덕적 지둔'이라는 용어로 사용하고 있다. 추병완, 『도덕 교육의 이해』(백의, 1999), p.182~189.

고 할 때 승객의 상체가 뒤로 넘어지려는 것은, 발은 마찰력 때문에 차와 같은 속도로 움직이기 시작하는데 상체는 타성에 의해 원위치에 정지하려 하기 때문이다. 그리고 젖은 수건을 흔들어서 물방울을 수건으로부터 털어내는 것도 물방울의 타성을 이용한 것이다.

이러한 타성이 인간의 활동에 적용할 때 동작·실천·행동을 싫어하는 경향이나 활동의 결여를 의미한다.[3] 타성(inertia)의 어원이 나태함이나 게으름을 뜻하는 라틴어에 있음을 볼 때, 우리는 취해야 할 행동을 취하지 않거나 무기력한 모습을 의미하는 무위(無爲)로서의 타성의 의미를 엿볼 수 있다. '우리는 뿌리깊은 보수주의와 은둔의 타성에서 벗어나야 한다', '지역주의와 학벌주의의 타성에서 벗어나 대국적 견지에서 세상을 바라보아야 한다'와 같은 예처럼, 무엇이 문제인지를 알면서도 그에 합당한 대응적 조치를 하지 않는 것을 우리는 타성에 젖어 있다고 표현한다. 물론 여기에서 타성(惰性)으로 나타나고 있는 현상은 보수주의·은둔·지역주의·학벌주의 등이 될 것이다.

이러한 타성의 무위적(無爲的) 성격은 인간의 도덕적·윤리적 영역에도 그대로 적용된다. 이런 의미에서 맥스웰(M. Maxwell)은 도덕적 타성(道德的 惰性)이라는 용어를 일차적으로 도덕적 무위(道德的 無爲, moral inaction)의 의미로 사용한다. 그것은 우리가 직면하고 있는 수많은 사회적 악들에 대해서 도덕적으로 가만히 있거나 전혀 놀라지 않는 것을 말한다.[4] 그러한 악들이 개인적으로

3) Merriam-Webster, *Webster's Third New International Dictionary* (Springfield : Merriam-Webster Inc., Pub., 1984), p.1156.

4) Mary Maxwell, *Moral Inertia* (Colorado University Press, 1991), p.1.

자행된 것이건 국가적 차원에서 벌어진 것이건 간에 관계없이, 그
것들에 대하여 아무런 대응 조치를 취하지 않는 것에 대하여 맥
스웰은 도덕적 타성이라는 말을 사용하고 있다.

이러한 도덕적 타성이 발생하는 원인에는 여러 가지가 있다.

첫째, 도덕적 사태에 대한 불완전한 인식구조에서부터 도덕적
타성이 생긴다. 즉, 사람들이 도덕적 사태를 올바로 인식하지 못
하게 하는 인지적인 장해요소가 있어서 도덕적 사태에 대해서 올
바른 대처를 하지 못하는 것이다.

이러한 인지적 장해 중에서 우선적으로 꼽을 수 있는 것은 지
각적 선택성(知覺的 選擇性, perceptual selectivity)⁵⁾이라고 불릴 수 있
는 것으로, 사람들은 그들의 편견, 이론, 그리고 기대들에 부응하
는 사실들만을 보려고 한다. 그들의 신념과 기대에 반대되는 사실
들은 은폐되고, 무시되고, 또는 어느 정도 합리화되기까지도 한다.⁶⁾
만약 어떤 사람이 악을 인식하도록 훈련되어 있지 않고 악을 그
의 인식 속에 받아들일 수 없다면, 그 악은 그에게 있어서 보이지
않는 것이고 결국 그 악은 존재하지 않는 것이 된다. 습관적으로
술에 취해 자기 아내를 괴롭히는 사람이 그것을 나쁜 행동이거나
비도덕적 행위로 받아들이지 못하고 여러 가지 이유를 들어서 그
것을 합리화하기까지 하는 것이 이런 것의 예가 될 것이다.

사람들이 가지고 있는 낙관적인 성향도 비도덕적 상황들을 올
바로 보지 못하게 하는 인지적 장해요소 중의 하나이다. 많은 사

---

5) 위의 책, p.72.

6) Berelson Bernard & Gary Steiner, *Human Behavior : An Inventory of Scientific Findings* (New York : Harcourt, Brace, and World, 1964), pp.578~580.

람들은 세계를 사실보다 더 낙관적이고 장미빛으로 본다. 세상이 그들의 생각과 같이 낙관적이지 않다는 것을 인정할 때에도 언젠가는 좋아질 것이라고 생각한다. 그것이 막연한 기대건, 확실한 가능성을 가진 기대건, 또한 확률상으로 가진 기대건 간에 낙관적 전망을 가지려는 것이 사람들의 일반적인 정서이다. 사람들은 이러한 낙관적 기질들 때문에 현실에 나타나는 악들의 심각성을 크게 느끼지 못하거나 쉽게 해결될 수 있는 것쯤으로 이해하고 있다. 이러한 낙관적인 타성으로 인하여 그것을 해결하기 위한 적극적 행동을 취하지 않음은 물론이다. 사람들이 이렇게 쉽게 낙관적인 전망을 갖게되는 이유는, 아마도 그러한 낙관적인 기대와 습관들이 개인들이 자연과 투쟁해야 하는 위험 속에서 살던 인류 발생 초기에 지니고 있었던 적응적 기질들로부터 나온 것이기 때문일 수도 있다.[7]

도덕적 타성을 가져오는 둘째 이유로 들 수 있는 것은 일상생활에 있어서의 도덕적 고려의 우선성이 상실되고 있는 것으로부터 찾을 수 있다. 도덕과 관련된 사태에 대하여 도덕적 권위가 그 우선적인 배려를 받지 못할 경우 나타나는 것이 타성적 행동방식이다. 이 때 나타나게 되는 도덕적 타성은 우리가 도덕적 사태들을 인식하는 인지적인 불완전 때문도 아니고, 해결하려는 노력에 따르게 되는 기술적 차원의 어려움 때문도 아니다. 그 원인은 우선적으로 도덕적 고려보다 더 우위를 차지하고 있는 다른 신념체계의 개입에 있다. 그 원인이 어디에 있건 간에 현실적 판단 상황에서 도덕적 고려가 우선적인 지위를 차지하지 못한다면, 그것은

7) Lionel Tiger, *Optimism : the Biology of Hope* (New York : Simon and Schuster, 1979), pp.20~21.

도덕적 타성을 가져오는 결정적인 이유가 된다.

　도덕적 고려를 뒤로 밀리게 하는 예로는 종교적 신념 같은 것에 우선성을 내주는 경우가 있다. 특정한 종교 내지는 신성한 영역이 가지고 있는 언어, 신념, 또는 행동들은 특정한 분위기나 권위 등을 가지고 있다. 원시적 종교이거나 현대적 종교에 관계없이 어떤 언어나 신념에 대한 비판이나 논쟁을 허용하지 않는 도덕적 신념의 영역이 있다. 이러한 신성한 진리의 영역에 대한 문제 제기는 불경스럽고 또한 허용되지 않는다. 무조건으로 따라야 하는 것이다. 이러한 종교적 풍토 속에서 성장한 사람은 그가 비록 도덕적 영역에 있어서 세심하고 합리적인 판단력을 가지고 도덕적으로 행하는 사람이라 할지라도, 어떤 도덕판단이 그가 가지고 있는 종교적 신념과 배치될 때에는 적절한 도덕판단이나 대응조치를 취하지 못한다. 종교적 판단이나 행동의 타성이 합리적인 도덕적 판단을 가로막는 경우이다. 그는 종교적 권위의 타성에 의하여 모든 도덕적 사태들을 이해하고 판단한다.

　집단의 구성원들이 갖는 집단 신념에 대한 맹목적 추종 때문에 도덕적 고려의 우선성이 밀려날 수도 있다. 이것은 사람들의 신념 체계가 집단의 경계에 따라 현격하게 차이가 생기는 도덕적 타성을 말한다. 사회학자들이 얘기하고 있듯이 사람들은 그들이 소속된 집단에 대해서는 충성과 존중을 보낸다. 그리고 다른 집단에 대해서는 경계와 비난의 태도를 갖는다. 이러한 집단의 내외적 관계에서 오는 정서적이고 인지적인 갈등 관계가 집단간에 도덕적 추론이나 대화를 멈추게 하는 장해물임은 명백하다. 옳음이나 선함은 자신이 속한 집단의 행위에 일치해서 자동적으로 결정되고, 자신의 속한 집단적 신념에 위배되는 행위는 자동적으로 옳지 못한 것으로 규정된다. 더 나아가 집단 외부의 힘이 여러 가지 이유

로 해서 한 집단의 생존을 위협한다면 집단 외부의 신념은 더욱
더 결정적인 악이 되며, 이러한 집단적 관계 속에서의 도덕적 신
념을 타파하지 않는 한 집단간의 갈등으로 인한 도덕적 타성은
해소되지 않는다.

그러나 도덕적 고려의 우선성을 뒤로 밀리게 하는 가장 큰 이
유는 자기 이익에 대한 우선적인 고려 때문이다. 그 이익이 개인
적인 것이든, 가족적인 것이든, 또한 한 집단의 것이든 간에 한국
인들에게는 '우선 살고봐야 되지 않겠느냐?' 냐고 하면서 어쩔 수
없이 도덕적 고려의 우선성을 버려야만 하는 현실을 내세운다. 그
리고 그러한 현실을 강조하다 보니 위에서 지적한 지각성 선택성
의 요소까지도 개입하게 된다. 즉, 각박한 현실세계 속에서 나의
이익을 우선시 하는 것은 비도덕적이기보다는 어쩔 수 없는 선택
이고, 다른 사람들도 대부분 그렇게 생각하며 그렇게 행동하고 있
다고 생각하는 것이다.

이렇게 볼 때 한국인의 생활태도에는 자기 이익을 우선시 하고
그것을 합리화하는 지각적 선택성에 바탕을 둔 타성적 성격이 강
하다고 평가할 수 있겠다.


## 2) 도덕적 태만

도덕적으로 태만한 행위에 대하여 우리는 그 행위자에게 도덕
적인 책임을 묻는다. 물론 우리는 보통 의도적으로 해악을 일으킨
사람보다는 태만한 행동으로 인하여 해악을 일으킨 사람에게 다
소 적은 비난을 보낸다. 그러나 어쨌든 태만한 행위를 저지른 사
람들에게 우리는 비난을 보낸다. 아무리 비의도적이고 미약하게

보이는 태만이라 할지라도 비난받게 된다는 사실로부터 우리는
태만의 기본적 의미를 살펴볼 수 있다.

화이트(A. White)는 "태만은 어떤 일의 성공적인 수행을 하는
데 있어서 따르게 마련인 위험적인 요소들에 대하여 적극적인 척
도 적용을 통한 주의 집중을 하지 않은 것"8)이라는 정의를 내리
고 있다. 이것은 하트(H. L. A. Hart)가 "변화한 거리에서 지붕을
고치고 있는 사람이 그 시간에 어떤 사람이 지나가고 있지 않은
가에 대한 기본적인 주의도 없이 길거리로 건축 자재를 던지는
행위"9)를 태만한 예로 제시하고 있는 것과 잘 통하고 있는 정의
라고 할 수 있다.

이러한 정의를 볼 때, 도덕적 태만의 경우 태만한 행위자는 자
신의 행위가 나쁘다는 것을 알지 못할 수도 있다. 거기에는 행위
자가 그러한 종류의 행위들이 나쁘다는 것을 믿지 못하거나 그러
한 행위들이 나쁘다고 믿지만 행위자의 특정한 행위가 그러한 종
류의 행위에 속하는지 모르기 때문일 수 있다. 아리스토텔레스에
의하면 전자(前者)와 같은 무지의 경우, 즉 도덕원리에 대한 무지
의 경우에는 변명의 여지가 없으며, 후자(後者)와 같은 무지의 경
우, 즉 특수한 사실들에 대한 무지도 그것이 부주의나 태만으로부
터 나온 것이라면 변명의 여지가 없다고 주장한다.10) 이것은 행위
자가 자신의 특정한 행위와 같은 종류의 행위들이 나쁘다는 것을

---

8) Alan White, *Grounds of Liability* (Oxford : Oxford University Press, 1985), p.102.
9) H. L. A. Hart, "Negligence, *Mens Rea,* and Criminal Responsibility," H. L. A. Hart, *Punishment and Responsibility* (Oxford : Oxford University Press, 1968), p.147.
10) Aristotle, *Nicomachean Ethics,* 1114a.

모르거나 믿지 않아서가 아니라, 행위자의 특정한 행위가 행위자 자신이 나쁘다고 생각하는 그런 행위의 종류들에 속하는지를 모르기 때문에 비도덕적인 행위를 저지르는 경우이다. 이러한 경우의 비도덕적 행위를 마일로(R. D. Milo)는 도덕적 태만이라고 부르면서, 태만을 "비도덕적 행위를 피하기 위해 필요한 합리적 주의를 기울이지 않은 것"[11]으로 규정하고 있다.

그런데 자신의 특정한 행위에 대한 무지로 설명되는 이와 같은 태만에 대한 해석에는 두 가지 문제가 제기될 수 있다. 첫째는 어떻게 그러한 무지를 피할 수 있느냐의 문제이고, 둘째는 도덕판단의 실수를 범하지 않기 위해 어떤 유형의 사전주의를 합리적으로 기대할 수 있느냐는 것이다. 첫째 문제에 있어서 우리는 행위의 유형, 상황, 그리고 일어날 수 있는 결과들을 모두 고려해야 한다. 자신의 행위에 대해 깊은 고려 없이 충동적으로 하는 행위, 생각을 하면서도 부주의한 행위를 하는 것, 어떤 행위의 일면만을 보고 다른 면을 보지 못하는 경우들을 생각해 보아야 한다. 이와 같이 도덕적으로 관련된 모든 양상들을 고려하지 못하면 태만한 행위는 비난의 대상이 된다.

우리가 도덕적으로 관련된 모든 양상들을 깨닫거나 고려하지 못하는 이유에 대하여 마일로는 우리의 분노·욕심·탐욕·야심·슬픔·실망·타인을 억누르려는 욕구 때문이라고 주장한다.[12] 이러한 감정과 욕구는 도덕적으로 그릇된 신념을 가지게 할 뿐만 아니라 자신의 행위가 나쁜 것임을 알지 못하게 한다. 이런 것을 방지하기 위해 어떤 사전주의를 하거나 대항조치를 취해야만 한

11) Ronald D. Milo, *Immorality*, p.83.
12) 위의 책, pp.86~87.

다. 마일로는 우리가 자신의 강한 감정과 욕구를 일으키는 상황을
자신의 통제 밑에 놓이도록 훈련하거나, 전형적인 감정이나 욕구
가 발생할 때 이러한 욕구나 감정의 모호한 측면들을 신중하게
고려함으로써 그 영향력을 조절할 수 있다고 충고한다. 그리고 우
리가 이기적이고 탐욕적인 사람을 편향적인 사람으로 평가한다면
무엇을 묵살해야 하는지, 또한 어떤 적절한 대항조치를 취해야 하
는지를 배울 수 있다고 주장한다.

　마일로의 이러한 주장은 두 번째 문제, 즉 무지와 실수를 피하
기 위하여 취할 수 있는, 합리적으로 기대되는 것이 어떤 것이 있
는가의 문제와도 연관된다. 이러한 두 번째 질문은 무지와 실수에
대한 책임의 문제를 제기하는 것으로서, 이것은 태만에 대한 객관
적 기준과 주관적 기준에 따라 설명할 수 있다. 하트(H. L. A.
Hart)에 따르면 행위자가 '정상적인 능력을 가진 사람이라면 취
할 수 있는 사전주의들을 취하는 것'을 실패한다면 객관적인 기
준에 따라 그를 태만한 것으로 판단할 수 있다고 주장한다.[13] 그
러나 하트는 그러한 객관적인 기준을 적용하는 데 있어서의 어려
움도 있다고 주장한다. 왜냐하면 한 개인에게 죄를 적용하고 처벌
을 주기 위해서 정상적이거나 합리적인 사람은 가지고 있거나 수
행할 수 있는 통제력을 실제로는 행위자가 가지고 있지 않음에도
불구하고 그가 가지고 있는 것처럼 취급하기 때문이다. 따라서 주
관적인 기준이 더 합당하다고 할 수 있다. 그리고 주관적인 기준
은 '행위자의 정신적이고 육체적인 능력을 고려할 때, 비난당하고
있는 행위자가 이러한 사전 주의를 취할 수 있었느냐?'는 질문에
얼마나 확실한 답변을 할 수 있는 정도에 따라 규정된다.

---

13) H. L. A. Hart, 앞의 책, p.154.

도덕적 태만의 개념을 도덕과 관련된 사실에 대한 무지나 실수
로 인해서 자신의 행위가 도덕적으로 나쁜 것임을 알지 못하는
경우라고 보았을 때, 다른 원인으로 인한 경우도 있을 수 있다. 그
리고 그에 따라 여러 가지 종류의 태만이 있을 수 있다. 마일로는
이러한 태만의 경우를 구분하여 다음과 같이 고의성이 없는 도덕
적 태만으로서 충동과 부주의를 들고 있고, 의도적인 태만으로서
도덕적 무모함과 자기기만적 행위를 들고 있다.[14)

(1) 충동(impulsiveness) : 행위자는 상황이나 자기 행위의 옳고
그름의 결과에 대한 아무런 생각이 없이 단순하게 행동한다. 그
행위는 어떤 욕구의 충족이나 즉각적인 감정적 반응의 실현을 위
한 직접적인 시도이다.

(2) 부주의(carelessness) : 행위자는 그가 행하고 있는 것에 어
떤 관심을 기울이면서도 때때로 부주의하다. 행위자는 자기가 행
하고 있는 행위의 어떤 특징이나 측면을 보면서도 도덕적으로 타
당한 다른 측면들을 보지 않는다.

(3) 무모함(recklessness) : 행위자는 자신의 행위에 있어서 나쁜
부분을 인식하면서도 고의적으로 그것을 무시한다. 그는 자신의
행위가 모두 옳은 것이기를 바라고 있지만, 좀더 신중했었다면 자
신의 행위가 나쁘다고 결론 내릴 수도 있지 않을까를 어렴풋이
느낀다.

(4) 자기 기만(self-deception) : 행위자는 자신이 행하는 것이
나쁘다는 것을 '마음 속으로' 알고 있다. 그러나 그는 그것이 나
쁘지 않다고 스스로를 확신시키기 위하여 노력한다. 그리고 자신
의 행위가 나쁘다고 평가받는 측면들을 고의적으로 무시한다.

---

14) Ronald D. Milo, 앞의 책, p.114.

지금까지 논의한 태만의 의미와 종류에 비추어볼 때, 한국 사회에서 나타나고 있는 태만적 행위들을 어떻게 특징지울 수 있을까? 한국인들의 가치관과 행동 속에서 나타나는 태만적 요소들은 너무도 다양하기 때문에 일반적인 특징으로 규정짓기에 어려움이 따르는 것이 사실이다. 하지만 한국인의 기본성향에서보다는 오늘날 우리 사회에서 현실적으로 나타날 수밖에 없는 태만적 요소들을 생각해 본다면 다음과 같은 몇 가지 특징을 찾아볼 수 있을 것이다.[15]

첫째, 한국 사회에서 나타나고 있는 태만의 경우에는 도덕적 나약함보다는 자기기만적 요소가 강하다. 도덕적 태만을 저지르는 사람들은 어쩔 수 없었다는 식으로 자신의 태만을 나약함의 경우로 변명하려고 하지만, 그 사람의 내면을 보면 자기기만적 요소가 강하게 작용하고 있음을 알 수 있다. 자기기만적 요소를 나약함의 경우로 변명함으로써 더욱 더 자기기만적이게 되는 악순환을 볼 수 있다.

둘째, 한국 사회에서 나타나고 있는 도덕적 태만의 경우에 자기 기만적 요소가 강하기 때문에 도덕적으로 태만한 행위를 저지르는 사람들은 대부분의 자신의 행위가 나쁘다는 것을 '아주 깊은 마음 속에서' 또는 '정말로 솔직하게'는 알고 있는 것으로 보인다. 그러면서 그들의 일상적인 태도나 행위 속에는 자기 설득을 통하여 자신의 행위가 옳다고 정당화시켜 주는 경향이 아주 강하다. 이러한 자기 설득을 위하여 그들은 의도적으로 자기 행위의 도덕적 측면을 무시하거나 은폐한다. 이런 사람들은 아주 깊은 마

---

15) 송재범, "한국사회에서 나타나고 있는 도덕적 태만", 『국민윤리연구』 36호(한국국민윤리학회, 1997), pp.146~147.

음 속의 진정한 판단과, 일상적인 감정이나 행위에서의 판단이 서로 다른 이중적 신념구조를 가지고 있는 것으로 볼 수 있다.

셋째, 한국에서 나타나고 있는 태만한 행위자들은 자신의 행위를 정당화시키는 데 있어서 타인들의 동조 가능성에 아주 큰 기대를 걸고 있다. 즉, 자기 설득을 통해서 태만한 행위를 정당화하는 것만이 아니라, 그런 설득된 내용들을 타인들도 똑같이 인정할 것이라고 확신한다. 이런 까닭에 한국 사회에서는 자기기만적 행위에 대하여 제대로 비난이 가해지지 않는다. 오히려 특정한 경우에는 비난보다는 동조의식을 느낄 수도 있다.

이러한 특징들을 종합해 볼 때, 도덕적 태만의 한국적 특징을 '자기 설득과 타인의 동조 가능성을 전제로 한 자기기만적이고 의도적인 악행'이라고 규정지을 수 있겠다. 이러한 특징 때문에 한국 사회에 있어서는 계속되는 부조리와 부정의가 관행적인 신념으로 정착되었고, 더 나아가 정당화된 규범으로 정착되기도 하였다. 그리고 그 부당성을 인정하는 것이 부끄러워서 지속적인 태만과 비도덕적 행위들이 발생하고 있다고 볼 수 있다.

## 3) 거짓말

거짓말을 어떻게 정의내릴 수 있을까? 진실과 거짓을 판단하는 데 있어서 행위자의 의도성 여부가 중요 변수라고 한다면 "거짓말이란 진술의 형태로 표현된 의도적으로 속이려는 메시지"[16]라는 정의가 적합한 것으로 보인다. 이 정의에서 중요한 것은 도덕

---

16) Sissela Bok, *Lying : Moral Choice in Public and Private Life*(New York : Pantheon Books, 1978), p.15.

적으로 판단이 요구되는 거짓말이라는 규정이 내려지기 위해서는 진술의 형태로 표현되어야 한다는 것과 그 표현이 의도성을 갖고 있어야 한다는 것이다.[17]

첫째, 우리가 거짓말을 이야기할 때는 그 대상이 진술되거나 글로 쓰여진 것으로 한정해야 한다. 우리가 거짓을 표현하는 방법에는 몸짓이나 위장을 통할 수도 있고 침묵도 하나의 방법이 될 수 있다. 그러나 이러한 기만적 행위들이 모두 거짓말의 범주에 포함될 수는 없다. 사람마다 자신의 의도를 나타내는 방법이 다르고, 한 사람의 모습도 상황에 따라 여러 가지로 나타나는 것을 볼 때, 좀더 제한적이고 규정 가능한 거짓말의 한계를 설정할 필요가 있다.

둘째, 거짓말을 진술함에 있어서 진술자의 의도성이 있어야 한다. 만약 내가 A라는 친구로부터 B라는 친구의 교통사고 소식을 전해 듣고, 그 내용을 C라는 친구에게 전해줬다고 하자. 그런데 나중에 친구 C가 B의 집에 확인해 본 결과 B는 교통사고를 당하지 않았다. 그렇다면 C는 분명히 나에게 거짓말을 한 것에 대하여 따질 것이다. 하지만, 거짓말에 대한 위의 정의에서 본다면 나

---

17) 나이버그(D. Nyberg)도 이런 입장에서 "거짓말은 스스로는 믿지 않지만 다른 사람들은 믿기를 원하면서 진술하는 것"이라고 규정하고 있다. 그리고 이러한 규정에 따라 거짓말의 의미에 포함될 수 있는 네 가지 부분을 다음과 같이 제시하고 있다 : (1) 말해지거나 쓰여진 진술, (2) 진술자의 마음 속에 있는 믿음, (3) 진술자의 마음 속에 있는 의도, (4) 지목되고 있는 사람의의 특성이나 권리. David Nyberg, *The Varnished Truth : Truth Telling and Deceiving in Ordinary Life*(Chicago and London : Chicago University Press, 1993), pp.47～50.

는 거짓말을 한 것이 아니다. 나도 잘못 알고 있었을 뿐, 진술자인 나에게 C를 속이기 위한 의도가 전혀 없었기 때문이다. 따라서 거짓말을 '그렇지 않은 것을 그렇다고 꾸며하는 말'이라고 규정 한 국어사전식 정의는, 사실적이고 일반적 정의는 될 수 있으나 도덕적 판단이 요구되는 도덕적 영역에서의 거짓말에 대한 정확 한 규정이 되지는 못한다.

또한 위의 복(S. Bok)의 정의에는 나와 있지 않지만, 우리가 일 반적으로 거짓말을 이야기할 때, 거기에는 자기기만적 요소가 있 음을 알 수 있다. 이러한 기만적 요소들은 "속이는 사람이나 속는 사람에게 주어지는 것으로, 메시지의 방식을 변화시키는 불규칙 적인 장막이나 필터(filter)가 될 수 있으며"[18] 기만적 행위자는 이 러한 필터들을 가지고 속이려는 사람들을 조종할 수 있다. 또한 사회적 의사소통 과정에서 이러한 필터들의 상호작용은 문제를 아주 복잡하게 만든다.[19]

---

18) Sissela Bok, 앞의 책, p.14.
19) 심지어 자기 기만이 도덕적 결함이라기보다는 이로운 것으로 보이 는 경우도 있다. 아래의 표현들이 그런 경우라고 할 수 있는데, 이 렇게 된다면 문제의 심각성은 더욱 심해지고 사회적 의사 소통 과 정에서 진실과 거짓이 제대로 구분되지 못할 수도 있다. "자기 기 만은 사람들을 기분 좋게 만들고 충격으로부터 회복시키기도 한다. 그리고 어려운 문제를 해결할 수 있다는 확신을 주어 성공하게도 만든다." Roy F. Baumeister, "Lying to Yourself : The Enigma of Self-Deception," (eds.), Michael Lewis and Carolyn Saarni, *Lying and Deception in Everyday Life* (New York and London : The Guilford Press, 1993), p.180. 마틴(Mike W Martin.)은 이러한 자기 기만의 위험성을 경고하면서, 자기 정직(self-honesty)만이 자기 이해(self-understanding)를 가로막는, 인위적 자아(self-made)를 극복할 수

그렇다면 거짓말은 구체적으로 어떤 종류와 방식으로 표출될 수 있을까? 구체적인 거짓말의 종류에 대한 논리적 구분을 위해서는 앞에서 거짓말 규정의 핵심적 요소로 지적한 의도성의 개입 여부가 논리적 구분의 중요한 축이 되어야 한다. 그리고 행위자의 의도성 개입 여부와 함께 속임을 당하는 사람에게 피해를 주려는 적극적 의도를 가진 거짓말과 속임을 당하는 사람을 보호하려는 소극적 의도를 가진 거짓말로 크게 구분해 볼 수 있다. 이것을 여기에서는 '공격적 거짓말'과 '보호적 거짓말'이라는 용어로 사용하고자 한다. 다시 말해 공격적 거짓말은 속임을 당하는 사람에게 피해를 입히기 위한 적극적이고 공세적인 거짓말인 반면에, 보호적 거짓말은 속임을 당하는 사람을 보호하고 감싸주려는 소극적인 거짓말이라고 할 수 있다.[20]

이와 같이 거짓말하는 자의 의도에 따른 구분과 그 대상의 구분에 따라 거짓말의 종류를 다음의 도표와 같이 그려볼 수 있겠다.

| 대상＼목적 | 공격적 | 보호적 |
|---|---|---|
| 말하는 사람 자신 | 자기학대적 거짓말(1) | 위기 속의 본능적 거짓말(7) 의도적으로 계획된 거짓말(8) |
| 듣는 사람 | 오도적(誤導的) 거짓말(2) 즐기는 거짓말(3) | 악의 없는 거짓말(9) |
| 말하는 사람과 듣는 사람 | 공멸적(共滅的) 거짓말(4) | 정감적(情感的) 거짓말(10) |
| 관련된 3자 | 적대적(敵對的) 거짓말(5) | 우호적(友好的) 거짓말(11) |
| 확대된 3자 (사회, 모든 사람) | 혹세적(惑世的) 거짓말(6) | 공공선을 위한 거짓말(12) |

────────────

있다고 주장하고 있다. Mike W. Martin, *Self-Deception and Morality* (Lawrence, Kansas : Kansas University Press, 1986), pp.131～137.

20) 이석재도 거짓말의 목적을 '공격적 목적'과 '보호적 목적'으로 구

그리고 이러한 다양한 거짓말의 의미는 다음과 같이 설명될 수 있다.

(1) 자기학대적 거짓말은 자기 자신에 대한 모멸감 및 삶의 희망을 포기한 사람에게서 나타날 수 있는 것으로, 자기 자신에게 피해를 줄 수 있는 거짓말을 통하여 자기 자신을 더욱 학대하고 비참하게 만들려고 하는 것이다. 따라서 이것은 정상적인 사람의 거짓말이라기보다는 삶의 의미를 찾지 못하는 사람의 자포자기적 태도라고 할 수 있다.

(2) 오도적 거짓말은 듣는 사람에게 직접적으로 허위를 말함으로써 듣는 사람으로 하여금 잘못된 판단으로 큰 피해를 입게 만드는 것이다. 허위의 내용이 어떤 사건에 대한 것이든 어떤 사람에 대한 것이든, 그 잘못된 사실이나 신념을 가지고 생활하는 사람은 끝없는 피해를 당할 수 있으며, 이러한 피해는 그가 진실을 알게 될 때까지 지속될 것이다.

(3) 즐기는 거짓말은 직접적으로 거짓말을 하는 사람의 성품과 관련되어 있다. 일부 사람들 중에는 특정한 일에 대하여 다른 사람을 속이려는 목적을 가지고 거짓말을 하기보다는 거의 대부분의 일에 대하여 습관적으로 거짓말을 하는 사람이 있다. 심하게 말해서 그 사람은 습관적으로 거짓말을 즐기고 있다고 할 수 있고, 그것은 단순한 거짓말의 의도성 차원에서가 아니라 그 사람의 기본적인 성품 차원에서 다루어져야 할 문제이다. 물론 이런 사람에게 거짓말을 듣는 사람은 언제든지 피해를 입을 수 있다.

(4) 공멸적 거짓말은 말하는 사람과 듣는 사람 모두에게 피해

분하면서 이와 비슷한 분류를 시도하고 있다. 이석재, 『도덕의 저편, 깨달음에로』(부산대학교 출판부, 1998), pp.125~127.

를 주는 것이다. 이것은 큰 피해나 어려움을 겪고 있는 사람이 그
것을 벗어날 가능성이 거의 없을 때, 그러한 문제와 관련된 사람
에게 올바른 정보를 주어 그러한 어려움을 겪지 않게 하기보다는
잘못된 정보를 주어 그 사람에게도 똑같은 피해나 어려움을 가져
오게 만드는 거짓말이다. 이것은 혼자만의 피해보다는 다른 사람
도 피해를 당하게 함으로써 심리적 보상을 받으려는 의도에서 나
타나는 것으로, 한 마디로 '너 죽고, 나 죽자' 식의 거짓말이라고
할 수 있다.

(5) 적대적 거짓말은 말 그대로 적대적 관계에 있는 제3자를
대화에 등장시켜 그 사람에게 피해를 입히는 경우를 말한다. 적대
적 관계가 어떤 식으로 형성되어 있든지 간에 그러한 거짓말로
인하여 그 사람은 큰 피해를 입을 수 있고, 이것은 대화 당사자들
에게 미치는 거짓말[도표의 (1)~(4)]의 경우보다 피해의 범위나
속도가 훨씬 광범위하고 빠르게 전파될 수 있다. 사람들은 말하는
사람과 듣는 사람에 대한 내용은 자기들과 관련되어 있기 때문에
더 이상 잘 퍼뜨리지 않는 반면에, 다른 사람에 대한 내용은 쉽게
퍼뜨리지 않는가?

(6) 혹세적 거짓말은 특정인에게만 피해를 입히는 것이 아니라
많은 사람에게 또는 사회 전체에 피해를 주는 거짓말이다. 말 그
대로 세상을 현혹하는 거짓말로서, 가장 대표적인 것은 근거 없는
유언비어를 퍼뜨려 많은 사람들을 현혹시키고 사회질서를 어지럽
히는 경우이다. 이것은 한 사회의 과도기나 불안정한 시기에 자주
나타나는 것으로, 단순한 거짓말이 아니라 공공선에 대한 도전으
로 간주될 수 있다.

(7) 위기 속의 본능적 거짓말 : 모든 사람은 상황 판단 및 행
동 선택의 자유가 없는 아주 급박한 상황에서 자기 자신을 보호

하기 위한 본능적 거짓말을 하게 마련이다. 만약 내가 피점령지의 청년으로서, 점령군들이 잠시 자리를 비운 때에 게양되어 있던 그 점령군의 국기를 내려서 불태웠다고 하자. 점령군이 와서 그 광경을 보고 마을의 청년을 모아놓고 총을 들이대며 한 사람씩 그 행위를 했는지를 따질 때, 나는 본능적으로 나의 행위를 거부할 것이다. 따라서 이러한 거짓말은 진정한 거짓말의 범주에 속하지 않을 수도 있다. 즉, 어떤 의도성을 가지고 있다기보다는 본능적으로 표출된 것이기 때문이다. 그러나 그 본능적 표출이 결과적으로 내가 살아남기 위한 목적으로 이루어진 것이라고 인정한다면 일반적인 거짓말의 범주에 넣을 수도 있다.

(8) 의도적으로 계획된 거짓말은 위의 (7)과는 달리 충분히 상황을 판단하고 행동을 선택할 수 여유가 있을 경우 나타나는 거짓말이다. 이런 경우 거짓말을 하는 사람은 모든 상황과 앞으로 예상되는 결과를 고려하여 자기 자신을 보호하기 위한 계획된 거짓말을 하게 된다. 따라서 이러한 거짓말은 다른 거짓말보다도 논리적이면서 체계적으로 이루어지기 때문에 그 거짓말의 진위 여부를 가리기가 아주 힘들다.

(9) 악의 없는 거짓말은 인간관계에 있어서 일어나는 의례적 인사치레의 칭찬이나 거짓말, 또는 환자에게 의사가 용기와 희망을 주기 위한 거짓말 등과 같은 것으로 우리는 흔히 '하얀 거짓말'이라는 표현을 쓰기도 한다. 이러한 거짓말은 "기만이라는 스펙트럼에서 가장 심각한 거짓말의 정반대 편에 끝에 존재하고, 아주 일반적이면서도 자주 발생하는 것이기 때문에"[21] 이것을 비난하는 것은 불필요하거나 불합리한 것으로 보이기도 한다.

───────────────

21) Sissela Bok, 앞의 책, pp.57~58.

(10) 정감적 거짓말은 위 (9)의 악의 없는 거짓말과 비슷한 형태로서, 아첨하는 말로써 듣는 사람을 기분도 좋게 만들며 또한 그것을 통하여 뭔가 자기의 이익을 기대하며 하는 거짓말이 해당된다. 또한 무료한 시간을 보내기 위하여 친한 사람과 부담 없고 별 의미도 없는 거짓말을 나누는 경우도 여기에 해당한다. 이런 대화를 통하여 말하는 사람과 듣는 사람 무료한 시간을 보내는 심리적 만족을 얻을 수 있다. 이렇게 볼 때 (9)의 악의 없는 거짓말이 자신에게 돌아올 이익을 고려하지 않는 반면에, 정감적 거짓말은 자신에게 돌아올 이익을 어느 정도 고려한다는 차이점이 있다.

(11) 우호적 거짓말은 나와 우호적 관계에 있는·사람을 감싸거나 보호해 주기 위한 거짓말이다. 우호적 관계에 있는 사람을 거짓말로 타인으로부터 감싸줌으로써 그 사람이 피해를 당하지 않도록 하는 것이요, 때로는 그러한 거짓말이 거짓말하는 자신에게까지 미칠 수 있는 피해를 예방할 수도 있을 것이다. 물론 이러한 거짓말로 인하여 우호적 관계에 있는 사람이 피해를 당하지 않는 경우, 그 반대 급부로 그와 관련된 사람들이 피해를 입을 수 있다는 측면에서 공격적 거짓말의 효과가 동시에 발생하는 경우가 있기도 하다.

(12) 이것은 관련된 몇 사람만을 위한 것이 아니라 많은 사람, 더 나아가 모든 사람을 위하여 거짓말을 하는 경우이다. 모든 사람을 위하여 거짓말을 한다는 것은 윤리적으로 성립되기 어려운 용법처럼 보이지만, 현실적인 사회적 삶 속에서 그러한 경우가 있을 수도 있다는 것을 인정하지 않을 수 없다. 경쟁관계에 있는 나라와 협상에서 유리한 결과를 이끌어내기 위하여 정치 지도자는 국민들에게 거짓말을 할 수도 있고, 바람직하지 못한 사건에 대해서도 그것이 밝혀질 경우 발생할 수 있는 엄청난 사회적·국가적

해악 때문에 거짓말로 무마시키는 경우도 있을 수 있다. 플라톤이
일찍이 『국가』에서 "우리의 통치자들이 다스림을 받는 사람들의
이익을 위해서 많은 거짓말과 속임수를 써야만 될 것 같다"[22]고
한 것은 이러한 공공선을 위한 거짓말의 측면을 인식하고 있었다
는 증거이다.

　이러한 거짓말의 종류를 적용해 볼 때 한국 사회에서 나타나고
있는 거짓말은 어떤 특징을 갖고 있을까?

　첫째로, 한국인에게 있어서의 거짓말은 적극적으로 누군가에게
피해를 주기 위한 공격적 거짓말이라기보다는 자기들의 입장과
처지를 보호하기 위한 보호적 거짓말의 성격이 강하다. 여러 가지
관계로 이해 관계가 얽혀 있는 한국 사회에서는 심하게 말한다면,
거짓말을 하지 않고는 사회생활을 영위할 수 없을지도 모른다. 거
짓말을 하고 싶어서라기보다는 거짓말을 하지 않고서는 자신의
삶과 자신의 존재를 제대로 유지할 수 없기 때문이다. 따라서 순
진하게 모든 것을 숨김 없이 드러내는 사람에 대하여 칭찬보다는
사회 물정을 모르는 어리석은 사람으로 여기는 결과가 나타나게
된다.

　이러한 분위기 속에서 한국 사람들은 자기를 보호해야 할 의무
와 운명에 처해 있다. 자신의 능력, 자신의 모습, 자신의 생각 등
을 다른 사람들에게 허위적으로 인식시킴으로써 그들이 자신에게
위해를 가하려는 것을 사전에 봉쇄하려 한다. 그렇기 때문에 한국
사회에서 만연된 거짓말의 성격은 기본적으로 타인을 향한 공격
적 특성보다는 자신을 향한 보호적 성격이 강하다. 물론 자기 자
신을 보호하기 위한 거짓말을 하다 보면 다른 사람에게 피해를

---

22) Plato, 앞의 책, pp.337~338.

주게 되는 경우도 있는데, 그것은 자신의 입장을 변호하는 결과로
나타나는 부수적 결과일 뿐, 대부분의 사람들이 공격적인 것을 일
차적 목적으로 삼지는 않는다.

둘째로, 한국인들의 거짓말이 보호적 성격이 강하다면 보호하
려는 대상이 있어야 할 것인데, 그 대상은 거짓말하는 사람 자신
과 그와 우호적으로 관련된 제3자로 나타난다. 이 때 제3자는 일
반 사람들에게 갖는 적대감이나 긴장감이 없는 가족일 수도 있고,
공동의 이해관계를 갖고 있는 사람일 수도 있다.

우선적으로 사람들은 자기 자신을 보호하려는 태도가 본능적
으로 나타난다. 학교에서 학생들을 지도하는 교사에게 있어서 이
런 경우를 자주 볼 수 있다. 어떤 학생의 비도덕적 행위 사안과
관련하여 학생생활을 담당하는 교사가 관련된 학생들을 불러다가
자초지종을 조사하는 경우, 많은 학생들이 즉각적으로 자신은 관
련이 없음을 주장하는 경우를 많이 본다. 어느 정도의 조사와 다
른 사람의 진술에 따라 쉽게 밝혀질 수 있는 사안임에도 불구하
고 본능적으로 거짓말을 하고 있는 경우이다. 그런 학생에게 있어
서의 거짓말은 의도적이고 치밀하게 계획된 것이라기보다는 자기
보호적 본능에서 나온 결과라고 할 수 있다.

다음으로 자신의 가족이나 공동의 이해관계를 가지고 있는 사
람들을 보호하려는 태도가 있는데, 이것은 자기 자신을 보호하려
는 것만큼이나 그 욕망이 크지만 표출양식에 있어서는 약간의 차
이가 있다. 자기 자신을 보호하려는 거짓말은 즉각적으로 표출되
는 데 반하여, 가족이나 공동의 이해관계를 가지고 있는 사람을
위해서는 즉각적이기보다는 치밀하게 계산된 거짓말의 양식으로
표출되는 경우가 많다. 따라서 이러한 경우, 거짓말하는 사람 자
신과 그 사람이 보호해 주려고 하는 사람이 진실을 말하지 않는

이상 그 이외의 사람들이나 상황 증거 등을 통해서 진실을 밝히기가 쉽지 않다.

거짓말을 통해서 보호하려는 사람이 자기 자신이든, 자신의 가족이든, 또한 공동의 이해 관계에 있는 사람이든, 여기서 중요한 것은 보호적 거짓말하는 사람이 관심을 갖는 대상은 그 자신 및 자신과 관련된 사람들일 뿐, 확대된 3자로서의 사회 전체를 염두에 두고 있지는 않다는 것이다. 즉, 보호적 거짓말을 하는 사람에게 있어서 자신의 거짓말이 전체 사회에 미칠 피해는 고려의 대상이 되지 않는다.

한국 사회에서 나타나고 있는 거짓말의 세 번째 특징은 타성적 거짓말이 나타나고 있다는 것이다. 앞장에서 살펴보았듯이 도덕적 타성이란 우리가 직면하고 있는 수많은 사회적 악들에 대해서 가만히 있거나 전혀 놀라지 않는 것을 말하는 것으로, 한국 사회에서 나타나는 거짓말에 대하여 사람들은 고치려고 하지도 않고 별로 놀라지도 않는 경향이 강하다. 많은 사람들이 타성적이고 습관적으로 거짓말을 하고 있으며, 그렇기 때문에 자신의 비도덕적 행위를 심각하게 받아들이기는커녕 합리화하려고 하는 경향이 강하게 나타나고 있다. 그리고 이러한 타성적 거짓은 점점 심해지고 하나의 습관으로 굳어져 자기기만적 행위로 발전한다.

예를 들어, 한 공직자가 업무와 관련된 업자로부터 업무 청탁의 대가로 간단한 식사 대접을 받았다고 하자. 후에 그 사실이 드러나 경찰로부터 부정부패 관련 혐의로 추궁을 받게 될 때, 그는 부정부패를 하지 않았다고 주장할 것이다. 식사 대접을 의례적인 일상생활의 한 단면으로 볼 뿐, 부정부패의 한 모습으로 여기지 않는 것이다. 그런데 그 공직자가 공직에 처음 발을 들여놓을 때부터 그런 마음을 갖지는 않았을 것이다. 아무런 이유 없이 업자

로부터 식사 대접 요청을 받았을 때, 깨끗한 마음의 소유자로서의
그는 그것이 부정부패로 연결되는 나쁜 것이라고 생각하여 거절
할 것이다. 그러나 공직생활이 계속되고 여러 가지 이유로 그러한
대접을 받게 되면서부터 그러한 행위에 대한 도덕적 판단이 달라
지게 된다. 그리고 그 직책을 수년간 수행한 이후부터는 식사 대
접 행위가 자신의 업무와 관련하여 전혀 잘못된 일이 아니며, 일
상적인 삶의 모습이거나 더 나아가 당연한 일로 여기게 된다.

따라서 이런 사람이 경찰에게 자신은 잘못한 것이 없다고 말하
는 것은, 상대방을 의도적으로 속이기 위한 거짓말보다는 자기 스
스로 그것이 잘못이 아니라는 신념으로부터 나온 것이다. 우리의
입장에서 볼 때 그는 거짓말을 하고 있지만, 그의 입장에서 볼 때
그는 거짓말을 하는 것이 아니다. 자기 스스로를 속이는 것이요,
타성적 관행으로 인해 자기 스스로 속아넘어간 것이다.

이처럼 자기 기만이란 스스로 자기 자신을 속이는 것이다. 자
기의 거짓된 말이나 행위에 대하여 거짓이 아니라고 스스로 설득
당한다. 타성이 붙은 일상적 거짓말이 타인을 속이는 것에서 더
나아가 자기 자신까지도 속이게 된 것이다. 이것은 자기 자신을
속이는 이중적 사고와 이중적 행위를 하는 도덕적 무감각에 빠진
것이고,[23] 허위의 자아를 구성하는 것이나 다름없다.[24]

---

23) Mike W. Martin, *Self-Deception and Morality*(Lawrence, Kansas :
    Kansas University Press, 1986), p.27, 46.
24) 심성보, 『도덕 교육의 담론』(학지사, 1999), p.117.

# 제2부 직업과 윤리

## 제1장 직업의 의미

### 1) 인간과 일

사람이 무엇이냐, 또는 인간이 무엇이냐라는 물음은 우리가 일상생활 속에서 흔히 묻는 물음이다. 그런데 이런 물음은 우리가 질문의 대상이 되는 인간이 무엇인가에 관하여 아주 조금이나마 알고 있는 상태에서 던질 수 있는 물음이다. 그것은 물어보는 우리 자신도 인간이고, 그러한 물음의 대상이 되는 것도 인간이기 때문이다. 그러므로 이러한 물음은 다른 동물과는 달리 바로 인간만이 스스로에게 물을 수 있으며 답할 수 있는 것이다.

이러한 '인간이 무엇이냐' 라는 물음의 근본에는 '나는 무엇을 알 수 있는가?', '나는 무엇을 해야만 하는가?', '나는 무엇을 희망해도 좋은가?' 라는 세 가지 물음이 숨어 있는 것이라고 할 수 있다.[1] 그런데 우리들 인간은 인간의 모든 특징에 관하여 샅샅이, 그리고 완전히 알아내는 절대적이고 완전한 지식의 경지에 도달할 수는 없다. 인간의 육체적 성장에는 어떤 생물학적인 한계가

---

1) 진교훈, 『철학적 인간학 연구 I』, 서울 : 경문사, 1993, p. 36.

있지만, 영혼과 정신의 성장 그리고 인류 역사의 흐름이라는 측면
에서는 인간은 계속해서 성장하고 발전해 나가는 존재이기 때문
이다. 이 때문에 완전하고 궁극적인 인간의 실존에 관해서는 오직
신만이 알 수 있는 것이라고 말하기도 한다.

그렇다면 우리는 인간에 관하여 어떻게 이해할 수 있을까? 우
선 "인간이란 … 이다"라고 더 이상 움직일 수 없는 정의(定議)를
찾아서 내리고자 하는 방법이 있을 수 있다. 그러나 앞서 살펴보
았듯이 참다운 인간은 되어가는 존재이기 때문에 함부로 단정할
수 없는 존재이기도 하다. 그러므로 그와 더불어 "인간에게는 …
한 측면이 있다"는 인간이 공통적으로 가지고 있는 여러 가지 속
성들 중 우리의 관심을 불러일으키는 어떠한 특징적인 측면에 관
하여 초점을 맞추고 찾아가는 방법을 통하여 이해하는 것도 도움
이 될 것이다.

이렇게 인간의 속성 중 어떠한 특징적인 측면을 통하여 인간을
이해하고자 하는 방법을 사용하고자 한다면, 그러한 많은 특징들
중 구체적으로 어떠한 것들에 관심을 두는가에 따라 우리들 인간
자신에 관한 물음에 대하여 답변할 수 있는 방향은 여러 가지로
나누어져서 나타날 수 있겠다. 이성을 사용하는 존재라는 의미의
이성적 인간, 윤리와 도덕을 가지고 실천하는 존재라는 의미에서
의 도덕적 인간, 합리적으로 이익을 추구하는 존재라는 의미에서
의 경제적 인간, 공동체 또는 사회적 생활을 하는 존재라는 의미
에서의 사회적 인간, 언어를 사용하는 존재라는 의미에서의 언어
적 인간, 놀이나 유희를 하는 존재라는 의미에서의 유희적 인간,
도구를 사용하는 존재라는 의미에서의 도구적 인간 …, 이렇게 인
간을 설명하는 많은 말들에 관하여 일상생활의 이모저모에서 한
번쯤 들어본 경험이 있을 것이다. 그러나 이제 이러한 많은 인간

의 특징들 중 특별히 일, 노동, 그리고 직업이라는 것과 관련하여 인간은 어떠한 존재인가에 관하여 이해하고 살펴보도록 하자.

인간은 다른 동물에 비하여 미완성인 상태로 출생한다. 그러나 다른 동물들은 그들이 살아가야 할 자연환경에 꼭 알맞도록 거의 완성된 상태로 태어난다. 망아지나 송아지, 강아지와 사슴 등은 낳고 얼마 안 되면 바로 일어서며 활동을 시작한다. 해양 포유류인 고래는 2년 정도면 거의 20m에 이르는 거의 완전한 성숙에 도달한다. 그에 비하여 인간은 완전한 성장을 이룩하는 데 거의 20년 정도의 시간이 필요하다.

또한 다른 동물의 모든 육체적인 기관들은 태어날 때부터 그 자연적인 생활조건과 특수한 환경에 알맞게 되어 있다. 예를 들면, 동물의 이빨은 그 동물이 육식을 하는가 초식을 하는가에 따라서 날 때부터 알맞게 되어 있다. 동물의 털과 가죽은 그 동물이 적도 부근의 열대지역에 사는 동물인가, 아니면 추운 극지방 근처의 냉대지역에 사는 동물인가에 따라 태어나면서부터 다르게 되어 있다. 또한 숲 속의 나무 위, 깊은 산의 동굴 속 등 보금자리를 정하는 습성 또한 동물들은 자신의 본능에 의하여 정해진 대로 행동한다.

그렇지만 인간은 무엇을 먹고, 어떤 옷을 입고, 어떤 집을 짓고 살아야 한다는 것이 본능적으로 결정되어 있는 것이 아니다. 따라서 인간의 식(食)의(依)주(住), 즉 무엇을 먹고, 어떤 옷을 입고, 어떤 집을 짓고 살 것인가 하는 문제는 그때그때 경우에 따라서 판단·결정하고 그에 따라 노력하여 해결할 문제이지, 다른 동물처럼 자연적인 본능이나 육체적인 기관에 의해서 미리 결정되어 있는 것이 아니다.

그런데 이렇게 인간의 육체적인 기관들이 특수한 생활조건과

특정한 환경에 꼭 맞도록 되어 있지 않다는 것은 생존경쟁을 하
는 데 있어서 불리한 조건이라고 생각할 수도 있고, 반면에 유리
한 조건이라고 할 수도 있다. 앞서 말한 것처럼 인간의 치아는 맹
수에 비해서 육식을 하는 데도 매우 불리하고 초식을 하는 데 있
어서도 초식동물에 비하면 매우 불리하게 되어 있다. 그러나 인간
은 지혜를 이용하여 요리를 만들어 많은 종류의 음식을 먹을 수
있는 자유를 가지고 있다.

이처럼 환경에 적응해 나가는 경우에 따라 달라질 수 있는 인
간의 생활은 인간만이 가지는 중요한 특징 중 하나라고 볼 수 있
다. 다른 동물들은 주어진 일정한 환경에서는 인간보다 더 잘 적
응하지만, 일단 환경이 크게 바뀌면 능동적으로 환경을 그의 삶에
맞도록 변화시킬 수 없다. 그러나 인간은 환경과 세계의 지배를
받기도 하지만, 또한 그의 환경과 세계를 자기 삶에 알맞도록 변
화하고 조정시킬 수가 있다. 인간은 환경에 고정되거나 매여 있지
는 않다. 그러나 다른 동물들은 환경을 고정시킨 채로 유일하게
가지고 있다. 인간은 하나의 환경을 가지고 있는 것이 아니라 인
간집단마다, 그때그때마다 적합한 또 다른 환경을 가질 수 있다.
이것을 일컬어 "인간에게는 환경이 열려져 있다"는 말로 표현하
기도 한다.

이러한 특징 때문에 인간의 존재에 관하여 설명하는 많은 입장
들 중에는 인간은 다른 동물과 비교하여 보았을 때 생물학적으로
는 결핍된 존재인 동시에, 그 결핍의 보상으로 자기반성과 자기의
식을 가지는 존재라는 입장이 있다.[2] 불완전한 존재인 인간은 자
연환경에 적응해 나가고, 스스로에 대하여 깨닫고 반성하는 활동

---

2) 앞의 책, pp. 64~66.

을 하게 된다. 이것은 곧 이러한 자기 의식과 자기 반성이 현실 속에서 구체적인 인간의 노력으로, 그리고 그러한 노력이 들어가 있는 사물이나 어떤 현상의 형태로 나타나도록 하는 모든 활동들이기도 하다. 이러한 활동은 우선 인간의 기본적인 생존을 위해서, 그리고 더욱 나아가서 인간의 자아를 실현하는 동시에 정신세계를 발전시키는 활동이 되는 것이다.

이러한 인간의 능동적인 활동 전반을 일컬어 "일"이라고 한다면, 인간은 일을 하여 살아가는 존재로 만들어져 있는 것이다. 이렇게 일을 하도록 되어 있는 존재로서의 인간을 일하는 인간, 즉 라틴어로는 Homo-Laborans라고 한다. 따라서 인간은 일을 통하여 자신을 규정하고 설명하는 존재라고 할 수 있다.

이와 관련하여 일에 관한 윤리적 문제 가운데 항상 되풀이해서 묻는 질문은 "사람은 왜 일을 해야 하는가" 하는 것이다. 사람은 당연히 일을 해야 한다는 주장은 예전부터 존재하였고, 또한 그 사실에 관해서는 대부분의 사람들이 인정하고 있다. 그러나 그 근거는 사람이나 시대에 따라 조금씩 다르게 주장되었다. 신이 그렇게 만들었다든지, 자연법적으로 일을 하도록 되었다든지, 먹고 살기 위해서는 당연한 의무가 아니냐든지 하는 여러 가지 입장들이 바로 그러한 것이다. 또한 이러한 입장과 생각에 따라 일하는 태도와 자세도 다르게 나타났음도 사실이다. 그래서 우리는 어느 나라나 문화를 볼 때에 그곳의 사람들이 일하는 자세와 태도를 보게 되며, 어떤 동기를 가지고 일하는가에 관심을 갖게 된다. 그것은 일을 해야 하는 의무에 대한 윤리적인 의식과 또 실질적인 동기가 무엇이냐 하는 것이 그 사회와 문화에 있어서 아주 중요한 문제가 되기 때문이다.

일할 의무와 함께 묻게 되는 또 하나의 윤리적 문제는, 일이 사람들에게 의무로만 주어지는 것이 아니라 권리로서도 주어지는 것이라는 점이다. 사람들은 일을 흔히 의무로서만 생각하지만, 권리가 있는 곳에 의무도 있다는 말이 있듯이, 일할 권리가 전제되어야 일에 대한 의무도 바르게 이해될 수 있다고 생각하는 사상가들이 있다. 일은 인간에게 있어서 의무이면서 동시에 권리라는 것이다. 특히 현대 복지사회로 넘어올수록 일의 권리에 관한 문제가 중요하게 인식되는 것으로 보인다. 일의 권리는 마치 삶의 권리처럼 중요하다고 볼 수 있다. 문제는 각 사회마다 일할 권리를 얼마만큼이나 인정해 주고 있는가 하는 것이다. 일할 의무와 일할 권리에 대한 의식은 오늘날 현대사회가 가진 중요한 윤리적 문제 가운데 하나라고 볼 수 있다. 사회마다 이 문제를 어떻게 해결하느냐 하는 데 따라 그 사회의 발전 여부와 심지어 존립 여부가 좌우되는 관건이 되기도 하기 때문이다.[3]

일을 해야 하는 이유에 대하여 개인의 삶의 유지와 욕망의 충족, 그리고 자기 실현과 성취에 있으며, 또한 인간이 자연적으로 혹은 종교적으로 부여받은 의무 속에서 근거한다는 입장은 대체로 개인적 차원에서 일을 해야 하는 이유에 관하여 살펴본 것이라 하겠다. 그러나 일의 성격과 구조는 개인적 차원의 것으로만 되어져 있는 것은 아니다. 사회 속에서 다른 사람과 함께 사는 인간은 자기 개인의 삶과 만족을 위해서만 일하는 것이 아니기 때문에 일이란 곧 사회적 관계 속에서 역시 일어나는 것이다. 따라서 일이란 곧 사회적 관계 속에서도 일어난다. 자신이 하고 싶다고 해서 무슨 일이나 하는 것이 아니라, 사회의 필요라는 관계 속

3) 김태길 · 이삼열 · 임희섭 · 황경식, 『삶과 일』, 서울 : 정음사, 1986, pp. 92~93.

에서 생겨나는 것이 일로서의 의미를 가지게 되는 것이다. 일은 어떻게 보면 모두 남의 필요에 봉사하는 행위들이다. 따라서 일은 개인적 측면과 사회적 측면을 동시에 가지고 있는 것이라 하겠다.


## 2) 일과 노동

인간의 사회와 경제가 발전하게 된 것에 관하여 설명하는 여러 가지 입장들이 있다. 이러한 입장들은 종교와 전통사상들이 인류에게 부여하는 일에 대한 태도나 윤리의식, 사회제도나 경제구조가 달라지면서 부여하는 일에 대한 관념과 태도 등에 다양하게 관련되어 있다. 그러나 이러한 입장들의 공통된 기초에는 무엇보다 인간의 노력이 작용해야 한다는 사실이 깃들어 있다. 아무리 숲에 열매가 많이 열려 있고, 수많은 짐승들이 무리지어 뛰어놀며, 강가에 물고기들이 헤엄을 치고 있다고 하더라도 그것을 채취해 오거나 사냥 또는 낚시를 하는 수고를 기울이지 않는다면 그것은 노력하는 사람의 것이 될 수 없다. 바로 이러한 인간의 노력이 바로 일의 시작인 것이다.

인간의 노력이라는 측면에서 일과 관련된 이러한 노동의 형태는 생산방식의 변천에 따라 변화하였다. 원시공동체에서의 노동은 공동생산의 형태로서 남자는 사냥에, 여자는 그 외의 일에 종사하는 성별분업(性別分業)이 있었다. 농산물이 축적되면서 인류는 정착생활을 시작하였으며, 농경을 주로 하는 부족과 목축을 주로 하는 부족 등 부족간에 사회적 분업이 발생하였다. 또한 농기구를 제작하는 수공업 형태의 전문노동이 발생하여 부족 내의 사회적 분업이 나타났다.

개인의 소유가 발생함에 따라 원시공동체는 해체되어 점차로 노예제 사회로 옮겨갔다. 노예제 사회에서는 대규모 노동력을 관리하는 정신노동이 육체노동과 분리된 형태로 나타났다. 노예제 사회는 약 500여 년의 기간을 거쳐 봉건사회로 이전하였다. 봉건 사회에서의 노동은 농민 자신의 삶을 유지하는 데 필요한 필요노동과 영주에게 바쳐지는 부역노동으로 나누어졌다.

봉건사회는 14세기경부터 붕괴하기 시작하여 18세기경 산업혁명을 통해 산업자본주의 사회로 이전해 갔으며, 이 과정에서 노동의 형태는 임금노동으로 바뀌었다. 또한 증기가 새로운 동력으로 등장하면서 섬유업과 광업 등의 산업에 기계를 사용하는 공장이 나타남으로써 제조업이 팽창하였고, 이와 동시에 수공업이 축소되면서 장인(匠人)은 임금노동자로 바뀌었다.

제1차 세계대전을 전후하여 생산체제는 비대해지기 시작하였고, 제2차 세계대전을 전후하여 생산 및 유통 과정의 관리를 전문화할 필요성이 나타났다. 그 결과로 생산과 유통을 관리하는 사무직 노동은 생산직 노동과 구분되었다. 후기 산업사회에서는 정보와 지식을 생산·관리·유통시키는 산업이 증가하며 사무직 노동이 더욱 분화할 것이다.[4]

일반적으로 우리나라 말로 표현되는 '일'이라는 것은, 넓은 의미로는 자연과학에서 말하는 물리적인 작용으로부터 동물들의 활동들을 모두 포함하는 것으로 이해되고 있다. 그러나 인간의 생활과 관련지어서는 앞서 살펴보았듯이 인간의 능동적인 모든 활동을 일컫는 것이라고 우선 이해할 수 있다. 이러한 일은 인간의 삶

---

4) http://100.naver.com/search.naver?where=100&command=show&mode=m&id=37959&sec=1

의 질과 밀접한 관련을 가지고 있는 것이다. 일을 열심히 하는가 아닌가의 여부에 따라서 인간의 삶이 결정되는 것이며, 따라서 일은 본래부터 인간의 삶을 보람되고 풍부하게 만드는 원천으로 생각되었으며 도덕적으로도 높이 평가되었을 것이 분명하다.

이렇듯 일은 사람이 살기 위해서 필요한 것이며, 일이 인간의 삶을 풍부하고 행복하게 만들어 주는 것이기 때문에 원래 일에 대한 보람은 기쁨과 연결된 것이었다. 원시시대에 눈앞의 열매를 따먹고 뒷동산에서 사냥을 하고 앞 물가에서 낚시를 하며 사는 것은 고통이 아니라 즐거움이었으며, 사람들은 별로 괴로운 일을 한다는 생각을 갖지는 않았을 것이다. 그 일의 결과는 곧 자신의 몸을 즐겁게 해주는 것이기 때문에 일한 수고는 곧 보람과 행복으로 연결되었으며, 이러한 일을 즐거움으로 했을 때 일은 곧 놀이였고 또 취미였다고 할 수 있다. 일을 자기가 하고 싶은 때에 자기가 필요해서 할 때에는 그다지 고통과 괴로움을 느끼지 않는다. 이런 일은 곧 인간에게 축복이었고 특권이었으며 인간됨의 보람이었다.

그러나 사회가 점점 더 커지고 복잡해져서 일의 분업이 생기고 자기가 필요할 때 자기가 원하는 일을 하는 것이 아니라 다른 사람들의 필요 때문에 남이 시키는 일을 강제로 해야 할 때에는 고통과 괴로움을 수반하는 것이 된다. 무엇보다 일이 고통스럽고 괴로운 것으로 나타나는 것은 노예노동이 시작되면서부터라고 할 수 있다. 일과 노동이라는 개념이 생겨나는 것은 대체로 노예노동이 생기면서부터일 것이라고 언어학자들과 인류학자들은 짐작하고 있다. 일과 놀이가, 혹은 노동과 생활이 분리되지 않았을 때에는 일이나 노동의 개념이 확실히 생기지 않지만, 이것이 분리되어 일하는 사람과 노는 사람, 노동하는 사람과 노동의 생산물을 즐기는 사람이 구별된 때에는 일과 노동의 개념이 뚜렷하게 나타나는 것이다. 일이나 노동이라는 말은 대체로 '힘든 노력' 또는 '괴로운 짐'이라는 뜻을 가지고 나타나는데, 이것은 이미 괴로움과 고통을 주는 것이라는 의미와 상징으로 부각이 되어 있음을 뜻한다.[5]

일은 직업의 현장에서 실제로 담당하는 작업이나 업무라 하여 직업과 업무의 관계로 보거나 생활의 수단이라는 측면에서 보는 경향이 지배적이라고 할 수 있다. 그러나 그것만으로는 일의 의미가 완전하다고 할 수 없는 국면이 있는 것도 사실이다. 일은 생활에 관계된 경제적 행위 이상의 것까지도 포용하기 때문이다. 따라서 일은 경제적 기능 외에도 도덕적 · 정서적 · 사회적인 의식과 관련된 여러 가지 기능을 갖게 되는 것이다. 또한 이러한 복합적인 의미를 내포하고 있는 일의 의미는 물론 개인의 사회 · 경제적 배경에 따라 상이하게 나타나기도 한다.

일이 경제적 욕구 충족의 수단 뿐만 아니라 그 이상의 자기 실현이라는 것 또한 명확한 사실이다. 업종이나 직장을 선택할 때, 오로지 보수가 많다는 것만을 절대적인 기준으로 삼는 것이 아니라 자신의 희망이나 적성 또는 잠재능력과 어떠한 관련을 맺고 있는가 역시 중요한 기준이 되는 것이다. 또한 최근 우리 사회의 사례에서 보듯이, 일할 수 있는 나이와 능력이 충분히 있음에도 불구하고 여러 가지 사정으로 인하여 명예퇴직이나 정년퇴직을 한 사람들이 누리는 소외감과 인간적인 측면에서 느끼는 충격들 역시 자아실현과 관련된 부분이라 할 수 있다. 또한 경제적으로 충분히 부를 누리고 있는 사람이라 하더라도 자신의 직업을 그만

---

5) 김태길 · 이삼열 · 임희섭 · 황경식, 앞의 책, pp. 72~73.

두거나 포기하지 않고 일을 일로서 누리고자 하는 것들 역시 이러한 측면들과 관련을 맺는 것이라 할 수 있다. 인간은 사회의 다른 구성체들과 결속되어 있음으로 인하여 어떤 사회적 귀속감을 갖는다든지, 또는 타인으로부터 인정, 동일시 또는 위세를 가지게 된다.

일은 그 자체로서의 가치를 지니는 독자적인 의미를 가지기도 한다. 단지 경제적 측면의 이득만을 일의 목적이라고 할 때 소득의 가치는 인정받을 수 있지만 일 그 자체는 고통스러운 것에 지나지 않는다. 즉, 자유를 구속하는 필요악이며 생존을 위해 지불해야만 하는 수단으로 이해된다. 그러나 일이 그 주체가 되는 행위자의 생각에 따라 신성한 즐거움이 될 수도 있는 것이다. 예를 들어, 일의 고행을 통해 세속을 벗어나 신에 가까워질 수 있다는 종교적 가치관도 있으며, 노동을 통한 정신적 수양과 노동의 신성함을 강조하여 자신이 먹는 음식을 스스로 재배하도록 하는 종교적 입장도 상당수 존재한다.

불행하게도 일의 개념과 역사는 예속된 사람들이 자유나 자의에서가 아니라 강요에 못이겨서 하는 고통스러운 행위로 시작되게 된다. 그래서 일이란 주로 육체노동을 의미했으며, 그것은 노예들이 하는 고된 일, 가혹한 일로서 생각되었다. 그러나 일이 생산력을 의미하고, 부와 재산의 원천이며, 또한 인간에게 편리와 행복과 자유를 주는 것이라는 생각은 시민사회와 자유주의 시대의 보편적 가치관이요, 윤리의식이 되었다. 또한 일의 윤리적 성격은 산업화와 시민사회의 시대에 와서도 한 가지로만 규정될 수는 없었다. 일은 행복을 주면서 고통을 주었고, 자아실현을 해주면서 자기 소외를 가져왔으며, 재산을 만들어 주기도 했으나 가난과 실업을 주기도 했고, 자유를 주기도 하는가 하면 예속을 주기도 했다. 일은 고도의 생산성과 극도의 소외성을 함께 지닌 이중 구조적인 성격을 가진 것으로 생각되었던 것이다.[6)]

그러나 일이라는 것을 고통과 괴로움과 희생이라고만 보는 개념은 분명히 바른 개념일 수는 없다. 일해야 하는 의무만을 강조하는 종교나 윤리는 자칫하면 노예의 도덕만을 강요하는 것이 되기 쉽기 때문이다. 그래서 성서에서는 한편에서는 "누구든지 일하기 싫어하거든 먹지도 말게 하라"(데살로니가후서 3장 10절)고 하면서도, 다른 한편에서는 "곡식을 밟아 떠는 소의 입에 망을 씌우지 말며, 일꾼이 그 삯을 받는 것이 마땅하다"(디모데전서 5장 18절)고 일하는 자들에게 적절한 대가를 줄 것을 강조하였다. 또한 일이 가져오는 성취의 기쁨, 열매의 보람, 또한 그 일이 남과 사회에 미치는 공헌과 봉사를 함께 생각하지 않고 고통과 강요로서만 일을 파악한다면, 이는 분명 일방적으로 왜곡된 이해라고 할 수밖에 없다. 인간은 일을 의무로서만 하는 것이 아니라 자기의 능력을 발휘하고, 실현하며, 또한 사회적 업적과 인정을 받기 위해서 일을 하기도 한다. 이렇게 보는 일은 기쁨이요, 보람이며, 자기 실현의 수단인 동시에 사회에 대한 봉사로 이해될 수 있다.[7)]

---

6) 김하자·이경희, 『전환기의 직업윤리』, 서울 : 성신여자대학교 출판부, 2000, pp. 2~3.
7) 김태길·이삼열·임희섭·황경식, 앞의 책, pp. 74~75.

## 3) 직업의 의미

어떤 말의 의미를 살펴보기 위해서는 비슷한 뜻으로 사용되는 다른 말의 의미를 살펴보고 비교하는 것이 좋은 접근방법으로 사용될 수 있다. 우선 직업의 의미를 살펴보기 위하여 이러한 방법을 사용해 보도록 하자. '일'·'업무'·'직업' 등은 일상적인 대화에서는 흔히 구별 없이 사용되고 있는 용어들이지만, 사회학적 관점에서 보면 각각이 지닌 의미는 다르게 이해되고 있다.[8]

우선 '일'(work)은 "자신이나 타인에게 가치가 있는 재화나 용역을 창출해내는 활동"으로 정의된다. 산업사회에서 일은 타인에게 금전적인 가치가 있는 재화나 용역을 생산하는 것을 지칭한다. 간단히 말해서 일은 고용주나 고객과 같은 타인들을 위해 행한 바에 대하여 금전적인 보상을 해주는 활동이라고 할 수 있다. 그러나 일이 반드시 금전적인 보상과 관련되어 있는 것은 아니다. 가사노동과 같이 금전적인 보상이 없는 활동이나 자원봉사 활동, 종교적 선교활동 등과 같이 금전적 보상의 중요성이 거의 없는 활동도 포함한다. 이 경우 "타인에 대한 가치"란 가족을 위한 일, 이타주의, 또는 사회에 대한 서비스 등과 같은 추상적인 관념을 포함하는 것이다.

'업무'(job)는 일 중에서 실제로 수행하는 구체적인 과제를 지칭하는 것으로, 근로자가 특정한 맥락에서 수행하는 기술적·사회적 활동이라고 할 수 있다. 예를 들어 동일한 판매원이라는 직

---

8) 홍두승·김병조·조동기, 『한국의 직업구조』, 서울 : 서울대학교 출판부, 1999, pp. 1~2.

책을 가졌더라도 실제 업무의 내용에는 상당한 변이가 있을 수
있다. 의상실 판매원과 귀금속 판매원이 다르듯이 각 업무는 고유
한 특성을 가지고 있다. 이처럼 업무는 산업·지역·조직의 특성
에 따라 다를 수 있으며, 업무내용은 상사·동료·부하직원과의
관계 속에서 설정된다.

한편, '직업'(occupation)은 일반적으로 어떤 사람이 수행하는
일의 유형을 지칭하는 것으로, 재화를 생산하거나 서비스를 제공
하는 활동의 사회적 및 기술적 구성으로 규정될 수 있다. 추상적
인 수준에서 직업은 비교적 분명하다. 예를 들면 치과의사는 구강
의 건강과 관련된 시술을 하는 것이고, 판매직은 소매나 도매 거
래 활동을 하는 것이다. 보다 구체적으로 직업은 핵심적인 직무를
사회적으로 조직화한 것이라 볼 수 있다. 예를 들어 판매원은 정
해진 옷차림과 용모기준을 따라야 하며, 고객을 존중하고 매점과
상품에 대한 실제적인 지식을 가지고 있어야 한다. 직업의 사회적
구성은 사회경제적 특성과 기술적 혁신으로부터 영향을 받는다.
예를 들어, 오늘날의 간호직은 19세기의 그것과 다를 뿐만 아니라
불과 몇십 년 전과 비교해 보아도 크게 달라졌다. 어떤 직업의 구
성원은 그 직업에 소속된 구성원들이 공통적으로 자신에 대하여
파악하고 이해하는 "집합적 정체성"을 가지고 공유된 가치나 시
각의 면에서 일치를 보이기도 한다.

'한국표준직업분류'에서는 직업을 "개인이 계속적으로 수행하
는 경제 및 사회활동의 종류"라고 규정하고 있다. 여기서는 일의
계속성이 중요한 기준이 되고 있는데, 이는 "주기적으로(매일, 매
주 또는 매월), 계절적으로 행하고 있는 경우 또는 명확한 주기가
없더라도 현재 하는 일에 대하여 의사와 능력을 갖고 행하는 것"
을 말한다. 따라서 ① 이자·주식배당·임대료(전세금 및 월세금)

·소작료·권리금 등 재산 수입이나, ② 연금법이나 사회보장에 의한 수입에 의존하거나, ③ 자기 집에서의 자기 활동, ④ 정규 추천 교육기관에 재학하고 있는 경우, ⑤ 법률위반행위(예를 들면 강도·절도·밀수·매매춘 등) 및 법률에 의한 강제노동(수형자의 활동) 등과 같은 활동은 직업으로 간주하지 않는다.

그렇다면 한 사람이 두 가지 이상의 일에 종사할 때는 어떤 것을 직업이라고 볼 수 있을까? 그것은 취업 시간이 많은 직업, 수입이 많은 직업, 조사를 할 당시 최근의 직업 등의 순서에 따라 개인의 직업을 판별하게 된다.

일반적으로 사람들이 이해하는 바와 관련된 측면에서 살펴볼 때, 직업이란 인간 개체의 생존 발전과 그들의 공동체인 사회적 기능의 역할 분담, 그리고 자아의 실현을 목표로 하는 지속적인 노동 또는 일을 의미하는 것이다.[9] 이렇게 직업에 관하여 생계를 위하여 사회성원이 각자의 역량을 발휘하여 일정한 일에 지속적으로 종사하는 사회활동이라고 이해할 때, 성인은 직업을 가짐으로써 자신과 가족의 생계를 꾸리고 다른 사람들과 서로 의사소통을 하고 상부상조하며 전체 사회의 원활한 영위에 기여하게 된다.

이러한 측면에서 직업은 자발적으로 수행하지만 경제적 보상을 받지 않는 자원봉사와 구별되며, 또 보상을 받지만 노동력을 공급하는 행위가 강제력을 띠는 강제노동과도 구별된다. 또한 직업은 경제적 보상을 위해 자발적으로 일하지만 지속적으로 일하는 것이 아니라 임시적으로 일하는 것인 아르바이트와도 구별된다. 이렇게 볼 때 직업은 경제적 보상·자발성·지속성 등의 요소

9) 한국국민윤리학회 편, 『현대사회와 직업윤리』, 서울 : 형설출판사, 1999, p. 101.

를 갖는다고 볼 수 있다.[10]

우리가 사용하는 '직업'(職業)이라는 용어에서 '직'(職)은 공동
사회에 있어서 개개인의 사회적 역할의 분배인 직분을, '업'(業)은
일반적으로 말하는 일 또는 행위, 그리고 더욱 넓게는 불교에서
말하는 인연까지 일컫는 것이라 할 수 있다. 더욱 구체적으로 살
펴보면 직업은 하늘이 맡긴 일, 떳떳한 일, 나누는 일, 전생의 허
물을 이생에서 보속한다는 뜻을 가지고 희생과 봉사를 다한다는
의미를 가지는 것이다. 따라서 직업이라는 말은 직과 업의 양 측
면을 동시에 내포하면서 종합하는 의미를 가지고 있는 것이라 하
겠다. 물론 우리나라의 전통사회에서 직업이 이러한 의미로 사용
된 적은 거의 없었다고 보아야 하겠지만, 이러한 의미가 들어 있
음을 파악하고 사용하는 것은 큰 의미를 가지는 것이라 할 수 있
다.[11]

현대 사회에서 직업의 종류는 매우 다양하다. 사람들이 각자
생활에 필요한 물자의 생산자이자 동시에 소비자인 자본주의 사
회에서는 매우 협소하고 고유한 의미로서의 직업은 존재하지 않
는다고 볼 수도 있다. 인간 생활에 필요한 여러 가지 일들이 여러
사람들 또는 여러 집단들에 의해서 분담적·전문적으로 행해지
고, 그들이 각각의 일의 성과를 서로 교환함으로써 생활하며, 전
체 사회의 영위에 한몫을 할 때 현대적 의미의 직업이 성립하게
되는 것이기 때문이다.

---

10) 김동일·김원웅·이주향, 『현대인의 직업윤리』, 서울 : 문음사,
  1995, pp. 36~37.
11) 진교훈, "직업윤리 일반의 방향에 관한 연구", 『철학사상의 제문제
  (Ⅰ)』, 성남 : 한국정신문화연구원, 1983, p. 287.

직업의 전통적 의미는 앞서 살펴보았듯이 자급자족의 단계를 거쳐 상업·공업 등 여러 가지의 산업으로 분화됨으로써 나타난 것이다. 이와 더불어 오늘날 선진사회에서는 일의 기술적 세분화, 기계화, 경영의 대규모화, 공무·자유업의 증대 등에 따라서 직업은 점점 복잡·다양하게 되어 수많은 종류의 직업이 존재하게 되었다. 직업은 분화될수록 점점 미세한 점에서 보완하고 서로 의존하는 관계를 지니게 된다. 사람들은 분화된 직업을 통하여 보다 긴밀하게 연관되고, 그들의 공동생활은 보다 풍성해지며, 일이 전문화되고 교환경제가 발달할수록 사람들 사이 또는 직업 사이의 의존관계는 보다 긴밀해진다.

정상적인 사회성원으로서의 성인은 직업활동에 대해 주어지는 경제적인 반대급부로 자신과 가족의 생계, 또는 적어도 생계의 주요 부분을 충당하는 것이 원칙이다. 따라서 아무리 장시간에 걸쳐서 이루어진다고 하더라도 경제성이 없는 활동, 이를 테면 취미 또는 오락활동은 직업이라고 할 수는 없다. 또한 직업활동에 따르는 반대급부 또는 보수에는 물질적인 것 뿐만 아니라 위신이나 존경 같은 심리적·정신적인 것도 포함된다.[12]

## 4) 직업의 기능

직업은 분업화된 사회에서 인간이 생활의 물적 기초를 마련하기 위하여 전문적으로 행하는 생업이다. 인간은 노동을 통하여 삶에 필요한 생활자료를 만들어내는데, 이러한 활동이 계속될 때 그

---

12) Britannica World Encyclopaedia 한글판, v. 21, p. 206.

행위를 생업이라고 한다. 인간 사회가 원시적인 자급자족 상태로 부터 벗어나 점차 분업이 진행됨에 따라 생업활동은 전문적으로 분담되고 그 성과가 상호교환 되기에 이르는데, 이러한 분업적 노 동과정 속에서 직업이 성립하게 된다. 분업화된 사회가 전체로서 통합된 상태를 유지하고 그 구조의 재생산을 보장받기 위해서는 그에 꼭 필요한 경제적 · 정치적 · 이념적 기능이 수행되어야만 한 다. 이와 관련된 내용을 구체적으로 살펴보자.[13]

첫째, 삶을 영위하는 데 있어 기본적인 의식주 문제를 해결하 고 문화생활의 물질적 기초를 마련하기 위해서는 물자의 생산 · 유통 · 분배에 관련되는 여러 가지 경제활동이 필요하다. 실제로 인류 역사를 통하여 존재하는 여러 종류의 직업들은 이러한 경제 활동과 관련되는 것이 대부분이다. 따라서 경제적 기능이 필요하다.

둘째, 사회의 원활한 움직임을 위하여 물자의 생산 및 분배과 정을 조정 · 통제하는 정치적 기능이 필요한데, 이 정치영역에서 도 다수의 직업군(職業群)이 출현하게 된다. 왕조시대의 복잡한 관료기구나 현대 의회민주주의 국가의 방대한 통치기구는 모두 정치영역에서 필요한 직업들을 창출해내었다. 국회의원을 비롯한 정치 관련 공직자는 그 대표적 사례라고 할 수 있다.

셋째, 기존의 정치 · 경제질서를 정당화하여 사회통합을 이룩하 고 사회과정의 중단 없는 진행을 보장하기 위해서는 이념적 혹은 이데올로기적 기능이 필요한데, 이를 위해서는 주술 · 교의 · 지 식 · 정보의 영역을 관장하는 직업이 창출되게 마련이다. 유교이 념에 입각한 조선시대의 선비 · 승려나 무당 및 현대 산업사회에

---

13) 한국정신문화연구원, 『한국민족문화대백과사전』, 서울 : 한국정신 문화연구원, 1995, v. 21, p. 377.

서의 교육·문화·정보·산업 분야에서 일하는 노동력은 대체로 이러한 기능영역에 속한다고 할 수 있다.

또 다른 측면에서 직업에는 다음과 같은 기능이 있다고 설명되기도 한다.[14]

첫째, 경제적 기능이다. 이는 보수를 통한 생계유지를 의미하는 것으로, 생계유지에 이어지지 않는 비소득성의 일은 직업의 범주에서 제외된다고 하겠다. 이것은 직업의 가장 기본적인 기능이라고 할 수 있는 것이다.

둘째, 사회적 기능이다. 이는 직업을 통하여 사회에 기여하는 것이다. 이것은 사람들이 여러 가지 사회적 역할을 분담하면서 사회의 수요에 대응하여 사회에 유용하게 공헌하게 되는 것을 의미한다. 따라서 직업은 개인이 스스로를 사회와 관계짓는 중요한 통로가 되기도 한다. 직업을 통해서 사람들은 자기가 소속되어 있는 공동체에 대한 일체감을 형성하게 된다. 또한 사회적 역할분담으로서의 직업체제가 직무·기능·기술분담 뿐만 아니라 흔히 소득의 차등, 그리고 나아가 신분·지위·인력 등의 차등까지도 수반할 수 있는데, 이와 관련해 보면 직업은 삶의 질과 밀접한 관계를 맺고 있기도 하다.

셋째, 생활형성적 기능이다. 이는 직업을 통하여 자아를 실현하는 것이다. 이를 위하여 일생까지는 아니라 하더라도 어느 정도 긴 기간 계속되는 일이라야 한다. 긴 세월을 한 직업에 종사하다 보면 그 직업의 여러 특성이 그 사람의 생활특징을 형성하는 기능을 갖게 된다. 직업이 크게 그 사람의 생활양식도 정하고, 사회경제적 지위도 정하며, 사회생활의 범위도 정하고, 심지어 직업을

14) 한국국민윤리학회 편, 앞의 책, pp. 98~103.

통해서 사고방식, 행동양식마저도 규정짓는다.

그렇다면 이렇게 살펴본 직업의 기능에 미루어 보아 '도둑질'을 직업이라고 볼 수 있을까? 그렇지는 않다. 물론 도둑은 남의 물건을 훔치는 행동을 통해서 자신의 경제적인 목적은 충분히 달성할 수 있을 것이다. 그러나 그것은 사회에 기여하는 것이라고 볼 수 없다. 또한 자아를 실현하는 길도 아니다. 따라서 도둑질이나 다른 비윤리적 행위는 기능적 측면에서 이해할 때 진정한 의미의 직업에 해당하지 않는다고 볼 수 있다.


## 5) 직업과 정체성

우리는 누군가를 만나서 서로 인사를 하거나 서로에 관하여 물어볼 때 '당신은 누구십니까?' 혹은 '그 사람은 누구입니까?' 라고 질문한다. 사람들은 이러한 질문을 받게 되면 '나는 학생입니다', '당신은 직장인입니다', '그 사람은 교사입니다' 등의 답변을 하게 된다. 이러한 대화의 바탕에는 누군가에 관하여 물어본다는 것은 바로 그 사람이 하는 일, 즉 직업에 관하여 물어본다는 생각이 자리잡고 있는 것이다.

그런데 한 걸음 더 들어가서 생각해 보면 이러한 대화는 바로 그러한 질문의 대상이 되는 누군가가 가지는 인간으로서의 정체성에 관련된 질문을 던지는 것이다. 여기에서 사용된 정체성(identity)이라는 말은 그러한 질문을 받는 누군가를 바로 그 사람이도록 하는 특징을 의미한다. 자아정체성 혹은 자기정체성이라는 말은 자기가 누구인지, 그리고 무엇인지에 관하여 인식하고 자신의 삶에 의미를 부여하는 것을 의미한다.

이러한 정체성에는 직업을 통하여 부여받는 측면이 있다. 개인적으로는 직업을 통해서 스스로의 재질·포부·가능성·적성·취향 등을 실현해 가는 기회를 가지게 되는 것이며, 사회적 측면에서는 기능적 역할을 분담해 가면서 어떤 사회의 구조 속에서 한 구성원으로서 위치하는 것이기 때문이다. 따라서 오늘날 누군가의 정체성을 나타내는 데에 있어서 직업은 매우 중요한 요소 중의 하나라고 볼 수 있다.

이러한 직업을 통하여 사회적 관계가 형성되기도 한다. 직업을 통해서 이웃과 사회의 발전을 위하여 공헌할 수 있고, 또한 직업의 결과물을 통하여 사람들과 직접적 또는 간접적으로 사회적 관계를 맺게 되는 것이다. 직업은 그 형태가 어떻든 간에 일정한 사회적 역할을 부여받아 수행하는 것이라고 볼 수 있기 때문이다.

직업활동 자체에 재미와 보람을 느끼며 그것에 몰두하는 모습이야말로 직업인의 가장 이상적인 모습이라고 할 수 있다. 이러한 상태에서는 일에 대한 성실도나 성취도가 높아지고 창조력이 발휘되며 일하는 사람의 자기 혁신이 가능하게 된다. 개인적으로는 삶에 대한 충일한 느낌을 얻을 수 있고, 사회 전체로는 조화와 발전을 이룩할 수 있다. 그러나 많은 사람들이 직업활동 자체에 별 의미를 찾지 못하고 의욕을 잃고 무력감에 빠져 마지못해 일하고 있다. 이처럼 직업에 적극적으로 달려들어 밀착되지 못하고 소극적으로 멀리 떨어져서 무의미·무목적·무력감에 빠져 있는 상태를 직업에 있어서의 인간소외라고 말한다. 이것은 직업생활에서 인간이 직업의 참다운 경제적·사회적·창조적 의미를 발견할 수 없는 상태라고도 말할 수 있다. 이러한 소외를 가져오는 원인으로는 여러 가지가 있겠지만, 대표적인 것으로 다음의 세 가지를 살펴볼 수 있다.[15]

첫째, 고용노동으로 인한 피동성이다. 현대 사회에 있어서 산업 구조는 지식을 기반으로 하며, 서비스업 중심으로 움직여 가고 있다. 또한 자본을 바탕으로 하는 사업이 대거 등장하고 있다. 이러한 것은 고용노동이라는 형태의 직업활동이 일어나도록 하였다. 고용노동은 본질적으로 고용주가 일의 종류와 방법, 그리고 노동시간 등을 제한하고 관리하는 종속노동이다. 이러한 종속은 경제적인 측면에 그치는 것이 아니라, 인간적인 측면을 비롯한 생활 전체로 확대되기도 한다. 이처럼 구속이 많고 부자유스러운 가운데서 근로자가 주체성과 자발성을 발휘할 여지는 대단히 좁다.

둘째, 조직화된 노동형태이다. 현대 산업사회에서는 기술문명이 발달됨으로써 노동이 기계화되어 가는 추세이다. 기계화는 인간을 고된 육체노동으로부터 해방시켰지만, 사람들이 하는 일의 내용은 점차 세분화되어 단편적인 일의 반복이 되고 일의 창조적인 성격은 사라지게 되었다. 기계화가 진전되어 자동화의 단계로 접어들게 됨에 따라서 인간이 기계에 적응해야만 하는 상황이 벌어지기도 하였다. 이렇게 되면 인간은 일 자체에 대한 무의미·무목적성·무력감 등을 느끼는 소외를 경험하게 된다. 이러한 조직적 원리는 인간의 사회에도 그대로 적용되어, 인간은 기계의 부분품처럼 일사불란하게 움직이는 왜소한 존재로 전락하게 되기도 하였다. 조직사회에서 인간의 노동은 조직적인 협동체계하에서 이루어지고, 협동체제를 유지시키고 발전시키는 형태로 제공될 것이 요구된다. 뿐만 아니라 협동의 효과를 높이기 위해서 관리와 통제를 위한 각종 장치가 마련된다. 이러한 가운데서 조직의 구성

---

15) 직업윤리연구회 편, 『현대사회와 직업윤리』, 서울 : 형설출판사, 1992, pp. 14~16.

원은 자발성과 창조성을 발휘하는 것보다는 표준화된 양식으로 업무를 처리하고 정해진 규범에 동조하거나 적응할 것을 강요당하게 된다.

셋째, 직업에 임하는 자신의 태도이다. 직업과 노동에 대한 올바른 인식을 하지 못하기 때문에 직업의 선택에 있어서나 직업노동에 종사하는 데 있어서 진지성을 상실한다. 그리하여 직업을 선택하는 데 있어서 자신의 소망과 개성에 맞추기보다는 보수만을 기본척도로 삼음으로써 처음부터 자아실현과는 거리가 멀어지게 된다. 또한 노동을 힘들고 지겨운 삶의 저주라고만 여기든가, 여가를 즐기기 위한 수단으로만 인식하여 스스로 직업과 노동의 주인자리로부터 물러나 앉는 경우도 있다.

소외는 이처럼 사회적 구조나 개인적 인식의 부족으로부터 오는 것이고, 단순한 불만이나 심리적 고독감 내지 실패에 따른 좌절감과는 다른 것이다. 그렇기 때문에 소외의 문제는 시간이 지나면 자동적으로 해소되거나 간단한 기분전환의 방식으로는 해결할 수 없다. 그렇다고 직업인의 피할 수 없는 운명으로 간주하고 내버려둘 수는 더더욱 없다. 근본적인 혁신이 당장 어렵다 하더라도 제도나 구조의 점진적인 개혁을 통해서, 그리고 인식과 태도의 전환을 통해서 보다 장기적으로 차원 높게 대처해 나가야 할 것이다.

# 제2장 직업의 선택

## 1) 근대화와 직업의 변화

근대화라고 불리는 사회변동은 근본적이고도 광범한 사회구조
상의 변동이다. 흔히 말하듯이 전통사회가 현대 사회로 바뀌어 가
는 근대화는 전통사회의 구조가 근대적인 사회의 구조로 바뀌어
가는 과정인 것이다. 전통사회라면 사회분화의 정도가 낮아 사회
의 기본단위도 소규모적이고 자급자족적이며, 폐쇄적이고 정체적
인 사회이다. 사회성원들은 자급자족적인 개인적 생존경제를 영
위하면서 거주지나 직업이나 지위를 평생 동안 거의 바꾸는 일이
없이 혈연이나 지연으로 맺어진 동질적인 사회성원과 함께 폐쇄
적인 생활을 살아가는 것이다. 그와 같은 사회에서는 가치관도 자
연히 혈연이나 지연을 중요시하는 가족주의나 지방주의 등이 강
하고, 가족이나 친족이 단위가 되는 신분제도가 크게 발달하며,
그에 따라 지배복종의 위계적 인간관계가 강조되는 권위주의적
가치지향이 지배적일 수밖에 없는 것이다.

그러므로 근대화가 시작되면 앞서 말한 사회구조적 특징이 거
의 정반대의 방향으로 바뀌게 되는 것이다. 사회분화가 진행됨에

따라 사회 단위는 전체 사회가 하나의 생활단위가 되어 크게 확대되며, 경제도 농경 위주의 개인적 생존경제에서 벗어나 공업 위주의 대량생산, 대량소비의 경제로 바뀌게 되고, 사회성원들은 그 직업과 거주지와 사회경제적 지위의 변화를 심하게 경험하게 된다. 또한 사회관계도 이질적인 개인들이 기능적으로 상호의존 관계를 맺는 일이 더 많아지고, 과거처럼 혈연과 지연의 중요성은 강조되지 않게 되는 것이다.

이와 같은 사회구조적 변화는 자연히 가치관에도 크게 변화를 일으켜 가족주의보다는 개인주의, 지방주의보다는 개방주의, 권위주의보다는 평등주의, 특수주의보다는 보편주의 등으로 바뀌게 되며, 사회관계에서도 정의성·인격성·비공식성보다는 비정의성·비인격성·공식성이 더욱 강조되는 등의 변화가 일어난다.[1]

이러한 변화는 직업에도 영향을 미친다. 현대 사회에 있어서 직업은 다양한 모습으로 분화될 뿐만 아니라, 직업과 관계된 사회적 지위는 직업의 종류보다는 각 직업 내에서 특정한 직업인이 차지할 수 있는 권한과 직위에 의해서 결정되는 것으로 생각된다. 다시 말하면 직업의 종류에 따른 사회적 지위의 차이는 거의 없어지는 대신 각 직업 내에서 어떠한 지위에 종사하느냐가 중요하다는 것이다. 특히 공식적인 관계에 있어서는 개인의 직책이 중요해 지는데, 그 직책을 통해 각 개인이 자신의 직업적 역할에 의해 공식적인 임무를 수행하게 되기 때문이다. 현대사회에서는 그와 같은 공식적 역할관계가 중요성을 띠게 된다.

21세기 지식기반 정보화 사회를 맞이하면서 직업을 둘러싼 환

---

1) 임희섭, 『한국의 사회변동과 가치관』, 서울 : 나남출판, 1995, p. 284.

경은 개방화·국제화·정보화로 인해 급속도로 변하고 있다. 21
세기 사회는 모든 직장에 새로운 요구를 하게 되어 모든 직업활
동은 새로운 요구에 따르지 않을 수 없게 되었다. 세계는 디지털
화와 운송수단의 발달로 인해 자본과 물건, 노동력이 시간과 장소
에 제한 없이 넘나들게 되었고, 결국 이것은 새로운 경제질서를
가능하게 하였는데, 세계화와 글로벌 기업이라는 말이 바로 이러
한 것들을 표현하는 대표적인 용어로 사용되고 있다. 세계화의 한
경제적 형태인 글로벌 기업화로 인하여 미처 21세기 노동에 적응
하지 못한 사람들의 대량실업과 생계유지형의 '벌이의 일'보다는
자아실현형의 '놀이의 일'이 더 의미를 갖게 될 것으로 예상된다.

평생직장 개념이 소멸되고 임시직이 확산될 전망이며, 시간과
장소에 제약이 없는 탈상근 추세, 즉 재택근무와 탄력근무제도가
도입되고 조직에 얽매이지 않는 1인창업, 인터넷을 활용해서 집이
나 작은 사무실을 근거로 활동하는 소기업 형태의 지적 사업인
소호(SOHO : Small Office & Home Office), 어떤 조직과도 특별한 계
약을 맺지 않고 자유로이 일하고 대가를 받는 사람들을 일컫는
프리랜서(Freelancer)의 시대가 도래하고 있다. 채용제도나 평가제
도도 이제는 평면적인 제도에서 입체적인 제도로 전환되고 있으
며, 능력을 평가하는 데 있어서도 기존의 연공서열제에서 능력 위
주의 인센티브제나 연봉제로 변화해서 결국은 능력 있는 사람에
대한 정의도 변화하게 되었다. 정보통신 및 디지털 기술을 중심으
로 한 직업들이 유망한 직업으로 부상하고, 인터넷 네트워킹 환경
을 중심으로 조직의 형태와 인간관계도 급격히 변화하여, 이는 결
국 노동자관과 노사관계에의 재정립이 요구되기에 이르렀다.

IMF와 함께 찾아온 기업의 대량해고 사태는 우리 사회의 전통
적인 직업관을 변화시키는 계기가 되었다. 평생직장의 개념은 변

화되어 직장에 근무하는 것은 일정한 계약의 이행이라는 서구적 개념이 급속히 퍼지고 있다. 또한 오늘날 기술혁신과 산업구조에서의 관료제화로 인한 노동 강도의 강화, 치열한 경쟁사회의 구조, 긴장과 스트레스의 지속, 장시간 노동에 따른 피로의 누적 등으로 인하여 멀쩡한 사람이 갑자기 일하다가 죽는 '과로사'라는 말이 생겨나기도 하고, 정상적인 생활을 하지 못하고 일에만 과도하게 몰입하는 '일중독증'이라는 말이 생겨나기도 하였다. 또한 IMF 구제금융 위기를 겪으면서 중산층이 붕괴되고 빈부격차는 더욱 더 심해져 사회안전망 확보에도 노력을 기울여야 할 정도이다.

사무직 근로자를 일컫는 화이트칼라든, 육체노동자를 일컫는 블루칼라든 오늘날 직장생활을 하는 사람들은, 그리고 미래의 직업을 갖기 위해 노력하는 대부분의 예비노동자들은 혼란에 빠져 있다. 오늘날은 물질적·구조적·의식적 전환이 필요한 시기이며, 바로 지금 그 기로에 서 있기 때문이다. 특히 우리 사회의 이러한 급격한 변화의 소용돌이 속에서 전통적 가치와 글로벌 기업의 국내 진입, 외래 직장문화의 급격한 유입 등으로 인하여 우리 고유의 공동체 의식이나 협동의식, 직장동료들간의 정(情)의 문화도 변하고 있다. 이러한 변화는 삶의 정신적 황폐화를 가져오기도 하는 요인이 되고 있다.

그러나 지식기반 정보화 사회에서 직업을 둘러싼 주변환경이 아무리 많이 변했다고 해도 우리가 가지고 있는 모든 도덕이나 윤리의식도 새롭게 변해야 한다는 것은 아니다. 특히 직업과 관련한 근로윤리인 근면·성실·정직, 혹은 공동체 윤리인 봉사·책임·협동 등은 시대 변화와 상관없이 어떠한 직업에서도 공통적으로 변하지 않고 지켜야 할 도리이다. 사실 이러한 직업환경의 변화가 모든 인간사를 변하게 하는 것처럼 보이게 하지만, 단지

변하는 것은 생존의 수단과 이에 대처하는 인간의 살아가는 문화
형식들이다. 시대의 변화는 우리 삶과 문화의 방식에 많은 영향을
주고 있으며, 이와 동일하게 직업윤리와 관련된 갈등의 문제도 변
화하게 될 것이라 예측된다.[2]

## 2) 직업과 계층

직업이라는 개념에는 상이한 세 가지 측면이 있다. 그리고 그
것에 따라서 사람들은 직업으로부터 세 가지의 상이한 가치를 추
구하고자 한다. 직업을 통해서 자아를 실현하고 개성을 발휘하고
자 하는 것, 직업을 통해서 원하고 바라는 인간관계를 맺고자 하
여 사회적 연대를 실현하는 것, 생계의 유지라는 측면에서 개인
적·사회적·경제적 모든 측면을 포함하는 물질적이며 정신적인
보수를 기대하는 것들이 바로 그것이다.

사회생활을 영위하는 인간들은 직업을 가짐으로써 재능과 사
회적 역할을 분담하게 된다. 그리고 그 일을 계속적으로 수행하고
실현해 나감으로써 그 대가로 일정한 수입을 얻고, 필요한 자료를
획득하는 행위양식을 가지게 된다. 그런데 이러한 측면에서 직업
을 이해한다면, 직업에는 '귀한 직업'·'천한 직업'이라는 말이
있을 수가 없다. 어떠한 직업이건 간에 나름대로 사회에 기여를
하는 부분이 있기 때문이다.

그러나 많은 사람들이 선호하는 직업은 있을 수 있고, 또 실제

---

2) 김하자·이경희, 『전환기의 직업윤리』, 서울 : 성신여자대학교 출
판부, 2000, pp. 35~36.

로 존재한다. 어찌되었건 이렇게 실제 직업이 사회적 존경이나 명예, 그리고 위신을 수반하는 측면이 있다면 그 반대로는 경멸이나 멸시, 그리고 무관심을 수반하는 측면도 있을 수 있다. 이것이 어떤 특수한 직업관에 입각하고 있는지를 살펴보면 다음의 두 가지로 크게 구별될 수 있다.[3]

첫번째는 개인 본위의 직업관이다. 이것은 직업을 금전 수입을 계속적으로 보증하는 수단으로 생각하여 급료액이 많고 적은 정도가 직업을 평가하는 근본조건이 되고, 노동시간이 짧으면 개인의 명성이 높아진다고 생각하는 것이다.

두 번째는 사회 분위기의 직업관이다. 이것은 직업을 사회적 연대와 발전을 가능하게 하는 수단으로 보고 이해한다. 금전 수입이 직업의 목적은 아니며, 얼마나 사회에 기여하는가가 문제가 된다. 직업만이 개인에게 부여된 사회활동의 분담이며 명예이고 신성한 것이라고 하는 것이다. 때문에 직업에는 귀하고 천함, 높고 낮음의 구별이 없다는 이론이다. 그러나 직업에는 엄연히 객관적으로 기준이 있어 왔으며, 그 결과 사회적 신분을 구획짓는 한 요인이 되기도 하였다.

그러면 사회적 신분이란 어떠한 것인가를 보자. 사회적 집단에는 반드시 규제형태가 있다. 집단성원은 이 규제를 받아가면서 행동하게 된다. 집단이 전체 사회와 같이 대집단인 경우에는 제도라는 규제형태가 있으며, 또 산업집단·학교·가족·기타 소집단의 경우에는 제도 이외에 규칙이라는 것이 있다. 이러한 규제형태의 구속을 받아가면서 이것을 유지해 나가기 위해서는 집단성원이 동일한 위치에 설 수는 없다. 예를 들면 경찰이 범인을 체포하고,

---

3) 김현조, 『현대사회학』, 서울 : 학문사, 1996, pp. 175∼179.

재판관이 형벌을 선고하고, 경영자가 종업원에게 근무를 명령하고, 부모님이 자녀에게 그리고 선생님이 학생에게 가르치고 훈계하는 것은 그것이 사회제도에 적합하기 때문에 사회성원에게 주어진 결과이다.

따라서 사회집단을 하나의 무대라고 한다면, 여기에 출연하는 각자의 위치를 역할이라고 할 수 있다. 이와 같은 사회적 역할은 기능적 측면이며, 지위는 구조적 측면이라 할 수 있다. 사회적 지위는 이와 관련하여 어떤 역할 혹은 역할의 기대를 가지고 있으면서 수직적인 위계질서의 분화를 가져오는 것을 의미한다.

현대사회에서 직업에 따른 공식적인 차별은 없다. 그러나 직업에 따라 제반사회적 보상이 다르기 때문에 직업을 이용한 계층연구가 활발하게 이루어지고 있다.[4]

직업적 분화는 노동의 분업을 의미할 뿐, 그 자체가 위계적인 함의를 내포하지는 않는다. 그러나 직업에 따라 노동상황이나 보수가 상이하고, 작업장이나 직장 내에서 사회적 관계가 달라진다. 그렇기 때문에 개인들은 직업을 선택하는 과정에서 직업상황을 고려하게 된다. 각 직업이 갖는 내적 특성, 즉 경제적 보상, 사회적 위신과 존경, 지위 획득의 용이성 등이 직업의 위계화를 가져오고 있다. 이러한 과정을 거쳐서 직업범주는 경제적 불평등과 높은 상관관계를 가지게 된다. 결국 직업체계 그 자체는 비위계적 구조이지만 시장을 매개로 이루어지는 직업 선택과정에서 불평등 구조와 밀접한 연관성을 갖게 된다.

그 결과 직업은 단순한 생계유지 수단을 넘어서서 물질적 보

4) 홍두승·김병조·조동기, 『한국의 직업구조』, 서울 : 서울대학교 출판부, 1999. pp. 125~127.

상, 사회적 지위, 생활 기회의 수준을 나타내는 가장 강력한 단일 지표로 간주되고 있다. 물론 직업을 통하여 계층이나 계급을 측정하는 작업이 아무런 비판 없이 이루어지는 것은 아니다. 직업의 집합적 구성이 곧 계급이 되는 것은 아니며, 직업분류를 통해서 자본주의 사회의 주요 세력인 자본가 계급과 노동자 계급을 구분해낼 수도 없다. 특히 마르크스 계급론자들은 '계급'을 '직업집단'과는 명백히 구분되는 개념으로 파악하고 있다. 마르크스의 '계급'은 계급의식이나 계급행동과 분리되어 생각할 수 없고, 베버의 '사회계급'도 사회이동 가능성 여부를 고려한 계급상황의 총체를 의미하기 때문이다. 그럼에도 불구하고 계층 및 계급구조에 대한 경험적 연구는 대부분의 경우 개별 연구자의 이론적 입장과는 상관없이 분석의 기초를 직업분류에 크게 의존하고 있다.

직업분류를 이용한 계층 연구로는 ① 직업구분이 곧 위계적 사회계층을 나타내는 것으로 보고, 직업분류를 바로 계층분류에 이용하는 방식, ② 직업 자체는 위계적인 것이 아니지만 유사한 시장상황·노동상황·사회이동 가능성 등으로 인해 특정한 사회적 집합체를 형성한다고 보고 계층분류를 하는 방식, ③ 직업은 기술적 분업만을 나타낸다고 보고, 직업활동에서 나타나는 지배(착취)/피지배(피착취) 관계를 고려하여 계층을 분류하는 방식 등으로 구분지을 수 있다.

이와 같이 직업은 사회적 지위를 규정하는 여러 가지 요인들을 규제할 뿐만 아니라, 그러한 요인들에 의하여 제약되기도 한다. 즉 우리는 직업을 사회적 지위의 대표적인 상징이라고 볼 수 있는 것이다. 우리는 사람의 사회적 지위의 변동을 직업의 변동에서 가장 쉽게 관찰할 수 있다. 사실 대부분의 경우 인생의 성공이란 직업생활에 있어서의 성공을, 실패란 직업생활에 있어서의 실패

를 각각 의미하는 것이라 보아도 좋을 것이다. 흔히들 모든 직업
은 평등하다고들 하지만, 그것은 어디까지나 철학적 혹은 사상적
측면에서의 윤리적인 주장이 강조된 것이며, 다소 교훈적인 성질
의 것이다. 실제로는 사람은 각각 직업에 대해서 여러 가지의 차
별적인 평가를 하고 있다. 물론 사람의 구체적인 지위는 자기의
직무를 얼마만큼 충실하게 수행하느냐에 따라서도 여러 가지로
다르게 평가될 것이다. 그러나 사회는 직무를 수행하는 구체적인
사람을 떠나서 그 직업 자체에 대해서 이미 일정한 정도의 평가
를 내리고 있는 것이다.


## 3) 직업 선택의 기준과 직업 이동

직업의 선택이란 현대 사회의 수많은 직업 중에서 자신의 여러
요소를 고려해서 선택한다는 것을 의미한다. 이와 관련하여 우리
나라는 헌법 제15조에서 "모든 국민은 직업선택의 자유를 가진
다"고 보장하고 있다. 이러한 직업 선택의 자유는 역사적인 측면
에서, 과거 봉건시대와 전제군주국가에서 신분의 세습제와 함께
많은 제약을 받았다. 그러나 기본권을 획득하려는 인간의 노력 과
정에서 '인간의 존엄과 가치', '평등권', '경제적 자유권' 등을 강
조하게 되어 각 민주국가 헌법에서 채택하게 되었다. 이러한 직업
선택의 자유가 가지는 법적인 성격은 경제적 활동에 관한 자유권
및 노동을 통한 인격발전과 관련이 있는 것이므로 주관적 측면에
서 가지는 공적인 권리의 일종이라고 이해할 수 있다. 또한 자유
주의적 시장경제질서 내용의 원리로서 제도적으로 보장되고 있다.
그렇다면 '직업선택의 자유'라는 말이 가지는 구체적 의미는

무엇일까? 그것은 바로 개인은 자유로운 의지를 바탕으로 하여
자신의 직업을 선택하고 결정하며, 그렇게 선택한 직업에 종사하
는 것에 관하여 국가는 방해하지 않는다는 것이다. 즉, 각자의 개
성을 존중하고 그것을 잘 발휘할 수 있는 직업을 선택하여 자신
에게 행복을 주고 사회에 기여할 수 있도록 하고자 하는 생각이
밑바탕에 깔려 있는 것이다.

이러한 직업선택의 자유는 직업결정의 자유, 영업의 자유(개
업·유지·폐업), 영업활동의 자유(자본 및 상품, 서비스 등의 생산, 거
래, 처분), 전직의 자유(직업의 이동), 무직의 자유까지도 포함하는
것이라 볼 수 있다. 국가권력이 개인의 직업선택의 자유를 강제하
거나 방해해서는 안 된다는 것이 원칙이지만, 특별한 경우 헌법에
규정되어 있는 몇 가지 사례로서 국가안전보장, 질서유지, 공공복
리를 위하여 제한할 수 있다. 그러나 이러한 경우에도 직업선택의
자유와 관련된 본질적인 제한을 할 수는 없다.[5]

직업은 우리 삶의 핵심에 위치하는 것이므로 이 문제를 신중히
생각하고 대비하지 않으면 안 된다. 별 생각 없이 자신의 직업을
선택하는 사람은 자기 인생을 내팽개치는 것이나 다름없다. 물론
사람마다 삶의 방식이 다르고 인생관이나 가치관이 다르기 때문
에, 객관적인 선택기준을 구체적으로 제시할 수는 없다. 그러나
선택할 때 누구나 따라야 할 일반적인 원칙에 관해서는 생각해
볼 수 있을 것이다. 가장 대표적인 것으로는 개인의 적성, 직장에
대한 장래성, 직업과 직장의 안정성 등을 들 수 있다. 이러한 직업
선택의 기준에 해당하는 원칙들 중 일부에 관하여 좀더 구체적으
로 살펴보자.[6]

---

5) 한국정신문화연구원, 『한국민족문화대사전』, 1995, p. 382.

첫째, 자신이 원하는 것이어야 한다. 삶은 다른 누가 대신할 수 없는 것이고, 다른 사람에게 맞출 수도 없는 것이다. 물론 부모·스승·친구의 소망이나 충고는 경청해야 하겠지만, 그것은 어디까지나 고려의 대상이지 반드시 따라야 하는 것은 아니다. 자신이 진정 무엇을 하기를 원하고, 여러 가치 중 어떤 가치를 가장 중히 여기는가를 잘 헤아려야 할 것이다. 자신이 원하는 일을 할 때 깊은 만족이 따를 수 있음은 말할 필요도 없다.

둘째, 자기에게 맞는 것이어야 한다. 자신의 적성과 소질에 맞는 일을 할 때, 우리는 일 자체의 즐거움을 느낄 수 있고 일에 몰입할 수 있다. 그래서 개인은 자아의 실현으로 접근하게 되고, 사회 전체는 균형된 발전을 이룩하게 될 것이다.

셋째, 자기가 감당할 수 있는 것이어야 한다. 자신의 능력과 자기가 처한 여건에 비추어 잘 할 수 있는 일인가를 판단해야 한다. 이것을 고려하지 않을 때, 중도에 좌절하는 경우가 생기게 된다.

넷째, 경제적·사회적·창조적 가치를 골고루 균형 있게 얻을 수 있는가를 고려해야 한다. 그렇지 않으면 온전한 만족이나 보람을 찾기 힘들 것이다.

다섯째, 장래성을 생각하여야 한다. 사회나 경제의 구조가 바뀌고 그에 따라 사회적인 수요나 중요성이 달라지는 것이다. 긴 안목으로 장래를 예측할 때, 계속해서 보람찬 직업활동을 할 수 있을 것이다. 이 외에도 직장의 환경이나 작업조건 등 고려해야 할 사항은 수없이 많다.

그러나 사람과 일자리의 불균형, 그리고 가치편중 현상 등으로

---

6) 직업윤리연구회, 『현대 사회와 직업윤리』, 서울 : 형설출판사, 1992, pp. 8~10.

인하여 이러한 선택의 원칙들을 그대로 적용하는 것은 현실적으로 쉽지 않다. 따라서 자신이 처해 있는 여러 가지 상황을 이러한 원칙과 함께 고려하여 신중한 선택을 하여야 할 것이다.

한번 선택한 직업을 다른 것으로 바꾸는 것은 어려운 일이기는 하지만 불가능한 것은 아니다. 이것은 같은 직종 내에서 근무처를 옮기는 이동의 형태로 이루어질 수도 있고, 아예 직종 자체를 다른 것으로 바꾸는 형태로 이루어지기도 한다. 이와 관련한 내용은 직업의 선택이라는 측면과 관련하여 또 다른 새로운 선택의 기회를 가지는 것으로 이해할 수 있다.

"구르는 돌은 이끼가 끼지 않는다"(A rolling stong gathers no moss)는 외국 속담이 있다. 그런데 이 속담의 표면적인 표현과 관련하여 속뜻을 해석하는 방법은 동양과 서양이 다소 달라질 수 있다. 이 말을 직업과 관련해서 생각해 보면, 동양에서는 직장을 자주 바꾸는 것은 좋지 않다는 것을 의미하는 것이라고 해석을 하는 반면, 서양에서는 한곳에 정체되어 있지 말고 계속 직장을 바꾸며 움직이는 것이 좋다는 것으로 해석하는 경향이 있다.

미국의 직장사회는 격심한 경쟁사회이고 단기적인 시간 내의 능률화를 우선시한다. 따라서 미국 사회에서는 능력이 있는 사람은 곧 다른 곳으로부터 스카우트됨으로써 보다 좋은 직장, 보다 좋은 대우와 조건이 보장되는 직장으로 수시로 이동하게 된다. 따라서 이력서에서 직장을 많이 옮겨다닌 사람을 우수하고 유능한 사람으로 간주한다. 왜냐하면 그만큼 활발히 직장을 옮겼다는 것은 그만큼 능력이 있고 뛰어나다고 인정되기 때문이다.

그러나 우리나라 및 일본의 직장사회는 비교적 그와는 대조되는 전통을 가지고 있었다. 우리의 경우 직장이나 직업 이동이 심하면 미국처럼 긍정적인 평가보다는 오히려 부정적으로 평가되는

경향이 존재하였다. 즉 한 사람이 직장을 자주 옮겨다녔다는 것은
한 직장에 꾸준히 머물면서 그 직장 분위기에 적응하여 직장성원
으로서 역할과 기능을 다하지 못한 것이고, 심지어는 이 직장 저
직장을 옮겨다니는 불성실한 인품으로 간주하기도 하였던 것이
다. 따라서 한국이나 일본의 경우에는 종신고용제를 강조하기도
하였다. 갓 스무 살을 넘은 젊은 나이로 한 직장과 인연을 맺으면
그 직장에서 뼈가 굵고 연륜을 쌓고 경험을 얻어 정년까지 그 직
장에 머물다 퇴임하는 식의 종신고용을 직장인의 미덕인 것처럼
평가하였던 것이다. 심지어 일본의 경우 당사자의 종신고용에 그
치는 것이 아니고 그 자손들에게까지도 대를 이어가는 직장 고용
관계가 성립되는 경우도 상당히 존재하고 있다.[7]

물론 한 직장의 고용관계가 이렇게 되기 위해서는 그 직장은
우선 안정성이나 직장 분위기, 그리고 적어도 한 사람을 그 직장
에 종신토록 머물게 하는 그 어떤 매력 있고 장려적인 면이 있어
야 할 것이다. 그러나 정보화·개방화·세계화로 특징지워지는
21세기를 맞으며 사회구조의 급격한 변화로 인하여 우리의 직업
환경도 크게 바뀌고 있다. 직업과 직장관계에서 한 우물을 파는
것이 미덕으로 여겨지던 평생직장의 개념도 퇴색하고, 이제 일생
동안 4~5회 정도 직업전환을 요구받는 시대에 접어들고 있다. 다
시 말하면 직업이동은 단순히 개인의 선택의 문제가 아니라 삶의
질적 변환이 초래한 사회적 요청이 된 것이다.

직업 이동을 설명하는 이론들로는 직장의 임금, 환경적 기회,
훈련, 노동조합의 존재 등에 의해 영향을 받는다는 경제학적 모

---

7) 배영기·진혜숙, 『현대 산업사회와 직업윤리』, 서울 : 학문사, 1997,
p. 278.

형, 직무만족을 포함한 직무관련 요인이 조직몰입에 영향을 미쳐 이동의사에 영향을 준다는 심리학적 모형, 직무환경과 관련된 구조적 요인과 사회적 요인으로 설명하는 사회학적 모형 등이 있다. 직무만족 또는 이직영향 요인에 관한 연구를 종합하면 그동안 주로 연구되어 온 개인 특성 요인에는 연령·근속연수·성·가족책임·교육 정도·흥미·적성 등이 해당된다.[8]

## 4) 직업 선택의 과정과 요인

직업의 선택은 한 인간이 태어나서 죽을 때까지 계속되는 과정이라 할 수 있다. 이 말의 의미는 직업의 선택이 어느 특정한 시기에 결정되는 것이 아니라 여러 가지 복합적인 요인에 의해서 결정된다는 의미이기도 하다. 또한 어떤 개인이 직업을 선택하는 데 있어서 자유의사와 더불어 영향을 주는 사회적 결정요인, 제한요인, 영향요인들이 존재한다. 이 내용들에 대하여 살펴보도록 하자.[9]

직업을 선택하는 과정은 연령이 발달함에 따른 순서의 측면에서 살펴볼 수 있다. 이러한 연령 발달에 따른 선택과정은 다음과 같이 볼 수 있다.[10]

---

8) 정은재·김용섭, 『현대사회와 직업윤리』, 서울 : 이문출판사, 2000, p. 140.

9) 김병진·김훈기·김항곤·김진욱·소재진, 『생활과 직업윤리』, 서울 : 법문사, 1999, pp. 78～84.

10) 진영석, 『복지사회의 직업윤리』, 서울 : 백산출판사, 1995, pp. 218～220.

첫째, 탐색과 시행단계이다. 이것은 10세~20세 정도까지에 해당한다. 직업의 선택은 실제 직업을 갖기 훨씬 전인 초·중·고등학교 때부터 발달하기 시작한다. 초기에는 충동이나 욕구에 의해 즉흥적으로 직업을 선택하기도 하지만, 중학교 이후부터는 학교의 교육과정, 가족과 친척의 직업생활에 관한 견문, 방학 때의 현장실습 등을 통해서 새로운 것을 경험하고 습득함으로써 자기에게 잠재해 있는 가능성과 흥미를 발견하여 그것을 자신의 장래 직업으로 선정하게 된다. 그러나 그것은 단지 개발적 경험에 지나지 않는 경우가 많기 때문에 시행과 탐색으로 인한 수많은 변화의 가능성을 내포하고 있다.

둘째, 선택단계이다. 이것은 20세~30세 정도에 해당한다. 이 단계에는 처음으로 선택하여 처음으로 직업사회에 발을 내딛게 된다. 이 때의 직업의 선택은 탐색의 과정을 거쳐 어느 정도 방향이 설정되어 있으며, 그 이전에 받아온 고등학교 및 대학교의 전공교육 등의 형태, 혹은 학원을 비롯한 학교 이외의 사회교육기관을 통한 연수 등의 형태로 받아온 직업교육을 통해 영향을 받게 된다. 이 때의 직업의 선택은 탐색의 단계를 거쳐서 어느 정도 방향이 설정되어 있으며, 이 때에 선택한 직업이 곧 인생을 통하여 계속되는 것이 보통이지만, 자신에게 부적합함을 깨닫고 전직하는 것도 이 단계에서 많이 이루어진다.

셋째, 확립단계이다. 이것은 30세~40세 정도에 해당한다. 이 연령기는 심신이 활동적이므로 대개 선택한 직업에 대한 성공과 실패의 판가름을 보게 되는 경우가 많으며, 시험탐색의 과정을 거쳐 정착하게 되고 그것을 확고히 하고자 하는 시기이다. 경우에 따라 자신의 경험과 축적된 지식을 바탕으로 새로운 자신만의 사업을 시작하기도 하고, 또한 일단 선택하였던 직업에 대해서 실패를 거두게 되는 경우 다른 형태로 새로운 시도를 하기 위하여 직업 이동이 여전히 활발히 이루어지기도 하는 시기라고 볼 수 있다.

넷째, 유지단계이다. 이것은 40세 이후부터에 해당한다. 대부분의 사람들은 40대 중반에 이르게 되면 그동안 쌓아올린 토대 위에서 안정을 얻게 된다. 이 시기에는 새로운 분야를 개발하거나 착상하기보다는 그동안의 활동을 결산하고 승진을 통하여 간부사원이 되는 것이 보통이다.

성숙에 따른 선택과정의 단계는 세 단계로 구성되어 있다.[11]

첫째로 공상단계이다. 이 단계는 성인생활에 대한 아동의 욕망과 사고에 견주어 묘사된다. 이러한 사고들은 주로 아동에게 가시적인 것에 의해 결정되는 것이 사실인 반면에, 그것들은 실제 선택을 급히 할 필요성이 없기 때문에 현실과는 관련할 필요가 없다. 따라서 이 시기에 선택했던 직업이 후에 계속되는 경우는 매우 드물다고 할 수 있다.

둘째로 잠정단계이다. 이 단계에서는 상당한 현실상황이 선택상황에 개입된다. 그러나 이 현실성은 개인의 욕구나 야망에 관련된 것이지 반드시 노동시장의 현실과 관련된 것은 아니다. 이 단계에서 중요한 것은 미래에 직업을 결정하는 문제가 있음을 인식한다는 점이다. 그러나 어떠한 결정도 개인의 미래행위에 잠정적 관계가 있고, 또한 이 때의 선택은 실제적 가치보다는 상징적 가치를 더 많이 갖는 경향이 있기 때문에 잠정적일 필요가 있다는 것이 강조되어야 한다.

셋째로 실제단계이다. 이 단계에서의 선택은 실제로 그것을 실

---

11) 최조웅, 『현대인의 직업윤리』, 서울 : 형설출판사, 1993, pp. 171~173.

현한다는 명확한 목적을 지니고 이루어진다. 이 기간 동안에 개인
은 종종 자기 자신에 대한 이해와 자신의 능력, 그리고 흥미 등과
환경에 의해 주어지는 실제 선택 사이에서 타협을 해야 한다. 그
래서 앞 단계에서는 가시성이 지배적이었음에 비해서 이 단계에
서는 실현성이 중요한 요소가 된다.

직업 선택에 있어서 사회적 결정요인이란 직업 선택에 있어서
개인들이 통제하기 힘든 외적인 환경요소를 의미한다. 이러한 것
으로는 첫째, 개인이 타고난 사회계층의 문화, 둘째, 직업적 야망
등에 있어서 남성과 여성에게 존재하는 차이점과 관련된 성(性),
셋째, 농촌사회 또는 도시사회와 같은 지역사회의 형태, 넷째, 미
국에서 소수인종 이주민과 백인들 사이에서 나타나는 것과 같은
인종적 요인 등이 존재한다.

직업 선택의 제한요인이란 개인이 그 직업에 진입하는 것을 제
한하는 요소들을 의미하는 것으로, 거의 모든 직업에 진입하기 위
해서 갖추어야 할 자격요건을 의미한다. 이러한 제한들은 거의 모
든 직업에 존재한다는 것이 공통된 특징이다. 예를 들면, 의과대
학에서 의학교육을 받아 국가시험을 통과하여 의사 면허를 받아
야 의사가 될 수 있다든지, 부동산 공인 중개사 자격증이 있어야
부동산 관련 업무를 볼 수 있다든지, 일정한 시험을 통과하고 정
해져 있는 법무연수를 수료하여야 법무사나 변호사의 자격을 얻
어 관련 업무를 볼 수 있다든지 하는 것이 바로 그것이다. 이러한
제한요인으로는 학력에 의한 제한, 자격증에 의한 제한, 연령에
의한 제한, 구직 수에 의한 제한, 국가 차원에서의 제한 등이 있다.

직업의 선택에 미치는 영향요인이란 직업의 선택에 많은 영향
을 미치는 요소를 의미한다. 이러한 요소로는 첫째, 친척이나 친
구의 조언과 추천 혹은 부모의 직업과 같은 가정의 영향, 둘째, 학

교생활을 통하여 얻는 지식과 경험이 작용하는 학교의 영향, 셋째, 본질적인 직업상의 태도와 비본질적인 수단으로의 태도, 그리고 직업에 대한 방향을 결정하는 태도 등과 같은 일에 대한 태도가 바로 그것이다.


## 5) 직업 선택과 실업

일할 수 있는 능력을 가진 사람들이 일이 없거나, 가졌던 일을 잃게 될 때에 이를 실업이라고 한다. 실업이라는 말 속에 이미 부정적인 의미가 있다. 해야 할 일이 없다는 것, 있어야 할 직장이 없다는 것, 하던 일을 잃었다는 것이다. 여기에는 인간이 당연히 가져야 할 일이 없어졌다는 의미가 들어 있다. 즉 일의 당위성이 강조되고 있는 것이다. 말하자면 실업자들은 당연히 인간으로서 가져야 할 일과 직장을 갖지 못하고 있다는 것을 의미하게 된다. 일과 직장을 갖는다는 것이 인간의 당연한 권리라는 생각이 그 밑바닥에 깔려 있는 것이다.

일은 인간에게 있어서 의무만이 아니라 권리라는 생각은 이미 오랜 역사를 가지고 있다. 사람은 일할 의무만 있어서는 안 되며 일할 권리도 있어야 한다는 주장이다. 이것은 특히 산업화가 이루어지면서 많은 일이 생산업체들이나 공장에 의해 조직되면서 강하게 부각된 사상이다. 이제까지 일할 의무만 강조하여 왔는데, 일을 하고 싶어도 일할 자리가 없을 때, 그리고 일이 사회적으로 주어지지 않을 때에는 일을 할 수 없게 될 뿐만 아니라 생존에도 문제가 되어 인간의 본래적인 삶의 권리가 침해된다는 발상에서 거론되었다. 따라서 일할 권리는 생존할 권리, 곧 인간의 생존권과 관련된 권리로 주장된 것이다. 일이 삶의 본질적이고 필연적인 수단이 된다면 삶의 권리와 함께 일의 권리가 보장되어야 한다는 것이다.

현대 사회의 산업구조나 경제적 법칙에서 보면 몇 % 정도의 실업자는 항상 있는 것이 오히려 건전한 경제구조라고 주장되기도 한다. 아무리 경제제도가 완벽하게 짜여졌어도 국민들을 100% 완전하게 고용하는 법은 없으며, 오히려 적은 수의 실업자들이 대기하고 있다가 새로운 산업이 발전한다든가 새로운 노동력에 대한 요구가 생겼을 때 이를 메워줄 수 있어야 한다는 것이다. 이런 의미에서 실업자들을 산업예비군이라고도 한다. 만약 이런 예비군이 없으면 오히려 경제가 새롭게 발전하고 박진력 있게 움직이는 데 지장을 받는다는 것이다. 그래서 선진산업국가들에서는 국민의 4~5%가 실업자로 있는 것을 오히려 건전하게 생각하는 경향이 있다.

그러나 실업은 인간에게 여러 가지 고통과 부담을 주며 인간다운 삶을 빼앗는 것이기 때문에 윤리적으로도 큰 문제가 된다. 실업이 인간에게 주는 경제적·정신적·심리적 고통은 이를 당해본 사람이 아니고는 이해하기 어렵다. 사회보장제도가 잘 되어 있는 제도하에서는 실업급여나 실업 보험금 등을 통하여 최소한의 생계를 확보할 수 있을 수도 있다. 그러나 현재 우리나라의 사회보장제도는 여전히 보완되어야 할 점을 많이 가지고 있다.

매일 출근을 하던 사람이 갈 곳이 없어 집에만 틀어박혀 있다는 것은 보통 심리적 고통을 주는 것이 아니다. 그래서 어떤 사람은 자신이 실직하였다는 것을 가족들에게 보이지 않으려고 매일 출근하는 척 제시간에 나가서 거리를 돌아다니다가 퇴근시간에 들어오는 경우도 있다. IMF 이후 갑자기 늘어난 실직자들 때문에 멀쩡히 양복을 입은 사람들이 매일 공원이나 등산로 근처에서 배회하기도 하고, 어떻게 하든지 일거리를 찾고 또 가족들에게 초라한 자신의 모습을 보이지 않게 하기 위하여 노숙자로 전락하게 되는 경우도 있다.

실업이 인간에게 미치는 고통과 문제는 경제적인 것보다도 정신적인 것이 훨씬 더 크다고 말한다. 먹고 살아가는 것은 어떻게 해결한다 하더라도 일이 없다는 것이 주는 심리적 타격은 극복하기 어렵다는 것이다. 우선 '나는 이제 쓸 데가 없는 인간이구나', '이 사회는 나를 더 이상 필요로 하지 않는구나' 하는 심리적 소외감이 엄습해 와서 다른 것을 시도해 볼 용기를 잃게 되고, 자포자기하며 스스로를 더욱 망치게 되기도 한다. 실직하게 된 사람들 중에 알콜중독자가 많이 생겨나는 것도 이러한 측면에서 이해할 수 있는 것이다.

그러나 사실 따져보면 실업이란 결코 인간의 능력부족이나 성격불량, 사회적 적응력 부족과는 관계없는 일이다. 단지 그 당시에 그런 일을 하는 사람을 필요로 하는 사회적 수요가 부족해서 잠시 일터가 없어지는 경우가 대부분이다. 지역을 옮기면 곧 일을 얻게 되는 경우도 더러 있으며, 또한 경제적 경기변동에 의해 수요가 늘게 되면 또 사람을 구하지 못해서 야단을 치게 되기도 한다. 따라서 실업은 대부분 실업자의 주관적 잘못이나 책임 때문이 아니라, 사회적 조건과 수요 공급이라는 시장경제적인 조건에 의해 객관적으로 생기는 것이다.[12]

이러한 실업의 구체적인 의미와 내용에 관하여 살펴보도록 하

---

12) 김태길 · 이삼열 · 임희섭 · 황경식, 『삶과 일』, 서울 : 정음사, 1986, pp. 103~111.

자.[13] 실업이란 노동의 의사와 능력을 갖고 있음에도 불구하고 취업하지 못하고 있는 상태로 정의되고 있다. 따라서 노동의 의사는 있으나 노동능력을 갖고 있지 못할 때, 예를 들면 근로자가 정년으로 퇴직하였을 때에는 노동능력이 없는 것으로 평가되어 실업자로 파악되지 않는다. 또한 노동능력은 있으나 본인이 노동의 의사를 갖고 있지 않을 때에도 역시 실업자로 분류되지 않는다. 예를 들면 주부 노동력이나 학생이 여기에 해당된다. 뿐만 아니라 자산소득으로 직업 없이 살아가는 유한계층도 실업자의 분류 속에 들지 않는다. 일반적으로 정부의 취업 알선기관이나 공공 직업소개소에 등록 또는 신고된 미취업 근로자가 바로 이 실업자에 해당된다.

그런데 취업은 하고 있으나 그 취업이 일정하지도 않고 소득이 충분하지 못할 때, 사실상 그 근로자는 실업자와 다름없다고 볼 수 있다. 이러한 준실업적 취업상태를 불완전 취업이라고 한다. 국제노동기구(ILO)는 취업 기회가 부실하고 노동시간이 짧아서 취업자 자신이나 가계에 충당할 소득이 도모되지 않거나, 취업시간이 충분하다고 하더라도 근로자의 능력에 적합한 고소득이 동반되지 않는 것으로 불완전 취업을 규정하고 있다.

노동통계에서는 1주일에 1시간 이상 수입이 있는 일에 종사한 자는 실업자가 아닌 것으로 파악한다. 이것은 ILO에서 권고한 기준으로 우리나라를 비롯하여 미국·일본 등에서도 채택하고 있다. 그런데 이러한 통계방식은 외견상으로는 문제가 있으나 국제적 공통기준이며, 한편 우리나라의 경우에도 1주당 18시간 미만(8

---

13) 이영희, 『산업사회와 노동문제』, 서울 : 비봉출판사, 1992, pp. 252～255.

시간 노동기준으로 하면 3일 이하)으로 취업한 사람의 숫자는 전체 실업률에 비하면 미미한 수준이라고 한다. 그러나 이러한 통계적 수치는 고용의 질을 고려하지 않은 피상적인 수치에 불과하다는 점에서 문제가 된다.

실업은 우선 현재적 실업과 잠재적 실업으로 구분할 수 있다. 전자는 명백히 노동의 의사와 능력이 있으나 취업을 하지 못하고 있는 경우이며, 후자는 구직의 가능성이 높았더라면 노동시장에 참가하여 적어도 구직활동을 했을 사람이 그와 같은 전망이 없거나 낮다고 판단하여 비경제활동 인구화되어 있는 경우이다. 우리나라의 경우 가족 종사자로 파악되는 많은 인력이 사실상 이러한 잠재실업 인구로 분류될 수 있을 것이다. 잠재실업자는 유휴노동력과 비슷한 개념으로 사용되나 유휴노동력은 보다 넓은 개념이다. 즉, 유휴노동력은 경제활동 인구 중 현재 일거리가 없는 완전실업자와 일거리가 있는 취업자로서 추가취업을 희망하는 불완전 취업자, 그리고 비경제활동 인구 중에서 취업을 희망하는 잠재실업자를 총칭하는 개념이다.

다음으로 실업은 수요부족 실업과 비수요부족 실업으로 분류된다. 전자는 총수요의 부족으로 말미암아 노동력에 대한 수요가 감퇴되고 그 때문에 기업에 의한 해고, 일시해고 등이 있음으로 해서 발생하는 실업을 말하며, 경기적 실업이라고도 한다. 후자는 실업이 경기후퇴나 침체와 관계없이 발생하는 경우이며, 일반적으로 소위 마찰적 실업, 구조적 실업, 또는 계절적 실업 등이 여기에 속한다.

마찰적 실업이란 미충원 상태에 있는 일자리가 있음에도 불구하고 실업이 발생하고 있는 경우인데, 이것은 구직자와 구인처가 적절히 대응하지 못한 결과로서 발생한다. 또한 이것은 어떤 사람이 직장을 옮기거나 직업을 바꾸는 과정에서 생기기도 하는 실업이다. 구조적 실업이란 충원되지 못하고 있는 일자리가 있으나 거기서 요구하는 자격을 갖춘 근로자가 없어서 발생하는 실업을 말한다. 새로운 직종에 필요한 직업훈련이나 기술인력의 배출이 제대로 되지 못할 때에 이러한 실업이 발생한다. 계절적 실업이란 건설·농업·관광업 등과 같이 기후나 인력에 따라서 생산 또는 서비스 활동이 결정되는 산업에서 그러한 계절적 요인에 의해 발생하는 실업을 말한다. 이 경우의 실업은 어디까지나 일시적이며, 사정에 따라서는 완전히 실업으로 보기 어려운 경우도 있다.

실업 가운데는 경기변동과 직접 관계없이 종래의 제품 또는 신제품의 생산에 사용되는 자본과 노동의 새로운 결합방법이 도입됨에 따라 노동력에 대한 해고가 행하여짐으로써 발생하는 실업, 즉 노동절약적 기계나 설비가 도입됨으로써 발생하는 실업이 있으며, 이를 경기적 실업과 구별하며 기술적 실업이라고 부른다. 마르크스가 자본의 유기적 구성의 고도화에 따라 발생하는 실업노동력을 산업예비군이라고 하였는데, 이 경우가 여기에 해당된다.

경기적 실업에 있어서도 실업발생률은 경기상황에 대한 개별 노동자의 대응방식에 따라 더 높게 나타날 수도 있고, 반대로 더 낮아질 수도 있다. 전자를 부가노동자 효과라고 하는데, 이것은 경기가 후퇴하여 노동력에 대한 수요가 감퇴할 때 실업이 증가하지만, 생활에 불안을 느낀 사람들이 부가적으로 노동시장에 더 참가하게 됨으로써 실업이 더욱 증가하는 경우를 가리킨다. 반대로 후자의 경우는 실망노동자 효과라고 말하는데, 이것은 실업이 높을 때에는 실업자들이 취업 가능성의 감소로 구직활동에서 실망한 나머지 노동시장 참가를 스스로 포기하고 비경제활동 인구화함으로써 상대적으로 실업률이 낮아지는 경우를 뜻한다. 또한 비경제활동 인구로 있으나 경제사정이 좋았다면 노동시장에 참여했을 사람이 경제 전반의 높은 실업률 때문에 노동시장 참가를 미리부터 포기하는 경우도 여기에 속한다. 취업할 의사를 강하게 갖지 않는 대졸 여성인력의 경우가 대체로 여기에 해당된다고 할 수 있다. 이것은 앞에서 본 잠재실업과 사실상 합치된다고 할 수 있다.

실업근로자는 취업의 기회를 얻지 못하는 한 생계능력을 상실할 위험에 직면한다. 즉, 스스로 실업에 대비하여 생계유지 대책을 마련해 두지 못하였거나 가족구성원 등으로부터의 도움을 받을 수 없는 경우에는 절대적인 생활위험에 봉착한다. 그러나 이것은 사회 전체의 입장에서 접근되어야 할 문제이다. 포도원 주인이 일한 시간에 관계없이 약속한 한 데나리온을 주었다는 예수의 이야기도 일하는 자에게는 그 능력과 생산량에 관계없이 최소한의 생계비가 지불되어야 함을 가르쳐 주는 말씀이라고 하겠다.

국가는 고용을 확대하여 실업을 해소해야 할 책임을 갖지만, 먼저 이미 발생하였거나 또 발생하게 될 실업에 대한 대책을 강구하는 것이 더 급한 과제이기도 하다. 실업자에 대한 대책으로는 실업보험제도와 생활부조제도가 있다. 전자는 실업사고의 발생에 대비하여 노사 양측이 평상시 일정한 갹출로써 보험으로 적립하여 실제 실업이 발생했을 때 보험금 지급으로 보상하는 방식이다. 그러나 이러한 보험방식도 장기적으로는 유지될 수 없으며, 외국의 경우 보통 6개월 정도로 제한하고 있다. 다음 생활부조제도는 실업 뿐만 아니라 다른 여러 사고로 인하여 생활능력을 상실하였을 때 국가가 부조하는 제도인데, 이 경우에는 과연 생활능력이 없는지 여부의 자산조사, 또는 극빈자 및 영세민 증명 등을 요건으로 한다. 우리나라의 생활보호법상의 제도가 여기에 속한다.

일은 사회성을 갖고 사회·국가·문화의 창조와 발전에 중요하게 기여하는 것이다. 따라서 사람들이 누구나 일할 수 있는 권리와 기회를 누릴 수 있도록 개인 뿐만 아니라 정부·기업·노조·각종 사회단체들이 모두 협력을 이룩하도록 하여야 할 것이다.

# 제3장 직업윤리의 의미

## 1) 노동의 도덕적 측면

노동과 고용, 좀더 일반적으로 말하여 생산활동은 모든 사람의 좀더 나은 생활에 이바지하는 활동이다. 이것은 복지의 창출과 매우 긴밀하게 결합되어 있다. 복지는 오늘날의 경제에서 근본적으로 새롭게 정의되어야 한다. 이것은 경제적 가치와 함께 실질적인 상태로 표현될 필요가 있는 것이다. 특히 생산적인 활동과 노동은 그 본질상 인간의 잠재력과 존엄성에 결합되어 있다. 우리가 생산하는 것이 바로 우리의 모습이다. 이러한 측면에서 직업의 변화는 우리의 모습을 규정해 나가는 하나의 중요한 요인이 변화해 나가는 것이라고 이해할 수 있는 것이다.

고용이라는 개념, 즉 지불노동은 단지 생산노동으로 이해되어야 하는 것의 일부에 지나지 않는 것이다. 이것은 넓은 의미에서 지구상의 개개 국민과 인류의 복지를 향상시키기 위해 우리에게 필요한 생산활동의 거대한 발전 잠재력을 반영하고, 또 한편으로는 이 복지와 발전 잠재력을 위한 생산을 뒷받침하고 유익함을 이끌어낼 수 있는 수단으로 고용과 직업을 이해하도록 할 필요가 있다.

사회에서 차지하는 자신의 가치는 자신의 활동, 즉 노동의 가치로 결정된다. 이러한 노동의 가치는 노동을 어떻게 이해하는가와 관련을 맺는 것이다. 일반적으로 노동은 대개 경제적 관점으로부터 희소한 재화나 서비스를 생산하기 위한 인간의 활동으로 정의된다. 그러나 윤리적인 측면에서는 이러한 순수한 경제적인 측면 뿐만 아니라 사회적 가치 및 도덕적 가치까지 포함되어 있는 것으로 노동을 이해해야 할 것이다.

비록 정확한 것은 아니지만, 일단 자기 보존이라는 가장 주요한 목적을 위하여 인간과 인간을 둘러싼 환경 사이의 조정이라는 측면에서 노동을 설명할 수 있다. 이것과 관련하여 보면 인간의 종족 유지와 생존의 성공에 어느 정도 기여하는가에 따라 노동의 가치는 측정된다고 할 수 있다. 노동을 좀더 구체적으로 이해하기 위하여 역사상 노동으로 여겨졌던 것의 전개가 어떠했는지를 살펴보자.[1]

신화적 관점에서 노동은 한정된 일련의 전형적인 활동으로 분류되었다. 신화 속에서 신들은 인간에게 노동하는 방법을 가르쳐 주었다. 신들은 인간 종의 탄생과 함께 인간이 수행해 왔던 오래된 활동들, 즉 고기잡이 · 사냥 · 전쟁기술 등을 인간에게 가르쳐 왔다. 이처럼 신들로부터 성스럽고 비밀리에 노동을 전수받은 인간은 이 모든 활동들, 즉 노동이 마치 하나의 종교의식처럼 언제나 동일한 방식으로 수행되어야 한다는 생각을 품게 되었다. 또한 노동을 이처럼 하나의 의식으로 인지하였기 때문에 노동 후에는

---

1) Orio Giarini, Patrick M. Liedtke, 김무열 옮김, 『노동의 미래』, 서울 : 동녘, 1999, pp. 36~49.

신들에게 추수 감사 기도를 하게 되었다. 이러한 신화적 세계관에서 노동이란 신적인 세계 질서가 끊임없이 새롭게 구현되는 현상이다. 노동의 결과 나타나는 인간의 고통은 삶의 의미를 구성하는 본질적 요소가 되었고, 노동의 가치는 위의 전형적인 행위들을 수행할 수 있는 능력을 기반으로 평가되었다.

서구의 전통에서 기독교의 도래와 함께 노동개념은 변화를 겪게 되었다. 이 종교는 유일신을 섬길 뿐만 아니라 신을 인간과 다른 세계에 위치시킴으로써 인간과 신을 분리하고 있다. 내세와는 반대로 세속은 더 이상 신화적인 신들의 제국이 아니며, 삶이란 낙원으로 가는 도중의 시간에 지나지 않는다. 노동은 신이 준 활동의 반복이라기보다는 오히려 원죄에 관한 속죄로서, 그리고 낙원에서 추방당한 결과로서 인간이 감수해야 할 비탄과 고통으로 받아들여진다. 그러나 여전히 노동은 신과 관련을 맺고 있다. 신은 6일 동안 계획에 따라 창조하고 하루 휴식함으로써 자신의 모습을 닮은 인간에게 6일 동안 노동하고 하루 쉬는 것으로 시절의 리듬에 따를 것을 요구한다. 이것은 신의 의지에 따르는 것이었다.

루터와 칼뱅으로 인해 노동의 관점과 사회에서 노동이 가지는 가치에 대한 관점은 다시금 변화를 겪게 되었다. 루터에 의해 노동은 이제 신이 인간에게 바라는 고통의 일부로서 육체적인 생존을 위해 필요한 인간의 노고와 투쟁이라는 관점을 벗어나, 오히려 도덕적 자기 확신의 지배적인 수단으로 인정받게 되었다. 심지어 칼뱅은 노동은 삶의 주요 목적이며 궁극적으로 우리를 구제해 준다고 말한다. 근면, 부지런함, 힘들고 명예로운 노동을 기반으로 한 경제적 성공은 신의 눈을 즐겁게 하는 덕성들이다. 칼뱅은 응시적이고 정신적으로 '성찰적인 삶'에 앞서 '활동적인 삶'에 절대적인 우선권을 주고 있다. 기업가적 활동과 모험이 진정한 직업으로 승인되었으며, 이러한 칼뱅적 관념은 오늘날 존재하는 노동 동기의 중심에 들어서게 되었다. 현재 자본주의를 지향하는 사회의 본질은 노동을 모든 가치의 원천으로 보는 노동에 대한 프로테스탄트적 교리에 상당부분 기초하고 있다. 이 관점은 전혀 다른 종교적 색채를 띠고 있는 다른 세계로도 점점 더 확산되고 있다.

노동과 노동의 가치에 대한 신화론적 접근과 칼뱅주의적 접근은 도덕적 측면을 특히 명확하게 나타내고 있다. 이러한 도덕적 관점은 언제나 신의 본질과 관련을 맺고 있으며, 신의 의지나 종교적 권력이라는 측면이 외부적인 권력으로 인간에게 작용한다는 점을 그 특징으로 가지고 있다. 즉, 칸트에 이르기까지 신의 본질과 도덕적 관점 사이에는 언제나 긴밀한 내적 연관성이 존재하였다.

칸트의 학설에서는 노동은 종교적 측면에서의 신성한 의미와는 다른 측면에서 이해된다. 그에 의하면, 노동은 행운을 추구하는 과정에서 인간이 겪어야 하는 자연적인 고난이거나 하나의 의무로 여겨지고 있다. 즉, 노동은 스스로를 부양할 의무, 가족과 친척을 부양할 의무, 노동에 기초한 계약의 이행을 부담할 의무 등으로 여겨지는 것이다. 노동의 가치는 노동이 도덕적 요구에 일치하는가에 따라 결정된다. 완전한 자유를 향유하는 인간 사회에서만 이러한 도덕적 요구가 정식화될 수 있다.

이러한 도덕적 요구는 경제적으로 합리적이고 이성적인 요구와 충돌할 가능성이 있으며 실제로 종종 충돌하곤 한다. 오늘날의 생명공학, 인간에 대한 의학적인 생체실험, 마약 밀매 등은 경제적으로 이성적일지는 몰라도 사회의 도덕적인 관점에서 볼 때에는 바람직한 것이 못 된다는 것이다. 이것은 현 사회에서 노동이

무엇이고 노동방식은 어떠해야 한다는 것을 규정하는 일련의 규
범적이고 도덕적인 가치의 확립을 추구하는 것은 아니라 하더라
도, 최소한 어떤 주어진 체제가 규범적인 가치와 부합하는 노동을
위한 견고한 초석을 마련해 줄 수 있는가에 대해서 규명할 수 있
어야 한다.


## 2) 직업윤리의 개념

직업윤리라는 말은 직업(職業)과 윤리(倫理)라는 독립된 단어
의 합성어로 개념적 해석이나 정의 및 적용에 있어 어려움이 있
는 것이 사실이며, 직업과 윤리의 연계 차원에서 직업윤리가 무엇
인가라는 포괄적 의미를 찾는다는 것은 쉬운 일이 아니다. 그러나
일상적인 삶의 용어로 사용되는 직업과 윤리라는 단어가 복합명
사화된 직업윤리의 개념은 사회 안에서 인간이 삶의 유지를 위해
지속적인 행위과정에서 지켜야 할 상호적 관계의 도리나 사회적
으로 기대되는 내·외적인 행위규준을 의미한다고 할 수 있다. 어
떠한 직업인이 직업을 수행하는 과정에서 가지고 있는 내·외적
인 행위규준이 그 시대나 사회의 주류를 이루고 있는 도덕적인
전형으로 나타나게 된다면 지배적인 직업윤리가 될 수 있다.

직업생활에서 근본적으로 불가피하게 직면하는 규범적 문제는
직업인이 무엇을 행해야 하는가에 관한 윤리적 내용을 다루는 당
위적 부분과 요구나 제재를 표현하는 것이 아닌 허용의 부분으로
구별할 수 있다. 그러나 일반적으로 직업윤리 규범의 주된 관심영
역은 당위영역이다. 여기서 당위영역은 선악의 기준, 책임에 대한
원칙, 의무의 규칙으로 구성되어 있다. 기준은 일반적으로 직업인

으로서 추구해야 할 바람직한 특성이나 피해야만 하는 바람직하지 못한 특성을 제시함으로써 직업의 행위에 대한 윤리적 지침을 제공한다. 이에 반해 원칙은 직업인 상호간의 활동에 대해서 조정의 여지가 있는 책임을 진술하는 개념으로 특정한 직업적 상황에서 어떻게 행위를 해야만 하는가를 구체적으로 설명하여 주지는 않지만 주어진 틀 안에서 개인적인 판단과 선택을 허용한다. 또한 규칙은 특수한 행위를 지시하면서도 많은 재량권을 허용하지 않는 의무적 개념으로 특정한 직업상황에서 행위의 의무를 상세하게 기술할 뿐만 아니라 평가에 대한 여지를 남겨두지 않는다. 다위의 영역에서 이러한 직업윤리 규범들은 깊은 상호적 연관을 갖는다. 실제로 원칙은 직업인이 지켜야 할 기준을 제시하며 규칙을 정당화하며 규칙은 다양한 원칙에 의해 논리적 근거를 제시할 수 있게 된다.

직업윤리는 사회에서 직업인에게 요구하는 직업적 양심이나 사회적 규범의 하나로 윤리적 이해와 관심을 직업생활이라는 특수한 상황에 적용한 것이라 볼 수 있다. 이처럼 직업과 관련한 인간의 사회적 역할 수행의 과정에서 지켜야 할 내적 및 외적 행위의 규범이라 볼 수 있는 직업윤리는 직업과 직능에 따라 엄연히 특수성과 상이성이 존재한다. 더불어 직업인 각자가 가지고 있는 보편적·잠재적 직업의식이나 직업관이 다르기 때문에 직업윤리에 대한 인식과 수용은 차이가 있을 뿐만 아니라 획일화될 수 있는 것도 아니다.

직업윤리는 직업이라는 한정된 범주에서의 윤리라고 하더라도 비이성적인 행위를 요구할 수는 없는 것이다. 실제적으로 인간에게 있어서 직업행위는 인간 생활의 일부분에 지나지 않기 때문에 직업윤리의 행위규준은 일반윤리의 원칙에 어긋나서는 안 된다.

그래서 일반윤리가 직업윤리를 포괄하는 상위적 가치체계라 할
수 있다. 이는 일반윤리의 원칙에 기초하여 직업의 특수성에 맞는
직업윤리를 정립해야 한다는 것을 뜻한다. 하지만 직업윤리는 일
반윤리에 비하여 보편성이 약하기 때문에 직업이 가지는 사회적
비중이나 특수성을 고려하여 윤리의 영역으로 독자성을 지니고
있다.[2]

## 3) 직업윤리의 특수성과 일반성

직업윤리의 특수성은 각 직업의 성격에 따라 그 내용이 달라질
수 있는 직업별 윤리로 표현할 수 있다. 이에 비하여 직업윤리의
일반성은 직업별 윤리의 특수성에도 불구하고 직업인과 직업사회
전반에 걸쳐 보편적으로 적용될 수 있는 직업윤리를 의미한다.[3]
직업윤리의 특수성은 각 직업의 개별적 차이에서 유래한다. 즉
직업의 다변화 현상은 각 직업별 특징과 그에 따른 가치와 태도
의 차이를 극대화시켰기 때문에 직업윤리의 일반성으로는 각 직
업의 윤리적 정향을 대표한다는 것은 직업생활에서 제기되는 문
제들에 대한 해결기능을 가지고 있어야 할 직업윤리의 성격을 충
족시키지 못한다. 따라서 직업윤리의 특수성은 직업윤리 자체가
가지는 특수한 성격이라기보다는 직업의 다양성에 따라 직업윤리

2) 김하자·이경희, 『전환기의 직업윤리』, 서울 : 성신여자대학교 출
   판부, 2000, pp. 5~6.
3) 김병진·김훈기·김항곤·김진욱·소재진, 『생활과 직업윤리』, 서
   울 : 법문사, 1999. pp. 34~38.

를 일반화할 수 없는 직업윤리 일반화의 한계성을 말하는 것이라 할 수 있다.

직업윤리의 특수성은 그 성격상의 특징을 사회적 풍습으로 지칭하여 표현할 수 있는데, 사회적 풍습으로서의 직업윤리는 구속적일 뿐만 아니라 타율적이며, 이에 대한 위반은 제재를 수반하기 때문에 사람들은 그 의미에 반대하더라도 그에 따르지 않을 수 없다. 이러한 특수성으로서의 직업윤리는 롤즈가 규정한 규칙의 관행개념과도 연관된다. 어떤 사람이 관행에 의해 규정된 직책을 맡고 있다면, 이러한 그의 직책상의 행동에 관련되는 제반 문제는 그 관행을 규정하는 규칙에 의해서 해결된다. 따라서 직업별 윤리는 직업에 따라서, 그리고 그 직업이 소속된 사회에 따라서 상대성을 갖는 규칙이나 관행으로서의 외적 규제력이라고 하는 것이 더 타당할 것이다. 따라서 직업윤리에 있어서 특수성을 가지는 윤리는 보편성이 불가하며, 결과적으로 직업 일반의 윤리로 보편화시키기에는 그 성격이 매우 제한적임을 알 수 있다.

직업윤리의 일반성은 직업별 윤리의 특수성에도 불구하고 직업인과 직업사회 전반에 걸쳐 보편적으로 타당한 직업윤리란 있을 수 없기 때문에 이 직업윤리는 시간과 공간의 제약을 받는 상황윤리로서 종래의 이론적이고 형식적인, 그리고 획일적인 규범윤리로서는 설명할 수 없다. 따라서 직업윤리의 보편적 적용이란 일정한 시간과 공간의 제한 속에서 각 직업별 윤리에 공통적으로 적용될 수 있는 내적 규범을 의미한다.

제한적 보편성으로서의 직업윤리는 그 성격상의 특징을 사회정신 혹은 사회기풍으로 지칭하여 보다 단적으로 표현될 수 있다. 즉 보편적 세계정신으로서의 에토스가 아닌 사회적 상황과 시대적 특징이 공유하기를 요청하는 제한적 의미의 사회정신이다. 에

토스적인 직업윤리는 직업별 윤리와는 달리 제재에 의하여 사람들에게 강제로 행위를 요구할 수 없다. 따라서 이러한 내면적인 도덕적 기풍을 배양하기 위해서는 심정에의 호소가 기본적으로 등장한다. 그러나 칸트의 보편적 진리인 선의지에 의한 의무론적 호소가 목적론적·공리주의적 가치와 보완을 강력하게 요청받고 있듯이, 심정에의 호소에 그쳐온 이러한 심정윤리 이론은 목적론적인 실질가치의 창출이라는 측면에서 적극적인 보완을 필요로 한다.

심정윤리로서 보편성을 갖춘 규범은 과거 의사결정의 요약으로서 앞으로의 행동에 지침이 되는 원리로 보고 있는 롤즈는 행위결과의 유용성만을 염두에 두는 행위공리주의의 약점을 보완하기 위해 규칙공리주의를 지적하면서도, 한편으로는 "만약 우리들의 행동이 한 개인에게 불행한 결과를 가져온다면 사회 전체의 행복을 증진시킬 목적이라도 그 행동은 하지 말아야 한다"고 주장함으로써 보편적 정의론에 의해 의무론적 호소와 공리적 가치의 대립적 관계의 해소를 시도하고 있다. 롤즈의 이러한 입장은 직업윤리의 일반성 혹은 제한적 보편성이 지향해야 할 심정윤리와 책임윤리의 보완에 대하여 시사해 주는 바가 크다.

이러한 입장에서 볼 때 직업윤리의 보편성이란 심정에의 호소를 그 특징으로 할 수밖에 없으면서도 규칙이나 관행 등의 목적론적이며 규제력이 있는 책임윤리적인 보완을 필요로 하는 것이다. 그러나 직업윤리의 특수성은 이것을 스스로의 생활신조로 발전시켜서 받아들인 사람들에게 있어서는 표준이라고 할 만큼의 도덕적 전형으로서 크게 부상된 경우에는 특수성과 같은 직접적인 구속력을 가지게 될 것이라고 생각할 수 있다.

앞서 살펴본 직업윤리의 일반성과 특수성을 대비해 보면 두 가지 측면을 생각할 수 있다. 하나는 모든 직업에 공통되는 윤리, 즉 직업인 일반에게 요구되는 윤리이고, 다른 하나는 여러 다양한 직업에 있어서 각각 요구되는 특수한 윤리가 바로 그것이다. 이것을 일반직업윤리와 특수직업윤리로 구별할 필요가 있다. 특수직업윤리는 직업의 특수성에 의해서 일반직업윤리와는 다른 구체적인 내용을 가지고 있으며, 그 특수성은 그 직업의 본성을 실현하기 위하여 요구되는 것이다. 모든 직업은 일정한 사회적 역할을 담당하고 있다고 할 수 있다. 각각의 직업이 분담하고 있는 일정한 사회적 역할은 그 직업의 종사자들이 일정한 행동규준을 준수할 때에만 수행될 수 있기 때문이다. 반대로 일반직업윤리는 모든 직업에 보편적으로 요구되는 행동규범이다. 다시 말하면 직업활동의 일반적인 자세나 태도라고 할 수 있다. 물론 어떤 사회든 어떤 시대든 공통된 가치체계만이 존재했던 것은 아니지만 한 사회를 이끌어 온 지배적인 가치체계가 있었고, 이러한 지배적인 가치체계에 근거하여 일반직업활동에 적용되는 가치체계가 창출될 때 이것은 일반직업윤리가 되는 것이다

이러한 일반직업윤리는 다음의 두 가지 점에서 특수직업윤리와 구별된다. 첫째로 일반직업윤리는 특수직업윤리보다 근본적인 인간의 생활태도를 다룬다. 다시 말하면 특수직업윤리가 어떤 특정한 직업에서만 요구되는 규범을 문제삼는 것과는 달리, 일반직업윤리는 직업에 대한 포괄적이고 기본적인 자세와 인식방법에 중점을 두는 것이다. 둘째로 특수직업윤리가 보통 외면적인 규제력으로 나타나는 데 반해서 일반직업윤리는 주로 내면적인 가치체계로서 존재한다. 그러나 이 구별은 절대적인 것은 아니며 실제의 현실에서는 따로 분리된 관념으로 인식된다기보다는 혼합되는 경향이 있다.

## 4) 직업윤리의 외면성과 내면성

직업윤리에는 직업생활에서 외부적인 규범으로 주어지는 측면이 있다. 또한 직업에 종사하는 사람이 내적인 측면에서 일반적으로 직업생활에 대한 마음가짐과 같은 내면적인 성격과 관련을 맺는 것이 있다.[4]

직업별 윤리는 보통 직업생활에 대한 구속적인 외적 규제로서 표현되는 것에 대하여, 대개의 경우 직업활동상의 마음가짐과 같이 사람들의 내면적인 성격으로 문제가 되는 것도 있다. 그것이 확실히 어떤 마음가짐이 정당화되고 도덕적인 전형이라 생각되는 것은 이를 옳다고 하는 가치이념이 사회 속에 존재하기 때문이지만, 그러나 이러한 가치이념은 보통 잠재적으로 부여되고 있는 것이고, 그 나라의 법규와 같이 혹은 조합의 규약과 같이 명문화되고 있는 것은 드문 일이다. 그리고 그것은 반드시 단 하나만 존재하는 것은 아니며, 서로 대립되는 몇 개의 가치이념이 같은 시대나 같은 사회에 공존하는 바도 적지 않다. 이 외에도 이들의 가치이념에 의하여 요구되는 것은 직업생활에 있어서 각자의 행동결과의 정당성보다도 직업생활에서 지속적으로 지니고 있는 마음의 정당성인 것이다. 그러므로 거기에서 습관적으로 되고 있는 행동양식의 정당성이라고 말할 수 있는 것이다.

구속적인 외적 규제인 직업별 윤리는 주로 개개인의 행동결과의 정·부정이나 당·부당이 문제가 되어, 부정이나 부당한 행동

---

4) 정은재·김용섭, 『현대사회와 직업윤리』, 서울 : 이문출판사, 2000, pp. 126~130.

이 있는 경우에는 어떠한 인위적인 제재가 가해지는 것이 일반적
이다. 그러므로 이에 대하여 내면적이고 도덕적인 직업일반의 윤
리에서는 사람들의 직업생활이 어떠한 정신에 의해 이루어지고,
또한 어떠한 마음가짐에 의해서 지탱되고 있는가 하는 것이 문제
인 것이다. 따라서 어떤 사람의 마음가짐이 어떤 가치이념에서 볼
때 정당하다고 하더라도, 그 사람의 개별적 행동결과의 결함이나
실패가 없다고는 말할 수 없는 것이다.

  만약 그 사람의 마음가짐이 옳지 않다면 그 개별적 행동의 결
과가 아무리 좋게 보일지라도 전체로서의 그 사람의 직업생활은
이러한 가치이념의 입장에서 본다면 옳지 않은 것으로 되는 것이
다. 그러나 다만 그와 같이 판단되었다 하더라도 법규에 의해서
처벌되거나 조합의 규칙에 의해서 제재를 받지는 않는다. 이것은
어느 일방의 가치이념에서 볼 때에 올바른 마음가짐이나 행동양
식이 다른 가치이념에서 보면 옳지 않을 수도 있는 것이고, 또한
어리석게 보일 수도 있는 것이다. 다만 어느 사회, 어느 지역, 어
느 직장에서 지배적인 일정한 가치이념으로 보아 옳지 않은 마음
가짐이나 행동양식이 어떤 사람들에 의하여 장기간에 걸쳐 취해
져 왔으며, 또한 그것이 주위 사람들의 주의를 환기시키게 된다면
그 당사자는 주위로부터 무언의 비난을 받게 되는 것이고, 거리가
멀어지게 되어 직장을 잃게 되는 경우도 없지 않아 충분히 일어
날 수 있는 것이다. 그리고 이로 인하여 그 사람은 생계유지가 어
렵게 되는가 하면 물질적인 손해를 보게 되는 것 이상으로 평판
이 떨어지고, 자신을 잃는 등 자포자기에 빠지게 되어 어느 면으
로 보아도 행복할 수 없는 것이다.

  외적인 윤리는 어떤 사회 구성원이 그에 따르도록 요구되고 있
는 행동규범으로서 그것에 대한 위반이 집단에 의한 어떠한 제재

를 수반하는 것을 가리키는 것이며, 내적인 윤리는 어떤 사회 구
성원으로서 습관적으로 갖게 되는 도덕적 기풍을 의미하는 것이
라 할 수 있다. 따라서 외적인 윤리는 구속적이고 타율적이며 그
것에 대한 위반은 제재를 가져오기 때문에, 사람들은 그 뜻에 순
종하지 않는다 하더라도 그에 따르지 않을 수 없게 되는 것이다.
반면 내적인 윤리는 제재를 설정하여 사람들에게 강제할 수 없는
것이다. 이러한 내적 윤리를 배양하기 위해서는 인내심과 개인의
자기계발이 필요하다. 그러나 이 두 종류의 윤리는 개개인의 생활
의 외면과 내면이라고 하는 것처럼 별개의 영역으로 분리되어 존
재하고 있는 것은 아니다. 따라서 외적 윤리가 내면화될 수도 있
으며, 내적 윤리가 도덕적 전형으로 부상하는 경우에는 구속력을
가질 수도 있다는 점을 염두에 두어야 할 것이다.


## 5) 장애인과 직업재활

직업윤리와 관련하여 장애인들의 직업적 재활에 관해서도 관
심을 가질 필요가 있다. 직업적 재활이란 심신이 결함을 지닌 장
애인들의 신체적 · 정신적 · 사회적 · 직업적 · 경제적 능력을 최대
한으로 찾고 길러줌으로써 일할 권리와 의무를 정상인과 똑같이
갖게 하는 것이라 할 수 있으며, 장애인들의 성공적인 사회통합을
위한 최대의 과제인 자립생활을 영위하도록 하는 것을 장애인 재
활사업 중 가장 중요하고 핵심적인 과제로 삼고 있다.[5]

---

5) 한국장애인고용촉진공단, 『취업알선사례집』, 서울 : 한국장애인고
   용촉진공단, 1995, pp. 13~17.

직업은 사람에게 생계수단 이상의 의미를 가지고 있기 때문에
자신의 생존에 대한 자부심과 자기성취 및 현대문명의 발달을 도
모하고 있다. 그러므로 근로는 사회발전의 원동력이며 인간생활
의 핵심을 이루고 있다. 그래서 우리나라의 헌법에는 근로의 권리
를 보장하고 있으며, 인간다운 생활의 보장도 근로를 떠나서는 보
장하기 어렵다고 하고 있다.

직업재활은 가장 인도주의적인 사업이며, 의존적인 생활로부터
독립적인 생활로 변화시킴으로써 자기 비하나 사회적 멸시로부터
자존과 존엄을 찾게 한다. 따라서 구호보다는 재활을, 장기의존보
다는 유용한 직업의 훈련이 강조되고 있다. 그리고 직업재활은 인
간으로서의 존엄권과 기회균등권을 확보하기 위하여 장애인들이
오랫동안 벌려온 투쟁과 노력의 역사라고 할 수 있다. 이러한 직
업재활은 장애인 개인의 존엄성을 높이는 인도주의적 사업일 뿐
만 아니라, 아울러 비경제적 인간을 경제적 가용인간으로 만들어
넘으로써 사회적 부담을 없애고 사회적 생산에 기여하도록 하는
가장 경제적이고 생산적인 사업이다. 또한 직업적 재활은 장애인
의 여러 가지 욕구 중에서 직업적인 재활능력의 회복과 장애인의
직업적 신분보장을 위한 일련의 원조를 담당하는 분야를 의미하
는 것이며, 이것은 계속적이며 총체적인 재활지도 과정의 한 국면
으로서 장애인이 적당한 직업을 확보하며 그것을 유지할 수 있도
록 직업상의 원조, 즉 직업훈련·직업지도·선택적인 취업알선
등을 해주는 것을 의미한다.

심신의 손상을 입은 사람들을 사회적 직업적으로 자립하게 하
는 것은 쉬운 일은 아니다. 사회적 수용도 용이하지 않고 사회적
편견이나 차별을 불식하는 일도 쉽지 않다. 따라서 이러한 상황에
직면한 장애인을 어떻게 하여 그 존재가치를 높일 수 있을까 하

는 것이 중요한 문제로서 제기된다. 즉 장애인들이 직업적 재활과
정을 밟지 않는다면, 그들은 누군가에 의하여 도움을 받아야 하므
로 가정이나 사회에 부담을 안겨주게 되는 것이다. 이와 같은 부
담을 덜고 스스로의 인간다운 생활을 위해서도 일자리를 마련할
수 있도록 하는 일은 매우 중요한 과제라고 보겠다.

　직업재활은 장애인들이 취업을 할 수 있다는 사실과 아울러 또
다른 한편으로는 취업을 함으로써 가족의 일원으로 인정받거나
가장이 될 수 있으며, 기업에서는 신뢰받을 수 있는 인력으로, 사
회에서는 떳떳한 생산적 시민으로, 또는 사회적 지도자로서 활동
할 수 있다고 하는 점에서 직업재활의 의의는 매우 큰 것이다.

　흔히 직업재활에는 막대한 투자가 필요하기 때문에 재원도 없
는 상태에서 경제적 손실만을 크게 발생시키는 것이 아닌가 하여
적극적을 추진하기를 주저하는 경향을 볼 수 있다. 그러나 실제로
는 재활과정을 통해서 사회에 경제적인 공헌을 하게 되고 오히려
투자의 실효도 거두고 있음을 입증하는 사례를 많이 찾아볼 수
있다. 가령 장애인의 재활에 요하는 비용에 비하여 그 장애인이
취직하여 납부하는 소득세를 감안해 보면 평균 5배나 된다고 한
다. 또한 장애인 본인에게도 그가 취직하기 전에 비교해 보면 평
균 7~10배의 수입이 있다고 한다. 장애인을 재활시키기 위해 일
시에 사용하는 비용은 그 장애인이 복귀하지 않았을 때 공적 부
조로 지불되는 1년간의 급부액에 불과한 경우가 대부분이라고 한
다.

　또한 직업적 재활은 의료적·심리적·교육적 재활과 더불어
총체적 재활에도 기여하며 전인격적 영향에도 큰 열쇠가 될 수
있는 것이다. 아울러 직업재활은 직업적 능력을 평가하고 직종을
개발하고 거기에 따르는 직업훈련, 그리고 취업의 알선과 사후지

도 등으로 이루어지며, 사회의 일원으로서 보람과 긍지를 가지고 생활할 수 있도록 준비해 주는 과정의 역할을 담당한다. 이러한 직업재활은 개인의 욕구와 능력에 따른 개별성과 장애에 따른 개인의 한계성을 인식하는 현실성 및 각 전문분야의 서비스가 반드시 있어야 하는 전문성이나 각 전문분야의 서비스가 종합적으로 조정되어 제공되어야 하는 포괄성, 그리고 장애인에게 서비스가 필요할 때까지 주어져야 하는 계속성과 장애인의 욕구에 따라 프로그램이 조정되어야 하는 신축성 등을 그 특성으로 하고 있다.

직업재활의 효과적인 성취를 위해서는 다음과 같은 원칙들을 준수하여 계획하고 실행하여야 한다. 첫째, 모든 사람은 기본적인 인간의 가치를 가지고 있으므로 심신의 결함 범위 내에서 인생의 행복을 추구하도록 하여야 한다. 둘째, 모든 사람은 사회성원의 일원이므로 재활은 장애인들이 사회에서 받아들여질 수 있도록 적응력을 키워야 한다. 셋째, 모든 개인의 자질은 중요시되어야 하고 보호 및 계발되어야 하기 때문에 장애인의 자질도 존중되고 계발되어야 한다. 넷째, 심신의 장애로 인한 결함의 한계성과 환경의 한계성을 인식하면서 현실적으로 대처해 나가도록 도와야 한다. 다섯째, 장애인의 신체적 욕구 뿐만 아니라 정신적·사회적·문화적·경제적인 욕구를 참작하여 전인적으로 도와야 한다. 여섯째, 재활치료는 각 개인의 특성에 맞게 다양하고 융통성이 있어야 한다. 일곱째, 문제를 의식하고 해결할 사람이 바로 장애인 자신이기 때문에 재활에는 장애인 자신이 적극적으로 참여해야 한다. 여덟째, 장애의 발생요인을 장애인 개인에게 전적으로 돌리기에는 사회적 책임이 너무나 크기 때문에 장애인의 재활은 사회가 책임져야 한다. 아홉째, 직업재활은 여러 문제가 복합되어 있으므로 각 영역의 전문가와 전문기관이 서로 협력 및 보완하여야 한다. 열 번째, 재활은 도움이 필요할 때까지 계속해서 도움을 주는 과정이어야 한다. 열한 번째, 장애인은 자신이나 재활 프로그램에 대하여 심리적 반응이 항상 발생하게 되므로 항상 장애인의 심리적 동태를 파악하여야 한다. 열두 번째, 재활과정이란 연속되는 복잡한 과정이므로 반드시 장애인 자신과 재활 프로그램에 대해서 계속적으로 평가하여야 한다.

신체적·정신적으로 장애가 있는 사람도 그들의 능력범위 내에서 일할 권리가 있으며, 일할 의무가 있다. 그러나 많은 사람들이 심신의 장애를 가진 자는 일을 할 수 없는 것처럼 취급함으로써 일할 권리를 포기해야만 하는 경우가 많다. 그러나 지능이 낮은 사람은 정상인들이 싫증을 느끼는 단순하고 반복적인 작업을, 청각장애인의 경우에는 소음공해가 심한 작업이나 평형감각을 상실했기 때문에 유리한 선반작업 등을, 시각장애인의 경우에는 고도로 발달된 촉감으로 광학기기의 렌즈검사·암실작업·악기조율 등의 작업과 같이 정상인들보다도 더 잘 할 수 있는 조건을 구비하고 있다고 할 수 있으며, 그 외에도 심신의 결함을 굳은 의지와 피나는 노력으로 극복할 수 있는 경우가 많이 있다.

고도산업사회의 발달로 직업이 전문화되고 분업화되어 작업대행의 폭이 좁아진 반면에 전문화됨으로써 장애인의 전문적 대행 능력은 넓어지고 있으며, 현대 재활의학 발달에 의하여 특수한 보조장구의 개발과 사용으로 결함을 해소시켜 기능을 발휘하게 함으로써 직업적 능력을 발휘할 수 있다. 그러나 장애인의 직업재활 대상은 심신의 결함이 있는 모든 장애인들에게 필요한 것은 아니다. 즉, 장애 정도가 경미하여 특별한 계획을 세우지 않아도 정상인과 같은 직업에 종사할 수 있는 사람이나 장애의 정도가 심해서 독립된 생활을 영위하기 어려워 직업을 갖기 불가능한 사람은

대상이 될 수 없다. 따라서 직업재활의 대상자는 심신의 결함이
직업을 갖는 데 큰 지장과 방해가 있으나 일정한 의료적·직업
적·교육적·사회적 대책을 마련해 주면 직업을 가질 수 있는 가
능성이 있는 장애인으로 제한될 수밖에 없겠다.

　현대 사회의 발전으로 인한 여러 가지 위험으로 인하여 선천적
으로 뿐만 아니라 후천적으로 장애를 가지게 된 사람들이 많이
있다. 그리고 그들은 우리들과 더불어서 같은 세상에서 살아가는
같은 사회의 구성원들이다. 따라서 장애인들의 직업생활에 대하
여 고려하고 그들을 우리의 동료요 친구로 대하는 것은 직업윤리
의 중요한 측면이라 할 수 있겠다.


## 6) 외국인 근로자와 한국 사회

　외국인 근로자는 1987년 무렵부터 한국에 몰려오기 시작하였
다. 물론 그 이전에도 외국인이 국내에 들어와 취업한 적은 있었
지만 그 성격은 완전히 다른 것이었다. 19세기 우리나라의 개항으
로부터 1986년까지 우리나라에 들어와 취업한 사람들은 대부분
외교관·군인·선교사·지주·자본가·전문가·기술자·상인 등
행정관리직 및 전문기술직 종사자들이었다. 그러나 1980년대 중
반 이후 한국의 제조업·건설업·광업 등에서는 생산직 인력난이
만연해 있었다. 그리고 1987년 민주화운동 이후 근로자의 임금이
급격히 상승하였고, 중소기업과 대기업의 임금격차가 커지면서
중소기업 생산직의 인력난은 점점 심화되었다. 더욱이 1990년대
초 주택 건축 붐으로 제조업 노동력이 건설업으로 빠져나가면서
중소업체의 인력난은 극에 달하게 되었다. 이처럼 풍부한 한국의

일자리를 찾아서 중국과 동남아시아 및 남부아시아 국가 출신의
외국인 근로자들이 몰려왔다. 그렇지만 한국 정부가 국내 노동시
장 상황을 고려하여 외국인력을 수입한 것은 아니었다. 그들 스스
로 한국에 일하러 온 것이었다. 그 때문에 1990년대 초까지 국내
에 유입된 외국인 근로자는 거의 대부분이 불법체류자였다. 우리
나라의 출입국관리법에 의거하여 취업 사증을 발급받고 입국한
합법취업자는 극소수에 불과한 전문기술직 종사자들뿐이었다.

　국내 외국인 근로자수는 생산직 인력난이 더욱 심화된 1989년
부터 급증하였다. 그들의 수가 늘어나면서 정부는 외국인 불법체
류자를 계속 묵인할 수는 없었다. 정부는 1991년부터 외국인 근
로자를 수입하되, 그들에게 근로자가 아닌 연수생 신분을 부여하
는 '외국인 산업기술연수제도'를 실시하여 오늘에 이르고 있다.
그 결과 한국에는 다수의 '산업기술연수생'과, '불법체류취업자'
와, 소수의 '합법취업자'라는 세 유형의 외국인 근로자가 존재하
게 되었다. 외국인 근로자들은 '어떻게든 한국에 가서 2~3년 고
생하면 평생 편히 살 목돈을 장만해 올 수 있을 것'이라는 코리언
드림을 갖고 한국으로 꾸준히 몰려왔다.

　외국인 근로자들은 한국인들이 기피하는 열악한 작업환경에서
이루어지는 장시간 저임금 노동을 떠맡고 있다. 그들이 국내 노동
시장에서 고유한 영역을 확보하고 산업생산활동의 한 부분을 담
당하게 되면서 외국인 근로자는 한국 사회의 저변계급(underclass)
으로 자리잡게 되었다. 그들은 한국인의 일반적 주거지역과 분리
되는 곳에 거주하면서 그들 나름대로의 사회적 연결망을 만들어
인종적·민족적 게토(ghetto)를 형성하기 시작하였다.

　외국인 근로자의 수가 늘어나면서 한국인들은 전국의 공장·
공사장·어장 뿐만 아니라 식당이나 이삿짐을 부리는 곳에서도

그들을 쉽사리 만날 수 있게 되었다. 그들은 먼지와 기름때가 잔뜩 묻은 작업복을 입고 있거나, 싸구려 티가 나는 화사한 원색 의상을 입고 끼리끼리 몰려다니고 있다. 1980년대 말 한국인들은 호기심 가득한 눈으로 외국인 근로자들을 바라보았으나 이제는 그들의 존재를 아주 자연스럽게 여기게 되었다. 그들의 수가 급증하면서 한국인과 외국인 근로자의 상호작용의 범위가 확대되었기 때문이다.

외국인 근로자의 유입은 단일한 민족문화를 유지해 오던 한국 사람들에게 다른 나라 사람들과 어우러져 살 수 있는 지혜를 찾으라는 새로운 과제를 부여하였다. 외국인 근로자의 국내 유입이 거역할 수 없는 전지구화의 한 가지 추세라는 점을 고려할 때, 한국인들과 외국인 근로자의 접촉은 일시적으로 그칠 일이 아니기 때문이다. 다시 말해, 한국인들과 외국인 근로자들은 상호 적응을 통하여 공존을 모색하여야 한다. 외국인 근로자만 한국 사회에 적응하는 것이 아니라, 한국인들도 외국인 근로자에게 적응하여야 하는 것이다.

외국인 근로자와 한국 사회의 쌍방적 적응과정은 힘의 불균형으로 말미암아 평등한 것이 아니라 기울어진 형태로 이루어지고 있다. 외국인 근로자들에 대한 차별대우와 인권침해 등의 사회문제는 외국인 근로자가 한국 사회에 일방적으로 적응하는 과정에서 파생된 문제라 할 수 있다. 사실 일부 외국인 근로자들의 한국 생활은 인권침해와 노동착취로 얼룩져 있다. 열세 명의 네팔인 산업기술연수생들이 1995년 1월 명동성당에서 "때리지 마세요. 우리도 사람입니다. 우리는 노예가 아닙니다. 월급 주세요"라는 구호를 외치며 농성을 한 사건은 한국 사회에서 초미의 관심을 끌었다. 또한 산업재해로 장애자가 되었거나 사망한 경우 내지 몇

년간 일한 임금을 한푼도 받지 못한 사례도 드물지 않았다.

국내 시민운동단체와 언론은 이러한 사실을 널리 알리는 데 기여하였다. 그러나 이러한 '피해자' 이미지는 외국인 근로자의 평균적 모습과는 거리가 있다. 심각한 피해를 입은 외국인 근로자들이 적지 않게 있음에도 불구하고 대부분의 외국인 근로자는 한국 생활에 만족하고 있으며, 그들의 친구나 가족까지 합류하기를 바라는 사람도 많다. 지옥으로 가족과 친구를 끌어들이려는 사람이 어디 있겠는가? 그렇다면 대부분의 외국인 근로자는 자기 자신이 설정한 목표를 달성하기 위하여 노력하고 있는 '목표 추구자' 혹은 '꿈을 실현하고 있는 사람들'이기 때문이다. 다시 말해, 그들은 자기 나라에서 출세한 사람이고 성공한 사람에 해당된다는 사실을 무시해서는 안 된다는 것이다.[6]

그런데 우리나라는 1997년 IMF에 구제금융을 신청함으로써 경제 파탄국으로서 국제기구의 법정 관리 대상이 되는 신세가 되었다. 기업 부도가 줄을 잇고, 내수가 위축되어 가동을 멈추는 공장이 늘어났다. 국내 산업기반이 아예 붕괴하고 말 것이라는 우려까지 나왔다. 외국인 근로자들도 경기침체의 충격에서 예외일 수는 없었다. 일자리를 잃거나, 정규직 노동자에서 아르바이트 노동자로 전락하거나, 몇 개월치 임금을 받지 못하거나 하는 사태가 속속 발생하였다.

일반적으로 경기 침체기에는 내국인과 외국인 근로자 사이의 관계가 실직의 공포 때문에 악화될 가능성이 있다. 내국인 근로자들의 외국인 근로자에 대한 배척심리가 강해지는 것이다. 그렇지

---

6) 설동훈, 『외국인 노동자와 한국사회』, 서울 : 서울대학교 출판부, 1999, pp. 3~9.

만 한국인 근로자의 외국인 근로자에 대한 적대적 행위는 아직까지는 나타나지 않고 있다. 외국인 근로자 때문에 실직의 공포를 느끼는 한국인 근로자가 없기 때문이다. 서로 한국 내의 노동 시장에서 차지하는 위치가 다르고, 한국 정부가 외국인 근로자를 제한적으로 받아들였기 때문이다.

여러 가지 측면에서 준비되지 않은 상태에서 한국인이 외국인 근로자들을 대하는 태도는 차별과 편견으로 점철되었다. 외국인 노동자가 '더럽고(Dirty), 위험하고(Danger), 어려운(Difficult)' 3D 업종에 취업한 데서 비롯된 근거 없는 편견이 한국 사회에 널리 퍼져 있다. 한국인은 외국인 근로자가 게으르고, 불성실하며, 탐욕스럽고, 책임감이 없다는 부정적 선입관에 사로잡혀 있다. 우리 정부도 단순생산 기능직에 종사하는 외국인 근로자에게 취업이 아닌 '연수 사증'을 발급하여 저임금과 용이한 노동통제를 확보하고 있다. 이는 외국인 근로자의 근로자로서의 권리를 전혀 인정하지 않고 차별대우를 제도화한 것이라 볼 수 있다.

한국에서 비인간적인 차별대우를 경험한 외국인 근로자는 한국에 대하여 부정적 시각을 갖게 되고, 국제 교류가 빈번한 상황에서 이러한 인식은 쉽게 반한감정으로 전환된다. 실제 반한감정을 가진 외국인 근로자의 비율은 매우 낮다고 한다. 오히려 대부분의 근로자는 한국에 친밀감을 가지고 있다. 그러나 차별 대우로 인한 '반한감정'의 확산은 확률로 평가할 문제가 아니다. 정보가 순식간에 지구 곳곳으로 확산되는 시대에 '차별 대우를 당한 외국인 근로자의 억울한 사연'은 한국 사회는 물론이고 본국 사회까지 널리 유포된다. 더욱이 차별대우 사례는 쉽사리 과장되고 증폭된다. 그 소식을 들은 외국인 근로자와 본국 사람들은 동료의 경험을 자신의 처지에 대입하여 반추하게 된다.

　단기적 이익을 앞세운 잘못된 애국주의가 우리 사회를 지배하도록 해서는 안 되겠다. 외국인 근로자를 '말 잘 듣는 싸구려 노동력'으로 파악하기보다는 '인격을 가진 사람, 권리를 가진 근로자'로 이해하여야 한다. 집단적 탐욕 앞에서 '사람이 사람답게 산다'는 기본적 가치를 세워야 한다. 모든 면에서 외국인 근로자를 내국인 근로자와 똑같이 처우하는 나라는 없다. 그러나 중요하고 우선시되어야 할 보편적이고 인간적인 가치는 분명히 존재한다. 그들의 기본적인 인권 보장은 반드시 준수되는 것이 국제사회의 규범이다. 이러한 관점에서 보면 외국인 근로자들을 착취하는 것은 결코 경제적이지 못한 행위이다. 우리 경제가 지속적으로 성장하는 한, 외국인 근로자는 앞으로도 계속 우리들과 함께 생활해야 할 사람이기 때문이다.

　우리는 심지어 재외동포 근로자 혹은 탈북자까지도 차별대우하는 경우가 있다. 동포부터 포용하지 못하면 어떻게 삶의 지평을 전세계로 확장할 수 있는가? 이제는 모든 한국인들이 세계사회의 한 성원으로 살아갈 수 있는 문화적 훈련을 하여야 한다. 한국인은 이 땅에 좀더 나은 삶을 위해 찾아온 중국동포를 포함한 모든 외국인 근로자들과 더불어 사는 연습을 하여야 한다. 이들도 우리와 똑같은 인간으로서 인간다운 삶을 누릴 수 있는 권리가 있다는 것을 인정하여야 한다. 이는 앞으로 다가올 통일시대에 대비한 한국인의 사전 적응 훈련으로서의 의미도 갖는다.[7]

---

1) 앞의 책, pp. 473~484.

# 제4장 직업윤리의 사상적 기초

## 1) 한국 사회에서 직업유형의 변화

전통사상이란 조상들이 남긴 어떤 초시간적이고 초공간적인 보편원리나 고정불변의 철학원리를 말하는 것이라기보다는, 시대와 생활환경이 변함에 따라 부단히 새로운 모습을 지니면서 우리 민족의 생활양식과 가치관을 지배해 온 정신사적 원리를 말하는 것이라고 이해하는 것이 바람직할 것이다. 따라서 이와 같은 전통사상에 관하여 살펴본다는 것은 우리 자신의 삶을 근원적으로 이해하는 자기 인식이요 자기 반성이 되는 것이다.[1]

전통사회에서 '직업'이라는 말의 의미는 생계를 유지하기 위한 생업을 의미한다기보다는 신하가 관직으로서 맡은 일을 의미하는 것이었다. 이것은 관료적 사회질서 속에서 관리로서의 직분, 그리고 나아가서는 평민으로서의 분수를 의미하는 경향이 현저하였다.[2] 이에 비하여 우리나라에도 '천직'이라는 말이 있으나, 이것

---

1) 김낙배·이정우, 『현대사회와 직업윤리』, 서울 : 형설출판사, 1998, p. 71.

은 단순히 생계를 유지하기 위한 생업의 뜻으로 사용되었을 뿐, 서구에서 볼 수 있는 소명의식과는 거리가 멀고 소극적인 것이었다. 직업과 우리의 사상적 전통에 관하여 좀더 구체적으로 살펴보면 다음과 같다.[3]

노동에 대한 대가나 근로사상을 경시하는 전통사회에서는 올바른 직업의식이나 직업윤리가 발달할 수는 없었다. 그러나 비록 유교적 전통사회에서 직업윤리가 발달하지 못했다고 하더라도, 그것이 전혀 없었다고 할 수는 없을 것이다. 그것은 적어도 그 사회의 주인역할을 하지는 못하였다 하더라도 농업·공업·상업의 직분을 가진 계층이 존재한 것을 보면 어떤 직업윤리의 싹이 있었다고 보아야 할 것이다.

이 경우에 직업윤리라는 말은 직업의식이나 직업관을 의미한다고 해도 무방할 것 같고, 또한 소박한 의미의 근로의식이 있었다고 표현하여도 좋을 것 같다. 아무튼 소극적이기는 하지만 직업활동을 규제하는 규율에 대한 내적 의식은 존재하였다고 볼 수 있다. 이러한 직업윤리 의식은 순전히 직업을 중심으로 하는 집단이나 조직에 의하여 이루어지는 서구의 사회적 규범과는 다른 것이다. 그러나 청백리와 같은 사대부들이 고도의 윤리의식을 가지고 그들의 직분을 훌륭하게 지킨 사례를 상당히 많이 찾아볼 수 있으며, 또한 자신의 직분에서 정성을 다하여 명품을 만들어내고자 하는 장인정신, 신용과 윤리를 바탕으로 전통사회의 상거래에

---

2) 김병진·김훈기·김항곤·김진욱·소재진, 『생활과 직업윤리』, 서울 : 법문사, 1999, p. 48.

3) 하병철, 『한국인의 직업윤리』, 서울 : 사회문화연구소, 1995, pp. 254~255.

서 중요한 위치를 차지한 개성상인과 보부상들의 생활 등에서도
마찬가지로 그것들을 찾아볼 수 있다. 이러한 직분의식은 전통사
회에서 근대사회로 옮아가는 전환기라고 말할 수 있는 조선왕조
의 중기 이후에 실학사상이 발달하면서부터 점차로 언급되기 시
작하였다.

실학사상은 조선왕조 중기까지는 실사구시·경세제민·무실역
행 등의 말을 표방하였지만 신분계급을 고수하면서 어디까지나
유교의 입장에 바탕을 두고, 평등한 입장에서가 아니라 통치자의
입장에서 백성을 불쌍히 여기는 일종의 동정심의 발로 같은 것에
지나지 않은 것이었다. 그러나 영조시대에 이르러 경세치용론·
이용후생론 등과 같은 북학파의 사상이 나오면서부터 유교적인
전통사회(적 입장)에서 점차 변화를 보이게 되었다.

특히 담헌 홍대용이 북경에 다녀온 후 우리나라에도 "윤업일
야"(倫業一也), 즉 윤리와 일은 하나로서 구분될 수 없다는 고도의
기업윤리사상까지 나오게 되기도 하였다. 홍대용은 누구나 노동
을 해야 한다고 주장하여, 중세적 신분제도의 부인이라는 혁명적
인 입장에서 독창적인 직업윤리 의식을 전개하기도 하였다. 따라
서 우리나라에서는 이 무렵부터 서민층이 자기 의식을 갖게 되어
공인계·보부상단 등을 조직하고 단결과 이익을 도모하게 되었
고, 이로써 직업 일반의 윤리로서 근로정신이 함양되기에 이르렀
다. 그러나 직분의식이나 건전한 직업의식은 20세기에 들어와서
야 언급되기 시작하였다고 말할 수 있다.

이렇게 살펴본 바에 의하면, 전통사회라는 말과 직업윤리라는
말은 서로 그다지 잘 어울리는 말은 아니다. 왜냐하면, 엄밀한 의
미에서 직업윤리라는 말은 근대 산업사회에 들어와서 사용되기
시작한 용어이기 때문이다. 그러므로 한국인의 직업관과 직업윤

리 의식을 살펴보고자 할 경우에는, 한국 전통사회에 있어서 직업
관과 직업의 변화한 유형을 먼저 더듬어 보면 다소나마 도움이
될 것이다. 이에 관하여 전통사회에서의 직업유형, 개항에서 일제
강점기 사이의 직업유형, 현대의 직업유형 등에 관하여 살펴보도
록 하겠다.[4]

## (1) 전통사회

사회가 급격한 변혁기를 맞이하게 되면 물자의 생산·유통방
식을 비롯하여 정치조직과 이념 측면에서 갖가지 변화현상이 야
기된다. 이러한 변화로 인하여 직업도 새로운 양상으로 전개된다.
즉, 이전에 중요시되던 직업의 비중이 약해지거나 또는 소멸하여
버리고, 새로운 직업군이 출현한다. 또한 계속 남아 있는 직업이
라 하더라도 그 내용과 위계서열상의 위치, 그리고 충원방식에 변
화가 많다. 이런 점에서 볼 때, 사회변동은 곧 직업구성의 변화라
고 할 수 있다. 이것을 우리의 역사적 전통과 관련지어 살펴보면
다음과 같다.[5]

한국의 전통사회에서, 초기 원시사회 단계에서의 생업은 직업
이라고 이름짓기 어려운 것이었다. 그 뒤 농경과 목축이 분화되어
농경사회적인 특성이 정착해 가고, 청동기문화가 발전되어 수공
업이 농업으로부터 독립된 분야로 행해짐에 따라 분업과 교환이

4) 한국정신문화연구원, 『한국민족문화대백과사전』, 서울 : 한국정신
문화연구원, 1995, v. 21, pp. 379~380.
5) 앞의 책, 1995, v. 21, p. 377.

성립됨으로써 전문적인 직업이 생겨났다. 한편, 이러한 사회과정
은 특정형태의 국가를 출현시키고, 이들 국가 내부에 있어서 지배
층과 피지배층의 분화를 지속적으로 관철시켜 고대적 신분관계를
형성시켰다. 그 뒤 이러한 신분분화는 신라의 골품제, 고려의 귀
족제도, 조선의 반상제도(양반과 상민) 등을 통하여 각 시대에 따
라 독특하게 발전하게 된다.

개항기 이전의 사회를 전통사회라고 할 때, 이 전통사회에서의
직업은 신분제도와 밀접히 관련된다. 신분제 사회에서 개인의 직
업은 그가 가지는 신체적·기술적 조건에 의해서가 아니라 주로
혈통과 가문에 의하여 결정된다. 따라서 개인은 그의 자질과 소망
과는 관계없이 출신배경에 따라 주어진 직업을 승계하였다. 더욱
이 신분간의 장벽이 두껍고 그만큼 사회적 상승이동의 통로가 막
혀 있었기 때문에 세대내·세대간 직업이동도 제한되어 있었다.

신분의 분화와 직업구성과의 관계를 비교적 완성된 형태로 제
도화하고 있는 것은 조선시대의 반상제도이므로, 이를 중심으로
전통사회의 직업구성을 살펴보면 다음과 같다. 조선사회의 신분
구조는 지배층인 양반과 중인, 피지배층인 양인과 천민으로 구성
된다.

양반은 집권사대부를 비롯한 토성사족(土姓土族)으로서 경제적
으로는 지주이며, 정치적으로는 관료 또는 관료예비군이었고, 사
회적으로는 지방사회의 지배자였다. 그들은 기본적으로 생산노동
에는 종사하지 않으면서 지식층으로 이념적 기능을 수행하였다.
또한 과거나 천거에 의하여 문·무 관직에 진출하여 국가관료로
서 정치적 기능을 담당하였다.

중인들은 국가의 하위 행정실무와 상·하급 기술관직, 하급군
직 등을 수행하였다. 특수기술직은 세습하였으며, 제한된 범위 안

에서 교육을 받고 잡과에 응시하여 한정된 직위를 보장받았다. 대표적인 것이 통역을 담당한 역관과 의술을 담당한 의관이다.

양인은 상민·평민·양민이라고도 부르며, 국민의 대부분을 점하는 농민, 공장(工匠) 또는 수공업자, 상인 등을 지칭한다. 전통사회에서 농업은 가장 중요한 생산활동으로서 이 사회가 필요로 하는 재화와 용역의 대부분을 생산하는 직업영역이었다. 공인은 초기에는 자급자족적인 가내수공업과 관주도의 생산양식 및 전업적 민간수공업이 공존하는 형태였으나, 조선 후기인 19세기부터는 관영수공업의 민영화가 촉진되어 공장제 수공업이 출현하게 된다. 상인은 시전상인·육의전상인·행상과 보부상, 그리고 객주, 여각 등 유통경제에 종사하는 전문적인 직업인을 말한다. 상업은 유교적 관념에 의하여 가장 천시되던 직업영역이었으나 17세기 이후 상품화폐경제의 발달에 따라 그 중요성이 커지게 되었다.

천인은 사회의 최하층 신분으로서·노비·무당·광대·기녀·백정 등이 여기에 속한다. 노비는 양인과 함께 직접적인 생산영역에 종사하였다. 승려·광대·무당·점쟁이·기녀·버들고리장 등도 노비는 아니지만 그 하는 직무는 천한 것으로 여겨졌다. 그리고 백정도 천직으로 취급되었다. 이들은 주로 도살업·유기·제혁 등으로 생업을 영위하였다.

개항기 이전까지 한국 사회의 모습을 직업구조와 관련해 정리하자면 사회변동의 속도가 퍽 느린 전형적인 농경사회였다. 따라서 농업인구가 직업활동 인구의 거의 대부분을 점하고 있었으며, 유교적 신분관·직업관에 의하여 직업의 서열이 매겨져 있었다는 점이 두드러진 특징이다. 자본주의 사회에서 오히려 중시되는 수공업·상업·서비스직에 종사하는 노동력은 유교적 직업관에서는 대체로 낮게 평가되었기 때문에 주변적인 위치를 차지하는 데 불과하였다.


## (2) 개항기 및 일제강점기


신분제적 지배질서를 흔들리게 하는 사회경제적 변화를 밑바탕으로 하여 개항기 이후 민족항일기가 끝나는 70여 년 동안 우리나라 사회는 자본주의에로의 틀을 다져나갔다. 비록 자주성을 상실한 채이기는 하나 일본 제국주의를 통하여 세계자본주의 경제체제에 편입됨으로써 자본주의 사회의 독특한 구조가 정착되어 갔다.

개항기로 일컬어지는 1870년대로부터 상업과 일용노동 직업이 점차 부각되었다. 부산·인천 등 개항장과 그 인접지역에서는 미곡·우피 등을 수출하고, 대신 유럽과 일본으로부터 직물을 비롯한 각종 새로운 공산품을 수입하는 무역상들이 활발한 활동을 전개하였다. 새로운 공산품은 국내의 장시와 보부상의 상업망을 통하여 전국으로 퍼져갔다. 한편, 부두의 하역작업에 종사하는 일용노동자도 출현하기 시작하였다. 이어 1910년경에는 철도와 도로의 부설에 상당한 수의 임금노동자들이 동원되었다.

한편, 각종 개혁조치를 통하여 근대식 군대가 창설되고 국가기관도 근대식으로 탈바꿈하게 됨으로써 새로운 근대적인 직업공무원군이 창출되기 시작하였다. 이밖에 근대식 학교와 병원, 언론매체 등에 근무하는 3차산업 부문 종사자도 점진적으로 늘어났다.

인구의 대부분은 여전히 농업에 종사하고 있었지만 그 수는 급격히 감소하는 추세를 보였다. 기타의 직업을 가진 사람도 무척 증가하였는데, 이것은 해마다 많은 농민들이 몰락하여 불안정한

노동에 종사하거나 광공업 노동자로 전락되어 간 것을 뜻한다. 농
민의 임금노동자화는 식민지공업화 정책이 본격적으로 추진된
1930년경에 급격히 증가되었다. 일제강점기가 끝날 무렵에는 약
200만의 임금노동자가 있었다고 볼 수 있다.

또한 상공업으로의 전업자도 다수 있었지만 이들은 대부분 소
상인·행상·수공업자와 같이 영세한 자영업자에 불과하였다. 그
리고 공무 및 자영업 종사자도 증가하고 있으나 이들은 대부분
하급 말단 공무원 또는 자유업에 속하였다. 이와는 달리 또 다른
한편에서는 지주로부터 산업자본가로, 또는 상업자본가로부터 산
업자본가로 전환한 소수의 식민지 부르주아가 형성되기도 하였
다. 그러나 이들은 대부분 일본 제국주의자들과 결탁하여 매판적
자본가로 기능하였다.

일제 강점기의 직업구조에 있어서 가장 두드러진 특징은 민족
차별적 성격이 강하다는 것이다. 우리나라에 와 있던 일본인과 우
리나라 사람의 직업구조와 성질에는 현격한 차이가 존재하였다.
일본인은 대부분 관공리와 근대적인 상공업 부문에 종사하고, 한
인은 농업에 대부분 종사하며, 비록 상공업에 종사한다 하더라도
제대로 분화되지 못한 원시적 성격의 산업이며, 대부분 영세한 자
영업자였다. 그리고 다수의 실업 및 부랑노동력이 산재해 있었으
며, 비록 직업이 있는 사람이라고 하더라도 대부분 겸업 또는 부
업을 가지고 있었다. 이는 그들의 직업적 지위나 생활수준이 대단
히 나쁜 것임을 나타낸다. 그럼에도 불구하고 식민지시대를 거치
면서 유교적 신분관념이 상당히 약화되었고, 직업관 역시 근대적
인 방향으로 전환되어 갔음을 볼 수 있다.

정리하자면, 개항기에서 식민지시대에 이르는 시기에는 상업과
공업의 발달이 상당한 정도까지 이루어지면서 그에 따라 이 부문

직업활동에 종사하는 인구도 증가하였다. 교육·문화활동도 공식화하고 조직화됨으로써 전문직과 서비스직 종사자가 늘어나는 추세를 보였다.


## (3) 현대

1945년 8월 15일 맞이하게 된 광복 이후 오늘날에 이르기까지 우리나라에서는 자본주의적 경제질서가 관철되어 왔다. 특히 1960년대 이후 25년간 수입대체 및 세계시장을 겨냥한 공업화가 급속도로 진행되면서 현대 직업구조는 산업사회 특유의 형태로 형성되어 왔다. 지난 약 25년간의 산업구조의 변화를 살펴보면, 1차산업 비중의 감소와 2차 및 3차산업 부문의 급격한 증가현상이 두드러진다.

이러한 산업구조 변화에 발맞추어 직업구조 및 직업관도 매우 특징적으로 변화되었다. 농업·축산업·어업에 종사하는 사람의 수는 감소하는 추세인 반면, 공업 근로자 및 전문기술직·서비스직 종사자들은 지속적으로 증가하고 있다. 오늘날의 농업은 근대화의 혜택을 가장 적게 받고 있는 영역으로 간주되기도 한다. 그런가 하면 공업화와 도시화에 따른 사회분화의 결과, 광범위하게 배출된 봉급생활자들은 이른바 신중산층으로서 사회안정을 위한 저변인구로 이해되고 있다. 또한 여성의 활발한 직업참여는 새로운 가치관과 직업의식을 유도해내고 있다.

정리하면, 1945년 광복 이후 한국 사회는 자본주의 경제체제를 근간으로 하는 현대 산업사회로 급격히 탈바꿈하여 왔으며, 특히 1960년대 이후의 사회변동은 그 규모와 속도, 그리고 질적 구성

에 있어서 괄목할 만하다. 이 급격한 산업화 과정에서 한국 사회
의 직업구성은 산업사회 특유의 모습을 띠게 되었으며, 오늘날과
100년 전을 비교할 때 직업구성·직업관·충원방식 등에 있어서
커다란 차이를 보이고 있다. 이처럼 점증하는 분업 또는 사회적
분화의 원리는 지난 1세기 동안의 한국 사회변동 과정을 특징짓
고 있다고 하겠다.

  이처럼 분업화되고 전문화된 직업은 그에 상응하는 직업교육
내지 기술훈련을 요구하게 마련이다. 변화된 직업관과 아울러 이
러한 직업교육은 한국의 직업구조를 점차 선진산업사회의 그것과
비슷한 것으로 만들어 가고 있다. 그러면서도 서구의 청교도 정신
에 입각한 직업윤리에 비견할 만한 현대 한국의 직업윤리는 아직
채 확립되어 있지 않은 것도 사실이다.


## 2) 직업윤리와 관련된 동양의 사상들

  동아시아 자본주의의 경제적 성취를 문화적 요인으로 어느 정
도 설명할 수 있는가? 보다 구체적으로, 동아시아 문화는 막스 베
버 이후 많은 사람들이 서구자본주의의 발전에 결정적 역할을 담
당했다고 인정하는 프로테스탄트 윤리에 대하여 비슷하게 작용하
는 '기능적 등가물'로서의 어떤 사상적 기초를 가지고 있는가?
이에 관하여 접근을 시도함으로써 자본주의와 동양문화 사이의
관계를 해석하고자 하는 입장이 있다.[6]

---

  6) 직업윤리 교재간행위원회, 『미래사회와 직업윤리』, 서울 : 교육과
     학사, 1998, pp. 179~183.

이와 관련된 사람들 중 일부는 동아시아 문명이 오래 전부터 자신의 고유한 세속성을 가꾸어 왔으며, 이는 서구의 세속성과는 뿌리도 다르고 나름의 독특함을 가지고 있음에도 불구하고 궁극적으로 근대적인 경제적 합리성에 우호적인 가치와 태도들을 동기화하는 것이라고 주장하고 있다. 이러한 가치와 태도 가운데 몇 가지 지적할 만한 것은 고도로 발달된 실제적 혹은 실용주의적 감각, 삶에 대한 관조적이기보다는 행동적인 지향, 물질적인 것에 대한 관심, 그리고 또한 중요한 것으로 특히 가족을 위하여 현재의 만족을 미루고 수련하는 능력 등과 같은 것들이다. 이러한 특징들은 중국·일본·한국은 물론 동남아시아 일부 문화에 공통적으로 나타나며, 이 지역에서 출현한 전통의 토대가 된 것으로 볼 수 있다.

동양사상 중에서 주도적 가치관을 이룩함으로써 역사적으로 큰 영향력을 행사한 대표적인 사상으로 유교사상을 들 수 있다. 그러나 그러한 유교사상 역시 사회마다 시간의 흐름과 함께 다양하게 전개되어 왔으므로, 그 원형적인 형태를 제시한 공자·맹자·순자의 사상에 관하여 살펴보고, 또한 현대 아시아지역 사람들의 직업윤리 관련 의식에 관하여 살펴보기로 하겠다.

여기서 고찰하게 되는 공자·맹자·순자 그 누구도 직업윤리에 관한 체계적인 서술을 남기지는 않았다. 즉, 오늘날 우리가 사용하는 의미의 직업이라는 말은 등장하지 않는 것이다. 그러나 이들 모두에게 있어서 인간이 어떻게 삶을 영위해야 하느냐가 가장 중요한 관심사였고, 또한 그들은 이에 관한 생각을 총체적으로 표출하고 있다. 그 가운데서 직업과 연관된 생각들을 모아서 재구성하고 해석해 본다면 그들이 일에 대하여 가진 가치체계를 다소나마 이해할 수 있을 것이다.[7]

## (1) 공자(孔子)의 직업관

공자는 유교사상의 원형을 확립한 사람으로서 중국 문화의 상
징적 존재라고 할 수 있다. 그는 사회에 적극적으로 참여하여 평
생을 누구보다도 열심히 일하며 보냈다. 그가 일에 대해서 표출한
생각과 태도는 그의 사상을 이어받은 사람들에게 표준의 역할을
할 정도로 커다란 영향을 미쳤다. 그의 사상은 다음 세 가지 정도
로 정리할 수 있다.

첫째, 경제행위보다 도덕이 앞선다. 공자는 부(富)와 귀(貴)는
사람들이 누구나 탐내는 것이지만 올바른 방식으로 얻은 것이 아
니면 누리지 말고, 빈(貧)과 천(賤)은 누구나 싫어하는 것이지만
마땅히 그렇게 되었다면 감수해야 한다고 가르쳤다. 또한 의롭지
못한 부귀는 아무런 가치도 없을 뿐만 아니라, 오히려 부끄러운
것이라고 말하였다. 그에게 있어 부·귀 등의 세속적 가치는 엄격
한 도덕표준과 일치할 때만이 가치로서 평가되었고, 서로 배치될
때에는 모름지기 도덕을 취하고 부귀를 버려야 하는 것이었다. 요
컨대 공자는 부귀를 획득하느냐 마느냐의 문제보다 그것을 어떻
게 획득하느냐의 방법이 더욱 중요하다고 생각한 것이다. 이에 대
하여 공자가 '얼마를 벌었느냐'보다 '어떻게 벌었느냐'를 더 중
요하게 생각했기 때문에 인간의 경제활동을 위축시켰고 경제발전
에 커다란 손실을 초래했다고 비난하는 시각도 있다. 하지만 공자
가 경제행위에 도덕적 제한을 가하였다는 사실에 대해서 오히려

---

7) 직업윤리연구회 편, 『현대사회와 직업윤리』, 서울 : 형설출판사,
   1992, pp. 49~69.

비윤리적 경제행위를 척결함으로써 공정한 경제행위를 북돋우는
효과를 낳게 할 수도 있다는 설명도 존재한다. 실제로 공자는 도
덕적으로 일정한 조건을 충족시키는 경제행위에 대해서는 적극적
으로 추진해야 한다고 생각하였다.

둘째, 전문성보다 교양이 우선한다. 공자는 전인적 교양을 갖추
는 것이 전문적 지식이나 기술을 습득하는 것보다도 더 중요하다
고 보았다. 그의 이러한 가르침은 정치적 지도자로서의 군자(君
子)가 전문적인 부분지식에 협소하게 매달려서는 안 된다는 것을
말한 것이다. 공자의 이러한 사상에 대하여 전문적인 기술이나 지
식이 발달하는 것을 막았고, 자기의 일에만 몰두하는 직업정신이
자라나지 못하도록 방해하였다고 비판하는 시각도 있다. 그러나
인간이 자신의 삶에 대한 전체적인 조망을 갖지 못한 채 어떤 일
에 평생 매달린다면 그의 직업활동과 삶이 의미 있게 연관되지
않을 수도 있고, 사회적으로도 효과적인 통합을 기대하기 힘들다.
따라서 이것은 전체적인 교양에 뒷받침된 전문성의 가치를 강조
한 것이라 하겠다. 또한 이것은 인간의 기계화 및 부품화에 대한
반대이기도 하다.

셋째, 일은 즐겁게 해야 한다고 주장하였다. 그는 인간이 어떤
초월적인 존재보다 중요하고, 현세적인 삶 자체가 사후세계의 영
원한 약속만큼이나 중요하다고 생각하였다. 이것과 관련하여 삶
을 즐긴다는 것은 외부의 대상이 내면에까지 와 닿아 일치한 상
태를 이른다고 할 수 있다. 또한 이것은 내면적 성실성과 도덕성
의 발휘에 의하여 자유롭게 몰두하는 상태를 가리킨다. 그는 서로
를 위하는 방식으로 노동할 때 일을 즐길 수 있다고 하였다. 이것
은 자신과 다른 사람에 대한 인(仁)의 실천이다. 또한 인간의 내
면적 도덕감정의 발현이라는 점에서 자신을 수양한다는 의미를

갖는다. 그리고 이것을 위한 현실적 조건의 충족 역시 중요하다고
하였다. 따라서 공자는 노동을 즐겁게 하기 위해서는 노동의 의미
에 대한 내면적 도덕인식과 외적인 노동의 조건이 맞아야 한다고
생각하였다.


## (2) 맹자(孟子)의 직업관

맹자는 여러 다른 사상들이 제각기 자기의 이상을 펼치며 격렬
히 우열을 다투던 시기에 공자의 사상을 철학적으로 체계화함으
로써 유학의 위치를 확실히 정초한 사람이다. 그는 여러 사상가들
과의 수많은 논쟁을 통하여 자신의 생각을 논리적으로 세련화시
켰다. 그의 사상은 많은 인정을 받았지만 지나치게 이상적이어서,
당시의 실력자들을 설득하여 그것을 실현하게 하는 데는 실패하
였다. 일에 대한 그의 생각은 공자에 비해 매우 구체적이고 짜임
새를 갖추고 있어서, 바람직한 직업이 가져야 하는 세 가지 의미
에 맞추어 그것을 재구성해 볼 수 있다.

첫째, 생업으로서의 직업이다. 맹자는 만약 백성이 일정한 생활
근거(항산 : 恒産)가 없으면 그로 인해 생활이 안정되지 않고 일정
한 마음(항심 : 恒心)도 없게 된다고 하였다. 이는 생계유지 수단
으로서의 생업이 우선적으로 보장되지 않고서는 인간에게서 윤리
를 기대할 수 없다는 사실을 말한 것이다. 그는 이처럼 인간의 생
존권이 침해되는 것에 주목하고 그것에 대처하고자 하였다. 또한
맹자는 인간이 생존을 위해서 일해야 하는 의무를 수행해야 한다
는 측면도 무시하지 않는다. 그는 사람들이 어떤 형태로든 일함으
로써 먹을 자격이 생긴다고 생각하고 있었다. 이것은 곧 그는 기

본적으로 누구나 자신의 정당한 노동의 대가로 살아야 한다는 입장에 서 있었음을 의미하는 것이다. 이 내용을 정리하면, 맹자는 직업을 일차적으로 생계를 유지하기 위한 수단인 생업으로 보고, 그것을 일할 권리와 일할 의무의 양 측면으로부터 파악하고 있음을 알 수 있다.

둘째, 사회적 역할분담으로서의 직업이다. 맹자는 사회생활에 있어서 분업의 필요성을 강조한다. 그는 "대인이 해야 할 일이 있고, 소인이 해야 할 일이 있다 … 그래서 어떤 사람은 마음을 수고롭게 하고(노심자 : 勞心者), 어떤 사람은 몸을 수고롭게 한다(노력자 : 勞力者)"고 하였으며, 정치·교육 등의 일은 생업에 필요한 노동을 하며 동시에 할 수 없음을 밝혔다. 그는 먹고 사는 문제도 분업적으로 성취할 수밖에 없지만, 이것이 해결된 뒤에 요구되는 인륜 등 도덕문화의 성취도 누군가가 전담해서 다루어야 하며, 이것도 엄연한 하나의 노동임을 밝혔다. 또한 그는 노동의 양과 질에 따라 정당한 대가를 지불해야 하고, 그럼으로써 노동의 질을 향상시키고 사회적 풍요를 가져올 수 있다는 것을 주장하였다. 맹자의 이러한 분업론은 직업과 직업 사이의 귀천이나 우열을 말하기 위한 것이 아니라, 직업간의 상호보충적 역할을 천명함으로써 직업이 가지는 사회적 역할분담이라는 측면을 드러내었다. 즉, 개인은 자신의 직업을 성실히 수행해 가는 것을 통해 이웃과 사회 전체에 기여하고, 그 기여하는 정도에 따라 보상이 주어져야 한다고 밝혔다.

셋째, 자아실현으로서의 직업이다. 맹자는 모든 사람의 본성이 선한 것이라 믿었으며, 배우지 않고서도 할 수 있는 능력(양능 : 良能)과 생각하지 않고서도 알 수 있는 지혜(양지 : 良知)를 갖추고 있다고 생각하였다. 그리고 이처럼 개인 속에 전지(全知)·전능(全能)·전선(全善)의 가능성이 있다고 보기 때문에 무엇보다도 자아실현을 강조하였다. 이것은 개인을 무한한 가능성과 무한한 자유를 지닌 존재로 이해하는 것이므로 개인을 수단으로 생각하고 봉사와 헌신만을 요구하는 입장과는 다른 것이다.

## (3) 순자(荀子)의 직업관

순자가 살았던 시기는 진시황제가 나라를 통일하기 50여 년 전의 전국시대였다. 이런 상황에서는 명분보다는 실리가, 이상보다는 현실이 우선적으로 고려되는 것이 당연한 것이었다. 순자는 냉엄한 현실을 직시하고 그대로 이론화한 냉철한 사람이었다. 같은 유학자로서 맹자가 이상주의자라면, 순자는 현실주의자라고 할 수 있다. 유학의 정통으로는 맹자가 존경받지만, 실제 중국의 정치사에서 지배적인 역할을 한 것은 순자라고 할 수 있다. 일에 대해서도 순자는 지극히 현실적으로 사고했으므로 욕망과 그 충족을 위한 방법 및 분배라는 틀로써 정리해 볼 수 있다.

첫째, 욕구적 존재로서의 인간이다. 순자에 의하면 인간의 본성이란 타고난 그대로를 말하는 것으로서, 배워서 되는 것도 아니고 해서 되는 것도 아니다. 인간은 본성적으로 욕망을 지니고 있고, 그 욕망을 채우지 못하면 추구하지 않을 수 없는 존재이라는 것이다. 즉 배고프면 먹고 싶고, 추우면 따뜻하게 입고 싶고, 고단하면 쉬고 싶은 것이 인간 본래의 성격이라는 것이다. 이것은 인간의 욕망을 부정하면서 개인의 도덕적 삶과 질서잡힌 사회를 역설하는, 소극적이고 이상에 치우친 사상과는 근본적으로 다른 것이다. 인간의 욕망 충족을 부정하게 되면 안으로 참고 극기하는 내면적 행위가 유발되고, 욕망을 긍정하게 되면 생산을 늘리는 것과 같은 외면적 노력이 뒤따를 것이기 때문이다. 이처럼 순자는 인간이 나면서부터 이익을 추구하게 마련이라고 파악하고 있다. 그는 인간의 욕망 추구 및 이익 추구를 인간의 본성적 차원에서 긍정함으로써 많은 재화와 이익의 생산을 유발시키고 그것을 정당화하는 이론적 토대를 마련한 것으로 평가할 수 있다.

둘째, 욕망을 합리적으로 추구해야 한다는 것이다. 순자는 욕망의 충족을 기본적으로는 바람직한 것으로 인정하면서도 그것을 생각이나 절제 없이 추구하는 데서 오는 부작용에 주의를 환기시킨다. 인간이 본성적 욕망을 그대로 따르면 개인적으로도 불행하게 되며, 사회적으로도 무질서하고 혼란스러운 상태를 초래하게 되어 바람직하지 못하다는 주장을 한다. 순자가 주장하는 성악설(性惡說)은 인간의 본성 그 자체를 악한 것으로 부정한 것이 아니라, 본성에 그대로 따른 결과가 좋지 못하다는 사실을 지적한 것이다. 그래서 순자는 욕망의 본질과 도리를 잘 헤아려 합리적으로 그것을 추구하도록 가르치고 있다. 그는 욕망을 추구하는 데 있어서 필요한 제한과 절도를 예(禮)라고 말한다. 순자는 예란 사람의 욕망을 기르고 만족시켜 주면서도, 물욕의 노예가 되거나 물질이 탕진되지 않도록 하여 물질과 욕망 모두를 길러주기 위한 것이라고 설명하며, 예로써 절제를 가함으로써 보다 더 많은 욕망을 충족시킬 수 있다고 주장한다. 또한 그는 인간의 가치는 후천적 노력에 의하여 결정된다고 하였다. 즉, 인간은 이익과 욕망을 추구하는 본성에 있어서는 동일하지만, 그것을 무절제하게 추구하는가, 절제를 가하여 합리적으로 추구하는가에 따라서 인간적 가치가 달라진다는 것이다. 따라서 인간의 인위적 노력 내지는 근로가 중요한 의미를 가진 것으로 등장하게 된다.

셋째, 능력에 따른 직업의 구분이다. 순자에 의하면 인간 욕구의 대상인 자연의 만물은 본래 인간의 욕구를 만족시키고 남을 만큼 여유가 있기 때문에 인간이 열심히 노력만 하면 욕망을 얼마든지 충족시킬 수 있다고 주장한다. 이것은 인간으로 하여금 노력의 결과를 믿게 함으로써 수고하는 가운데서도 즐거움과 보람을 가지고 노동에 종사하도록 하는 배려라고 해석할 수 있다. 그리고 순자는 노동이 모든 사람에게 있어서 중요한 임무라고 생각한다. 이처럼 순자가 근로를 강조하고 중요시한 까닭은 인간의 욕구를 충족시키기 위해서는 부족한 재화를 생산해야 하며, 물질 생산에 있어서는 노동이 필수요건이기 때문이었다고 할 수 있다. 그런데 물질 생산에 있어서 분업이 전체의 조화 속에서 상생을 도모하는 방법으로서 인간에게 필수적이라고 할 때, 일의 분담의 문제가 발생한다. 즉 어떤 일을 누가 맡을 것인가 하는 문제가 등장한다. 순자는 이러한 일의 분담의 문제를 해결하여 주는 것이 바로 예(禮)라고 주장한다. 순자는 예로서 분계를 정하는데, 인간의 욕망은 같지만 그것을 추구하는 방법과 지능은 같지 않기 때문에 인간의 능력에 따라서 일을 맡는 것이 바람직하다고 주장한다. 이처럼 순자는 일과 지위를 구분하는 데 있어서 능력을 본위로 하는 것이 천하를 부유하게 하는 방법이며, 사회정의에도 합치하고, 그래야만 화평할 수 있음을 확신하였다.

순자의 이러한 생각은 개인으로 하여금 자기의 적성과 능력에 따라 일을 맡도 그 일을 열심히 수행하게 함으로써 자신의 신분 상승을 포함한 여러 욕구를 실현시키고, 아울러 사회발전에 공헌하도록 유도하고 있다고 할 수 있다. 이러한 순자의 직업관은 직업윤리의 근본원리, 즉 직업인들로 하여금 자기의 타고난 능력에 따라 특수한 직능을 분담하고, 이 직능을 충분히 발휘케 하는 것과 일치하는 것이다.


## (4) 기타 아시아 지역 사람들의 직업의식


1950년대에는 많은 분석자들이 유교를 동아시아의 경제발전에 대한 하나의 장애물이라고 이해하였다. 동양의 주류적 문화인 유교문화는 유기적인 직업관을 강조하였기 때문이다. 이 때 유기적 직업관이란 직업을 개인의 자아실현이나 개성의 발휘와는 상관없이 사회 전체를 위해서 정해진 역할에 전념하도록 하는 사고방식을 의미하는 것이다. 따라서 그러한 직업관은 어떠한 행동의 동기로 개인의 욕망을 강조하는 현대 자본주의를 일으키는 데 근본적인 제약을 갖는다는 것이다. 그리고 그 문화는 정신적 가치를 최우선시하고 인간의 물질적 욕망의 절제를 강조함으로써 사회발전의 원동력을 구속한다는 비판을 받은 것이다.

그러나 지금은 유교적 윤리의 다른 측면이 강조되고 있는데, 이것은 보수주의와 경제활동에 대한 적대감이 아니라 연장자에 대한 존경과 집단적 유대, 그리고 규율에 대한 강조 등의 모습으로 나타나는 것들이다. '신유교윤리' 혹은 '동아시아의 자본주의 정신'이라는 말이 사용되기도 하는데, 그것은 개개인의 수양과 기강, 상호간의 인정과 의리를 중시, 가족적 집단주의에 기초함으로써, 사회 전체의 안정적 효율성을 초래함으로써 서구자본주의의 성과를 초월할 수 있다는 것을 의미하는 말이다. 물론 지금의 논의에 적합성을 가지는 유교는 물론 청나라 때의 중국 관리가 가지는 유교적 가치가 아니다. 그것은 '대중적 유교' 혹은 '부르주아지의 유교'라는 말로 표현되는 것으로서 평범하고 많은 교육을 받지 못한 사람들을 동기화하는 유교에서 파생된 가치들이다. 이와 같은 대중적 유교가 위계의식을 주입하고 모든 사회관계의 조화에 높은 가치를 둠으로써 정치적 안정에도 기여했다고 주장되기도 한다. 실제 이러한 이론이 적용되어 싱가포르 정부는 유교적 윤리를 공립학교의 교육과정에 삽입시키기도 하였다. 이러한 모습은 아시아 지역에서 중국의 화교 경제권과 일정한 관련을 맺고 있다.

유교와 함께 불교 역시 고려의 대상이 되어야 할 것이다. 특히 대승불교는 근본적으로 현세부정적일 수 있는 종교를 현세긍정적인 종교로 변화시키는 입장을 가지고 있다. 도교(道敎)도 자연에 대한 독특한 태도와 함께 또 하나의 후보가 될 수 있는 것이다. 그리고 신도(神道) 역시 일본의 사례에 있어서 반드시 진지하게 다루어져야 한다.

직업윤리의 형성과 관련하여 메이지(명치:明治) 시대의 일본 역사에서 사무라이의 윤리가 군사적인 것에서 경제적인 것에 적용되는 전환이 일어났다는 견해가 존재하고 있다. 전통적으로 무사의 미덕으로 간주되었던 자기 부정과 규율은 이제 자본주의적 기업들간의 비군사적 전투에 재충전되었으며, 무사의 애국심과 경제적으로 합리화된 유교적 윤리의 혼합이 나타나게 되었다는 것이다. 이러한 견해는 사무라이가 새로운 기업가 계급을 형성하는 데 지배적인 역할을 담당했다는 견해와 연결되어 있다.

당시 일본의 사상가인 후쿠자와 유기치(1835~1905)는 사업가를 양성하기 위하여 최초의 근대적 대학을 설립하고, 귀족적 사고에 물들어 상업을 천시하는 사무라이 출신의 학생들에게 기업정신을 설복하는 데 주력하였다. 또 다른 인물인 시부사와 에이이치(1840~1931)는 지도적인 기업가로서 근면·정직·공동선에의 헌신 등을 강조하면서 근대적 비즈니스의 미덕을 설파하는 데 관심을 가졌다. 그는 동양의 벤자민 프랭클린과 같은 사람으로서 공자를 신봉하였다. 그는 장사꾼을 지칭하는 전통적 용어 대신 새 유형의 기업가를 나타나는 용어를 만들어 사용하였는데, 그 뜻은 '진정한 직무를 수행하는 자'라고 한다.

하여간 메이지 시대의 일본은 새로운 자본주의적 필요와 전통적 가치를 조화시키기 위하여 나름대로의 방법을 강구하였으며, 그로 인해 '일본적 자본주의 정신'을 불러왔고, 이것이 미래의 세대들에 의해 심각하게 받아들여졌으며, 또한 오늘날까지 이어지고 있다. 이를 서구의 자본주의 정신과 비교하면 유사성과 상이성이 동시에 존재하는 것이다. 유사성 중에서 가장 중요한 것은 베버가 '현세적 금욕주의'라고 부른 것으로서, 이는 세속성에다 자기 부정과 규율의 도덕성을 결합시킨 것이다. 하지만 일본에서는 이윤이 민족적인 목표라는 이념에서 추구된다는 측면에서 이러한 태도는 보다 넓은 전망을 갖고 있다고 할 수 있다. 또한 이 태도는 다른 사람, 궁극적으로는 민족, 보다 가까이는 특정 사업에서 관계하는 사람들에게 봉사하고자 하는 비개인주의적 정신과 결합되었다.

서구적 자본주의 정신의 이러한 수정이 일본의 기업가가 오늘날까지 미래의 성공목표를 마음에 새기면서 낮은 이윤율을 오랫동안 감내하는 것을 설명할 수 있을 것이다. 일본인의 경제활동은 예전이나 지금이나 두 가지 지배적인 가치에 대한 폭넓은 합의를 바탕으로 하여 존재한다. 그것은 공동체주의 혹은 집단주의와 위계적 질서체제이다. 물론 새로운 미래사회로 진행해 가면서 변화하고 있는 추세이기는 하지만, 전통적으로 일본 기업이 가진 '세 가지 비장의 무기'는 종신고용제, 연공서열에 기반한 임금체제,

회사조합주의라고 할 수 있다. 이것들은 모두 직업의식과 관련한
사회적 가치가 구체적으로 나타난 직접적 결과라고 할 수 있는
것이다.

이러한 근대화는 '귀속'에서 '성취'로의 변화라는 용어로 적절
히 설명될 수 있는 것이다. 즉 전통적으로 의무와 충성은 출생과
더불어 사회적 서열과 가문에 기반하였다. 그러나 이제는 교육체
계에서의 성패에 의해 결정되는 개인의 자질을 바탕으로 한다. 여
기에서는 신분적인 위계질서와 완전히 합리적인 실적주의가 가장
독특하게 결합되어 있는 것을 보게 된다. 어느 서구국가 못지 않
게 높고 개방적인 사회이동률과 함께 개인의 초기 생애에 벌써
생애의 나머지 부분을 보내야 할 사회적 지위를 거의 최종적으로
결정해 버리고 마는, 약간의 협소한 관문을 가진 사회라고 이해할
수도 있는 것이다. 한국·일본·싱가포르 등에서 발견되는 '입시'
문제에 관하여서는 이러한 체계가 후에 직업에 영향을 주는 것과
관련하여 전통적인 유교식 시험절차의 근대화로 간주될 수도 있
다고 설명되기도 한다.

이러한 것들은 오늘날 한국인들이 출세를 삶의 중요한 목표로
삼고 있는 것과도 연결되어 설명할 수 있는 것들이다.[8] 즉, 자본주
의 경제제도 속에서 금력·권력·학력·명성·인기 등을 추구하
고 있으며, 이러한 것들을 포괄하는 삶의 전체적 목표를 흔히 '출
세'(出世)라고 부르는 것이다. 다시 말해서 출세란 이러한 측면들
에 있어서 남들보다 앞서가는 것을 말한다. 그래서 사람들은 출세
를 위해 학교에서 열심히 공부하고 직장에서 열심히 일한다. 이
말은 원래 입신양명(立身揚名)이라는 용어가 입신출세로 바뀌었

---

8) 직업윤리 교재간행위원회, 앞의 책, pp. 183~190.

고, 최근에 입신이라는 용어가 빠지게 되고 남은 용어이다. 입신은 자신의 능력을 준비하고 사회적 역할에 접근하게 되는 과정이다. 그리고 이와 분리되어 파악되는 의미로서의 출세는 구체적으로 다음과 같은 측면에서 이해될 수 있다.

첫째, 오늘날 한국 사회에서 사용되고 있는 출세는 남보다 뛰어남을 뜻한다. 그리고 이러한 뛰어남은 많은 사람들이 갖고자 원하는 외부에 존재하는 대상물, 즉 재력·권력·학력·능력 등을 획득·소유함으로써 이루어진다. 재력은 금전을, 권력은 지위를, 학력은 졸업장을, 능력은 자격증을 의미하고 있다. 출세는 외부적 대상을 물화시켜 그것을 획득과 소유의 대상으로 파악한다.

둘째, 출세는 주로 현재 속에 드러난 결과를 두고 하는 말이다. 출세에서 '세'는 현세 또는 현재를 뜻하는 것이다. 따라서 특정한 사람이 출세를 했느냐 못 했느냐 하는 것은 그가 현재 도달해 있는 결과를 가지고 평가되어진다. 따라서 출세를 논함에 있어서 현재까지의 과정을 크게 문제삼지 않기도 한다. 출세가 과정을 무시 혹은 경시하기 때문에 출세에서 인격이 고려되지 않는 경우도 있다. 인격적으로 훌륭한 사람이 출세를 못할 수도 있고, 부도덕한 사람이 출세를 할 수도 있다. 또한 이 때문에 출세를 했다가 망해서 출세가 곧바로 물거품이 되어버리는 경우도 있다.

셋째, 사람들이 출세를 평가함에 있어 세속적인 인간사의 범위를 벗어난 것은 문제가 되지 않는다. 출세의 기준은 외부인의 관찰로 쉽게 파악되는 밖으로 드러난 것이 된다. 그 사람의 내면이 어떻게 되어 있느냐 하는 것은 출세와 관계가 없다. 현란하고 화려하고 위엄 있는 것이 바로 출세의 외형이 되기 때문에 출세를 갈망하는 삶들은 과시적으로 되는 것이 보통이다. 출세는 외부에서 주어지는 평가가 중심이 되기 때문에 다른 사람의 평가를 상관하지 않고 묵묵히 혼자서 도를 실천한다는 것은 별로 가치가 없는 것으로 이해될 수 있다.

그러나 한국 사회가 이와 같은 출세지향적 사회가 된 바탕에는 급변하는 역사적 소용돌이 속에서 한국인들이 삶의 중심을 잃었기 때문이라는 이유가 존재한다. 혼란스럽고 무질서한 삶을 합리화하는 방편과 수단으로 출세가 이용될 수 있기 때문이다. 한국인은 마음 속에 강한 명예심을 내면화하고 있으며, 이러한 명예심을 명예로운 삶으로 실현시키고자 하는 강한 의지를 가지고 있다. 그러나 그들은 명예심을 올바로 표현할 수 있는 적절한 통로, 즉 효과적인 명예제도를 갖고 있지 못하다. 그 때문에 그들이 삶의 의지를 정상적 방법으로 표출하지 못하는 경우, 비정상적인 방법으로 표출하는 일이 생겨나게 되는 것이다. 따라서 이러한 문제를 해결하기 위해서는 역사적 삶에 대한 사회적 보상체계인 명예제도가 정상적으로 기능하게 하는 방법을 통하여 문제의 해결에 접근하는 것도 한 방법이 될 수 있겠다.

## 3) 자본주의와 서양의 직업윤리

고대 그리스 문화에서는 한가와 노동의 관계에서 한가를 주로, 노동을 종으로 보는 주종관계로 보았다. 그러나 이러한 두 개념의 주종관계가 전도된 산업화 혁명 이후의 근대사회에서는 거꾸로 한가를 노동에서 해방된 시간, 곧 노동하지 않는 자유시간, 여가로 개념화하게 되었다. 영어의 휴양(re-creation)이라는 말도 같은 맥락에서 이해될 수 있다. 요컨대 '일은 여가를 위해서만 있는 것'이라고 본 아리스토텔레스의 노동관이 '여가는 일을 위해서 있는 것'으로 바뀌게 된 것이다. 산업화 사회의 등장은 노동을 가치 있는 것으로 격상시켰다. 그리고 이에 의하여 여가는 노동의 가치와 연결되어서만 자신의 가치를 가지게 된다. 그러나 자본주의 이후의 사회로서의 디지털 사회에서는 또다시 노동의 가치보다는 여가의 가치가 격상되는 양상을 보인다.[9]

노동의 가치에 대한 인식 및 그와 관련된 직업윤리는 자본주의의 발달과 밀접한 관련을 맺고 있다. 그리고 그것은 서구사회의 역사적·정신적 발달과 관련을 갖는 것이었다. 자본주의 사회는 중세의 전통사회적 질서가 발전적으로 해체되면서 출현하기 시작하여 오늘날에 이르기까지 끊임없는 변모의 과정에 놓여 있는 근대 이후의 서구 중심의 사회체제를 지칭한 개념이다. 따라서 서구적 측면에서의 직업윤리에 관하여 살펴보기 위해서는 자본주의에 관하여 살펴볼 필요가 있다. 일반적으로 일컬어지는 자본주의 사회의 대표적인 특성은 다음과 같다.[10]

첫번째, 사유재산제도이다. 재산이라는 것은 가치를 가진 유형물과 무형물에 대한 권리를 의미한다. 사유재산제도는 개인이 사회 속에서 형성된 재산에 대한 사적 권리를 인정해 주는 제도를 말한다. 부로서의 사유재산은 소유권을 의미하며, 그것은 재산소유자가 자신에게 귀속된 재산을 자기 뜻대로 사용할 수 있고, 또한 타인이 그의 부를 함부로 사용하는 것을 금지하는 권리이다.

두 번째, 경제활동의 자유이다. 자본주의 경제에 있어서 각 개

9) 김하자·이경희, 『전환기의 직업윤리』, 서울 : 성신여자대학교 출판부, 2000, p. 31.
10) 김동일·김원웅·이주향, 『현대인의 직업윤리』, 서울 : 문음사, 1995, pp. 172~174.

인은 자기들의 생활을 확보하기 위해 자유롭게 재화를 획득하고
처분할 수 있다. 법률이 특별히 제한하는 경우를 제외하고는 개인
은 그가 종사하는 직업의 종류나 그가 생산하는 상품의 내용을
자유롭게 선택할 수 있다. 국가나 사회는 직접 각 개인의 경제상
의 활동에 간섭하지 않으며, 개인과 개인은 자유경쟁을 통해 그의
삶을 영위해 나간다. 이러한 경제활동의 자유는 중세 장원경제나
또는 사회주의 경제에 있어서는 존재하지 않는 자본주의 사회 내
의 특징이다.

세 번째, 영리주의이다. 자본주의 경제에 있어서는 사유재산제
도 및 경제활동의 자유를 기초로 하여 각 개인이 자기의 경제활
동에 대한 책임을 진다. 따라서 특정한 개인이 자유로운 경제행위
를 통해 갖게 된 이익이나 입게 된 손해의 책임소재도 사회가 아
니라 각 개인에게 있다. 그렇기 때문에 각자는 경제체제 속에서
생산 등의 기타 경제행위를 통해 손실이 아니라 보다 큰 이익을
얻고자 노력하는 것이다.

자본주의가 생겨나게 된 역사적 원인과 그 변모과정에 대해서
는 다양한 관점의 역사학적·사회과학적 해석이 있다. 그런데 자
본주의 사회가 형성하게 된 원인에 관하여 해석해 보는 것은 오
늘날 자본주의 사회체제의 일반적인 성격을 살펴보는 것과 관련
을 맺는 문제영역이라 하겠다. 이것은 곧 하나의 사회체제를 지탱
해 주는 사회제도와 정치적 동력이 쇠잔해지면서 이를 새로운 제
도체계와 동력으로 정비된 사회질서가 대체해 가는 역사적 과정
에 관하여 살펴보는 것을 의미한다.[11]

사회적 및 역사적 과정을 이해하는 입장은 두 가지가 있다.

---

11) 직업윤리연구회 편, 앞의 책, pp. 25~26.

첫째로는, 물질적 조건이나 물질관계의 변화라는 측면에 초점
을 맞추어 그 요인과 과정의 전모를 설명하려는 유물론적 입장이
다. 이러한 입장의 전형은 마르크스주의자들에게서 찾아볼 수 있
다. 마르크스는 자본주의 사회의 본질을 그것의 물질적 토대, 즉
생산력과 생산관계의 하부구조에서 찾으려 하였으며, 자본주의
사회의 역사적 생성 및 변동과정도 이러한 물적 토대가 어떻게
형성될 수 있었고 또 어떠한 변화를 겪게 되는지 하는 문제영역
을 중심으로 기술·설명하였다. 예를 들면, 마르크스는 어느 한
사회나 그 역사는 그 속에서 이루어지는 물질적 생산과정이 전체
에 대하여 지배적 규정력을 갖는 것으로 단정짓는다. 이러한 유물
론적 역사해석은 사회경제적 '구조'에 분석과 설명의 초점을 맞
추는 것이다.

둘째로는, 사회경제적 구조보다는 그 속에서 행위하는 인간의
사고체계나 행동유형에 초점을 맞추어 동시대의 사회적·역사적
과정을 이해하려는 입장이 있다. 이러한 해석의 입장은 한 사회와
역사과정을 지배하는 힘이 물질관계가 아니라 행위 주체로서 인
간의 정신에 있다고 본다. 이것은 근대사회와 관련해서는 합리적
정신, 즉 이성이라고 볼 수 있다. 또한 이러한 관점은 물질적 과정
이라는 것도 보다 근원적으로는 그것의 새로운 발전을 가능하게
만든 새로운 사고능력과 정신의 힘에서 비롯된 것이므로, 한 시대
의 변화에 대한 역사적 동인의 분석은 이러한 새로운 사고능력을
가능하게 한 정신사적·문화적 요인에 설명의 초점이 모아져야
한다고 주장한다. 자본주의 사회의 역사적 발전이라는 문제영역
에 관련하여 이러한 해석론적 입장의 전형적인 형태는 막스 베버
에게서 찾아볼 수 있다.

사회적 및 역사적 측면에서의 변화에서 구조라는 부분을 무시

할 수는 없지만, 마르크스의 이론은 인간의 정신과 관련된 부분을 너무 무시하였다는 점에서 문제를 가지고 있다. 또한 윤리는 인간의 정신적인 영역과 관련된 것이다. 따라서 사회구조의 변화보다는 인간의 정신적 발전이라는 문제영역과 관련하여 서구 자본주의, 그리고 그에 영향을 끼친 프로테스탄트 윤리의 관계에 대하여 살펴보기로 하자.[12] 서구에서 직업윤리의 변화과정은 전체주의적 직업관이 지배하던 전통사회의 유기적 직업윤리에서 자아실현의 직업관이 우세하던 근대 자본주의 사회의 금욕적 직업윤리로 변화해 가는 과정이라고 정리할 수 있겠다.


## (1) 전통적 사회질서와 유기적 직업윤리

서구역사에 있어서 근대 이전의 전통사회는 사회경제적으로 폐쇄적이고 자족적인 장원경제 사회였고, 정신사적으로는 기독교의 보편주의가 지배하는 질서체제였으며, 귀족중심의 지배체제를 이루고 있었다. 사회나 국가는 독립적인 생명력을 가진 것으로 여겨졌으며, 이러한 전통사회의 질서하에서는 사회체제의 기본 성격상 개별적 존재로서 자아 혹은 개인이라는 관념이 존재할 수 없었다. 따라서 개인은 인체의 각 기관, 각 부문들이 개별적으로 분리되어서는 그 자체로서 아무런 독자적인 생명력을 갖지 못하는 대신, 전체로서 인체의 생명력을 지속시켜 주는 별개의 역할과 기능을 수행함으로 생명력을 보장받는 것과 같은 이치로 이해되었다. 이와 같은 사회관을 유기체적 사회관이라고 할 수 있다. 이

---

12) 앞의 책, pp. 27~29.

러한 전통사회에 있어서 널리 공유되고 있는 사회적 관념으로서 노동관이나 직업윤리도 이러한 유기체적 사회관의 강력한 지배를 받았다. 유기체적 직업관의 특징은 다음과 같다.

첫째, 노동이나 직업의 종류는 '핏줄'을 타고 이어져 내려가는 강한 신분적 규정성을 지닌다. 따라서 직업 선택의 자유가 부정되며, 직업상의 변동도 기대할 수 없다. 그 사회에서 사는 사람의 직업은 타고나면서부터 운명적으로 결정되어 있었고, 세습적으로 전승되어 한평생 지속되는 경우가 통례이다. 따라서 오늘날에 있어서처럼 긍정적인 특별한 의미가 부여되어 있지 않은 이른바 '천직'의식이 보편화되어 있었다고 말할 수 있다.

둘째, 일의 방법, 즉 직업적 활동과정에서 따르게 되어 있는 일처리 방식이나 역할규범도 유기체적 사회관의 영향을 받는다. 직업적 활동에 관련된 일처리 방식은 전해져 내려오는 전통적 방법이나 절차, 관계 등이 철저히 준수되도록 강제되었으며, 창의적 아이디어나 기술혁신 등에 의한 새로운 작업방식의 도입은 부수적이거나 아니면 무가치한 것으로 간주되었을 뿐만 아니라 심한 경우에는 경박하거나 문란한 것으로까지 매도되기도 하였다.

셋째, 전통사회하에서 직업적 활동과정 속에서 맺어지는 인간관계는 단순히 직업적 활동공간에 한정되는 것이 아니었으며, 전인격적인 충성과 복종을 요구하는 신분과 유사한 상하관계로 이루어졌다. 개인의 능력이나 성취도의 변수가 이러한 상하관계의 질서에 개입되어 이를 교란시킬 여지는 거의 없었다.

넷째, 직업적 활동의 목표와 관련하여 어느 개인이나 집단이 수행하는 일은 사회 전체의 차원에서 배정되고 신분적으로 각자에게 '주어진' 직분을 다하는 것일 뿐, 개인의 성취나 일의 보람 같은 목표는 주어질 수 없었다. 한 사람이 성취할 수 있는 사회적 지위나 그가 향유할 수 있는 물질적 재화의 크기는 그 사람의 의지나 노력, 열정과 무관하게 이미 숙명적으로 결정되어 있는 사회이기 때문에 개인의 성취동기나 열망이 사회적으로 작용할 수 있는 여지는 그만큼 크게 제한되어 있었던 것이라 할 수 있다.


## (2) 자본주의의 출현과 시민철학의 등장

서구역사에서 중세 봉건사회는 11~12세기경부터 서서히 해체의 길로 접어들게 되었다. 남아도는 농산물을 처분하기 위하여 거래와 교환이 생겨났고, 이렇게 상업이 발달하면서 화폐경제와 시장경제의 발달이 함께 이루어졌다. 따라서 시장질서를 겨냥한 제조업·수공업·고리대금업·금융업·무역업·운송업 등의 새로운 산업이 생겨나게 되었으며, 이것은 도시를 중심으로 발달해 나갔다. 이들 중 경제력의 새로운 주역으로 등장한 신흥 상공업 세력은 점차 어엿한 사회계층으로 자리잡게 되고 '시민계급'이라는 명칭을 얻게 되었다. 14~15세기에는 신분제 의회에 대표단을 파견할 수 있게 되었다.

17세기 이후에는 이들 시민계급의 세계관과 이해관계를 철학적으로 재구성해 주고 또 정당화해 주는 철학자들이 등장하기도 하였다. 특히 시민계급의 지위상승의 원천이었던 경제적 부, 즉 소유권을 이론적으로 해명하고 정당화하는 것이 중요하게 여겨졌다.

이와 관련하여 존 로크는 경제적 부는 모두가 공유하고 있는 자연적 사물의 세계에 그 사람의 인격을 투여함으로써 이루어지는 것이라고 주장하였다. 로크는 이렇게 자연에 인격을 부과하는 행위를 노동이라고 하였다. 즉, 공유물인 자연은 노동을 통해서 사유화할 수 있는 것이라고 주장하였던 것이다.

또한 헤겔은 사회를 상호 인정체계로 파악하고, 여기에서 개인들 사이의 상호 인정이 노동의 결과로서 소유권을 통해 확인될 수 있다고 하였다. 이러한 그의 주장에 의하면 소유권은 인격의 표출물이 되는 것이다. 그리고 개인의 행복과 불행을 결정짓는 것은 천부적이거나 절대적인 어떤 힘에 의해서가 아니라 바로 자기 자신이라는 인간중심, 자아중심의 시민계급의 세계관을 반영하고 있는 것이라 하겠다.

## (3) 시민사회와 종교개혁

자본주의 사회의 직업윤리의 사상적 배경으로 르네상스와 종교개혁이 있다. 이것은 자본주의를 이끈 산업혁명의 역사적 전조가 되는 것이다. 르네상스는 이성적 존재로서 생각하는 사람(homo-sapiens)에 못지 않게 만드는 사람(homo faber)의 존재를 부각시키는 새로운 인간관을 널리 퍼뜨리는 데 기여했다. 한편, 독일에서 시작된 종교개혁은 '직업'(Beruf)개념의 새로운 풀이를 통해서 노동을 신의 '소명'(Beruf)으로까지 끌어올려 놓았다. 모든 일은 저마다의 일자리에서 다른 사람들을 위하여 봉사하도록 각자가 맡은 소임이요, 그것이 곧 신의 소명이기 때문에 모든 일, 모든 노동에 귀하고 천한 차이는 없다는 것이다.[13]

당시 중세 가톨릭 교회는 봉건사회의 사상적 지주였으며, 모든 생활영역에 침투해 있는 생활교리의 지배자이기도 하였다. 전통

---

13) 김하자·이경희, 앞의 책, p. 31.

적 가톨릭 교리는 변화하고 있는 세계와 새롭게 등장한 신흥 사
회세력의 요구를 이단으로 규정함으로써 전통적 사회체계와 세계
관을 그대로 온존시켜 가고자 하는 입장이었기 때문에 특히 변화
를 주도하고 있는 신흥 사회세력들로부터 큰 반발을 샀다. 따라서
변화를 바라는 사회세력의 사고와 행동이 여전히 기독교적 믿음
체계 속에서 이루어지고 있는 한, 또한 기독교의 권위가 여전히
사회체계의 이념적 지주가 되고 일상생활의 지배교리로 기여하려
는 한, 이러한 변화를 수용하는 종교적 원리 내부로부터 개혁이
필요하게 되었다.

　이러한 종교개혁은 루터(M. Luther)와 칼뱅(J. Calvin)을 중심으
로 이루어졌지만 두 사람의 입장과 교리에는 차이가 있다. 이러한
차이는 각각 독일과 스위스의 차이이며, 시민사회 발전경로상의
차이라고 할 수 있다. 루터의 종교개혁은 독일에서의 근대적 변화
를 주도하고 있던 독립 자영농의 입장을 반영하고 있는 것이었고,
칼뱅의 종교개혁은 프랑스나 스위스 등지의 상공업에 종사하는
중산적 계층에 정향을 두고 있었다. 이들의 차이에 관하여 비교해
보면서 서구의 전통에서 직업윤리 의식의 형성과정에 관하여 비
교해 보면 다음과 같다.[14]

　기본적으로 루터의 개혁교리에서는 상업적 발전을 부인하고
전통적 계층질서와 농촌공동체 질서를 옹호하는 등의 보수적 입
장이 나타나 있다. 내일을 위한 배려나 비축은 죄의 근원이라고
이해하였기 때문이다. 그러나 그의 사상이 근대사상으로 기여하
고 있는 점은 '자기 자신 이외에 어느 것에도 의존하지 않고 생산
활동 그 자체에 전념하면서 생활에 헌신한다'는 소명적 직업관

14) 직업윤리연구회 편, 앞의 책, pp. 32~33.

때문인 것이다. 그는 '수고'(toil)라는 성서 속의 말을 '직업'
(Beruf, calling)으로 번역하고 여기에 근대성을 부여하고 있다.

루터는 신에게 철저히 봉사하는 신앙의 응답에서 자유로운 봉
사와 세계와의 관계가 생겨나는 것으로 신학의 근거를 이해하고,
여기에서 모든 직업을 하나님의 소명에 의한 봉사관계로 설명하
였다. 그의 특별한 직업관의 기초는 바로 여기에 있다. 그의 기초
신학과 밀접한 연관을 맺고 있는 주제인 소명(The Calling)이란, 모
든 인간은 그가 존재하고 있는 사회 내에서 특정한 요구를 신으
로부터 부여받고 있는데, 그것이 곧 그리스도의 사역, 자유, 죄 등
의 맥락에서 설명될 수 있는 것이라는 입장이다.[15] 루터가 말하는
수고로서의 직업은 세속적 노동, 신이 부여한 과제로서의 일상생
활, 하나의 소명적 직분을 의미한다. 그리고 세속적 생활을 신이
부여한 소명적 직분으로 파악하는 태도는 세속적 생활의 성실한
수행이 종교적 의무에 해당한다는 관념을 낳은 것이다.

직업윤리에 있어 루터의 큰 공헌이라면 모든 직업은 하나님의
부르심이라는 표명이다. 그의 직업에 대한 소명론에 의해 성스러
움과 세속의 구분이 없어지고, 또한 각 직업에 대한 긍지와 자부
심을 느끼게 함으로써 사회적으로 천시하는 직업을 가진 사람에
게도 그들 모두가 하나님의 자녀임을 재확인하는 기틀을 마련하
였다. 하지만 현재의 관점에서 보면 루터의 소명론은 계급사회,
즉 태어날 때부터 신분과 직업이 정해진 사회에서는 질서를 유지
하는 방편으로 이용될 수도 있는 것이다.[16]

---

15) 배영기, 『직업윤리에 관한 교육학적 연구』, 서울 : 단국대학교 대학
    원 박사학위 청구논문, 1990, p. 37.
16) 김하자·이경희, 앞의 책, p. 32.

루터의 소명론에서 직업과 관련된 노동의 의미가 이웃에 대한
봉사의 측면을 강조하여 세속적인 도덕과 질서의 개념으로 형식
화되었다면, 칼뱅의 사상은 인간의 궁극적인 운명은 신의 손에 있
음을 강조한 예정론에 기초한 금욕주의와 자본주의가 결합하여
자본주의적 청교도 노동윤리로 발전한 것이다. 그는 인간의 모든
세속적인 직업활동이 소명에 의한 것이고 신의 영광을 위한 것이
요, 이웃에 대한 봉사를 줄 수 있다는 신의 경배에 보다 깊은 종
교적 의미를 부여하였다. 그래서 인간의 삶의 방식은 다양하게 신
이 지정해 주는 것이라 여겼다. 또한 그는 일상생활에서 궁핍의
감내와 절제 및 검소함 등의 금욕을 강조하였다. 그는 노동을 신
과 인간 모두에게 영광을 돌릴 수 있는 자연의 윤리와 사회질서
의 핵심으로 보았으며, 이는 노동과 직업이 인간의 삶과 분리될
수 없다는 당위성을 일깨워 주는 것이다. 특히 인간 욕망의 한계
를 시험하는 절제와 금욕적 직업정신을 고취함으로써 노동을 남
용하거나 착취하는 것을 죄악으로 생각하였다. 또한 인간은 직업
을 통해서 하나님께 영광을 돌릴 수 있었고, 일의 게으름이나 기
피는 실업을 유발하는 요인으로 보고 사회악으로 규정하였다.[17]

칼뱅주의에 있어서 가장 특징적인 교리라고 볼 수 있는 것은
신의 은혜에 의한 선택의 교리, 즉 예정설이다. 그에 의하면 현세
혹은 현실적인 삶은 신의 영광이라는 오직 그 목적만을 위해 존
재한다. 선택된 기독교인은 현세에서 최선을 다해 신의 계명을 수
행하여 오직 신의 영광을 증대시켜야 한다. 그런데 신이 기독교인
에게 바라는 바는 사회적인 일이다. 왜냐하면 신은 인간생활의 사
회적 구성이 자신의 계명에 따라 자신의 목적에 합치되도록 조직

---

17) 앞의 책, p. 33.

되는 것을 바라기 때문이다. 칼뱅에 의하면 성실한 직업노동은 자신이 선택된 자라는 확신을 갖기 위한 가장 좋은 방법이며, 직업노동에 의해서만 종교상의 의혹을 떨쳐버리고 은혜의 확실성을 확신할 수 있다.

칼뱅의 금욕적 윤리의 주요 특성은 현대적인 의미에서 보면 직업에의 몰아적 헌신을 위하여 절제와 금욕을 요구한 것이다. 이러한 관점에서 직업에의 헌신은 인간의 욕망을 억압하는 것이 목적이 아니라, 각 개인의 위치에서 주어진 자신의 일에 최선을 다할수 있는 진실한 정신적 자세와 태도이다. 이러한 자본주의 정신의 내면화는 노동을 삶의 선(善)으로 보는 입장으로 연결되었다.


## (4) 막스 베버와 금욕적 직업윤리

근대 자본주의 사회는 마르크스(Karl Marx)의 '유물사관'과 막스 베버(Max Weber)의 '프로테스탄트 윤리와 자본주의 정신'의 두 가지 대립되는 이론에서 전개되어 왔다. 인간의 의식은 경제상태 및 사회계급에 의하여 결정된다는 마르크스의 사회과학 방법론에 도전하기 위하여 베버는 자신의 이론을 전개하였다. 따라서 그는 오히려 인간의 행위에 종교적 이념의 영향이 있다는 것을 역설하고, 청교도(프로테스탄티즘)의 윤리와 자본주의의 발전은 어떤 내면적인 연관성이 있을 것이라는 추측을 하고 청교도 윤리의 선구자인 칼뱅의 윤리를 연구하게 되었다.

그는 자본주의 정신의 본질을 구성하고 있는 것은 영리욕이나 이윤추구가 아니라, 근대 자본주의의 토대를 구성하고 있는 합리적인 산업경영과 노동조직을 제일 먼저 만들어낸 사람들의 사고

294 ◎ ─── ◎ 디지털시대의 직업윤리

나 행위의 공통적인 핵심인 에토스(Ethos)라고 하였다. 따라서 이
에토스는 자본주의 정신의 골간인 동시에 경제활동의 모든 심리
적인 표상을 결정짓는 윤리적 준칙이라고 하였다. 다시 말하면,
베버는 노동이란 하늘에 속하는 것이라기보다는 인간이 인간에게
부여한 세상의 것이며, 이러한 노동을 통하여 한 인간이 다른 인
간과 공동체에 대하여 봉사하게 되는 것이라고 하면서 직업을 천
직(Beruf)이라고 불렀다. 원래 천직이라는 말은 독일어의 직업
(beruf)이라는 뜻으로 사용되어 온 것으로, 이 천직 속에는 영어의
소명(Calling)이라는 종교적 관념이 함축되어 있는 것이다. 이는
세속적 일상생활에 종교적 의미를 갖고서 직업의 신성함을 내포
하고 있는 것으로, 신에게 소명된 직업이라는 뜻이라 볼 수 있다.

그러므로 베버에 있어서 천직이란 합리적 생활태도로 하여금
세속적 금욕생활을 가져왔으며, 이는 금욕적 직업윤리에 뿌리를
두었고, 이러한 금욕적 직업윤리에서 자본주의 정신을 싹트게 하
여 시민적 직업윤리로 발전하게 된 것이다. 결국 금욕적 청교도주
의의 이념, 즉 신의 은총을 위하여 끊임없이 노동하며, 이러한 노
동으로 신을 영광스럽게 하는 것을 유일한 목적으로 생각하고 그
보상으로서 선택받았다는 확신을 가지면서 세속의 영역에서 엄격
한 규율의 삶을 영위하는 태도를 베버는 "금욕적 직업윤리"라고
불렀다.[18]

베버는 소명적 직업관과 세속적 금욕주의에 내포된 엄격한 규
율성을 합리성의 관점에서 해명하고 있다. 첫째, 금욕정신을 통한
자기 규제는 충동적·감정적 요소에 대한 제어라는 측면에서 합
리성을 갖는다. 둘째, 이러한 자기 통제가 무계획적이고 우발적인

---

18) 하병철, 앞의 책, pp. 111~113.

것이 아니라 지속적이고 체계적으로 이루어진다는 점에 합리성을 갖는다. 셋째, 명확한 자의식 속의 자기 성찰을 통한 행위의 규제는 자기 자신과 자아를 둘러싼 세계에 대한 부단한 사고와 지식 추구에 의해 이루어진다는 점에서 합리성을 갖는다. 베버가 말하는 프로테스탄티즘의 세속적 금욕주의는 이런 의미에서 합리적 금욕주의로 명명될 수 있으며, 이것은 결국 합리적 자본주의 정신을 의미하는 것이다. 베버는 근대 자본주의의 성격을 합리성 혹은 합리화의 관점에서 규정한다. 앞서 살펴본 바 있는 기술적·법적·행정적 요소의 계산 가능성 및 예측 가능성의 증대가 외적 합리화라면 의식과 생활태도의 합리화는 내적 합리화라고 할 수 있을 것이다. 그는 이와 같이 두 요인의 합리성의 결합에서 근대 자본주의의 발달조건을 찾고 있다.[19]

베버의 근대 자본주의 정신의 핵심을 이루고 있는 것이 합리성이지만, 경제적 가치 선택과 결정을 좌우하는 이러한 합리성은 인간의 사고와 행위의 준칙인 윤리적 요소에 의해 움직일 수밖에 없다. 베버의 자본주의 정신은 금욕적 프로테스탄티즘의 신앙과 상호 연관 속에서 싹터 근대 자본주의로 옮겨오면서 의무로서의 일에 대한 책임에 기초하였다. 또한 윤리적 책임과 의무를 수반하는 이러한 자본주의 정신의 특징은 정당한 경제적 활동을 통해서 부를 획득하려는 노력이 그것을 통해 얻어진 소득을 개인적인 것에 사용하지 않으려는 태도와 조화를 이루는 데 있다. 또한 이러한 자본주의 정신은 인간이 미덕으로서 천직을 선택하여 그것을 효율적으로 수행하려는 가치에 대한 믿음에 뿌리를 두고 있다고 보았다. 이러한 의미에서 베버의 세속적 금욕주의 직업윤리는 합

---

19) 김동일·김원웅·이주향, 앞의 책, pp. 177~178.

리적 금욕주의 직업윤리라고 할 수 있으며, 이는 또한 합리적 자본주의 정신을 포괄한다고 볼 수 있다.[20]

베버는 이처럼 서양 근세 이후 격상된 노동의 의미를 평가하면서 이러한 노동·직업·소명의 프로테스탄트적인 근로의 윤리에서 근대 자본주의를 탄생시킨 기업가 정신을 설명하고 있다. 그의 입장은 종교라는 근본적인 철학적 원리로부터 자본주의 정신을 도출해냄으로써 근대 자본주의를 합리화하고 있는데, 종교라는 철학적 원리에 안착된 자본주의 정신은 오늘날 무분별하게 표류하며 확산되어 가고 있는 자본주의적 이윤추구의 현실에 경종을 가할 수 있다는 장점이 있다.

베버 자신이 지적하고 있는 것처럼 자본주의 정신의 문제점은 그것이 종교적 금욕주의를 벗어나면서부터 시작한다. 그렇게 되면 "경제에는 경제적 원리만이 적용되어야 한다"고 주장하게 되고, 동행했던 종교정신을 벗어버림으로써 이기적인 이윤추구 이외에는 관심 없는 "윤리 없는 자본주의"가 될 위험이 있기 때문이다. 따라서 종교라는 가치체계와 동행함으로써 인간적인 얼굴을 할 수 있었던 자본주의 정신의 기원을 다시 되돌아봄으로써 자본주의 내의 갈등을 극복할 수 있는 길을 발견할 수 있을 것이다.[21]

---

20) 김하자·이경희, 앞의 책, p. 34.
21) 김동일·김원웅·이주향, 앞의 책, pp. 178~179.

# 제5장 공직자의 직업윤리

## 1) 현대 행정국가와 공직자

현대 국가는 종종 행정국가로 불려진다. 이는 행정부의 권한이 압도적으로 증대되었기 때문이다. 과거에는 입법부가 정부의 중추적 기능을 차지하고 있었으나 20세기에 접어들면서 의회의 기능이 현저히 저하되고 행정부가 정부의 정책결정을 주도하게 되었다. 정책수립에 있어서 실무를 담당하고 있는 행정부가 현명한 판단을 내릴 가능성이 높고, 또 전문화된 영역에 있어서 기술적인 과업과 문제를 숙련된 행정관이 집행하며, 치밀하게 짜여진 계층제 기구를 가진 행정부가 복잡하고 예민한 문제를 효율적으로 통제할 수 있기 때문이다. 또한 행정부는 공공의 필요성과 욕구를 느낄 수 있는 정보의 근원지로서 보다 적절한 위치에 있으며, 행정기관은 문제해결에 대한 통찰력과 적격성을 가지고 있다고 하겠다. 그리고 행정수반은 국정의 정책과정에 필요한 자원을 동원하는 데 중추적인 위치에 있다. 그러나 이러한 행정국가에서는 이익설정의 근원이 국가에 있다는 막연한 의식 때문에 국민의 자발성이 감퇴되기 쉽고, 이익집단이 직접 행정에 밀착되어 공익을 침해할 가능성이 생기기도 하며, 행정기능이 강화되고 행정권이 집중될수록 시민적 자유를 제약할 위험이 많아진다는 위험이 있다.

이와 같은 행정국가에서 이제 공무원은 과거와 같이 대규모 관료제의 톱니와 같은 존재가 아니며, 국가의 주요한 공공정책을 형성하고 집행하는 데 상당한 재량권을 행사하게 된다. 또한 앞으로 행정부의 비중이 계속 커지는 것이 추세라고 볼 수 있는데, 이를 담당하는 공무원이 그들의 역할을 성공적으로 수행하여야 할 필요성은 너무나 크다. 정부의 주요 업무를 맡은 공무원들은 대부분 도덕적 원칙에 따라 정책결정을 하고 있다고 본다. 그러나 국민들 사이에서 그들의 책임성에 대한 신뢰저하 등으로 공무원들에 대한 믿음이 위기에 처해 있는 것도 사실이다. 따라서 공직자에 대한 통제 및 윤리관 확립의 중요성은 아무리 강조해도 지나치지 않는다고 할 수 있다.

입법부인 의회, 사법부인 법원, 그리고 행정부인 정부의 3권관계에서 이렇게 행정부의 기능이 양적으로 확대되고 질적으로 변화하면서 정부는 국민생활에 큰 영향을 미치게 되었다. 행정관료는 광범위한 재량권과 자원배분권을 행사하게 됨에 따른 권력비대화로 부패의 가능성이 더욱 높아지게 되었다. 또한 공권력의 증대는 더욱 많은 가치판단을 요구하게 되었다. 이것의 합리성 확보를 위해서는 많은 부분에 있어서 그들의 윤리관에 의지할 수밖에 없는 측면이 나타나게 되었다.

따라서 공직윤리에 대한 확실한 인식 없이 기술문제나 능률문제를 다루는 것은 무의미하고 위험하기도 하며, 공무원에게 이를 확립하는 것이 무엇보다도 요청되어야 한다. 요즘 선후진국을 막론하고 모든 국가에서 행정윤리의 향상을 위하여 부단한 노력을 경주하고 있는 것도 바로 이러한 이유이며, 행정윤리가 행정연구

에서 중심적 과제가 되는 것도 바로 이러한 이유 때문이다.[1]

## 2) 공직윤리의 의미와 내용

공직윤리란 공무원이 직무수행에 있어서 그 전문적 능력에 의하여 최선을 다하며 국민 전체의 봉사자로서 공공의 목적을 달성하여야 할 의무 또는 준수하여야 할 행동규범을 의미한다고 할 수 있다. 이와 같은 의미의 공직윤리는 공무원이 직무를 수행하는 데 있어서 준수하여야 할 가치기준인 동시에 공무원이 자기의 전문적 능력에 의하여 직무를 능률적으로 수행하여야 하며, 동시에 권력이 피치자의 동의에 유래되는 민주사회에 있어서 공평성을 기하면서 공무원이 국민에게 봉사하여야 한다는 의미에서 능률성과 민주성을 함께 내포하는 개념이다.

공무원은 국민 일부의 봉사자가 아니라 국민 전체의 봉사자이므로 일반국민이나 근로자보다 더 높은 윤리기준이 요구되며, 이에 따른 여러 가지 제약을 받게 된다. 공무원이 공직을 자기 세력 확대의 기회로 삼아 자기의 이익이나 씨족·동문·동향의 이익을 위하여 행정권력을 남용하게 되면 행정의 능률성은 확보될 수 없고 공동사회의 이익은 파괴된다. 또한 이와 관련된 측면에서 공직윤리란 좁은 의미에서는 부정부패가 없는 상태를 말하는 것이며, 넓은 의미로는 공직자가 국가의 업무를 수행하는 데 있어서 준수해야 할 직업윤리를 의미하는 것으로 볼 수도 있다.

---

1) 직업윤리연구회, 『현대사회와 직업윤리』, 서울 : 형설출판사, 1992, pp. 225～231.

공직윤리와 비슷한 개념에는 행정윤리가 있다. 공직윤리는 직업윤리의 일종으로서 공직자가 지녀야 할 직업윤리이다. 공직이라는 것이 공공성과 전문성, 그리고 봉사성이 강한 것이기 때문에 공직윤리는 다른 직업윤리에 비하여 당연히 이런 성격을 강하게 내포하게 된다. 공직윤리라고 할 때는 이런 모든 직책에서 공무를 수행하는 모든 사람들이 지녀야 할 직업윤리를 의미한다. 이에 비하여 행정윤리는 그 중에서 행정부에 종사하는 공직자가 지녀야 할 직업윤리를 의미한다. 따라서 행정윤리는 공직윤리보다 범위가 좁은 개념이라 할 수 있다. 다시 말하면 공직윤리에는 행정윤리 뿐만 아니라 정치윤리, 법관의 윤리 등이 모두 그 하위개념으로 포함된다고 할 수 있다. 다만 윤리의 내용에 있어서는 공직윤리와 행정윤리는 커다란 맥락에서는 같으나 그 세부적인 내용에서 차이를 보인다.[2]

이상에서 살펴보았듯이 민주국가에서 공무원들은 국민 전체의 봉사자로서 공익을 추구해야 할 입장에 있고, 또 공무원들은 국민 생활에 지대한 영향을 미칠 수 있는 권력을 행사하기 때문에 국민들은 공무원의 높은 직업윤리를 기대하게 된다.

민주주의 이념을 구현하기 위하여 공무원에게 요구하고 있는 공무원의 직업윤리의 내용은 다음 세 가지로 요약할 수 있다. 첫째, 공무원은 공익을 추구해야 한다. 둘째, 공무원은 국민의 의사를 존중하여야 한다. 셋째, 공무원은 인간의 개인적 가치와 존엄성을 존중해야 한다. 즉 행정기관의 대내적 관리가 위의 두 가지 가치 추구와 일관성을 유지해야 한다.[3]

---

2) 김병진 · 김훈기 · 김항곤 · 김진욱 · 소재진, 『생활과 직업윤리』, 서울 : 법문사, 1999, p. 271∼272.

공직윤리의 구체적 내용은 공직윤리의 개념을 어떻게 규정하느냐에 따라 다를 것이다. 공직윤리를 좁은 의미에서 소극적으로 파악하면 공직윤리의 핵심내용은 부패하지 않는 깨끗한 태도와 행위가 되고, 공직윤리를 넓은 의미에서 적극적으로 보면 국가이념과 가치를 효과적으로 실현하기 위하여 공직자가 지녀야 할 의식과 직무자세라고 한다면 공직윤리의 구체적 내용은 여러 가지가 있을 수 있다. 공직윤리를 넓은 개념으로 보아 정치·경제·직무수행·사생활 등의 네 가지 차원에서 접근해 보고자 한다.[4]

첫째, 정치적 차원의 공직윤리와 관련해서 살펴보자. 국가에 따라서 차이가 있지만 공직의 능률성과 공정성, 그리고 봉사성을 보장하기 위하여 공무원의 정치적 활동을 제한하고 정치적 중립성이 요구되는 것이 보통이다. 공무원의 정치활동이 법적·사회적으로 널리 허용되면 그것은 그다지 윤리적인 문제가 되지는 않지만, 법규에 의하여 공무원의 정치활동을 규제하는 나라에서는 정치활동을 하는 것은 공직의 정치화와 그로 인한 공직의 부패와 불합리 현상을 초래할 수 있다. 그러나 여기에서 유념해야 할 것은 공무원이 정치적 중립을 지킨다고 하더라도 그것이 정치적 흐름이나 정책의 방향에 무관심해도 된다는 의미는 아니다. 공무원의 정치적 중립은 특정한 정당이나 파당을 위하여 행동해서는 안된다는 것이며, 정치적 이념이나 정책의 목표를 이행하는 데 소홀하여도 좋다는 의미는 아니라는 것이다. 공무원의 정책과정에 대한 관여에 있어서도 그 기준은 공익과 국민의 복지가 되어야지 특정 정치집단이나 개인을 위한 결정과 행위가 있어서는 안 된다

3) http://www.kyungsang.or.kr/jinlo/plan/phc05.htm
4) 김병진·김훈기·김항곤·김진욱·소재진, 앞의 책, p. 285~289.

는 것이 정치적 차원에서 공무원이 지녀야 할 윤리라고 할 수 있다.

둘째, 경제적 차원의 공직윤리와 관련해서 살펴보자. 공직윤리에서 가장 핵심적인 부분은 공무원의 경제분야에서 부당한 영향력을 미치거나 불법적인 이득을 취하지 않도록 하는 것이다. 좁게는 행정의 부패로 귀착되는 경제적 혼탁이 공직윤리의 핵심적 과제가 된다는 것이다. 이러한 공무원의 경제적 비리는 자본주의 국가이든 사회주의 국가이든 거의 공통적으로 존재한다. 즉, 정도의 차이는 있지만 공직부패는 공직사회의 보편적 현상이라고 할 수 있다. 그래서 어느 국가이든 경제적 차원에서 공직윤리를 확립하기 위하여 제도적 장치를 마련하고 있다. 우리나라의 공직자 윤리법도 이와 같은 노력의 일환이라고 할 수 있을 것이다.

셋째, 직무수행상의 공직윤리와 관련하여 살펴보자. 공무원이 국민에 대한 봉사자로서 직무를 수행함에 있어서 지켜야 할 공직윤리로서 가장 우선적으로 고려해야 할 것은 성실하고도 공정한 자세로서 직무에 임하는 것이다. 개인으로서는 공정한 태도를 견지하는 것이 대단히 중요하며, 공공조직의 구성원으로서는 조직의 사명과 계층에 다른 직무명령에 복종하는 것이 요구된다. 특히 공무원 개인의 이익과 공공조직의 이익이 배치될 때에는 공익을 우선적으로 고려하지 않으면 안 된다. 요컨대 공무원이 공직이라는 직무의 수행과정에서 준수해야 할 윤리는 조직인으로서 준수해야 할 직업윤리 이외에 공공조직의 구성원이라고 하는 데서 오는 공공성이 하나 더 부가된다. 특정 개인이나 집단의 이익에 치우치지 않고 공익을 기준으로 하여 정책을 결정하고 집행해야 한다는 중립성의 원리는 그런 특성 중에서 중요한 것이다. 이러한 직무수행상의 윤리를 확립하기 위하여 우리나라 국가공무원법에서는 이를 구체적으로 규정하고 있다. 직무상의 공직윤리는 법률에 의해 규정됨으로써 공무원의 법적의무가 되어 있다. 따라서 순수한 윤리규범의 위반시에는 법적인 제재가 될 수 없는 것과는 달리 직무상의 공직윤리는 법규상 반드시 처벌이 따른다.

넷째, 사생활상의 공직윤리와 관련하여 살펴보자. 공무원은 일반시민의 한 사람으로서 사회윤리를 준수해야 한다. 그 뿐만 아니라 공무원이기 때문에 품위유지와 같은 좀더 높은 수준의 윤리를 요구하는 경우가 대부분이다. 공무원 생활은 일반국민에게 미치는 영향이 크고 따라서 수범자로서의 위치를 생각하고 있기 때문이다. 공무원이 이러한 사생활의 수범자로서 지켜야 할 윤리에 대하여는 나라에 따라서 법률에 규정을 두는 경우도 있고 그렇지 않은 경우도 있다. 우리나라의 경우에는 국가공무원법에서 이와 비슷한 품위유지 의무를 규정하고 있다. 공무원은 법률상 직장의 내외를 불문하고 그 품위를 손상하는 행위를 해서는 안 된다. 구체적으로 준수되어야 할 품위가 무엇이냐 하는 것은 사회통념에 따르는 것이다. 공무원의 품위손상 행위는 두 가지 방향으로 사회적 악영향을 초래한다. 첫째로, 비윤리적 행위가 일반국민에게 확산되어 국민윤리의 붕괴를 가져오는 것이다. 둘째로, 사생활이 건전하지 못한 공무원들이 공직의 민주성·공공성·봉사성을 저하시키는 것은 물론 부패의 회오리 속으로 공직을 몰고 갈 위험성이 증대한다는 것이다.

## 3) 공무원의 행동규범

공무원에 대한 윤리적 기대를 규정하는 행동규범의 형태 또는 규정방법은 법적 규제와 자율적 규제로 나누어 볼 수 있다. 법적

규제는 공식적 규제라고도 하며, 법령·규칙·윤리강령·선언문
등이 포함된다. 그리고 자율적 규제는 비공식적 규제라고도 하며,
선례·관습·비공식적 기대 등이 있다. 거의 모든 국가의 정부는
공무원의 행동규범이 자율적으로 준수되도록 조장하는 데 그치지
않고 중요한 것을 법으로 규정하여 의무화하고 있다.

　공무원의 행동을 법적으로 규제하는 법에는 헌법과 국가공무
원법, 그리고 공직자윤리법이 있다. 우리나라의 국가공무원법에서
공무원의 의무로 규정하고 있는 공무원의 행동규범은 다음과 같
다.[5]

　① 취임선서의 의무이다. 공무원 취임선서의 내용을 보면 "본
인은 국민 전체에 대한 봉사자로서의 책임과 조국의 번영을 이룩
하는 영광스러운 길잡이임을 깊이 자각하고 법령 및 직무상의 명
령을 준수·복종하며 창의와 성실로서 맡은 바 의무를 다할 것을
엄숙히 선서합니다"라고 되어 있다. 이 선서의 내용은 국가발전의
선도자적 역할, 국민 전체에 대한 봉사, 명령에 대한 복종, 충실한
업무수행 등을 강조하고 있다.

　② 성실의 의무이다. 이 항목은 상당히 광범위한 뜻을 내포하
고 있는 말이다. 공무원은 법을 지키며 자기가 맡은 직무를 성실
하게 수행하여야 한다. 성실은 인간의 가치 중 가장 귀중한 가치
의 한 가지로서, 그 어떠한 일을 하든지 꼭 몸에 지녀야 할 귀중
한 덕목이다. 따라서 국민의 수임자로서 공무원은 자기의 맡은 바
직무를 민주적이고 능률적으로 수행하기 위하여 창의와 성실로써
맡은 바 소임을 완수하여야 한다. 성실 의무는 공무원의 행동을

　5) 김낙배·이정우, 『현대사회와 직업윤리』, 서울 : 형설출판사, 1992,
　　pp. 351~353.

규제하기 위한 규범으로서보다는 공무원이 마땅히 지향해 가야
할 행동지표로 보는 것이 마땅하다.

③ 복종의 의무이다. 공무원은 직무를 수행함에 있어서 소속상
관의 직무상의 명령에 복종하여야 한다. 일반적으로 공무원은 지
위와 역할이 분화되어 있는 계층구조하의 조직체에서 근무하며
직무를 수행하게 되기 때문에 계층상 위계질서가 서 있는 곳이기
도 하다. 그리고 이로 인하여 조직 내의 질서유지와 기강확립을
위해 복종의 의무가 규정된 것으로 보인다. 모든 공무원에게는 반
드시 상관이 있게 마련이고, 자기 직속상관의 명령을 직접 받아서
직무를 수행해 가는 것이다. 즉, 위계질서하에 명령일원화의 원칙
에 따라 직무를 수행함으로써 근무기강이 확립된다. 그러나 상관
의 명령이 다른 행동규범과 상충되거나 부당한 명령을 받을 때
해당 공무원은 갈등에 빠지게 된다. 그러나 공무원은 그 봉사의
대상이 국민이기 때문에 위법적인 또는 부당한 명령에는 복종하
지 않아야 할 의무가 있다고 여겨진다.

④ 직장이탈 금지이다. 공무원은 소속상관의 허가 또는 정당한
이유 없이 직장을 이탈하지 못한다. 직장이탈 금지는 성실한 근무
의 조건이기에, 이 규정의 해석은 넓게 직장이탈의 금지라는 범위
와 더불어 좁게 출근부의 날인, 외출부나 출장기록부에 자기 소
재를 항상 기록하고 표시할 의무를 포함한다. 또한 수사기관이 현
행범이 아닌 공무원을 구속하고자 할 때에는 사전에 그 소속기관
의 장에게 통보하여야 한다. 직장이탈을 금지하는 규범은 직무를
충실히 수행하고 직장 내의 질서를 유지해야 한다는 규범을 보완
하는 것으로 이해된다.

⑤ 친절공정의 의무이다. 공무원은 주권을 가진 국민의 명령을
받은 수임자이다. 따라서 영어로 공무원은 국가에 대한 봉사자로

서 민간인으로의 봉사자라는 뜻을 가진 Civil Services 혹은 Public Servant라고 불리운다. 공무원은 항상 전체 국민의 복지향상을 위하여 친절하고 공명정대한 봉사를 하여야 할 의무를 지고 있다. 또한 공무원은 국민 전체의 봉사자로서 친절하고 공정하게 직무에 임하여야 한다. 공무원은 공사를 분별하고 고객인 국민의 인격을 존중하며 친절·공정하고 신속·정확하게 업무를 처리해야 한다.

⑥ 비밀엄수의 의무이다. 공무원은 재직중은 물론 퇴직 후에도 업무상 알게 된 비밀을 엄격히 지켜야 한다. 공무원은 어떤 의미에서는 국가의 법 집행의 책임을 진 사람들이다. 이러한 공무원은 국가의 공공업무를 수행함에 있어서 체득하게 된 여러 가지 사실, 특히 비밀을 잘 보존해 갈 책임이 있다. 따라서 공무원이 재직중 알게 된 직무상의 비밀은 재직중은 물론 퇴직 후에도 다른 사람에게 누설하거나 알려주면 안 된다. 이러한 비밀의 누설로 국가기관의 법 집행에 장애를 주거나, 국민들의 국가기관에 대한 신뢰심을 추락하게 하는 일이 있어서는 안 된다. 그러나 또한 이것은 모든 것을 비밀에 붙이라는 뜻으로 풀이해서는 안 된다. 직무상의 비밀로 규정된 비밀만을 지키라는 뜻으로 이해하여야 한다. 민주국가에서는 비밀엄수의 의무가 다른 상충되는 요청 때문에 쟁점으로 부각되는 일이 많다. 국가와 국민 전체의 안위를 위해서, 혹은 조직 내의 질서유지 그리고 고객의 이익과 인권의 옹호 등을 위해 비밀을 유지할 필요가 있는 것이다. 그러나 이와 관련하여 국민의 알 권리와 언론자유, 그리고 국민에 의한 행정통제의 요청 등 상충되는 요구가 존재한다. 이러한 경우에는 사안에 따라 적합한 사리판단에 바탕하여 행동하여야 할 것이다.

⑦ 청렴의 의무이다. 공무원은 국가업무를 수행할 때에는 성실하게 봉사하고 청렴하게 직분을 수행해야 한다. 공무원이 직무와

관련하여 직접적으로나 간접적으로 사례, 증여 또는 향응을 받을
수 없다. 그리고 공무원은 소속상관에게 증여하거나 소속공무원
으로부터 증여 받아서는 안 된다. 이러한 정신 하에 고급공무원의
재산을 등록하도록 되어 있다. 청렴의 의무를 잘 실현시켜 가기
위해 공무원 보수의 현실화와 퇴직 후 생활보장을 위한 연금제도
가 마련되어 있다.

⑧ 영예 등의 수령규제이다. 공무원이 외국정부로부터 영예 혹
은 증여를 받을 경우에는 대통령의 허가를 받아야 한다. 즉, 이것
은 공무원이 외국에서 훈장을 받거나 상과 부상을 수령하는 경우
를 말하는데, 여기서 말하는 대통령의 허가는 사전허가를 말하는
것으로 해석되며, 영예나 증여를 국민들에게 알려야 된다는 뜻으
로 생각된다.

⑨ 품위유지의 의무이다. 공무원은 직무의 내외를 막론하고 그
품위를 손상하는 행위를 해서는 안 된다. 공무원이기 때문에 직장
에서 뿐만 아니라 직장 밖의 사회생활에서도 공무원의 신분에 맞
는 품위를 유지해야 한다. 즉 사생활의 품위에 있어서도 다른 국
민들의 모범이 되어야 한다는 것이다. 모든 직업에는 직업이 주는
분위기가 있다. 국민의 공복으로서의 공무원은 국민의 수임자답
게 항시 깨끗하고 단정한 용모를 갖출 것은 물론이거니와, 그의
언어와 행동도 국민의 수임자로서 어긋나는 일을 하여서는 안 된
다. 따라서 공무원으로서의 품위란 일반 시중 사람들의 품위와 다
른 면이 있을 것이 기대되며, 항상 국민의 주목하에 일하는 사람
으로서의 품격이 있어 마땅하리라고 생각된다. 이 때 품위를 유지
한다는 것은 인격적인 행동을 한다는 말과 같이 매우 포괄적인
뜻을 가진 것이다. 구체적인 품위의 내용은 정부조직의 규범과 사
회통념에 의하여 규정된다. 복장 · 언동 · 두발 등도 모두 품위에

관련된 내용이라 볼 수 있다.

⑩ 영리업무 및 겸직의 금지이다. 공무원은 공직수행을 함을 본연으로 볼 때, 공무원은 공무이외의 영리를 목적으로 하는 업무에 종사하지 못하며, 소속기관장의 허가 없이는 공무 이외의 다른 직무를 겸직할 수 없다. 이러한 조항은 충실한 직무수행을 보장하고 이른바 이익충돌로 인한 공익침해를 막기 위한 규범이라고 볼 수 있다. 즉, 공무원이 공무 이외의 영리업무에 종사하면 직무상 권력남용이나 불법을 저지르게 쉽고 직무 수행의 능률도 떨어져, 국가의 이익에 어긋나는 일을 하게 되거나 불법을 저질러서 명예롭지 못한 영향을 초래할 우려 때문이다. 또한 공무원이 공익과 상반되는 사익을 추구하게 되면 정부에 대한 신뢰감을 저하시킬 위험도 있다. 이 때문에 영리업무에 종사하는 것을 금지할 뿐만 아니라, 영리업무 이외의 직무를 겸직할 때에도 소속상관의 허가를 사전에 얻어야만 한다. 무엇이 영리업무에 해당하느냐 하는 것은 법규명령으로 규정하게 되어 있다. 과거 고도성장의 과정에서 국가경제에 대한 정부의 관여범위가 여러 가지 부패의 원인을 만들었으므로 영리업무 종사의 금지는 중요한 의미를 가지는 규범이다.

⑪ 집단행동의 금지이다. 공무원은 회사원과는 다르다. 따라서 공무원은 법의 집행기관으로서의 직무를 수행하는 위치에 있기 때문에 노동운동이나 기타 공무 이외의 일을 하는 집단행동을 할 수 없다. 집단행동이란 단체행동권·단체교섭관·단결권 등을 말하는 것으로서, 여기서 말하는 공무원이란 사실상 노무에 종사하는 공무원은 포함되지 않는다. 따라서 사실상 노무에 종사하는 공무원은 이러한 금지조항의 적용을 받지 않는다. 즉, 철도노조원·체신노조원이 이에 속한다. 이러한 규범 때문에 대부분의 공무원

은 근로자로서 누려야 할 노동 3권인 단결권·단체교섭권·단체
행동권을 포기 또는 유보하여야 한다. 집단행동 금지조항은 정부
목적을 위해서 공무원의 시민적 자유와 권리를 가장 강력하게 제
약하는 규범이며, 이러한 규범은 선진민주국가에서 상당한 도전
을 받고 있다.

⑫ 정치운동의 금지이다. 공무원은 정치적 중립을 지켜야 한다.
그래서 공무원은 정당이나 기타 정치단체의 결성에 관여하거나
이에 가입할 수 없다. 그리고 선거에 있어서 특정 정당이나 특정
인을 지지하거나 반대를 위한 행위를 해서는 안 된다. 또한 문서
또는 도서를 공공시설 등에 게시하는 것, 타인으로 하여금 정당이
나 정치단체에 가입하게 하거나 또는 가입하지 않도록 권유하는
운동 따위를 할 수 없다. 정치운동 금지는 공무원의 정치적 중립
성을 보장하기 위한 것인데, 이에 관한 규범은 지금까지 매우 엄
격하게 규정되어 왔는 데 반하여 비교적 정확하게 준수되지는 않
았던 규범이기도 하다. 공무원의 정치운동 금지는 직업공무원제
확립을 위해서도 아주 귀중한 항목이라고 할 수 있다.

⑬ 충성의무이다. 공무원의 충성의무에 관하여는 국가공무원법
에 별도의 조항을 두고 있지는 않다. 그러나 공무원에게 충성의
의무가 없기 때문에 충성의무 조항을 따로 두고 있지 않다고 볼
수는 없다. 우리나라의 법체계로 보아 공무원의 충성의 의무는 당
연한 것이기 때문에 그에 관한 별도의 조항을 두지 않았다고 생
각된다.

이에 비하여 자율적 규제란 공무원이 직업윤리로서의 행동규
범·행동기준을 자발적·자율적으로 집단규범·조직규범으로서
설정하여 이에 따라서 행동하도록 규율하는 것을 의미한다. 공무
원의 의무위반이나 비위·부정행위는 공무원법이나 공직자 윤리

법 등의 규정을 엄격히 적용함으로써 방지될 수 있는 것은 아니
며, 오히려 직업윤리에 의한 공무원의 자율적 규제가 바람직한 방
법이라 생각된다. 특히 행정의 전문성·기술성이 심화됨에 따라
민중통제가 약화될 수밖에 없으므로 공무원 스스로에 의한 자율
적 규제가 더욱 강조되어야 할 것으로 생각된다.

이러한 자율적 규제방법으로 윤리헌장이 있다. 우리나라는
1980년 새로운 공무원상의 정신지표 내지 도덕적·윤리적 행동
규범으로서 공무원 윤리헌장을 선포하였다. 이 헌장에서는 공무
원의 신조로서 국가에는 헌신과 충성을, 국민에게는 정직과 봉사
를, 직무에는 창의와 책임을, 직장에서는 경애와 신의를, 생활에는
청렴과 질서를 규정하고 있다. 또한 올바른 공직자상의 확립을 뒷
받침하기 위하여 청백리상을 제정하고 청렴과 투철한 봉사정신으
로 직무에 임하는 것을 장려하여 공무집행의 공정성 유지와 깨끗
한 공직사회 구현에 있어서 다른 공무원의 귀감이 되는 자는 특
별 승진시킬 수 있게 하였다.[6]


## 4) 공직윤리 규범 및 행동강령에 관한 외국의 사례

미국·싱가포르·일본·홍콩 및 대만 등 각국의 공직윤리규범
사례분석, 특히 공직자 윤리강령과 그 운영의 분석을 통하여 다음
과 같은 결론을 도출할 수 있다.[7]

---

6) 김병진·김훈기·김항곤·김진욱·소재진, 앞의 책, p. 282.
7) http://www.pcac.go.kr/board/view_boardata.cgi?board_list=
    7&serial=1109&page=1

첫째, 공직윤리 확립의 선진국에서는 실효성 있는 부패방지법 또는 공직윤리법과 함께 공직자들의 직무수행 과정에서 윤리적 행위의 기준으로 삼을 수 있는 구체적인 '공직자 행동강령 또는 윤리강령'을 제정하여 운영하고 있다.

둘째, 공직자 행동강령의 경우, 그것은 단순한 복무지침이나 권장사항이 아니라, 법적 기반과 처벌규정을 포함하여 법적 구속력을 갖는 행동강령을 제정·운용하고 있다. 대부분 대통령령이나 총리령 또는 총독령으로 규정하고 있어 행동강령의 법적 지위를 분명하게 하고 있다.

셋째, 미국의 경우에는 연방정부 공직자 윤리강령 뿐만 아니라, 연방정부 각 부처 및 그 산하기관의 공직자들에게 적용되는 별도의 세부규정을 제정하여 공직업무의 특성에 따른 윤리강령의 차별화 또는 구체화를 시도하고 있다. 일본의 경우에도 아직 구체화되지는 않았지만 이와 같은 방향에서의 공직자 행동강령의 제정을 추진하고 있는 것으로 나타났다.

넷째, 대부분의 공직자 윤리강령은 공직자의 직무수행 자세와 관련된 내용을 포함시키지 않고, 기본적으로 직무수행과 관련해 발생할 수 있는 부당이익 또는 선물·향응, 이익충돌, 업무 외 취업의 제한 등과 관련된 규정들로 구성되어 있다. 이런 점에서 공직자 윤리강령은 그 성격과 목적성을 보다 분명히 할 수 있었다.

다섯째, 공직자 윤리강령에 규정된 내용은 추상적 수준의 선언이 아니라 매우 구체적이고 실천적으로 설정되어 있다. 즉, 공직자들이 직무와 관련하여 윤리강령에 위반되는 상황에 직면하게 되었을 때, 어떻게 처리할 것인지에 관한 절차가 간결하고 구체적으로 규정되어 있는 것이다. 특히 각국은 공직자 윤리강령의 제정 과정에서 자국 사회의 문화적·사회적 특성을 고려한 조항들을 설정하고 있다. 즉, 사례분석 국가들의 윤리강령은 대부분 유사한 내용들을 중심으로 구성되어 있으나, 그 실제 규제내용에서는 그 사회의 발전단계나 문화적 특징을 반영하는 양상을 보이고 있다.

여섯째, 공직자들의 윤리적 행동을 강화하기 위하여 공직자들에 대한 교육·홍보·상담 및 감시와 징계를 전담하는 독립된 기구를 설치운용하고 있다. 이를 통하여 공직자 윤리강령 실천에 대한 지속적인 강화작업 및 교육이 꾸준하게 추진되어 왔다.

마지막으로, 각국은 공직윤리 규범의 확립을 위하여 이 같은 법규들에만 의존한 것이 아니라 보다 장기적이고 체계적인 정책적 비전을 설정하여 추진하였고, 그것의 추진을 위한 강력한 행정적·재정적 투자를 아끼지 않았다. 특히 공직자들에 대한 윤리규범의 교육에 뿐만 아니라 민간부문에서의 부패추방을 위한 상호연계활동과 그 지원을 위해서도 집중적인 정책적 지원을 단행하여 왔다.

# 제6장 전문직의 직업윤리

## 1) 전문직의 역사적 전개와 직업적 특성

현대 사회는 전문직업의 사회이다. 지식이 세분화되고 전문적 지식의 직업적 중요성이 크게 늘어남에 따라 전문직이 다종다양해지고 전문직 종사자의 수가 크게 늘어나고 있다. 이를 배경으로 전문직의 직업적 활동은 사회의 거의 모든 부분에 걸쳐 영향을 미치며 갈수록 그 영향이 증가하고 있다. 따라서 전문직에 필요한 직업윤리의 정립과 실천은 이 직업에 속하는 개개인의 직업적 성공은 물론 사회발전에도 심대한 결과를 초래한다.

우리나라 사회에서는 전문직업에 대한 개인적 및 사회적 선호가 크게 발달해 있는 반면, 전문직의 역사가 길지 않은 관계로 전문직 직업윤리에 대한 전문직 종사자들의 직업적 규범이 개인적 차원에서나 제도적 차원에서 잘 형성되어 있는 편은 아니다. 따라서 전문직의 직업적 특성이나 그 사회적 특성과 관련하여 바람직한 전문직 직업윤리의 정립을 모색하는 것은 큰 의미를 가지는 것이라 할 수 있다.

그러나 이러한 전문직은 현대 사회에서 두드러지게 나타나는 현상이기는 하지만 현대 사회에 고유한 직업만은 아니라고 할 수 있다. 사회적 비중과 종사자의 수는 비록 오늘날에 비해 매우 적었지만 전문직의 기원은 중세 시대에까지 거슬러올라갈 수 있다. 따라서 전문직에 관하여 이해하기 위해서 우선 그 역사적 성장과정과 특징에 관하여 살펴보도록 하자.[1]

중세시대 유럽의 도시에서는 제과직·마구사·도예공·목수·칼을 만드는 도공·금속공 등의 수공업자들이 있었다. 이러한 수공업자들은 도시마다 동업조합인 길드를 형성하였고, 각 길드에는 각각 고유의 가치관이나 행동규범이 존재하였다. 가령 제조법이나 용구에 관한 규정, 고객과의 거래에 관한 규정, 직업기술 습득에 관한 규정, 길드 가입절차에 관한 규정 등이 있었다. 이러한 규정이나 규범이 형성되고 지켜진 것은 한편으로는 제품의 품질을 유지하고 동업자들끼리의 과도한 경쟁을 방지함으로써 직업상의 영리활동을 원활히 하기 위함이었고, 다른 한편으로는 동업자가 가지고 있는 직업상의 여러 가지 특권을 보호하고 권위를 유지하기 위해서였다. 동업조합을 결성하고 직업활동에 따르는 여러 가지 규정을 시행함으로써 직업상의 이익을 보호함은 물론 직업상의 신용이 유지되도록 노력하였던 것이다.

근대에 들어와서 중세사회의 신분제도가 폐지되고 공장제 제조업의 등장으로 수공업에 의존하였던 길드의 조직도 붕괴되었으나, 직업별로 동업자의 행동을 규제하고 동업자의 이익을 보호하는 제도와 관행은 오늘날에도 여전히 남아 있다. 특히 길드와 같은 동업조합의 이러한 관행은 근대 이후 전문직의 직업활동에 큰

---

1) 직업윤리연구회 편, 『현대사회와 직업윤리』, 서울 : 형설출판사, 1992, pp. 208~209.

영향을 미쳤다.

현재 전문직이란 아마추어와 대비되는 개념으로 보수를 받는 직업이라는 일반적 의미로 사용되기도 하지만, 직업사회학적 관점에서 볼 때는 전문직은 일정한 직업적·사회적 특성을 갖추고 있으며, 사회적으로 공인되는 어떤 특정한 직업 범주를 지칭하는 것이라고 할 수 있다. 이러한 전문직은 다른 일반직업에 비해 다음과 같은 특성을 가지고 있다.

첫째, 물건의 생산이나 판매보다는 서비스의 제공이나 아이디어의 생산을 주로 하는 직업으로 고객에 대한 봉사 또는 고객의 욕구충족을 업무의 이상으로 한다. 전문직은 전문적 지식과 기술을 사용하는 직업이라고 하더라도 제조업에 속하는 직업은 전문직이라고 할 수 없다.

둘째, 전문직은 특정분야에 관한 체계적 혹은 과학적 지식을 기초로 수행된다. 이러한 전문적 지식과 기술은 장기간에 걸친 교육이나 훈련을 통해 습득이 가능하고 또한 많은 비용이 요구된다. 또한 이러한 지식의 습득자에게는 면허·학위·증명에 의하여 공식적으로 자격이 부여된다. 전문직업은 이와 같이 사회적으로 직업활동의 자격이 공인되어야 한다는 특성을 가지고 있다. 많은 직업이 전문적 지식과 기술을 토대로 하지만 이 모든 직업을 전문직이라고 하지 않는 것도 전문직의 이러한 특성에 기인한다.

셋째, 전문직업은 직업활동을 신장하고 보호하기 위해서 전문조직이나 동업조합을 가지고 있다. 의사협회·약사협회·변호사협회 등이 대표적인 예이다. 전문직 중에서 역사가 오래된 전문직은 대부분 독자적인 전문직 직업조직을 결성하고 있지만, 새로이 출현하고 있는 전문직의 경우 이러한 단체의 결성이 채 이루어지지 않은 것도 많다. 그러나 단체결성의 잠재성을 가지고 있다면 이러한 직업을 전문직이라고 분류하는 것은 큰 무리는 아닐 것이다. 이 단체를 통해 전문직 종사자들은 자신들의 직업활동을 자율적으로 규제하는 규범과 규정을 제정하고 시행한다.

넷째, 전문직 종사자들은 그들이 소유하고 있는 전문지식으로 말미암아 일반 직업 종사자에 비해 상당한 의사결정의 자율성을 직업활동에서 누린다. 전문직은 조직 결성과 단체활동을 통해 같은 직종간에 강한 연대의식을 가지기는 하지만 기본적으로는 독립적으로 직업활동에 종사하고 있다. 회사나 기관과 같은 조직에 고용되어 있는 경우도 많이 있지만 전문직은 자유직업의 특성을 가지고 있는 것이다. 전문직을 자유직종이라고 부르는 것도 이 때문이다.

다섯째, 전문직 종사자들은 그들이 수행하는 직업활동의 성격과 전통으로 인해 지역이나 사회로부터 사회적 존경의 대상이 되고 고객에 대한 권위를 향유한다. 전문직은 일반 사람들이 접근하기 어려운 높은 수준의 전문적 지식을 토대로 직업활동을 하기 때문에 직업상의 권위를 어떤 직업보다도 크게 누리며 그것을 필요로 하는 사람들의 존경의 대상이 된다.

이러한 특성을 배경으로 하는 전문직업은 전문적 지식이 세분화되고 새로운 종류의 직업이 생겨남에 따라 그 종류가 점차 증가하고 있다. 이 점을 고려할 때 전문직은 그 구분이 항상 분명한 것은 아니지만 두 가지 유형으로 크게 구별할 수 있다. 하나는 전통적으로 존재해 온 역사가 오래된 기성 전문직이고, 다른 하나는 직업의 분화에 따라 새로이 출현하고 있는 신흥 전문직 혹은 현대적 전문직이다. 현대적인 전문직의 확대는 특히 비중이 높아져 가는 지식 및 정보산업에 관련된 직업 분야에서 주로 이루어지고 있다.

전통적인 전문직에 속하는 직업은 의사·치과의·약사·간호사·변호사·공인회계사·각종기술사·고급선원·교사·연구원·화가·작가·언론인 등이 있다. 이에 대해 새로이 출현하고 있는 전문직은 방송·광고·영화·출판사업 관계의 전문직인 아나운서·카피라이터·영화감독·디자이너·각종 컨설턴트·정보처리 전문가·컴퓨터 프로그래머·시스템 분석가·전자기술자·원자력기술자·관제사·조종사 등 항공관련 종사자 등 다양하게 많다.

특히 현대적 전문직은 기성 전문직의 특성을 함께 가지고 있으나 그 역사가 짧아서 종사자의 수가 적고 같은 직종의 종사자들 사이의 연대의식에 제도적으로 형성되어 있지 않거나 형성중에 있다는 사실에 있다. 다시 말하면, 오래된 역사를 가지고 있는 기성 전문직에 비하여 현대적 전문직은 전문직으로서의 제도화 수준이 상대적으로 낮으며 공통된 행동규범과 규정이 형성중에 있다고 말할 수 있다. 그러나 이러한 새로운 전문직도 그것에 대한 사회적 수요가 늘어나고 종사자의 수가 증가함에 따라 직업상의 이익과 권위를 유지하기 위한 동업조합의 형성이 이루어지고 원활한 직업활동을 위한 규정과 규범의 정비가 모색될 것이다.


## 2) 전문직의 직업활동과 사회적 특성

전문직의 가치기준에서 살펴보았듯이, 전문직 직업윤리는 직업별 윤리의 한 종류에 속한다. 말하자면 전문직 직업윤리는 전문직의 직업적 특성과 사회적 특성에 의해 크게 좌우된다. 따라서 전문직 직업윤리의 필요성과 바람직한 성격을 이해하기 위해서는

전문직의 직업활동 및 사회적 특성들을 살펴볼 필요가 있는 것이
다.[2]

　전문직의 직업적 특성에 대해서는 앞에서 대체적으로 살펴보
았다. 그런데 전문직업의 직업윤리를 좀더 구체적으로 살펴보기
위해서는 앞서 언급한 전문직의 직업적 특성을 직업활동이라는
조금 다른 관점에서 정리해 볼 필요가 있다. 전문직 직업활동의
특성은 전문성, 배타성 및 독점성, 그리고 직업 수행의 자율성 등
세 가지로 구성되어 있다.

　첫째, 전문성은 고도의 교육훈련을 통한 전문지식의 습득이 직
업수행에 필수적으로 요구된다는 점을 의미한다. 이러한 전문성
이 고객에 대해서나 사회에 대해서 전문직업인이 갖추어야 할 윤
리의식을 크게 좌우한다.

　둘째, 독점성은 일정한 자격을 갖추지 않으면 직업에의 종사가
사회적으로 승인되지 않는다는 것을 의미한다. 전문직이 독점성
을 가지게 되는 것은, 한편으로는 고객에 대한 서비스의 질을 유
지해야 하는 사회적 필요성에서 연유하고 다른 한편으로는 지식
습득을 위해 투자한 비용과 노력에 대한 적절한 보상을 보장하기
위해서이다. 이러한 직업활동의 독점성 또한 중요한 윤리상의 문
제를 제기하는 것이다.

　셋째, 자율성으로서 전문직이 자유직업 혹은 직종이라는 말은
이러한 맥락에서 쓰인다. 즉 전문직 종사자들은 전통적으로 특정
기업이나 조직에 고용되어 일하기보다는 독자적으로 전문적 서비
스를 고객에게 직접 제공하는 자유업으로서의 직업활동에 종사해
왔다. 그러나 이와 같은 자유직업적 성격도 현대 사회에 와서는

2) 직업윤리연구회 편, 앞의 책, pp. 214~216.

상당히 약화되어 가고 있는 것도 사실이다. 의사·변호사 등도 종합병원·법률사무소에 고용되어 있는 경우가 허다하기 때문이다. 그러나 이렇게 고용되어 직업활동을 하더라도 지식의 전문성으로 말미암아 다른 직업 고용인에 비해 업무수행의 자율성을 보다 크게 누린다. 전문직업인들이 누리는 직업활동의 자율성 또한 전문적 직업활동의 자율적 규제와 같은 윤리적·사회적 문제를 야기한다.

전문직이 전문성·독점성·자율성을 특성으로 하는 직업이라면, 전문직은 그 사회적 성격에 있어서도 다른 직업과 구별되는 특성을 가지고 있다. 사회적 특성은 전문직의 직업적 특성과 함께 전문직의 직업윤리와 밀접한 관련을 가지므로 이것을 좀더 구체적으로 이해할 필요가 있다.

첫째, 전문직 종사자들은 어느 사회에서나 가장 높은 수준의 교육을 받은 직업인들로서 지식계층에 속하는 사람들이다. 따라서 전문직 종사자들은 다른 직업에 종사하는 사람들에 비해 공공사회의 여러 문제들에 대해 높은 사회적 의식을 가질 것은 물론 시민으로서의 사회적 책임감과 의무감도 더 많이 가지기를 기대하는 계층이라고 할 수 있다. 이런 이유에서 전문직 종사자들의 잘못된 행동은 그것이 특히 직업상의 일이 아니라고 하더라도 사회적 관심을 끌며 윤리적인 비난의 표적이 되는 경우가 많다.

둘째, 전문직 종사자들은 비교적 높은 수준의 소득을 보장받는 계층이고 또한 중산층 이상의 사회계층으로서 비교적 높은 직업적 권위를 향유하는 계층이라고 할 수 있다. 높은 수준의 교육, 높은 경제적 능력, 직업상의 권위를 누리기 때문에 전문직 종사자들은 사회의 지도층에 속한다고 볼 수 있다. 즉 전문직 종사자들은 특별히 권력이나 경제적으로 최상위의 엘리트는 아니라 하더라도

준엘리트적 지위를 향유하는 사람들이다. 따라서 이들은 사회적
으로 혜택받는 계층 또는 지도적 계층으로서 그에 상응하는 사회
적 책임감과 의무, 즉 사회적 봉사정신과 직업윤리도 아울러 구비
해야 하는 사람들이다. 말하자면 직업적 활동이 개인적 이득의 배
타적 추구에 그쳐서는 안 되며 사회봉사에의 책임감도 아울러 가
져야 한다는 것이다.

셋째, 전문직은 대부분의 경우 그 직업활동이 사회적인 공익의
신장과 직접 관련되어 있는 경우가 많은데, 이것을 전문직의 공익
적 성격이라고 부를 수 있다. 예를 들어 의사와 약사는 점차 사회
복지의 영역이 되어가고 있는 의료 서비스를 직접 다루는 전문직
이며, 변호사는 인권의 보장, 개인적 자유의 보호라는 사회적 가
치의 신장을 떠맡고 있다. 이들이 공익적인 영향을 무시하고 직업
상의 영리활동에만 집착할 경우 그러한 행동이 비록 법률에 위배
되는 일은 아니라 하더라도 사회적인 비난의 표적에서 벗어나기
는 어려울 것이다.

최근에 들어 전문직의 사회참여가 그 전에 비해 상당히 두드러
지고 있는데, 이것은 전문직 종사자들의 개인적인 관심에도 연유
하는 것이기도 하지만 전문직의 높은 공익적 성격에 대한 자각이
커지고 있기 때문이기도 할 것이다. 산업재해, 원폭피해자에 대한
관심, 그리고 공해문제의 의학적 측면에 대한 관심을 중심으로 전
개되고 있는 의료운동이나 변호사들의 인권운동, 환경단체 및 각
종 시민단체에 참여하여 활동하는 것 등은 전문직의 사회참여의
바람직한 방향이라고 볼 수 있다.

## 3) 전문직의 윤리적 측면

무엇을 전문직이라 하는가? 그리고 전문직의 일원이 된다는 것
은 어떤 의미가 있는가? 이와 관련된 윤리적 측면에 관하여 살펴
보도록 하자.[3] 전문직이 갖는 의미 중의 하나는 그에 상응하는 보
수를 받는다는 것이다. 그러나 다른 직업을 갖고 있는 사람들, 예
를 들면 변호사·교사·목사·판매원·배달원, 그리고 환경 미화
원도 자신들이 한 일에 보수를 받는다. 따라서 전문직과 비전문직
을 구분하는 다른 기준이 필요해진다. 이와 관련하여 영어에서의
전문직(profession)과 전문가(professionals ; 우리말로 보통 프로라고 한
다)를 구분할 수 있어야 한다.

권투선수는 보수를 받느냐 받지 않느냐에 따라 프로와 아마추
어로 구분한다. 그러나 프로 권투선수는 전문직도 아니고 전문직
에 속하지도 않는다. 전문직에 속하는 사람은 프로이다. 그러나
모든 프로가 전문직에 속하는 것은 아니라는 사실에 주의해야 한
다. 따라서 어떠한 직업이 전문직이 아닌가를 설명하기 위해서는
전문직의 특성을 설명하는 또 다른 조건이 있어야 할 것이다. 이
와 관련된 두 가지 조건에 관하여 살펴보자.

첫째 조건으로 전문기술을 들 수 있다. 이 기술을 습득하기 위
해서는 어떤 훈련을 받아야 한다. 그러나 권투선수도 전문기술을
가지고 있고, 또 훌륭한 권투선수가 되기 위해서는 혹독한 기술
훈련을 쌓아야 한다. 여기서 전문가를 올바로 규정하기 위한 또
하나의 기준이 필요하게 된다. 전문직이 되기 위해서는 기술과 관

---

3) http://moral.snu.ac.kr/pds/data/02/009.html

련하여 상당한 수준의 지적(intellectual)인 요소가 가미되어야 한다. 이 점에서 대부분의 경우 권투선수는 전문직이 될 수 없음이 밝혀진다. 권투선수는 트레이너의 지시에 충실히 따르기만 해도 챔피언이 될 수 있다. 권투선수가 되기 위해서 몇 년 동안 많은 책을 읽거나 강의를 들을 필요는 없다. 권투선수는 머리가 뛰어나게 좋지는 않다 하더라도 챔피언이 될 수 있다. 그러나 권투선수가 챔피언이 되기 위하여 지적 훈련을 병행한다면 전문직으로서의 조건에 해당할 수 있음은 물론이다.

전문직이 되는 둘째 조건은 학교나 학원과 같은 교육단체에서 기성 전문가들에 의해 전문기술이 전수된다는 것이다. 또 다른 분야와 달리 자기 자신의 일을 독립적으로 시행할 수 있는 자율성이 보장된다는 것도 전문직의 조건 가운데 하나이다. 따라서 전문직의 지도자들은 이러한 조건들을 만족시키기 위한 어떤 기준을 마련하는 책임을 지고 있다는 것이다. 그러므로 전문직의 조건에는 보수·기술·훈련·지적인 요소(기술 수준에 따라 질서 정연한 단계로 구분된다)·자율성과 함께 신입 전문직의 훈련 담당, 그리고 전문직 지도자들의 기준 설정 및 책임 등이 있다. 이러한 여러 조건들이 충족되어야 비로소 전문직이라고 할 수 있고, 전문직이라는 명예를 얻을 수 있는 것이다.

많은 사람들이 자기들도 프로(여기에도 상당한 명예가 뒤따른다)일 뿐만 아니라 전문직이라고 주장하는 경우가 있다. 이것은 전문직에는 그에 상응하는 명예가 따르기 때문이다. 종종 여러 가지 분야에 종사하는 사람들이 스스로 전문직에 속한다고 주장하는 경우를 본다. 그러나 위에서 설명한 전문직의 조건 또는 기준에 따르면 그들 대부분이 전문직으로서의 명예를 가질 수 없는 직종에 있다. 그 이외에도 여러 직종이 전문직의 기준에 도달하는 것

처럼 보이지만, 전문기술을 습득하기 위한 교육 기간이 짧아 전문
직이라 보기 어려운 경우가 많다.

　그러면 위에서 규정한 조건에 합당한 전문직에는 어떤 직종이
있는가? 의사·간호사·변호사·군대의 장교·교수 및 교사, 그
외에 몇몇 직종이 여기에 속할 수 있을 것이다. 결국 이러한 기준
으로 볼 때 전문적인 운동 선수·기업가·판매원 등 사회의 대부
분의 일반 직종은 전문직에 속하지 않는다.

　전문직에 대한 이해를 돕기 위하여 전문직에 속한다는 것은 어
떤 의미를 갖고 있는가 하는 것을 설명할 필요가 있다. 이미 설명
한 바 있지만 전문직에 속하는 사람들은, 특히 지도자는 전문직의
수준을 정한다는 특별한 임무를 가지고 있다. 전문직의 기준에는
두 가지가 있다.

　첫째는 능력 기준(instrumental standards)이다. 이 기준은 특정한
직업에 종사하는 사람으로서 충분한 지식과 기술을 갖고 있는가
에 관한 것이다. 우리들은 이 기준에 대해서는 비교적 익숙한 편
이다. 즉 면허를 받기 전에 국가 시험에 합격해야 하며, 최소한 어
떤 종류의 기술을 시행할 수 있다는 것을 증명해야 한다는 사실
등은 이미 잘 알려져 있다.

　둘째로, 이러한 능력 기준과 더불어 전문직이 되기 위해 충족
되어야 하는 또 다른 중요한 기준이 있는데, 그것은 전문직으로서
의 목표와 목적에 관련된 가치 기준(value standards)이다.

　이 두 기준의 차이를 이해하기 위하여 독일 나치 정권 아래서
일한 많은 의사들의 사례를 살펴보자. 일단 이들이 의사가 되는
데 필요한 능력 기준은 있었을 것이다. 그러나 현대의 의료 전문
인으로서는 절대 해서는 안 되는 인체 실험을 아무런 양심의 가
책 없이 수용소에 잡혀 있는 유태인들을 대상으로 시행하였다는

것은 그들이 전문직으로서의 가치 기준을 몰랐거나 또는 배우지 않았다고밖에 볼 수 없을 것이다.

전문직에 있는 사람들은 종종 바로 이 가치 기준을 잊는 경향이 있다. 전문직에 있는 사람들은 능력 기준에 도달하기 위한 교육 프로그램에만 거의 모든 신경을 집중한다. 의사가 되기 위해서 배워야 할 지식과 정보, 그리고 기술이 너무 많기 때문에 그럴 수밖에 없다는 식으로 그냥 넘어갈 수는 없는 문제이다. 의과 대학에서는 새로운 지식과 기술 습득을 위한 교육과정을 계속 새롭게 도입한다. 그 뿐만 아니라 실습을 위한 시간도 계속 늘려 가고 있으며, 때로는 아주 새로운 과목을 도입하기도 한다. 그 결과 의사들의 능력은 크게 향상되어 예전보다 훨씬 고도의 기술과 지식을 습득하게 된다. 그러나 이러한 능력의 향상은 불행하게도 가치 기준을 함양할 교육 기회를 희생한 결과로 가능한 것이다.

능력 기준과 달리 가치 기준은 전문직의 목적과 직결된다. 예를 들어, 의료나 의학의 목적은 무엇인가? 의학은 생물학과는 분명히 다르다. 과학의 한 분과로서 생물학의 일차적인 목적은 그것을 어떻게 응용하느냐에 상관없이 지식과 정보를 수집 및 분석하는 것이다. 생물학에서 발전시키는 지식은 응용과는 거리가 멀기 때문에 이를 순수과학이라고 부른다. 의학은 순수과학이 아니다. 물론 생물학과 비슷한 부분이 있기는 하지만, 그 목적은 원칙적으로 응용을 위한 것이다. 의학은 인류와 다른 동물들을 이롭게 하는 것에 그 목적이 있다. 의학의 긍정적인 목적이 건강이라는 점에는 이견이 있을 수 없다. 즉 의학의 기본적인 목적은 인류의 건강 증진과 건강 회복을 위한 것이다. 간호학도 응용과학이며 궁극적인 목적은 의학과 동일하다. 그러나 의학은 환자의 진료에, 간호학은 환자의 간호(care)에 초점을 맞춘다는 차이가 있기는 하지만 이 두 분야의 가치 기준은 크게 다르지 않다.

그러나 전문직의 특성을 고려할 때 전문영역에 따라 가치 기준이 다를 수 있기 때문에 그에 대한 덕도 달라질 수는 있다. 군인들의 덕에 대해서 생각해 보자. 의료에서는 건강이 가치 기준이듯이 군인들에게는 승리가 가치 기준이다. 그들의 역할은 전쟁에서 승리하는 것이다. 만일 승리가 불가능하다면 자신들의 생명과 재산은 물론 사회정치적 질서도 완전히 파괴된다. 결국 승리가 군인들의 목표이다. 그런데 불행하게도 군인들은 이러한 목표를 최악의 상황에서 달성해야 한다는 어려움을 갖고 있다. 승리는 그들이 계획한 대로 만들어 놓은 실험실에서 얻는 것이 아니라, 아군을 파괴하기 위하여 모든 노력을 하는 적과 대면하는 전쟁터에서 싸워 얻는 것이다. 또 승리는 집단의 노력을 통해서만 가능하다. 일선에 있는 군인들만 노력한다고 해서 전쟁에서 이기는 것이 아니고 전후방의 많은 군대가 협동하여야 이길 수 있다. 이러한 상황을 고려할 때 군사 서적이나 군장교들과의 면담에서 다음과 같은 직업 군인으로서의 덕이 공통으로 제기된다. 즉 결단성·용기·능력·사명감·효율·기율·정직·명예·지도력·충성심·복종·민첩·헌신 등이 그것이다. 군사 목표에는 전쟁에서 승리하는 것뿐만 아니라 전쟁을 방지하는 것도 있으므로 경계심과 준비성도 덕의 목록에 추가해야 할 것이다.

의사와 군인, 이 두 전문직에 공통되는 덕은 능력, 헌신 그리고 정직이다. 이러한 공통적인 덕은 여타 전문직도 갖추어야 할 요소이다. 변호사나 교수들도 유능하고 헌신적이어야 한다. 이처럼 전문직에는 갖추어야 할 가치 기준이 있으며, 또 그 기준들은 반드시 적용되어야 한다. 앞서 살펴본 능력과 헌신에 더불어 모든 전문직이 공통으로 갖추어야 할 또다른 덕으로 정직이 있는데, 그것

326 ⊙ ──── ⊙ 디지털시대의 직업윤리

은 좀 다른 특별한 이유에서이다. 정직하지 않으면 그 어떤 전문
직이라 하더라도 발전할 수 없다. 예를 들어 같은 전문직에 속한
다른 사람의 말을 믿을 수 없다면(예를 들어, 연구 결과가 실제로는
아무 효능이 없는데 암 치료에 효과가 있다고 거짓말을 한다면), 그 전
문영역은 신뢰를 잃게 되어 곧 실패하게 된다.


## 4) 전문직의 윤리 강령

전문직의 윤리를 설명하는 데는 여러 가지 방법이 있다. 전문
직이 갖추어야 할 덕, 그리고 능력 기준과 가치 기준에 초점을 맞
추는 것도 도움이 된다. 그러나 어떤 사람들은 이러한 접근방법이
그들이 필요로 하는 윤리 지침을 얻기에는 너무 막연하다는 생각
을 하기도 한다. 이러한 사람들은 행위자와 그들에 대한 속성보다
는 행위자가 해야 하는 행동 자체에 더 관심을 갖는다. 전문직에
있는 사람들은 해야 할 일과 해서는 안 되는 일이 무엇인가를 더
구체적으로 알기 원한다. 그러나 이러이러한 상황에서 어떻게 행
동하여야 하는가 하는 지나치게 구체적인 지침을 주기보다는 좀
더 다양한 상황에 적용되는 공통적인 지침이 필요하다. 이러한 지
침은 규칙으로 표현되며, 그 규칙들을 모아 강령을 만든다. 윤리
강령과 관련된 내용에 관하여 살펴보자.[4]

윤리 강령은 전문직의 의무와 책임을 정리하여 일련의 규칙의
형태로 만든 단순한 규정에 불과하다. 강령은 보통 왜 사람들이
그것에 따라 행동해야 하는지 그 이유는 설명하지 않는다. 단지

---

4) 앞의 자료

전문직은 윤리 강령을 준수해야 한다고 말할 뿐이다. 그 결과 윤리 강령은 마치 절대적이거나 결코 변하지 않는 것으로 잘못 인식되고 있다. 그러나 실제 그것은 시대나 상황, 그리고 다른 여러 가지 여건에 알맞게 조금씩 변화된다. 가장 유명한 윤리 강령인 히포크라테스 선서를 생각해 보자. 애초에 만들어진 선서는 고대 그리스의 신들에게 선서하였을 뿐만 아니라 거기에는 의사들은 만일 스승이 필요하다면 언제든지 돈을 빌려주어야 하고, 만일 스승의 아들이 의사가 되기를 원하면 무료로 그 아들을 가르쳐 주어야 하며, 어떤 경우에도 칼을 사용하여 치료해서는 안 되고, 유산을 시키지 않는다는 내용 등이 포함되어 있다. 처음의 둘은 현대 의학의 특성으로 보아 분명히 시대에 맞지 않는 것이며, 나머지 둘도 현대의 히포크라테스 선서에서는 제외되어 있다. 그러므로 윤리 강령의 한 표현인 선서의 내용도 변한다는 것을 알 수 있다. 재미있는 것은 최초에 만들어진 히포크라테스 선서의 내용 중 현재도 쓰이는 것이 있다는 사실이다. 그 중의 일부를 소개하면 다음과 같다.

첫째, "나는 환자의 이익을 위하여 식이요법을 쓰겠노라 … 환자를 해로움과 불의로부터 보호하겠노라"는 것이다. 이 선서 내용은 덕이라는 초점에서 조금 비껴난 내용이다. 그러나 그 선서의 목적은 분명한 것 같다. 이것만으로도 의사는 환자의 물건을 훔치거나 환자를 속이는 행동을 해서는 안 된다는 것을 알 수 있다.

둘째, "나는 어떤 집을 방문하든 간에 그것은 환자를 위한 것이며, 어떠한 불의나 또는 그들이 자유인이거나 노예이거나 간에 성적으로 불미스러운 행동은 하지 않겠노라"는 것이다. 이 선서를 쓴 저자는 첫번째 내용이 불분명하다는 것을 인식하고 더 자세하게 더 구체적으로 쓸 필요를 느꼈던 것 같다. 그럼에도 성적인 행동에 관한 것을 제외하고는 역시 대단히 일반적이다. 대체적으로 이익의 갈등은 가급적 피하라는 뜻이 아니었겠는가 짐작된다.

셋째, "나는 진료과정에서 또는 그 외에 보고 들은 환자의 사생활에 대해 절대 비밀을 지키겠노라. 나는 남에게 말하기 부끄러운 비밀은 끝까지 지키겠노라"라는 것이다. 사생활의 비밀에 대한 것은 고대에서도 중요했던 것 같다.

넷째, "나는 의료의 법칙에 의하여 이 선서를 하며, 이 선서에 서명한 의사에 한하여 교육을 시킬 것이며 그 이외의 누구에게도 가르치지 않겠노라"는 것이다. 여기서 분명한 것은 의사는 환자에게만 의무가 있는 것이 아니라 다른 의사에게도 의무가 있다는 사실이다.

이제 윤리 강령에 대해서 좀더 살펴보자.

첫째, 윤리 강령은 모든 전문직 분야에서 보편적으로 추구되고 있거나 적용된다. 실제로 각 분야, 예를 들어 언론인들도 나름대로의 윤리 강령을 갖고 있을 뿐만 아니라 오히려 의사들의 것보다 훨씬 구체적이다. 이러한 원칙들은 이미 앞에서 나열해 보였던 덕의 목록 정도에 불과한 일반적인 용어로 되어 있는 경우도 있고, 매우 엄밀하고 구체적으로 되어 있는 경우도 있다.

둘째, 윤리 강령이 실제로 얼마나 중요한 것인지는 불분명하다. 어떤 사람들은 제정된 윤리 강령이 단순히 외부에 보여주기 위한 홍보용이라고 생각하는 것 같다. 그렇게 본다면 그와 관계되는 특정한 전문직에 종사하는 사람들은 윤리적으로 직무를 수행하는 것처럼 보이기 위해 일반 대중을 속이는 것이 되어 도움이 되기보다는 오히려 해가 된다. 이것은 결국 일반 대중들 뿐만 아니라 이러한 전문직 종사자 자신들도 마찬가지로 속게 되는 결과를 가져온다. 어떤 사람들은 윤리 강령이 마치 영감에 의하여 씌어진 것으로 생각하는 듯하다. 이런 생각에서 나타나는 문제점 중의 하나는 윤리 강령에서 감동을 받는 사람들은 일반적으로 그러한 감동이 필요하지 않은, 윤리적인 수준이 높은 사람들이라는 것이다. 또 하나의 문제점은 대부분의 전문직 종사자들은 윤리 강령에 대해 깊은 생각 없이 입으로만 반복할 뿐이라는 것이다. 윤리 강령이 어떤 전문직 종사자들에 감동을 주기 위한 것은 아니지만 실제로는 그들을 따분하게 만들고 있다.

셋째, 윤리 강령은 새로운 전문직종이 아직 그 직종의 바람직한 덕을 개발할 여유가 없을 때 가장 유용한 방편이 된다. 그러나 오랜 교육 훈련 기간을 거치면서 바람직한 행동이 무엇인지 배울 기회가 충분한 전문직들에게 윤리 강령은 크게 도움이 되지 않을 것이다. 그러나 이 때도 사회가 전문직에게 무엇을 기대하는지 되돌아보게 하는 데는 도움이 될 수 있을 것이다. 그러나 실제 윤리 강령은 전문직에 종사하는 사람이 아니라 직접적이고 단순한 생활 행동지침을 필요로 하는 사람들에게는 큰 도움을 준다. 단순하게 외우거나 되풀이해 읽어보며 그 기준에 맞게 행동하면 되기 때문이다. 예를 들어 군에서는 장교보다는 사병에게 윤리 강령이 더 필요하다.

넷째, 일반적으로 윤리 강령만으로는 충분하지 않다고 생각하는 또 하나의 이유는 윤리 강령을 만드는 일이 대단히 어렵기 때문이다. 위에서 언급한 윤리 강령으로서의 히포크라테스 선서는 너무 일반적이다. 이 속에는 의사가 할 수 있는 의료 남용을 막연하게 표현하고 있다. 이에 비해서 우리나라 의사협회의 윤리 강령은 그보다는 구체적이다. 과연 어느 정도의 의사와 간호사들이 그 윤리 강령을 자세히 읽었으며 그것을 기억하고 있는지 의문이 아닐 수 없다.

다섯째, 윤리 강령은 전문직에 있거나 전문직에 종사할 사람을 교육하는 하나의 수단이라고 생각해 왔다. 그 밖에도 교육과정·심포지엄·강의·자유스러운 토의방법, 그리고 윤리학 참고서적 등을 통해 윤리교육을 할 수 있다. 전문직에 입문하려는 사람들에게 윤리를 가르치는 또 하나의 유용한 방법으로는 직접 시범을 보여주는 방법이 있다. 그러므로 전문직 분야에 종사하는 선배들은 후배들에게 단순히 업무와 관련된 영역 뿐만 아니라 스스로 모범이 되는 행동을 보여주어야 한다는 의무를 갖는다. 예를 들면, 이제 막 의사가 되려는 이들에게 그 교육 훈련의 시작부터 졸업 후까지 지속적으로 의료윤리문제에 대해 심각하게 생각할 수 있는 기회를 부여하는 것이 무엇보다 중요하다. 따라서 윤리 선서를 한다든가 의과 대학에서 강의를 듣는 것만으로 의료윤리를 배울 수 있다고 생각한다면 그것은 잘못이다. 오래 전부터 의료계에서는 의과 대학생들에게 앞으로 당면하게 될 의료윤리 문제를 교육시키는 데 많은 노력을 기울여 왔지만 그것으로는 아직 부족하다고 할 수 있다. 이미 설명한 바와 같이 의료계는 의학 지식과 기술을 가르치는 데 몰두한 나머지 가치 기준을 가르치는 것은 거의 잊고 있는 형편이다. 그나마 가치 기준을 가르치는 경우도 다른 교육을 다 한 후 남는 시간을 이용하는 정도에 불과하다. 의료윤리도 의학교육과 간호교육에서 중요한 과목으로 인식되어야 한다. 마찬가지로 전문직 윤리도 전문직 관련 직업훈련이나 교육에서 중요하게 취급되어야 한다.

## 5) 전문직의 윤리적 갈등과 전문직 윤리의 필요성

전문직은 고도의 전문직 교육과 훈련을 거쳐 일정한 자격 또는 면허를 획득함으로써 독점적으로 전문적 지식과 기술을 사용할 수 있는 직업이라고 정의할 수 있다. 전문직이 전문교육과 일정한 자격기준을 엄격히 적용하여 전문적 활동의 독점성을 유지하려 하는 것은 전문직 종사자의 질과 수준을 철저히 관리하여 그 공신력과 위세를 지키기 위한 것이라고도 볼 수 있다. 그러나 전문직이 가지는 그와 같은 전문성과 독점성, 그리고 높은 사회적 위세로 인해서 전문직은 다른 어떤 직업보다도 높은 수준의 윤리기준이 적용되어야 한다고 사회적으로 기대되고 있는 것도 사실이다.

전문적 지식과 기술은 그것이 비윤리적으로 사용되어질 때 그 사회적 결과도 중대할 뿐만 아니라 비전문가에 의해서는 쉽게 발견되고 규제될 수 없는 성질의 것이기도 하다. 그러므로 전문직 종사자들은 스스로 높은 윤리의식의 소유자로서 스스로의 전문직 활동을 자율적으로 규제하여야 한다고 기대되는 것이다.

그러나 전문직 종사자들이 모두가 훌륭한 인격자로서, 또는 높은 윤리의식의 소유자로서 언제나 윤리적으로 직업활동을 하리라고는 어떤 사회에서도 보장될 수 없는 것이기 때문에, 일반적으로 전문직의 자율적 조직들은 일정한 윤리강령을 설정하고 엄격한 윤리규정에 의해 조직 내에서 자율적으로 규제하는 방식을 취한다. 그런데 전문직 종사자 개인이나 자율적 조직에 의한 자율적 윤리규제가 효과적으로 이루어지지 못하고 전문직의 비행이나 비윤리적 행위가 빈번히 발생하게 되는 경우에는 전문직의 공신력과 위세가 크게 손상되는 것은 물론이고 스스로 법적 규제를 초래함으로써 자율성을 상실하는 결과를 가져오게 된다.

따라서 전문직 종사자 개인과 전문조직에 의한 자율규제는 스스로의 신용, 위세 뿐만 아니라 자율성을 보호하는 최선의 방식이며, 이것은 결국 전문직 종사자가 스스로 높은 수준의 윤리의식을 갖지 않으면 안 된다는 것을 의미한다. 다시 말해서 전문직은 그 성격상 개인적으로나 조직적으로나 높은 윤리수준을 유지할 수 있어야 한다는 것을 뜻하는 것이며, 이 점에서 다른 직업과 구별되는 하나의 중요한 특성을 갖는다고도 말할 수 있는 것이다.

그러나 현실적으로 전문직 종사자들은 그들의 직업활동에 있어서 여러 가지 윤리적 수준에서의 갈등을 경험할 수 있을 것이다. 전문직 종사자들이 경험할 수 있는 윤리적 갈등의 문제를 몇 가지 유형으로 나누어 보면 다음과 같다.[5]

첫째, 전문직 종사자들은 그들 자신들간의 경쟁에서 이기기 위한 윤리적 갈등을 경험하는 경우가 있다. 예를 들어 변호사들이 사건 브로커를 이용한다든지, 의사가 교통사고 환자를 끌어들이기 위하여 뇌물을 준다든지, 교수가 비슷비슷한 내용의 연구논문을 여러 편으로 나누어 출판한다든지 하는 등의 비윤리적 수단을 동원하는 경우 등이 이 범주에 속할 것이다.

둘째, 전문직 종사자들이 자신의 고객과의 관계에서 취할 수 있는 비윤리적 행위가 있을 수 있다. 의사가 불필요한 투약과 치료로 매상을 올린다든지, 변호사가 불필요한 소송으로 수입을 얻는다든지, 교수가 불성실한 강의를 한다든지 여러 가지 예를 들 수 있을 것이다.

---

5) 임희섭, 『한국의 사회변동과 가치관』, 서울 : 나남출판, 1995, pp. 178~179.

셋째, 전문직 종사자들은 자신이 속해 있는 조직(회사·정부·병원 등)의 이익과 소비자 또는 국민의 이익과의 사이에서 윤리적 갈등을 경험할 수 있을 것이다. 이와 같은 윤리적 갈등은 간단히 해결될 성질의 것은 아니지만 전문직 종사자들은 높은 윤리의식에 기초해서 궁극적으로 국민의 이익을 보호하는 입장에 서 줄 것으로 기대된다고 말할 수밖에 없다.

넷째, 전문직 종사자들은 자신이 속한 전문직의 이익과 전체국민의 이익이 상충할 때 윤리적 갈등을 경험할 경우가 있을 것이다. 예를 들어 전문직의 충원제도나 전문직 서비스의 공급체계를 국민의 이익을 위해 개혁하느냐 전문직의 위세와 기득권의 유지를 위해 개혁을 반대하는 입장에 서느냐 등의 갈등이 있을 수 있다.

이와 같이 다른 직업과 마찬가지로 또는 그 이상으로 다양한 윤리적 갈등을 경험할 수 있는 전문직은 법적 규제보다는 자율적 규제의 능력을 가질 수 있을 것이라는 사회적 기대를 받고 있는 것이 일반적이며, 전문직 종사자들이 향유하는 높은 사회적 지위와 위세, 그리고 독점성과 자율성의 혜택을 지니고 있는 만큼의 높은 윤리적 기준이 적용되어지는 것도 당연하다고 할 것이다.[6]

전문직은 직업 자체의 성격, 즉 고도의 지적 수업을 필요로 하는 직업이면서 동시에 공공의 이익을 주된 목적으로 삼는다는 전문직의 특수성으로부터 전문직에 대해 특히 강한 윤리의식이 강조된다. 전문직에 필요한 모든 지식은 오랜 기간의 교육을 통해 이루어지므로 개인의 노력도 필요하겠지만 사회적으로도 막대한 투자가 필요하다. 이 사회적 투자는 사회가 전문직 종사자에게 그 자신의 이익보다는 사회 전체에 필요한 일을 위해서 우선적으로

---

6) http://myhome.naver.com/hplay/smain05/book36.htm

노력해 줄 것을 기대하면서 하는 투자이다. 그러므로 전문직 종사
자들은 긴 교육의 과정에서 받은 사회적 혜택을, 전문지식과 기술
로써 공익봉사에 활용함으로써 다시 사회에 환원할 책임을 진다
고 할 수 있다.

또한 전문적 지식과 기술이 비윤리적으로 사용될 때 엄청난 사
회적 결과를 초래할 뿐만 아니라 비전문가에 의해서는 쉽게 발견
되고 규제될 수 없는 성질의 것이기 때문에 특수한 전문직의 윤
리의식이 요구된다. 전문적 지식을 갖는 전문가의 지위는 비전문
가보다 높은 사회적 지위를 갖는 것은 당연하다. 이러한 전문직의
높은 사회적 지위는 큰 힘을 발휘할 수 있을 뿐만 아니라 도용될
수도 있다는 것을 우리는 기억하여야 한다.

힘은 클수록 무섭게 도용될 수 있을 뿐만 아니라 통제하기 어
려워진다. 그러므로 거대한 힘으로서의 전문지식을 소유한 자가
강한 윤리의식을 함께 갖고 있지 못한다면 그는 사회에 대해 눈
에 보이지 않는 악영향을 끼칠수 있을 뿐만 아니라 장기적으로
볼 때 사회를 파멸로 이끌 수 있다. 그러므로 현대 사회에서 전문
직이 누리는 높은 사회적 지위와 명예 및 그의 작업과정에서 행
사하는 자율성은 그의 전문적 지식과 기술을 개인의 영리를 획득
하기보다는 사회전체를 위해 봉사하는 데 행사할 것이라는 전제
에 의존하고 있다.

현재 한국의 전문직 종사자들의 윤리의식 가운데 가장 큰 문제
점으로 지적할 수 있는 것은 공공의식의 결핍이라고 할 수 있다.
이러한 책임의 일부는 조직의 고도화에 따른 전문 직업의 대형화
에 있다. 병원이나 법률사무소, 연구소 등이 대형화됨에 따라 이
에 종사하는 많은 사람들이 모두 조직의 논리 속에서만 움직이게
됨으로써 전문직의 윤리를 충분히 실천 할 수 없는 것이다.

그럼에도 불구하고 전문직 종사자들은 전문직이 사회적 통합과 발전에 대해 가장 중요한 기능과 역할을 수행해야 하는 직업이라는 의식에서 출발하여야 한다. 공공의식 내지 사회의식의 결핍은 전문직 종사들로 하여금 지나친 상업주의적 직업관을 갖게 했다. 즉 대다수의 전문직 종사자들이 경제적 추구를 제1차적 목표로 삼고 있는 것이다. 만약 전문가 종사자들이 비윤리적 방법에 의해서까지 경제적 이익을 추구함으로써 그 전문성보다는 상업적 동기를 앞세운다면, 이것은 전문직에 대한 커다란 위협이 아닐 수 없다.

전문직 종사자들이 강한 윤리의식으로써 스스로의 행위에 대한 자율적인 통제를 가할 수 없다면, 이는 필연적으로 외부의 통제, 즉 타율적 규제를 불러들일 수 있을 것이다. 예컨대 의사나 변호사의 비행이 만연하는 데도 불구하고 단체 내부로부터의 규제가 불가능하다면, 혹은 전문직 종사자들이 자신들의 집단적 이익을 위해 전체 국민의 이익에 상반되는 입장을 취한다면 국가적인 통제가 불가피해질 것이다. 그리고 이러한 통제는 전문직의 자율성이나 자발성을 손상시킬 뿐만 아니라 전문직이 누리는 높은 사회적 지위나 명예까지도 실추시키고 말 것이다. 이것은 사회적으로도, 전문직 종사자들을 위해서도 불행한 일이 아닐 수 없다. 그러므로 전문직의 윤리는 사회 전체를 위해서 뿐만 아니라 전문직 종사자들을 위해서도 필요불가결한 것이라 할 수 있다.

# 제7장 기업윤리와 근로자의 직업윤리

## 1) 변화하는 노사관계

우리나라는 조선이라는 근대적 국가의 사회질서와 전통을 유지해 오다가 오늘날의 대한민국이라는 현대적 국가와 사회질서를 형성하게 되는 과정에서 이루 말할 수 없는 커다란 어려움을 겪었다. 그 중 가장 큰 사건으로 1910년으로부터 1945년이라는 만 35년간 일본의 식민통치를 받았다는 것과, 또한 1945년 그로부터 해방을 이룩하고 얼마 되지 않은 1950년부터 3년간 한국전쟁이라는 엄청난 시련을 치렀다는 것이 있다. 그러나 우리나라는 그러한 어려움에도 불구하도 비슷한 입장에 있었던 다른 나라들에 비하면 매우 놀라운 정도의 속도로 경제발전을 이룩하였다. 지금의 젊은이들보다 한 세대만 앞서는 그들의 부모님 세대에만 하더라도 '보릿고개'라는 말이 존재하였을 정도이니 말이다.

아니, 경제적 측면에서 본다면 그 당시에 비하여 비교적 잘 살게 된 이 마당에 무엇 때문에 지나간 옛이야기를 새삼스럽게 꺼내보는 것일까? 그것은, 지금의 우리는 예전의 우리에 터잡고 살아가는 존재들이며, 다시 앞으로 다가올 미래는 지금의 우리를 바

탕하여 이루어지는 것이기 때문이다. 역사는 지금의 우리를 돌아
보게 하는 거울이며, 또한 그것을 통하여 미래를 예측하게 해주는
수단이 될 수 있기 때문이다.

우리가 이러한 발전을 이룩하는 과정에서는 '개발독재시대'의
국가 정책의 운영과 관련된 효과도 작지 않았다. 그렇지만 그러한
정책이 성공을 거둘 수 있었던 것은 무엇보다도 근로자와 사용자
(고용주), 그리고 국가 모두가 합심하여 땀흘린 노력이 있었기 때
문이다. 1960~1970년대의 '새마을운동'과, 1970~1980년대의
중동지역 건설현장 및 기타 해외파견근로 등을 비롯한 경제발전
을 위한 노력들이 바로 그것들이다.

우리나라가 그동안 경제적 발전을 이룩하는 과정에서 국가에
서는 정책적으로 일단의 기업들을 육성하였다. 이러한 기업들 중
일부는 '재벌'이라 불리우는 기업집단이 되었다. 또한 기업의 사
용자들은 일반적으로 노사관계에서 다소 권위주의적인 태도로 근
로자들을 대하는 경우가 많았고, 이 때문에 때에 따라서 근로자들
의 인권이 침해되는 일이 발생하는 경우도 없지 않았던 것이 사
실이다. 그러나 이러한 과거의 일들은 성숙한 노사관계를 수립하
고 정착시키기 위한 근로자와 사용자들의 공동노력으로 인하여
이제는 많이 개선되어 가고 있는 중이다.

노사관계체계론의 분석틀에 따르면, 산업화 단계에 따른 노사
관계의 특징은 다음과 같이 분류할 수 있다.[1]

자본주의 산업화 초기단계에 있어서는 노동시장에서는 노동력
의 초과공급이 상존하고 있을 뿐만 아니라 근로자들의 권리의식

---

1) 대학교양교재연구회 편, 『직업윤리』, 서울 : 신구문화사, 1998, pp.
   226~228.

도 비교적 낮은 상태에 머무르고 있고, 정부와 기업의 반조합주의 태도가 강하여 노사관계는 일반적으로 사용자에게 근로자가 종속되는 권위주의적인 형태로 나타난다. 이 단계에서 노사관계는 근본적으로 상호 이해대립적인 관계로 이해되는 경우가 많다.

그러나 산업화가 점차 진전되고 대규모 생산체제가 보편화되면서 노사가 대등한 교섭력을 바탕으로 노사갈등을 제도적인 장치를 통해서 타협점을 모색하는 입장이 나타나게 된다. 노사관계는 대등관계로 발전하게 된 것이다. 이 때부터 사용자와 정부는 노사갈등을 제도적 장치를 통해 수렴하고 선별적으로 해결해야 할 필요성이 높아지게 되어 각종 근로자 보호장치가 강구된다. 이 단계에서 노사관계는 상호 이해갈등이 본질적으로 존재한다는 것에 관하여 노사가 인식을 같이 하면서도 이러한 갈등은 제도적 장치와 관행, 노사간의 자율적인 단체교섭을 통하여 타협점을 찾을 수 있다는 공통인식을 바닥에 깔고 있다. 또한 이 단계에서 정부는 중립적인 입장에서 노사관계 제도장치를 마련하고, 또한 공정한 심판자로서의 역할을 하게 된다.

그 이후 고도의 산업화와 탈공업화가 진전됨에 따라 협동형 노사관계가 대두된다. 일반적으로 노사 대등관계가 지속되어 단체교섭제도가 완전히 정착되고, 분배질서의 공정성에 대한 신뢰가 축적됨에 따라 근로자·사용자·정부가 노사문제의 중요한 현안에 대하여 상호 협의를 통하여 협조방안을 모색하는 양상이 나타나게 된다. 이러한 노·사·정의 사회적 합의의 모색은 정부가 근로자와 사용자 양쪽을 모두 경제 및 사회정책의 수립과 운영과정에 적극적으로 동참시킴으로써 다원주의적인 사회체제를 보다 효과적으로 이끌어 가는 하나의 방법으로 노사관계를 인식하는 것이다.

우리나라의 노사관계에 있어서 커다란 변화를 일으키게 된 최근의 두 가지 사건은 1987년 6월의 민주화운동을 통하여 얻어낸 6·29선언과 1997년 연말 우리나라를 비롯한 동남아시아 일대를 덮친 외환위기와 그 영향으로 인한 우리나라의 IMF 구제금융 지원신청 사태이다.

1980년대 초반 이후 우리나라 생산현장의 여러 가지 여건이나 토대의 변화는 과거의 권위주의적이고 사용자 우위의 노사관계 질서를 보다 대등한 관계로 개선하고자 하는 힘의 요인이 되었다. 또한 더 나아가서는 협동적인 관계의 성격이 지배적인 새로운 질서가 필요하게 되었다. 과거 근대화 초기의 외연적 확장단계에서 어느 정도 긍정적으로 작용했던 권위주의적 통제방식은 경제구조의 심한 불균형을 초래하였을 뿐만 아니라 근로자들의 상대적 빈곤감을 증대시켜 경제 각 부문의 상호 보완성이 떨어졌고, 인적자원의 효과적인 동원이 제약되는 상황에 처하게 되었던 것이다.[2]

1987년 6월 29일의 민주화선언은 우리 사회에서 민주적 사회질서를 발전시키고자 한 진일보한 우리 국민들의 노력의 결실이었다. 그런데 그로 인하여 봇물같이 터진 노사분규는 종래의 공용관계, 특히 노사관계에 근본적인 변화를 가져다 주었다. 이는 각종 노동법규 뿐만 아니라 노조의 집단행동과 사회의 여론은 사용주의 권위주의적 경영에 커다란 변화를 일으켰다. 근로자들의 목소리는 높아졌고, 거세어지면서 노사간의 관계는 새로운 관점에서 재정립될 수밖에 없는 국면에 접어들게 되었다. 그 이래로 노사관계의 민주화와 민주화된 인간관계는 직장에서의 목표가 되고

2) 한국국민윤리학회 편, 『현대사회와 직업윤리』, 서울 : 형설출판사, 1999, p. 259.

있다.[3] 그리고 지금도 우리의 노사관계는 그러한 목표를 서로의
협력으로 달성하여 조직의 목표와 개인의 목표를 동시에 달성하
기 위하여 노력하고 있다.

1987년의 민주화운동 이래 우리나라의 노동운동은 급속히 성
장하여 국내적으로는 물론 국제적으로도 비상한 주목과 관심의
대상이 되어왔다. 이러한 1980년대 한국 노동운동의 급격한 성장
은 서구와 제3세계를 통틀어 전세계의 노동운동이 후퇴하는 과정
을 밟고 있던 시기에 강력한 대중투쟁을 통해 급신장한 예외적
사례로 받아들여졌다. 그러나 이후 우리나라가 겪게 된 경제위기
는 이러한 노동운동에 새로운 시각을 갖도록 하게 되었다. 종전처
럼 투쟁 일변도의 운동이나 노조간부 중심의 운동방법에서 탈피
하여야 할 필요성을 가져온 것이다.

이러한 새로운 시각은 1997년 말 우리나라가 겪은 외환위기와,
그로 인하여 한동안 우리 경제가 국제통화기금(IMF)의 관리체제
를 겪게 되면서 더욱 확고하게 우리의 노사관계 속에 자리잡게
되었다. 우리나라의 노사관계는 IMF 이전까지 비교적 산업사회의
대립적 구도와 이데올로기하에서 서로를 이해하였다. 그런데
1997년 말, 아시아 지역을 휩쓸었던 외환위기가 우리나라에도 들
이닥치게 되었다. 비교적 건실한 기초를 가지고 있다고 스스로를
평가하였던 우리나라도 외국에 지급할 수 있는 외국돈, 즉 외환의
보유고가 급격히 줄어들게 되었다. 결국 이 문제를 해결하기 위하
여 우리나라는 IMF에 긴급 자금지원을 요청하였다. IMF는 자금
지원을 조건으로 하여 우리나라의 경제를 한동안 직접 관리하겠

---

3) 직업윤리 교재간행위원회, 『미래사회와 직업윤리』, 서울 : 교육과
   학사, 1998, pp. 274~275.

다고 나섰다. 그리고 그로부터 2년이 지난 후에야 비로소 우리나
라의 경제를 다시 우리손으로 관리하게 되었다.

이러한 경제위기를 겪으면서 우리나라는 기업이 경쟁력을 갖
추고 살아남아야 근로자도 살아날 수 있다는 사실을 깨닫게 되었
다. 그리고 그러한 문제를 해결하기 위하여 우리는 고통스로운 구
조조정과 대량 정리해고, 근로자들의 단체협약의 무력화 등을 겪
게 되었다. 그리고 취업을 유지하는 근로자들 역시 감봉, 감원, 그
리고 무급휴가 등을 겪게 되었다. 평생직장이라는 개념은 약화되
었고, 계약직이라는 말이 낯설지 않은 만큼 근로자들은 고용될 수
있는 가능성 자체에 관하여 중요하게 생각하게 된 것이다.

이러한 추세는 일단 기업의 경쟁력을 다소 제고시켜 주기는 하
였다. 그러나 근로자들이 자신의 직장에 대하여 가졌던 신뢰와 소
속감이 무너지면서 근로자들에게 심각한 정신적 스트레스를 주게
되었다. 따라서 일밖에 모르다가 위기를 맞은 직장인을 빗대어 만
든 '불꽃증후군', 직장에 소속된 구성원들이 자신의 직장과 일에
만족을 느끼지 못하고 기회만 있으면 다른 곳으로 옮길 궁리를
하는 '정신적 실업', 직장에서 열심히 일한 결과로 얻어지는 승진
을 통해 성취욕구를 충족시키거나 자아실현을 하겠다는 꿈을 포
기하여 직장 일에 몰두하지 않고 주인의식도 희박한, 골프경기의
구경꾼과 같다는 말로 표현되는 '갤러리 회사원' 등의 신조어가
등장하기도 하였다.[4] 이렇게 언젠가 현재 재직중인 직장을 그만두
고 자기 마음에 맞는 일을 찾아 거기에서 꿈을 실현하겠다는 것
이 한 직장 구성원들 사이에 전반적으로 퍼지게 되면, 결국 '이곳

---

4) 김하자 · 이경희, 『전환기의 직업윤리』, 서울 : 성신여자대학교 출
판부, 2000. pp. 153~154.

은 내가 있을 곳이 아니므로 언젠가는 옮겨야지' 하는 분위기와 함께 일하는 인원에 비해 능률이 급격히 떨어지게 된다.

이렇게 변화한 노사관계 속에서 한 개인이 직장생활을 하면서 한 가지 간과해서는 안 될 사실이 있다. 그것은 직장은 하나의 조직체로서 그 나름대로의 목표가 있다는 사실이다. 직장인은 자기의 맡은 일을 통해서 조직의 목표를 달성해야 할 책임이 있다. 그 책임을 다하는 과정에서 그 일을 자기 삶의 목표로 받아들이는가, 그렇지 않으면 하나의 노동으로 보는가에 따라서 그 일에서 얻는 보람이나 행복감의 목표는 달라진다. 가장 바람직한 직장은 직장의 목표와 직장인의 개인적인 삶의 목표가 동일시되고 융합되는 경우라고 할 수 있다. 따라서 현대 사회의 직장생활은 직장인들에게 그들의 개인적 욕구를 가능한 한 최대로 만족시켜 줄 수 있는 여건과 동기를 부여하고자 한다. 한편 직장인들은 자기의 욕구충족을 극대화시킬 수 있는 직장으로 만들기 위해서 노력한다고 볼 수 있다. 이러한 두 가지의 목표, 즉 조직의 목표와 개인의 목표가 서로 맞물려 통합 또는 융합될 때 직장은 바로 창조의 일터가 되는 것이며, 사랑과 지혜를 서로 나눌 수 있는 터전이 된다.

노사간의 관계를 개인과 조직의 목표의 조화라는 측면에서 가능하게 하는 요건으로 다음과 같은 것들을 들 수 있다.[5]

첫째, 노사 양측에 영향을 미치는 결정이나 행동에는 상대방의 의견이 반영될 수 있는 방법 또는 제도적 장치를 직장 내에 발전시켜야 한다. 그러한 장치가 노사협의회이든, 정기적인 간담회이든, 사보나 기타 매체를 통하여 쌍방간의 견해가 수렴될 수 있게 하는 것이 필요하다. 그러한 대화나 의사전달의 통로가 폐쇄되어

---

5) 직업윤리 교재간행위원회, 앞의 책, pp. 274~278.

있거나 혹은 일방적일 경우, 노사관계는 맞서는 대립과 갈등의 관계로 치닫는 결과를 빚게 된다.

둘째, 대화의 방법이나 제도적 장치를 통한 쌍방간의 합의에 의하여 서로가 지켜야 할 규칙과 행동의 범위를 설정해야 한다. 약속을 지켜야 한다는 어떠한 원칙이 없이는, 그리고 그러한 원칙을 지키겠다는 신념과 결의 없이는 자율에 기초한 민주적인 사회 질서나 인간관계는 지속될 수 없기 때문이다. 그것은 상호 신뢰와 상대방의 행동에 관한 예측 가능성에 바탕을 두는 것이기 때문이다.

셋째, 서로가 합의에 의하여 결정된 사업에 관해서는 서로가 함께 책임을 지는 연대성의 확립이 필요하다. 함께 결정한 일에 함께 참여하고, 그 일의 결과에 대하여는 함께 책임을 나눌 수 있는 것이 바로 공동체의 요건이 된다. 따라서 직장이라는 삶의 현장에서도 이와 같은 원칙을 실천하고 체험하여야 한다. 그렇게 함으로써 직장은 단순히 사람들이 모여있는 집합이 아닌, 진정한 의미의 공동체로서의 역할과 기능을 수행하게 되는 것이다.

넷째, 직장 내 상급자와 하급자간의 관계를 민주화시켜야 한다. 직장에서는 업무의 성격이나 기능상 상하간의 위계적 서열이 불가피하다. 따라서 하나의 조직으로 직장이 운영되기 위해서는 상하간의 질서가 유지되어야만 그 업무가 조직의 목표에 통합될 수 있는 것이다. 상하간의 관계는 주종관계가 아닌 만큼 상사라고 하여 하급직의 동료에게 아무렇게나 명령하고 복종을 강요할 수는 없다. 상하간의 관계를 민주화시킬 수 있을 때, 직장 내에서의 인간관계가 민주화될 수 있다. 따라서 서로 합의된 내용과 방법에 따라 맡은 업무를 수행해 간다는 측면에서 이러한 상하간의 관계를 이해한다면 상호간의 원만한 업무처리와 조화를 이룩할 수 있을 것이다.

다섯째, 직장 내에서 신속한 정보의 소통이 이루어져야 한다.
모든 근로자들이 조직의 성장과 번영에 필요한 정보를 서로 교환
할 때 서로의 이익에 기여하게 되는 것이다. 민주화란 정보유통의
민주화를 의미하는 것이기도 하다. 직장 내에서의 고충처리 제도,
사내의 아이디어 제안제도, 조직 운영을 위한 회의 및 사내 인터
넷 게시판의 운영 등과 같은 많은 활동들도 근로자들의 의사가
제대로 처리되는 의사소통 또는 정보교류의 한 과정이라고 할 수
있을 것이다.

여섯째, 근로자의 개인적 욕구에 대한 세심한 배려가 이루어져
야 한다. 인간은 자아실현적 지향을 가진 존재이므로, 사회는 그
의 잠재력을 충분히 발휘할 수 있도록 적극적인 여건을 마련해
줄 책임이 있다. 근로자가 자신의 능력을 자발적으로 발휘할 수
있는 여건을 마련해 주는 여러 가지 방법 중 근로자의 개인적 욕
구에 관한 배려를 통하여 능률을 올리는 대표적 제도의 예를 들
면, 주식 배분과 관련된 우리사주 혹은 스톡옵션 제도이다. 이것
은 근로자가 원하는 경우 자기 회사 주식을 근로자에게 급여의
형식으로 지급하거나 자신이 근무하는 회사의 주식을 우선적으로
매입할 수 있는 권리를 부여하는 제도로, 회사의 가치가 올라가서
주식 값이 오르게 되면 그 주식을 가지고 있는 근로자에게 그만
큼 더 높은 이익이 돌아가도록 하는 제도이다. 따라서 자기 회사
의 주식을 가지고 있는 근로자는 자신이 회사의 주인이라는 생각
을 가지고 회사가 발전하도록 자신의 잠재력을 발휘하고자 하는
노력을 기울이게 된다.

근로자와 사용자(또는 기업가)는 생산과정에서는 서로 협력해
야 하는 관계에 서게 되지만, 생산의 성과를 분배하는 과정에서
양자는 서로 대립하는 입장에 놓이게 된다. 여기에서 양자 사이의

균형을 추구하는 것이 중요한 현실적 과제로 대두되는 것이다. 올
바른 윤리의식에 기초하여 기업가는 분배의 공정을 추구하고 근
로자는 성실히 일하여 능률이 발휘될 때 양자는 공존공영할 수
있고, 따라서 국민경제는 발달할 수 있을 것이다. 그러므로 노사
관계는 상호 의존의 관계 또는 보완의 관계에 있다고 할 수 있다.
기업의 공정한 분배가 뒷받침될 때 열심히 일하여 능률을 높이려
는 근로윤리가 함양될 수 있고, 근로자의 노력을 바탕으로 하여
성장에 따른 공정한 분배를 가능하게 하는 기업윤리가 함양될 수
있다. 그러므로 근로자와 사용자는 각자 자신의 부분에 충실하고
서로 이해하며 타협하는 신축성 있는 태도를 가져야 할 것이다.[6]


## 2) 기업의 사회적 책임

이익 중심의 삶과 윤리는 서로 부합하기 어려운 속성을 지니고
있다. 이익을 추구하여 자신을 위한 부의 지속적 성장에 목적을
두고 설명되는 것이 경제의 의미라면, 윤리는 자기 자신보다 공익
을 우선하려는 의지와 그 실천에 목적을 두고 때로는 공익을 위
하여 봉사와 희생을 감수하여야 한다는 당위성으로 설명되는 것
이기 때문이다.

그러나 이렇게 이익 중심의 삶과 윤리가 서로 부합하기 어려운
속성을 가지고 있는데도 불구하고, 이들 두 속성을 상호 의존 보
완관계로 유지시키기 위한 시도가 바로 실제 현실에 있어서 당연
히 풀어나가야 할 우리의 과제라고 하여야 할 것이다.

---

6) 한국국민윤리학회 편, 앞의 책, pp. 255~256.

한편 자기 자신만을 위한 부의 축적이 비록 정당한 방법에 의한 것이라 하더라도 장기적인 안목에서 자신의 내면을 행복하게 하여 주지 않는다는 인식을 스스로, 그리고 지속적으로 한다는 것은 매우 어려운 일이다. 이 어려움은 공익을 위하여 때때로 자신이 봉사와 희생을 감수하여야 하는 어려움과도 상통한다. 사실 이렇게 어려운 일들을 극복하기 위하여 제시되는 것으로 우선 이익중심의 삶이 윤리적 의미로 조정되어야 할 것이고, 이러한 의미를 인간관계에서 깊이 인식하여 실천에 옮길 수 있는 방안이 모색되어야 할 것이다.[7]

이익추구와 윤리의 개념에 있어서 중요하게 살펴볼 수 있는 것 중 하나는 바로 기업의 윤리이다. 그것은 현대 산업사회에서 중요한 비중을 차지하는 것은 바로 기업의 생산활동이기 때문이다. 오늘날의 자본주의 사회에 있어서 기업이 높이 평가되는 것은, 그것이 영리활동을 통해 경제의 성장과 발전에 공헌함으로써 국민복지를 향상시키기 때문이다. 따라서 심지어는 한 사회 내에 존재하고 있는 기업들은 그 사회의 전반적인 성격을 결정한다고 말하는 경우도 있다. 특히 이러한 자본주의 사회에서는 기업이 생산과 분배의 핵심적인 역할을 담당하고 있기 때문에 경제과정의 중심에 놓여 있다고 할 수 있다.

따라서 기업윤리라는 개념은 기업의 사회적 수요와 요청에 대한 책임이라는 문제의식에서 나온 것이다. 자본주의 사회에서 기업은 합리적 경영에 의해 경제의 성장에 기여할 뿐만 아니라 국민의 복지를 향상시켜 나감으로써 영리와 더불어 사회에 대한 봉

---

7) 직업윤리 교재간행위원회, 『미래사회와 직업윤리』, 서울 : 교육과학사, 1998, pp. 43~44.

사라는 성격을 아울러 가지도록 요구된다. 이러한 맥락에서 기업
윤리는 기업의 사회적 책임이라는 문제와 관련을 맺게 된다. 기업
윤리는 그 사회의 윤리적 상황을 반영하는 측면이 있으나, 보다
중요한 점은 기업윤리가 그 사회의 윤리적 상황에 근본적인 영향
을 미친다는 것이다. 이런 점에서 기업의 윤리문제는 자본주의 사
회의 윤리문제와 관련하여 중요하게 다루어지고 있다.

　오늘날 흔히 말하는 기업윤리는 기업의 사회적 책임이라는 개
념으로 이해할 수 있다. 최근 우리나라에서는 기업에 대해 사회적
책임을 강조하는 목소리가 커져가고 있다. 광범위한 문제영역에
걸쳐 우리나라 기업들은 비판적 여론과 사회적 저항에 직면하고
있다. 이처럼 기업에 대한 비판이 높아가고 있는 이유는 그동안
많은 기업인들이 단순히 이윤추구를 명분으로 하여 정상적인 경
영활동의 범위를 벗어나 부도덕한 행위를 되풀이하였기 때문이
다. 앞서 살펴보았듯이 기업이 사회에 끼치는 영향력은 막대하기
때문에 그것은 자칫 잘못하면 사회 전체의 윤리적 문제로 이어질
수밖에 없기 때문이다.

　기업의 사회적 책임이 의미하는 바로는 다음과 같은 것들을 들
수 있다.[8]

　첫째, 불확실한 현대 사회에서는 극대이윤을 누리기 어려우므
로 기업경영에 있어서 필요한 적정수준의 이윤획득을 목표로 한
다. 다른 사회 구성원들을 희생시키면서 자신만의 이익을 최대로
하겠다며 이기적인 입장을 가질 수는 없기 때문이다. 또한 기업은
혁신의 담당자, 산업발전 및 국민 경제정책의 담당자, 그리고 국
부의 원천임을 깊이 인식하며 그 사회적 사명을 다하기 위해 기

---

8) 한국국민윤리학회 편, 앞의 책, pp. 254~255.

업의 안정적 발전을 도모할 경영책임이 있다.

둘째, 기업은 적정이윤을 유지하면서 분배의 공정을 기하여 종업원 내지 기업관계자의 복지를 향상시킬 책임이 있다. 즉 기업은 근로자에게는 적정임금을, 자본을 투자한 출자자에게는 적정배당을 지불해야 하고, 국가에는 세금을 내야 하며, 하청업자나 거래처와는 제때에 신속하고도 확실한 거래관계를 유지하여야 한다.

셋째, 기업은 교환의 공정, 사회에 대한 공정을 기하는 소비자나 국민에 대해 책임을 져야 한다. 기업은 사회가 필요로 하는 양과 질의 재화와 서비스를 적정가격으로 안정적으로 공급하여야 한다. 독과점적 담합이나 불량상품을 판매하는 등의 불공정거래를 해서는 안 된다. 또한 기업은 그 활동에 수반하는 환경오염 문제를 사전에 방지하든가, 그렇지 않으면 발생 후에 적절한 사후조치를 강구하여야 한다. 그리고 부조리에 의해 부실기업화한다든가 국민경제를 저해하는 행위를 하는 등 공익에 위배되는 행동을 해서는 안 된다. 또한 현대 기업은 지역사회 발전에도 기여해야 하고, 세계화 시대에 있어서는 국제사회에 대한 각종 책임도 소홀할 수 없다.

기본적으로 기업의 사회적 책임은 전체 사회의 복지수준을 향상시키기 위해 기업 자체의 이익이 부분적으로 희생될 것을 요구한다. 그러므로 기업가는 근로자에 대해서 정상적인 생활을 유지할 수 있는 임금수준의 확보와 직업환경 및 작업조건을 개선하는 등의 배려를 할 필요가 있으며, 나아가서 소비자에 대해서도 원가절감에 따른 저가격 정책이나 품질의 표준화 등을 통해 책임을 져야 할 것이다.

기업의 사회적 책임에 대해서 그 필요성이나 당위성에 대해서는 거의 대부분의 사람들이 인정하는 견해를 가지고 있다. 그러나

그 성격이나 내용에 대해서는 다소 다른 입장과 논리가 대립하고 있다.[9]

첫번째 입장은 기업의 책임성을 순수히 경제적 차원, 즉 '이윤 극대화'의 관점에서 규명하려는 입장이다. 이 입장은 너무 과도한 사회적 책임을 강조하게 되면 그것은 기업의 중심적인 경제적 기능을 원활하게 수행하는 데 위험이 되기 때문에 반대한다는 주장을 내세우기도 한다. 또한 기업이 사회적 책임성을 적극적으로 떠맡을 필요는 없지만 이윤추구를 위태롭게 하지 않는다면 개별 기업의 판단에 따라 사회적 책임성을 다할 수도 있다는 주장도 있다. 또한 극단적인 측면에서는 기업은 사회적 책임을 짊어지고 있지 않을 뿐만 아니라 이러한 책임을 떠맡는 것은 기업으로서 잘 못 행동하는 것이라고 주장하기도 한다. 이러한 입장의 근본에는 개별 이익의 극대화가 궁극적으로 공공의 편익도 극대화시킬 수 있다는 사상이 자리잡고 있는 것으로, 기업은 소유자나 투자자의 재정적 이익을 증대시켜서 전제로서 사회의 편익을 증대시킬 뿐이라는 견해를 나타내는 것이라 할 수 있다.

두 번째 입장은 기업도 경우에 따라서는 이윤극대화의 원리에 상치되는 도덕률의 적용을 받아야 한다는 관점에서 기업의 사회적 책임을 부각시키려는 입장이다. 이것은 기업의 결정이나 행동이 순수하게 시장원리나 이윤극대 추구의 원리에 입각하기보다는 특정의 도덕률에 따라 이루어진다는 의미에서 기업의 사회적 책임을 말할 때, 기업의 사회적 책임은 얼마간 이윤극대화에 대한 제한이나 희생을 내포한 것이라고 이해하는 것이다. 이것은 경제적 진보 뿐만 아니라 삶의 질과 관련한 사회적 진보에도 동일한

9) 앞의 책, pp. 237~242.

가치를 부여하고자 하는 것이다. 기업은 자기 완결적이거나 자기 충족적인 고립된 폐쇄체계가 아니며, 사회의 하위체계로서 기업 활동의 모태가 되는 사회와의 상호작용 속에서 존속하고 번영하는 개방체제라는 인식이 이러한 입장의 바탕에 있다. 또한 기업은 전체로서의 사회에까지 편익을 제공해야 한다는 입장에서 기업과 사회의 암묵적인 사회관계를 통하여 설명하고자 하는 입장도 있다. 기업은 자유시장 체제하에서 자신의 영업을 하겠다는 사회와의 암묵적인 계약을 체결하였다는 것이다. 따라서 기업은 사회와의 계약사항에 대한 도덕적 책무를 지니며, 계약을 가능하게 했던 도덕적 규칙들에 대한 의무를 동시에 갖는다. 이것은 우선 기업이 장기적 이익의 관점에서 사회적 책임을 다함으로써 그것이 사회에 대하여 가지고 있는 힘이나 영향력을 확보하고자 하는 것이다. 동시에 사회를 구성하고 있는 많은 당사자들이 공유하고 있는 사회적 책임 중에서 기업도 사회의 구성요소로서 이러한 책임을 부담해야 한다는 것을 의미하는 것이다.

우리나라를 비롯한 다른 여러 나라들에서는 기업이 비윤리적 행위를 하였을 때 처벌을 가하는 제도가 법적으로 마련되어 있다. 기업은 사람은 아니지만, 마치 사람처럼 활동하고 성장하는 특징을 가지고 있다. 그래서 살아 있는 사람을 '자연인'이라고 하는 한편, 사람처럼 행동하는 조직에 대하여 사람은 아니지만 법으로 인정하여 사람처럼 취급한다는 의미에서 '법인'이라는 개념을 사용한다. 이러한 법인의 대표적인 형태는 바로 주식회사이다. 이에 의하여 기업이 비도덕적 행위를 저질렀을 때 혹은 불법적인 행위를 저질렀을 때 비난을 한다든지, 벌금이나 관리자의 처벌 등과 같은 방법을 통하여 회사에 제재를 가하기도 한다. 따라서 일반적으로 기업의 사회적 책임을 인정하고자 하는 견해가 비교적 설득력 있는 입장이고 순리적인 것이라 하겠다.

TV광고를 보면 기업들이 자신의 제품을 직접적으로 광고할 뿐
만 아니라 그 기업에 대한 이미지를 광고하는 것을 쉽게 볼 수 있
다. "고객이 OK할 때까지"·"고객이 우선입니다·You First"·
"우리 강산 푸르게 푸르게", 이 외에도 수많은 기업들이 자신의
이미지를 윤리적인 측면에서 부각시키려 노력하고 있다. 또한 이
윤추구를 목적으로 하는 기업에서 소비자 상담실 혹은 고객 불편
처리 및 만족센터 등을 운영하기도 한다. 이러한 것들은 기업들의
윤리적 행위가 곧 소비자들의 선택에 직접적으로 작용할 수 있다
는 측면을 보여주고, 그에 따라 기업들이 비교적 윤리적으로 행동
하고자 하는 단적인 사례라고 할 수 있을 것이다.


## 3) 기업가의 윤리

우리 사회에서 기업은 경제활동의 근본적 부분에서 중요한 역
할을 담당하고 있으며, 그 기능의 원활한 수행을 위하여 사회로부
터 큰 권한을 위임받고 있다. 이러한 기업을 운영하는 기업가는
그 생산활동에 있어서 사회 전체에 큰 영향을 미치고 있기 때문
에 이러한 기업가의 기업관 및 윤리의식의 확립이 요청되고 있다.

우리나라의 기업이 성장하는 과정에 있어서 기업가의 부단한
노력과 창의력이 크게 작용하였다는 것은 분명한 사실이다. 그러
나 그러한 성과가 더욱 가치 있고 빛나게 하기 위해서는 비윤리
적 행위를 저지르지 않는 것이 절대적으로 필요하다. 사회적 비난
은 그러한 성과를 가리게 되기 때문이다. 기업가에게 사회적 희생
이나 맹목적인 사회사업을 요구하는 것은 아니지만, 어느 나라에

서나 기업가는 기업윤리에 입각하여 사적 또는 사회적 책임을 인식하고 또 준수하고자 노력하고 있다. 한국에 있어서도 한국의 여건과 환경을 고려한 기업가의 윤리가 정립될 필요가 있다. 기업가는 창의·성실·혁신·개척 및 노력의 상징이 될 필요가 있기 때문이다.

기업가가 가져야 할 다양한 자질들 중 미래 사회의 새로운 지식 창조와 관련된 몇 가지 대표적인 덕목들을 들어보면 다음과 같다.

첫째, 파격적인 창의성이 필요하다. 현대 과학기술의 진보속도는 너무나도 빨라서 꿈을 꾸는 것이면 무엇이건 그것을 이루어낼 방법을 찾아나갈 수 있다고 한다. 이러한 발전을 위해서는 일상과 전혀 다른 창조의 노력이 필요하다. 이것을 위해서는 창조적인 파괴, 즉 파괴적인 창조가 필요한 것이다. 새로운 것을 창조하기 위해서는 기존의 것중 일부를 폐기해야만 할 수도 있다. 그것을 통하여 기업은 더 높은 부가가치를 창출하게 될 것이다. 이러한 전통적인 사고가 아니라 뭔가 파격적이고 창조적인 것을 추구하는 사고는 '왼손잡이식 사고방식'이라고 불리울 수도 있다. 창의성을 자극하고자 계속 노력한다면 원래의 자신보다 좀더 창조적으로 변한다. 이러한 것들은 새롭게 창조하는 일자리 또한 더 많아지는 효과를 가져온다.

둘째, 실패를 극복할 수 있는 용기가 필요하다. 앞으로의 기업 활동은 우리가 실패를 어떻게 대하는가에 따라서 크게 달라지게 될 것이다. 새로운 영역으로의 창조에는 항상 성공만이 기다리고 있는 것은 아니다. 그 성공을 향해 나아가는 과정에는 많은 실패가 있는 것이다. 실패로 가득할 미지의 세계로 나아갈 용기, 기꺼이 그러한 세계를 탐험하고자 하는 용기가 파괴적인 창조에 도달하도록 하는 힘이 되는 것이다. 또한 새롭고 도전적인 일에 의욕을 가진 사람이 실패했을 때, 그러한 실패를 딛고 다시 한 번 일어서는 용기와, 다른 사람의 실패를 분석하여 다시 나의 것으로 삼는 용기가 필요하다. 이러한 성과는 그 다음 지식창조 과정에 반영되는 것이다. 새로운 영역의 지식창조에 대한 열망이 지식의 공유만큼 중요한 것이 된다. 지식의 단순한 활용을 넘어서 새로운 창조에 도달해야 한다. 그것을 위해서는 실패가 두려워서 남들이 성공한 부분만 따라할 것이 아니라 실패를 한 부분에서도 뭔가 배울 수 있다는 자세를 가지고 용기 있게 부딪쳐 나가야 한다.

셋째, 지식을 공유하는 장을 만들어야 한다. 현대 사회의 기업 활동은 매우 급격하고 빠르게 변화하고 있기 때문에 바로 지금 필요한 지식을 정확하게 파악해 내는 능력이 필요하다. 그렇게 하기 위해서는 보이지 않는 지식을 보이는 지식으로 바꾸어내는 힘이 필요하고, 그것을 위해서는 사람들이 만나야 한다. 서로의 암묵적인 지식을 마음놓고 이야기하고 공감하는 장을 마련하는 것이 중요하다. 터놓고 만날 수 있는 장이 많을수록 좋다. 이러한 지식의 창조는 인간이 만날 때 이루어지는 세계이다. 예를 들면, 시간과 공간을 넘어선 세계로 전자우편(e-mail)의 세계가 존재한다. 이러한 기술을 통해 현실의 공간을 넘어 속도감 있게 정보를 대하고 만남을 이룰 수 있다. 인간에게는 시공을 넘어선 마당이 필요하다. 개인들만이 알고 있는 암묵적인 지식의 교류에서 형식을 가진 지식으로, 그리고 그러한 형식을 가진 지식이 실제 생활에서 제품의 개념이 되어 창조물로 탄생될 수 있도록 하는 것이 중요한 시대가 될 것이다.

넷째, 인간과 신뢰를 존중하는 자세를 가져야 한다. 현대는 무엇보다 기술 발전으로 특징지워지는 시대이다. 그러나 인간을 소외시키고 기술에 기울어져서는 안 될 것이다. 지식과 기술은 사람과 사람이 폭넓게 관계를 맺으면서 점진적으로 펼쳐나가는 것이다. 지식을 창조한다는 것은 서로간의 신뢰를 만들어내는 것이 가장 중요한 일이므로 사람만이 만들어낼 수 있는 것이다. 서로간의 신뢰를 만들어내는 것은 인간존중이다. 새로운 시대에 필요한 기업에서 지식의 경영은 본질적으로 인간학이다. 즉, 기계적인 디지털을 좇다가 인간적인 아날로그를 잃으면 안 된다는 것이다. 따라서 인간을 기초로 하지 않으면 지식경영이 되지 않는다. 특히 경영학의 새로운 패러다임인 지식경영은 인간적 과정이 지식창조의 골자임을 중요하게 다루고 있다. 지식은 인간만이 창조할 수 있고, 기업이라는 조직이 운영되는 것은 인간을 바탕으로 하기 때문이다. 이는 물질적 자원보다도 인간의 창의적 가치를 중시하는 것으로, 우수한 인재가 풍부한 우리경제에서 기업가들에게는 이러한 새로운 발상이 필요하다.

다섯째, 반드시 보상을 실시하여야 한다. 마차를 끄는 말이 앞으로 나아가게 하는 방법에 대하여 '당근과 채찍'이라는 두 가지 방법이 있다는 말을 들어본 적이 있을 것이다. 채찍이 강압적인 처벌을 의미하는 것이라면, 당근은 보상을 의미하는 것이다. 인간에게도 마찬가지로 처벌이 무서워 마음에도 없는 일을 못이겨서 하는 것보다 마음에서부터 움직이는 자율적인 기여를 가능하게 하는 이러한 보상의 효과가 미래 사회에서는 더욱 효율적인 수단이 될 것이다. 따라서 근로자들이 어떠한 형식으로든 사업장에 기여하는 것에 대하여 보상을 실시함으로서 근로자들의 자발적인 협조를 이끌어내는 것이 필요할 것이다. 이는 근로자들이 가지고 있는 지식과 기술을 서로 공유할 수 있도록 하는 자극제가 되는 것이다. 사소한 일이라도 자신이 잘 할 수 있는 것에 관하여, 그리

고 자신만의 노하우(Know-how)에 관하여 다른 사람과 공유할 수
있도록 하는 자극은 외부적인 압력을 통해서가 아니라 자발적인
협조를 통해서 더욱 잘 이루어질 수 있는 것이다. 또한 보상을 실
시하기 위하여 근로자들의 기여도를 평가하는 과정에서 기업가는
스스로의 경영과 기업의 향후 전망에 관하여 평가하고 설계할 수
있기 때문이다.


4) 근로자의 윤리

근로자의 윤리는 직업에 대한 구별을 초월하여 직업인 일반의
윤리를 말하는 것이라 할 수 있다. 또한 이것은 모든 사람들이 그
직업활동에서 윤리를 지킬 것을 사회적으로 기대하는 마음가짐이
라고 할 수 있다. 따라서 이러한 마음가짐은 직업활동상의 정신·
기질·기풍 등으로 바꾸어 표현할 수도 있을 것이다.

이와 관련하여 전통적 측면에서 일반 직장인에게 요청되는 직
업일반의 윤리로 준수해야 할 구체적인 몇 가지 덕목을 살펴보면
다음과 같다.[10]

첫째, 직분의식이 요청된다. 인간의 삶은 타인과의 관계를 통한
목표의 추구라고 할 수 있다. 타인과의 관계를 통해서 생존의 욕
구 뿐만 아니라 자아실현의 욕구를 실현하게 된다. 인간관계를 맺
으면 누구나 상대방에 대해 가지는 기대가 있고, 상대방도 나에게
기대를 가지게 된다는 것을 알게 된다. 우리는 관계를 맺은 당사
자간에 상호 기대를 서로 충족시켜 주는 역할을 해야만 한다는

10) 직업윤리 교재간행위원회, 앞의 책, pp. 278~280.

의식을 지니고 있어야 한다. 직분의식은 타인과의 관계 속에서 내가 상대방에 대하여 해야 할 몫을 자각하고, 그것을 자기의 소명으로 받아들이는 의식과 태도를 말한다. 이런 직분의식을 뚜렷이 가지고 직장생활을 하는 사람과 그렇지 못한 사람과의 생활태도에는 현격한 차이가 있다. 직분의식은 타인을 위해서 내가 무엇을, 어떻게 해야 하는가를 먼저 생각한다는 점에서 이타정신 또는 봉사정신의 기초가 된다. 어느 직종에 종사하든지 간에 이런 직분의식이야말로 이질화되고 비인간화되어 가는 현대사회의 현상 속에서도 서로 믿고, 함께 살아갈 수 있는 신뢰사회를 구축하는 토대가 된다.

둘째, 책임의식이 요청된다. 현대 사회는 개인들에게 폭넓은 선택의 자유를 주었지만, 아무 것이나 마음대로 할 수 있는 것은 아니다. 자유는 자유를 가능하게 하여 주는 규범이나 질서의 테두리 안에서만 가능한 것이다. 예를 들면, 기업이 기술적으로 가능하다고 하여 개인과 사회에 유해한 제품과 서비스를 제공할 자유는 없다. 마찬가지로 직장인들도 직장의 규칙, 사회의 규범, 인간관계의 윤리 등의 테두리 내에서 자기의 직무를 수행하여야 할 책임을 가지고 있다. 직장인은 자기에게 주어진 일을 계획대로 완성하지 못하면 전체의 일이 완성되지 못하고 불량화된다는 사실을 명심하여야 한다. 이것은 결국 직장과 사회에 손실을 가져다 준다는 사실을 알고 책임의식을 느껴야 한다. 또한 직장인은 창조적 활동을 위한 자기 혁신에 대하여도 책임의식을 느껴야 한다. 창조적 활동에는 그의 아이디어, 좋은 제품을 만들겠다는 의지와 정신, 필요한 기술과 도구의 사용법 등이 동원된다. 이를 위해서는 자기의 능력향상을 위한 끊임없는 자기 혁신을 하지 않으면 안 된다.

셋째, 장인정신이 요청된다. 현대 산업사회에서는 기계에 의해

표준화된 상품을 대량생산하기 때문에 옛날과 같은 장인이 별로 없게 되고 장인과 도제의 제도도 거의 사라지고 있다. 그러나 옛 어른들이 가지고 있었던 철저한 직업정신은 오늘날에도 소중한 것으로 여기지 않을 수 없다. 자신이 하는 일을 예술과 도의 경지로 승화시킬 수 있는 직업정신을 가지고 직업에 임하는 사람, 또한 자신의 일에 책임을 느끼고 긍지를 가지며 자신의 명예를 거는 직업정신을 가지고 자신의 직무에 정성을 다하는 사람이 많을수록 그 사회는 경제적으로 뿐만 아니라 문화적으로도 크게 발전할 것이다. 옛날의 조상들이 자신의 직업을 인생의 도와 서로 떼어서 생각하지 않고 자신의 일을 통해 스스로 인간됨을 완성시켜 나아가려 했던 장인정신은 현대인들이 배우고 계승해 나아가야 할 귀중한 직업정신이다.

넷째, 명예심이 요청된다. 현대인들은 명예 따위는 접어두고 실리만 있으면 수단과 방법을 가리지 않는 비윤리적이고 파렴치한 행동도 불사하는 경우가 많다. 불명예를 수치로 아는 문화풍토 속에서만 민주사회는 가능하다. 범법행위를 하고, 부도덕한 행위를 하고, 직업상의 책임을 이행하지 않고, 약속을 어기고도 부끄러워할 줄 모르는 인간들 때문에 사회질서나 규범은 파괴되고, 서로 믿고 살 수 있는 사회는 구현되지 않는다. 직업에 대한 명예심은 그 일 때문에 내가 존재한다는 확신이다. 내가 그 일을 잘 할 수 있다고 타인과 사회가 믿고 맡겼기 때문에 최선과 정성을 다해야한다는 소명의식이 바로 직업을 명예스럽게 만든다. 이런 의식이 있을 때, 사람들은 예술가와 같이 자기 일에 정성을 기울이고 최선을 다하게 된다. 직장생활에서 서로간에 명예를 존중하고 귀중하게 여기는 풍토의 조성이 필요하다고 하겠다.

이러한 전통적 측면에서 근로자들이 지녀야 할 직업윤리의 덕

목과 더불어, '지식사회'라는 말로 대표되는 새로운 사회의 근로
자들에게 필요한 덕목을 살펴볼 필요가 있겠다. 앞으로 다가올 미
래 사회를 지식사회라는 측면에서 이해하였을 때, 이러한 근로자
에 관하여 '지식근로자'라는 말로 표현하기도 한다. 이러한 지식
근로자에게는 수요자들의 다양한 요구에 부응할 수 있고, 세계화
된 기업과 국가산업의 경쟁력을 확보해야 한다는 측면의 자질이
필요하게 되었다. 이렇게 전통적 덕목에 덧붙여 필요한 새로운 자
질들 중 대표적인 것들을 몇 가지 살펴보면 다음과 같다.[11]

첫째, 컴퓨터를 비롯한 새로운 기술의 도구를 이용할 수 있어
야 한다. 고객에 대한 신속한 대응의 필요성은 기업의 정보화 기
반 구축을 가속화시켰고, 이에 따라 자료정리와 정보가공을 통한
지식창출의 주요 수단인 컴퓨터에 대한 소양은 근로자의 필수적
인 기능 중의 하나가 되었다. 이러한 새로운 기술의 도구는 무엇
보다도 근로자 자신의 업무 처리에 능률과 효과를 더하여 주기
때문에 필요하다.

둘째, 최고의 경쟁력을 갖추기 위한 지속적인 개선 개발의 노
력과 새로운 기술에 대한 의지와 자기 훈련이 필요하다. 여러 분
야의 포괄적인 기술을 터득하면서도 자신이 맡은 일에 대해 새로
운 기술, 그 분야의 최고권위자가 실행하는 업무능력 수준에 도달
하고자 부단히 노력해서 스스로 경쟁력을 키워나가야 한다. 근로
자가 타인으로부터, 그리고 스스로 전문가로서의 능력과 자질을
갖추는 것은 스스로에 대한 신뢰를 갖추고 자신 있게 업무를 처
리하기 위하여, 또한 다른 사람이 믿고 업무를 맡길 수 있도록 하
는 바탕이 되는 것이다.

---

11) 김하자·이경희, 앞의 책, pp. 83~84.

셋째, 외국어에 관한 능력을 갖추어야 한다. 최고의 경쟁력과 기술을 습득하기 위해서는 선진지식을 배울 수 있는 능력을 갖추어야 한다. 선진지식과 기술을 배울 때 언어를 구사할 수 없으면 간접적인 지식만을 얻을 수밖에 없다. 스스로 경쟁력을 키워나가기 위해서는 영어를 비롯하여 선진국의 언어 하나 이상은 구사할 수 있는 능력을 갖춤으로써 선진지식을 자신이 직접 채취할 수 있어야 한다. 예를 들어, 인터넷을 활용하기 위해서는 컴퓨터를 사용하는 능력 뿐만 아니라 가장 많이 사용되는 언어인 영어실력이 겸비되어 있어야 한다는 현실적 상황이 이러한 요건을 뒷받침하고 있다.

넷째, 자신이 하고 있는 일의 의미에 대해 누구보다도 탁월한 감각을 갖추고 있어야 한다. 근로자는 어떻게 일을 하는지 그 방법 뿐만 아니라 '왜' 그 일을 하는지에 관해서도 명확한 의식을 가지고 있어야 한다는 것이다. 더 나아가 자신의 일이 그 기업의 경쟁력과 최상의 고객서비스에 어떤 의미를 갖는지에 관해서도 파악하고 있어야 한다.

다섯째, 강력한 대인관계 능력을 갖추어야 한다. 오늘날 기업의 근로자들은 기업조직의 다양한 계층과는 물론 외부와의 지식교류가 필요하다. 내부 및 외부의 지식근로자의 대인관계 능력 경로가 매우 중요한 기술 습득의 수단이 되고 있다는 것이다. 이는 다양한 계층과의 대인관계에 대하여 특별한 능력이 요구되는 이유이기도 하다. 또한 미래의 모든 직업활동과 사회활동의 조직형태는 팀 혹은 소집단 조직제도로 바뀌게 된다. 이러한 환경에서 근로자들은 소집단 속에서 일하면서 학습하고 그 속에서 자신의 능력을 극대화해 나가야 하기 때문에 이러한 대인관계의 능력은 그 중요성이 나날이 더해지고 있다.

여섯째, 기업가 정신이 필요하다. 지식근로자는 '사장도 아닌데 내가 왜'라는 변명 대신 '어떻게 하면 고객을 만족시킬 수 있는가'를 스스로 물어야 한다는 것이다. 지식근로자는 노사간의 관계 속에 국한된 근로자가 아니라 고객에 대응하는 기업의 대표이며, 주인정신을 가져야 한다는 것이다. 일종의 봉사하는 리더십이 지식근로자의 필수요건이다. 그래야 자신이 하고 있는 일을 개선·개발·혁신해낼 수 있기 때문이다. 이러한 것은 곧 고객만족과 연결된다.

오늘날의 사회는 급격하게 변화하고 있으며, 전세계가 하나의 사회처럼 움직여 가는 시대가 되었다. 다가올 미래 사회는 과학기술의 발달로 대표되지만 그것이 궁극적으로 추구하는 것은 바로 인간임을 잊지 않아야 하겠다. 앞으로의 시대는 인간과 인간의 만남이 더욱 더 중요하게 취급되는 시대가 될 것이다. 이와 관련하여 기업윤리와 근로자의 직업윤리를 살펴보면, 무엇보다 우리 사회를 구성하고 있는 각 구성요소들이 각자의 윤리적 인식을 바탕으로 하여 유기적인 협조를 이룩하는 것이 중요하다고 하겠다. 기업의 윤리적 경영과 기업가의 윤리, 그리고 그 속에서 근로자의 윤리가 조화를 이루어 진정 인간을 위하는 경제체제를 향하여 우리 사회를 발전시켜 나가도록 하여야겠다.

# 제8장 직업윤리와 미래 사회

## 1) 세계화와 정체성 그리고 윤리

21세기를 전망하는 일련의 종합진단적 보고서는 전지구적 차원에서 인류 역사상의 어떤 변화보다도 큰 인류 문명 자체의 전환이 필요하다고 이해하고 있다. 그 내용을 구체적으로 설명함에 있어서 강조되는 부분이나 우선순위의 배열이 다를 수는 있어도 대부분의 판단내용은 우리 시대를 단순한 세기말적 시대가 아닌 거대한 문명의 전환기로 이해하고 있는 것이다. 이러한 새로운 시기, 특히 냉전체제에 바탕을 둔 민주주의와 사회주의의 이데올로기적 대립이 사라진 현대에 있어서 가장 민감하게 대두되고 있는 사회적 조류 중 하나는 세계화에 관한 이해이다.

일반적으로 세계화란 말은 경제적 측면에서의 자본주의 체제의 신자유주의적인 세계질서의 수립을 의미하는 것으로 이해되기도 한다. 이 때 신자유주의라는 것은 자유시장 경제의 적극적인 활성화를 주장하는 사상사조를 의미하는 것이다. 그러나 세계적 관계가 심화되는 것이라는 측면에서 세계화의 또 다른 특징들을 다음과 같이 볼 수 있다.

첫째, 의사소통 차원에서 네트워크 세계의 출현이다. 통신기술의 발달과 지식의 증대로 인하여 어떠한 사람도 고립된 생활을 할 수 없다. 즉, 다른 사람들이나 다른 사회, 그리고 다른 국가들과 그물망과 같이 연결되어 서로 도움을 주고 받고, 영향을 끼치면서 살아가게 되어 있다. 이러한 것은 특히 지식과 정보의 전달이라는 측면에서 중요하게 취급되는 특징이다. 이러한 지식의 발달과 유통은 점차 더 급격해져서 어느 한 지역에서 이루어진 지식의 발달은 그 즉시 인류 전체의 발전과 삶의 질 향상을 위하여 작용하게 될 것이다.

둘째, 경제 차원에서 세계 내부시장의 형성이다. 이제는 어떤 한 좁은 국가나 지역에서의 경제가 그 지역 안에서만 의미를 가지는 것은 아니다. 지금은 아시아·유럽·미국 지역 등이 각기 커다란 경제 블록을 형성하여 경제활동을 하고 있는 추세이다. 그리고 이제 시장은 그보다 더욱 커져서 앞으로는 전세계가 하나가 되어가는 특징을 나타내 보이고 있다. 인터넷의 발달로 인하여 어떤 물건의 최저 가격을 알아보기 위해서는 특정한 사이트를 방문하기만 하면 된다. 자신이 원하는 제품을 선택하고 검색 명령을 주기만 하면 그 즉시 가장 싸게 그 물건을 판매하는 지역과 할인율 및 기타 조건까지 일목요연하게 검색되어 나오기 때문이다. 또한 물류, 즉 제품의 유통 또한 획기적인 발전을 이룩하고 있다. 교통수단의 발달로 인하여 더욱 저렴하고 빠르게 지구촌 곳곳으로 물건의 전달이 가능해 지는 추세이다. 따라서 이제는 '지구'라는 단 하나의 시장에서 경제활동이 이루어지게 될 것이라는 전망이 나오고 있다.

셋째, 사회 차원에서 지구촌으로서의 세계현상이다. 어느 한 특정 지역에서 일어난 사회 현상은 지구촌 전체 곳곳에 영향을 미치는 일이 되어가고 있다. 특히 경제적 측면에서 반도체와 자동차를 많이 수출하는 우리나라로서는 외국의 컴퓨터 기술의 개발이나 자동차 수요의 변화에 민감하게 반응할 수밖에 없다. 또한 경제적 측면에서도 외국인 투자자와 우리나라에 대한 외국인의 투자규모가 상당히 크기 때문에 외국의 경제 상황의 변화가 우리나라에 큰 영향을 끼친다는 사실도 널리 알려져 있다. 이러한 사례는 외국에도 많다. 예를 들면, 프랑스 농촌의 농부들이 파업을 하게 되면 그 농산물을 많이 수입해 먹는 독일에서 큰 걱정을 하게 되는 것이다. 또한 중국의 쌀농사가 풍년이 들면, 그 곡식을 수입해 먹는 주위 국가들에게도 좋은 현상이 되는 것이다. 그리고 이러한 현상은 앞으로 점차 더 증대되어 갈 것이다.

넷째, 안전 차원에서 위험공동체로서의 세계 등으로 제시될 수 있다. 세계화는 긍정적인 측면에서의 상호의존 뿐만 아니라, 위험과 관련된 측면에서도 상호 의존되어 있는 세계라는 특징을 보여준다. '지구의 허파'라고 불리우는 아마존과 동남아시아에서 너무 과도하게 밀림을 개발하게 되면 전세계의 공기 정화와 산소 공급에 당장 영향이 오게 된다. 북극 지방 근처의 바다에서 유조선 사고가 일어나 더러운 기름이 바다로 흘러들어가게 되면 그곳으로 들어오는 생물들의 먹이사슬로부터 영향이 점차 확산되어 전세계의 생태계에 영향을 미치게 되는 것이다. 전세계적인 인구폭발 등도 마찬가지이다. 이러한 수많은 사례들에 관하여 생각해 보면, 어떠한 문제들로 인하여 생겨나는 위험은 특정 지역에만 영향을 끼치는 것이 아니라 전세계에 영향을 미치게 되는 것이다. 즉, 어느 한 지역에 위험이 닥치게 된다면 그것은 그 지역의 문제로 끝나는 것이 아니라 인류 전체에 위협을 가하는 요인이 된다는 것이다.

앞서 살펴본 세계화의 긍정적인 측면과 더불어 세계화된 미래 사회는 다음과 같은 요인에 의하여 규정되는 사회를 의미하는 것이기도 하다.[1]

첫째, 정치적·경제적 측면의 불확실성과 기술의 급격한 발전으로 인한 불확실성이 존재한다. 이것은 다시 옛날로 돌이킬 수 없는 많은 상황이 생겨날 가능성이 높아지기 때문에 변화에 대하여 매우 절박한 것으로 인식한다는 특성과 관련되기도 한다.

둘째, 미지의 것에 대한 반작용이 일어나기도 한다. 우리가 알지 못하는 것에 대하여 겁내고 불안해 하는 것이다. 사회적 측면에서 관용이 부족해진다든지, 자신의 작은 공동체의 이익만을 이유 없이 과도하게 추구한다든지, 과도한 경쟁과 같은 통제되지 못한 상황으로 나아갈 가능성 또한 존재한다는 것이다.

셋째, 전통적 의미의 국가를 넘어서는 새로운 행위자가 현존한다는 것이다. 비정부기구(NGO)의 느슨한 네트워크, 특히 윤리문제와 관련된 학문공동체의 형성, 미디어와 지구촌 운영을 위한 기구들[선진7개국기구(G7), 유럽연합(EC), 국제연합(UN) 등], 그리고 동남아시아를 비롯한 몇 개 블록의 새로운 경제세력들의 등장이 바로 그것이다.

넷째, 세계적 적응과정의 곤란함에 대한 의식이 증가할 수도 있다는 것이다. 특히 이것은 교육, 노동, 복지, 민족관계, 개발 및 관리 분야에서 급격한 변화에 대하여 사람들이 어떻게 적응할것인가와 관련된 문제에 대하여 증대되고 있는 것이다.

이러한 세계화의 추세에는 순기능과 역기능이 동시에 작용하고 있다.[2] 순기능을 살펴보면, 세계 경제가 국경을 초월하여 하나

---

1) 허영식, 『지구촌시대의 시민교육』, 서울 : 학문사, 2000.

로 통합되어 감으로써 자원의 배분이 빠르고 효율적이다. 제한된
생산자원이 낭비되는 것을 막고 이들이 가장 값어치 있는 곳에
쓰이게 된다. 또한 교역에도 걸림돌이 없어짐으로써 재화와 서비
스가 싼값에 수요자에게 전달될 수 있다. 정부의 쓸데 없는 간섭
이 최소화된다. 세계 모든 나라가 국경을 트고 자유교역에 참여하
는데 어느 한 나라만 고집스럽게 정부통제를 계속할 수는 없다.
하나로 통합된 경제에서는 정보와 지식의 확산이 적극적으로 이
루어지게 된다. 또한 문화적 측면에서도 문화적 욕구를 다원적으
로 실현할 수 있으며, 문화 교류의 활성화와 지구 문화의 형성이
가능해진다는 특징을 순기능적 측면에서 가지고 있다.

　반면 역기능 또한 만만치 않게 가지고 있다. 국가간 혹은 지역
간의 상이한 관행과 의식이 경제적 통합과정에서 충돌하게 될 것
이라고 전망되기도 한다. 부국과 빈국간의 경제 양극화 역시 세계
화의 심각한 역기능으로 제시되고 있다. 세계화는 모든 국가들이
동일한 조건으로 경쟁해야 함을 의미한다. 그러나 일단 현재 상당
한 발전이 이룩되어 있는 토대 위에서 출발하는 선진국과 아직
출발선상에 있는 후진국 사이에 존재하는 차이를 인정하지 않는
다는 것은 국가간의 부의 격차가 더욱 벌어지게 하는 요인이다.
따라서 국경 없는 무한경쟁의 세계에서 후진국에 대한 보호막이
철거되면서 생존능력이 부족한 이들에 대한 적극적인 배려가 필
요하다고 할 수 있다.

　이러한 세계화에 대응하는 개념으로서 정체성을 추구하고자
할 때, 정체성이라는 것은 우리가 속한 가족과 지역사회, 민족과
종교, 그리고 다른 무엇보다도 우리가 '우리집'이라고 부를 수 있

---

2) 김하자·이경희, 앞의 책, pp. 64~67.

는 곳을 상징하는 것이라 이해할 수 있다. 그것은 우리의 뿌리를
의미하고, 이 세상에서 우리가 차지하고 있는 위치와 존재 의미를
말해 주며, 우리가 한곳에 정착하게 해줌으로써 마치 배의 닻과도
같은 역할을 한다. 이는 또한 우리가 이방인들과 마주치거나 협력
할 때 집단에 속해 있다는 자신감과 안도감을 갖게 해주며, 개인
의 차원에서도 가정의 따뜻함, 개성추구의 기쁨, 독특한 의식행위
에서 얻을 수 있는 동질감, 그리고 사적 인간관계에서 얻는 친근
감 등을 갖게 해준다. 그것은 좋게 해석할 경우 식량만큼이나 인
간 생존에 필수적인 자긍심과 소속감을 안겨준다. 그 때문에 국가
라는 존재는 비록 약화될 수 있으나 완전히 사라질 수는 없다. 그
것은 우리가 어디에 속해 있는가를 표현해 주는 최후의 보루이다.
사람은 혼자서 부자가 되거나 혼자서 똑똑해질 수는 있으나 홀로
완전한 인격체가 될 수는 없다. 인간은 누구나 어느 공동체의 한
부분이기 때문이다. 바로 이러한 공동체의 일부분으로 살아가는
삶의 원리로서 윤리가 필요한 것이다.

　물론 자신의 정체성, 그리고 언제나 돌아가서 쉴 수 있는 자기
집을 박탈당하는 것만큼 사람들을 분노하게 하는 것은 없다. 자기
집을 갖고 있다는 감각과 소속감이 상실되었을 때 인생은 척박하
고 뿌리가 없어진다. 그러나 이 집착이 지나칠 경우 이는 남을 배
척하는 행위로 연결된다. 그럼으로써 인위적으로 특정 집단만의
정체성과 연대감, 그리고 공동체 의식만을 강조하는 비뚤어진 방
향으로 나아가기도 한다.

　따라서 세계화 시대에는 개인이든 국가든 모두 건전한 균형을
유지하는 것이야말로 당면과제라 하겠다.[3] 한편으로 우리의 정체

---

3) Thomas L. Friedman, *The Lexus and the Olive tree*, International

성·집·지역사회를 유지하면서, 다른 한편으로는 세계화 체제에서 생존하기 위해 필수적인 일들을 수행할 수 있어야 하는 것이다. 세계화 체제의 존속 여부는 부분적으로 우리가 이러한 균형을 얼마나 잘 잡느냐에 달린 것이다. 오늘날 어느 사회든 경제적으로건 사상적으로건 부유해지기를 바라는 사회는 세계화에 참여하려는 노력을 끊임없이 경주해야 한다. 그러나 결코 착각하지 않아야하는 것은 세계화, 특히 경제부문의 세계화에 참여하는 것만으로는 사회가 건강해질 수 없다는 점이다. 그것이 정체성을 상실하게하는 것이라면 정체성을 상실당하는 사람들은 반격을 시도할 것이다. 자신의 정체성을 튼튼하게 건사하지 못한 나라는 결코 제대로 존속할 수 없고, 생존한다 하더라도 세상에 완전히 자신의 문호를 개방할 만큼 강하지 못할 것이다. 반면, 극도의 정체성만 존재하고 어떠한 세계화나 개방도 없는 나라는 아예 성장하지 못하거나, 성장한다 해도 그리 튼튼하지 못할 것이다.

세계화의 여러 측면 중 경제 뿐만 아니라 문화와 관련된 부분역시 중요하게 취급되어야 할 문제이다. 우리의 삶을 물질적으로 풍요롭게 하는 것이 경제와 관련된 측면이라면, 우리의 삶을 정신적으로 풍요롭게 만들어주는 것은 바로 문화이기 때문이다. 그런데 문화의 세계화는 특정 문화가 만들어낸 문화상품의 세계시장진출과 석권이 아니다. 또한 각국 문화의 적절한 배치를 통한 다원적 문화의 건설이라 보기도 어렵다. 다양한 문화가 서로 조화와균형을 이루며 공존하는 것은 바람직한 일이지만 그것은 문화의다양화이지 문화의 세계화는 아니다. 문화의 세계화는 전세계가공유할 수 있는 보편적 문화의 건설이라 할 수 있다. 그러나 이것

Creative Management, 2000.

은 문화의 보편성과는 다르다. 문화의 보편성이란 문화가 인간 활동의 산물이라는 점에서 가질 수 있는 공통의 속성, 즉 인간의 생물학적 특성에 의해 모든 문화에 공통적으로 나타나게 되는 인간 활동의 기본 규칙이라 할 수 있다. 이것은 전세계인들이 자신의 사고와 행동 기준으로 삼아야 하는 보편적 문화와는 다른 것이다.

문화의 제1(primary) 속성이 그 문화 속에서 자라난 사람을 정체성을 가진 사회적 주체로 만드는 것이라면 보편적 문화는 세계의 모든 사람들에게 동일한 집단의 구성원이라는 정체성을 주는 것이어야 한다. 모든 사람들이 자신의 정체성을 갖는 데 도움을 주고 행동의 준거가 된다고 인정하는 보편적 문화는 과연 가능한가? 현재 정치분야의 민주주의, 경제분야의 자본주의 세계체제는 비교적 지배적인 위치를 차지한다고 이해될 수 있지만, 그에 비하여 문화분야는 여전히 지역적인 특수성을 가지고 있다. 문화의 세계화는 문화상품의 세계적인 유통과 소비가 아니다. 문화는 특정한 자연환경 속에서 특정한 집단 구성원들의 끊임없는 상호작용을 통해 만들어 가는 역사적 산물이다. 이는 그 구성원들에게 정체성을 주고 그들을 사회적 주체로 만들어내는 작용을 하는 것이다.[4]

이러한 측면에서 문화와 관련된 세계화는 협력적 지구촌 운영에 있어서 필요한 것으로, 어떤 지구적인 문제에 대처하고 일정한 공동의 진행방향을 추구하는 것에 대한 의견의 일치로 나아가는 도구로서 필요한 것이라 보여진다. 어떤 기본적 원칙에 대한 상호 이해와 관련된 모든 당사자들의 자유로운 의사결정을 통한 장기

---

4) Jean-Pierre Warnier, *La Mondialisation de la Culture*, 주형일 역, 『문화의 세계화』, 서울 : 도서출판 한울, 2000.

적 전망으로서, 이러한 문화와 관련된 세계화는 인류가 합의할 수
있는 어떤 보편적인 윤리기준과 그 가치를 추구하는 것과도 연관
을 맺는 것이라 할 수 있겠다.


## 2) 정보사회와 노동의 변화

정보사회에 대한 이해는 긍정적 입장과 부정적 입장이 존재한
다. 정보사회를 산업사회와는 완전히 다른 사회로 보면서 긍정적
으로 보는 입장은 정보사회에서 취급되는 정보는 전통적 의미의
정보와 구별될 정도로 정보의 질이 좋으며, 정보의 확산은 사회적
불평등과 갈등을 해소시킬 것이고, 그러한 정보를 바탕으로 하여
더 나은 미래가 설계될 수 있다고 주장한다. 반면 정보사회를 산
업사회의 연속선상에서 보면서 부정적으로 보는 입장에서는 정보
의 양은 증가했으나 정보의 질은 전혀 변화가 없이 동일하고, 계
급적 불평등이 산업사회와 비교하여 변화가 없이 그대로이거나
심화되며, 미래는 정보화와 관련하여 사람들이 더욱 세밀하게 감
시되며 통제될 수 있는 사회라고 주장한다.[5]
이렇게 정보통신기술의 발달에 따라 정보사회 또는 정보화사
회라는 말이 널리 사용되고 있지만 아직까지 그 의미가 모호하고,
다양하게 해석될 여지가 존재한다. 또한 그 평가에 있어서도 극히
낙관적인 입장에서 매우 비관적인 입장에 이르기까지 매우 다양
한 견해가 존재한다. 그러나 그 범위나 평가가 어떻게 이루어지건

---

5) 이한구, '정보사회와 역사 발전 단계에서 본 그 위상', 철학연구회
   편, 『정보사회의 철학적 진단』, 철학과 현실사, 1999, pp. 7～34.

간에 이와 관련하여 반드시 생각해야 할 세 가지 사항이 있다.⁶⁾

첫째, 정보사회는 근대사회를 전제로 하여 성립된 것이라는 점이다. 근대사회는 산업화와 도시화를 수반하는 특징을 가지고 있다. 이에 대해 정보사회는 정보 네트워크로 조직화된 사회로서, 지금까지의 근대사회와는 다른 이질적인 사회로 보는 견해가 존재한다. 그러나 정보사회에서도 컴퓨터·통신기기·회선·전기에너지 등 산업화의 산물을 이용하고 있다. 그런 의미에서 근대사회를 전제로 하지 않고는 성립할 수 없는 것이 정보사회이다.

둘째, 정보사회는 사회 구성원들에게 자동적으로 이익을 가져다 주는 것이 아니다라는 점이다. 이익을 얻는 사람이 있는가 하면 불이익을 당하는 사람도 있다. 그리고 이러한 현상은 무작위로 일어나는 것이 아니다. 정보화는 단순한 사회적 변화의 흐름이라기보다는 인간에 의한 정보환경의 의도적 변화로 파악하는 것이다. 정보화에 의한 이익분배에는 인간의 의도가 작용하고 있다는 것을 정보사회의 본질로서 이해하는 것이 중요하다.

셋째, 정보환경의 가능성과 그 구체적인 실재(reality)는 다르다는 점이다. 정보처리 및 통신기술의 혁신으로 우리들의 정보환경은 그 가능성과 선택대안이 확대되어 가고 있는 것 만큼은 분명하다. 그렇지만 실제로 그러한 가능성이 충분히 실현되느냐 하면 반드시 그런 것만은 아니다. 오히려 사회제도, 비공식적 사회관계,

6) Kenichi Kawasaki, Akifumi Tokosumi, Yasuyuki Kawaura, Haruo Takagi, Kaoru Endo, Daisaburo Hashizume, Hajime Yasukawa (1995), *Computer-Mediated Communication : A Sociology Computer Mediated Interaction*, Seoul : Information Culture Center of Korea, pp. 170.

그리고 관습 등에 의해 선택의 폭이 좁아지는 경우를 종종 발견할 수 있다.

정보기술의 발달과 자동화는 자유시간과 노동시간의 관계를 변화시킨다. 노동시간은 점점 줄어들고, 자유시간은 점점 증가하게 되는 것이다. 그 결과 급격한 가치변화와 전통적인 문화와는 양립 불가능한 생활양식이 등장한다. 선진산업사회는 이러한 가능성으로 가기 위한 끊임없는 준비상태에 놓여 있는 것이라고 할 수 있다. 노동시간의 길이 자체가 현실 원칙에 의해 쾌락원칙을 억압하는 주요 요인의 하나이기 때문이다. 다시 말하면 노동시간이 너무 길게 되면 인간의 쾌락을 기본적으로 억압하는 것으로 작용하게 되기 때문에, 노동시간이 인간의 발달을 방해하지 않는 시점까지 감소되는 것은 자유를 위한 첫번째 필수조건이다.

기술낙관론자들은 오래 전부터 과학과 기술이 적절히 이용되면 그것은 인간을 공식적인 노동으로부터 해방시킬 것이라고 주장해 왔다. 현재 정보혁명의 주창자와 옹호자들이 이런 견해를 가장 널리 수용하고 있다. 앨빈 토플러라는 미국의 학자는 미래 정보사회가 이룩할 기술적 성과들을 제시하며 인간은 지금보다 훨씬 행복한 존재가 될 것이라고 주장한다. 마쯔다 요네지라는 일본 학자는 미래의 컴퓨토피아에서는 현재 물질적 축적이 차지하고 있는 사회의 핵심가치와 목표의 자리를 자유시간이 대체한다고 주장한다. 그는 컴퓨터 혁명이 통제된 노동에서 벗어나 역사상 최초로 개인의 자유를 위한 새로운 방향으로의 길을 열어준다고 주장하였다. 즉, '물질적 가치'로부터 '시간의 가치'로의 전환을 인류사에 있어서 획기적인 전환점으로 본다. 인간의 생활에 있어서 시간 가치는 경제행위의 기본가치인 물질적 가치보다 더 고차원적이다. 물질적 가치가 생리적 및 물질적 욕구의 충족과 대응되는 반면에 시간 가치는 인간적 및 지적 욕구의 충족과 대응되기 때문이다.

세계 경제가 자동화 사회로 나아가고 있다는 인식은 선진산업 사회만이 아니라 개발도상국에 있어서도 점차 확산되고 있다. 정보와 커뮤니케이션 기술혁명은 더 적은 노동력 투입으로 더 많은 생산을 보증하게 되었다. 기업의 재기술화와 기술대체는 어떤 방식으로든 필연적으로 자유시간의 증가를 낳는다. 따라서 "자유시간은 다가오고 있다. 실업이냐 레저냐가 유일한 선택이다"라고 주장되기도 한다.[7]

오늘날 미래의 기술천국에 대하여 제조업과 서비스 제공과정에서 기계가 인간노동을 대체하는 새로운 시대가 시작된다는 점에서는 대다수 사람들의 견해가 일치한다. 또한 정보통신혁명의 기술은 다가오는 세기에 있어서 일하는 사람이 거의 없는 세계를 제시한다. 그러나 우리가 이러한 것과 관련된 장점을 더 많이 누릴 수 있게 되어갈수록 더 많은 단점 역시 나타나게 된다. 노동이 없는 세계는 고되고 정신 없는 반복적인 작업으로부터 인간이 해방되는 역사상 새로운 시대의 시작을 의미한다. 그러나 동시에 대량실업, 전세계적인 빈곤, 사회적 불안과 격변하는 우울한 미래 등으로 비칠 수도 있다.

생산성 혁명은 두 가지 방식으로 노동시간에 영향을 미쳐왔다. 이제 단순한 노동은 기계로 대치됨으로써 인간은 이전보다 더 창조적이고 자유로운 일에 참여할 수 있게 되었다. 그러나 모든 인간들이 디자이너나 전문상담자가 될 수는 없다. 노동 및 시간 절

7) Jeremy Rifkin, 이영호 역, 『노동의 종말』, 서울 : 민음사, 1996, p. 294~296.

감기술의 도입은 기업으로 하여금 대량 해고를 가능하게 했고, 자동화와 기계화에 따른 필요 노동력의 감소는 실업자의 증가로 이어진다. 새롭게 창출된 산업예비군들은 자유로운 여가 시간을 갖는 사람들이 아니라 단지 놀고 있는 사람들이다. 낙관론자들은 이에 대해서는 모든 노동자가 현재 1일 8시간, 주 5~6일 노동 유형에서 1일 4시간, 주 3일 노동 등의 유형으로, 소득은 오히려 증가하고 노동시간의 감소로 여가시간을 많이 갖게 된다는 예측을 하고 있다. 그러나 경제적 측면에서 이익을 극대화하고자 하는 합리적인 경영을 시도하는 경영자들은 모든 노동자를 4시간 근무시키는 단시간 대규모 노동력보다는 그 절반의 노동자를 8시간 근무시키는 장시간 소규모 노동력을 원한다. 건강관리와 연금 등 부가급여로 인한 비용을 절감할 수 있기 때문이다. 해고되지 않은 노동자들은 임금과 부가급여의 하락을 보상하기 위하여 더 많은 시간을 일하도록 강요된다.

　정보시대에 관하여 낙관적인 입장을 가지는 사람들은 노동시간 단축의 궁극적인 성공에 대하여 거의 의문을 제기하지 않는다. 이들은 정보혁명은 많은 새로운 일자리를 창출하고, 소비수준의 향상과 세계시장의 개방이 생산성의 급속한 향상을 충분히 흡수할 것으로 보고 있다. 반면에 비판적인 입장을 가진 사람들과 이미 정보혁명으로 소외된 다수의 사람들은 새로운 일자리 창출에 대해서 의문을 표시하고 있다. 정교한 정보통신기술이 대량의 노동력을 대체할 수 있는 세계에서는 지식 부문의 소수의 사람들만이 전문직·관리직에서 일자리를 찾을 수 있을 뿐이다. 이들은 기존 산업들의 재기술화와 자동화로 인해서 대체된 수백만의 노동자들이 재훈련되어 협소한 하이테크 부문에서 충분한 일자리를 찾게 된다는 생각은 공상이 아니면 기만에 불과하다고 주장한다.[8]

376 ⊙ ──── ⊙ 디지털시대의 직업윤리

이러한 고용 불안정은 근로자들의 심리적 불안정으로 이어진
다. 자본가들은 근로자들의 취업권들을 담보로 하여 좀더 유리한
위치에 서게 된다. 피터 드러커라는 미국의 학자는 정보사회가 직
면한 중대한 사회적 도전은 후기 자본주의 사회에서의 지식노동
자와 하위노동자 사이의 새로운 계급적 갈등이라고 경고하기도
한다. 새로운 기술의 혁명은 수백만의 사람들에게 노동시간 단축
과 복지 증진을 의미한다. 그러나 바로 이 기술이 전세계적인 경
기침체와 실업증대를 야기할 수 있다. 정보혁명으로 대체된 노동
자들이 고도로 자동화한 생산시스템으로 생산된 제품과 서비스들
을 어떻게 소비할 수 있을까에 관해서는 의문이 제기되기도 한다.
정보시대의 옹호자들은 무역 장벽의 완화와 새로운 세계시장의
도래가 그간 제약되었던 소비자 수요를 자극할 것이라고 주장한
다. 그러나 반대자들은 기술에 의해 더 많은 노동자들이 대체되
고, 이들이 구매력을 상실함에 따라서 생산성 증대는 이를 소화할
충분한 수요를 갖지 못한다고 주장한다.

따라서 우리 앞에 펼쳐질 사회가 어떠한 사회일 것인가는 정보
시대의 생산성 향상이 어떻게 분배되는가에 좌우되는 것이다. 정
보를 통한 생산성 향상의 공정한 분배를 위해서는 전세계적 노동
시간의 단축이 필요하고, 시장부문에서 축출된 사람들에게 사회
적 경제의 일자리를 제공하기 위한 정부의 노력이 필요하다. 정보
기술혁명으로 기대되는 사회적 생산성 향상이 공유되지 않는다면
가진 자와 가지지 못한 자의 격차는 전세계적인 사회정치적 격변
을 야기할 수 있다.

실상 정보는 새로운 개념은 아니지만, 정보의 가치가 커지게

---

8) 앞의 책, p. 369~370.

된 것은 그 접근이 쉬워지고 그 역할이 강력해졌기 때문이다. 정보가 디지털화(Being digital)하면서 그 부가가치가 커진 것은 컴퓨터의 발달을 그 하부구조(infrastructure)로 하는 정보통신의 획기적인 발달 덕택이다. 컴퓨터의 발달은 인쇄술의 발달과 함께 인류의 문명 발달에 큰 획을 그었다고 할 수 있다. 그런데 그것은 단지 기술적인 측면에서의 발달로의 의미만을 가지는 것이 아니다. 컴퓨터의 발달은 인간의 두뇌 기능의 확대를 일으켰다. 그와 더불어 컴퓨터 네트워크의 발달로 인한 획기적인 정보의 개방화, 자유화 및 대중화는 인간의 정치·경제·사회·문화적 자유를 더욱 확대시킬 것이라고 전망되고 있다.

이제 정보의 기반은 종이에 글자를 새기는 것으로부터 전파와 0과 1의 조합으로 정보가 저장되는 전자식 정보로 변환되고 있다. 이와 관련하여 정보가 컴퓨터 통신에서 어떻게 저장되는가를 자세하게 이해하는 것보다 특별히 더 중요한 것이 있다. 그러한 정보는 새로운 기능을 가지며 새로운 기회를 제공하고 우리들에게 중요한 결과를 가져다 주는 형태로 나타날 것이라는 점이 바로 그것이다. 그것은 미래에는 정보가 상이하게 저장되고 체계화되고 처리되고 유통될 것이라는 점을 나타내는 것이다.

현재는 정보 그 자체보다는 정보가 전달되는 수단인 매체를 강조하기 때문에 커뮤니케이션과 관련된 변화를 이해하는 데 어려운 점이 나타나고 있다. 그러나 이와 더불어 정보의 의미와 취급 면에서 우리의 사고방식이 변화하게 될 것이라는 점 또한 중요하게 취급되어야 할 것이다. 우리의 일상에서 생겨나는 변화들은 우리가 어떻게 의사소통하고 정보를 다루는지를 고려하지 않고서는 이해될 수 없다는 것이다. 인쇄와 종이를 매체로 하는 세계에서 정보화 세계로 변화한다는 것은 전통이 소멸하고, 관습이 변화하

며, 정보의 의미와 그것을 취급하는 우리의 사고가 바뀌게 된다는
것을 의미한다. 따라서 새로운 기회와 새로운 도전이 전개될 것이
다.


## 3) 새로운 시대에 필요한 직업윤리의 이해

미래의 직업과 관련된 변화는 여러 가지가 있을 수 있지만 대
표적인 특징 몇 가지에 관하여 살펴보자.[9]

첫째, 미래 사회에서는 정보산업 분야의 직업이 중요하게 취급
될 것이다. 우선, 전통적 농산물이나 공산품을 생산하는 직업은
인간의 생존과 생활에 기초적으로 필요한 기본적 물자를 생산하
는 것이므로 여전히 중요하게 취급될 것이다. 그렇지만 이러한 영
역에서도 역시 정보통신기술을 이용한 다각적인 발전 노력이 다
양한 측면에서의 경쟁력 있는 발전을 이룩하기 위해서 필요하다.
또한 직접적으로 정보를 생산하고 관리하며 판매하는 직업과 다
양한 서비스 산업, 그리고 전문직과 화이트칼라 직업의 비중이 점
점 더 커질 것으로 예측된다. 각 기업체에서도 연구 및 개발 분야
의 중요성이 커질 것이며, 사회복지와 사회개발 등 국민의 삶의
질을 높이는 분야의 활동이 크게 증가하게 될 것이다. 그와 관련
해서 문화사업과 여가산업도 크게 발달하게 될 것이다.

둘째, 미래 사회에서는 직장인들이 반드시 매일 일정한 시간에
출퇴근하지 않고 자신의 집에서 근무하는 근로자가 늘어날 것이
다. 8시간 노동을 위하여 통근에 1~2시간 이상씩 걸리는 것에 지

---

9) 직업윤리 교재간행위원회, 앞의 책, pp. 283~285.

굿지굿해 하는 통근자는 근무시간이 단축된다면, 일정한 작업량을 일정한 시간 내에 가정에서 완수하기만 하면 되는 방식으로 근무방식이 바뀌는 것을 예상할 수 있으며, 그렇게 된다면 산업사회에서 직장과 가정이 분리되었던 것이 다시 하나로 합해질 수도 있을 것이다. 전자기기를 갖춘 자택에서 근무하는 재택근무자들은 근무시간을 반드시 표준화하지 않아도 되고, 남편의 일을 아내가 돕고 아내의 일을 남편이 거들 수도 있게 되어 부부가 다 직업을 가지면서도 가정이 일상생활의 중심이 될 수 있을 것이다.

셋째, 미래 사회의 직업은 대부분 육체노동이기보다는 정신노동이기 때문에 직업활동에 있어서 전보다 많은 개인의 창의성이 요구될 것이다. 단순한 작업과 육체적인 노동은 기계와 로봇에게 맡기고, 직장인들은 어느 정도 창의력을 필요로 하는 정신적인 활동에 종사할 것이며, 그러한 직업적 조건은 직업인들에게 산업사회에서보다 훨씬 더 많은 자아실현의 기회를 제공해 줄 수 있게 될 것이다.

넷째, 산업화가 진행되면 될수록, 다시 말해 전문화되어 감에 따라 여성의 직업활동 영역이 더욱 확대될 것이다. 오늘날 여성들은 의사는 물론 판검사·변호사 등과 같은 법률전문직, 국회의원, 회사 사장, 기타 전통적으로 남자들만의 직업이라고 여겨지던 직업에 광범위하게 진출하고 있다. 외국에서는 여성이 수상이나 대통령 직에 당선되어 활동하기도 하고 있으며, 우리나라의 사관학교와 경찰대학 등에서도 여성의 입학이 허용되고 있는 현상이 나타나고 있다.

새로운 시대인 21세기는 그에 적합한 능력과 자질을 갖춘 사회 구성원들이 필요한 시기이다. 따라서 우리는 새로운 시대의 덕에 관하여 다음 두 가지 사항을 동시에 고려하여 접근할 수 있다 :

새롭게 변화된 사회상황에 적합한 보편적인 덕목과 한정된 사회
에 적합한 특정한 덕목이 바로 그것이다. 또한 현대 한국인들에게
필요한 가치, 행위, 능력으로는 세 가지 영역이 존재할 수 있다. 세
계적 또는 보편적 수준, 국가 또는 국민 수준, 그리고 소집단 혹은
개인 수준이 바로 그것이다. 첫번째와 두 번째는 공동체의 이익과
관련된 것이며, 세 번째 것은 개인의 이익과 관련된 것이다. 미래
의 직업윤리는 이러한 측면의 덕목들을 함께 고려하는 것이 되어
야 할 것이다.

　첫째, 무엇보다 끊임없이 자신의 능력을 계발하는 노력이 필요
하다. 새로운 시대는 평생직장이라기보다는 평생직업의 시대로
이해할 수 있다. 주어진 일을 성실하게 수행하는 것도 중요하지만
그와 더불어 꾸준한 자기 계발로 스스로의 가치를 높이는 것이
필요하다. 고용관계가 아무런 변화 없이 평생 지속된다는 보장이
있는 것이 아니다. 또한 앞으로 의료기술의 발달과 더불어 고령화
되어가는 사회 속에서 자신의 능력에 따라 은퇴의 시기는 앞당겨
질 수도 있고 늦추어질 수도 있다.

　둘째, 자신의 일에 전문적인 지식과 경험을 가지는 것이 필요
하다. 앞으로의 시대는 스스로 자신의 고용을 창출하는 시대가 올
것이다. 사람들은 흔히 인생에서 성공하려면 반드시 학위가 필요
하다고 생각한다. 그러나 개인의 능력과 관계 없이 학위가 성공을
보장해 줄 것이라는 믿음은 점차 깨어져 나가고 있다. 학위만으로
는 높은 소득을 보장받지 못한다. 이미 외국에서는 단순한 학위보
다는 자신이 어떠한 업무에 도움이 될 만한 일을 얼마나 해왔는
지에 관한 객관적인 성과가 능력을 측정하는 높은 지표로 작용하
고 있다. 이 때문에 보장된 학위를 버리고 현실경험을 쌓아 성공
을 이룩하는 젊은이들의 많은 사례가 있다. 이러한 전문적인 지식

052

과 경험은 지식 창조의 핵심적인 바탕이 될 수 있다. 우리나라에서도 이미 채용 과정에서 학력을 묻지 않고 능력을 중심으로 평가하는 채용 제도가 점차 실시되고 있다.

셋째, 변화에 대하여 적응하는 힘을 길러야 한다. 세계는 빠른 속도로 변화하고 있다. 그리고 그에 따라 경쟁도 매우 극심해지고 있다. 그리하여 변화에 적응하는 능력이 매우 중요하게 자리하고 있다. 항상 어떤 일을 시작함과 동시에 그것을 새롭게 보는 정신 자세를 가져야 한다. 어느 한 부분에서 성공을 거두었다고 하여 다른 부분에서도 항상 성공을 거두라는 법은 없다. 시간에 따라, 지역에 따라, 상황에 따라, 그리고 사람들의 문화적 배경과 이해 정도에 따라 아주 조그마한 변화만 일어난다 할지라도 결과는 매우 다르게 일어날 수 있기 때문이다. 따라서 어떤 한 가지 업무를 마무리하고 새로운 업무를 시작할 때마다 항상 처음 가지는 마음으로 돌아가 냉정하게 평가하고 예측해 보며, 적극적이고 성실한 자세로 업무에 임해야 할 것이다.

넷째, 실패를 두려워하지 않는 용기를 가져야 한다. 그리고 이러한 자세는 널리 퍼져서 사회적인 측면에서도 실패에 대하여 관대하고 합리적으로 이해하는 사회적 분위기가 조성되어야 할 것이다. 물론 자신의 능력, 고객, 주변상황을 면밀히 검토한 뒤 업무를 추진하는 것이 위험을 줄이는 좋은 방법이 될 것이다. 그러나 변화가 많은 미래 사회에서는 업무를 처리하는 담당자 바로 자신이 가장 전문적이고 올바른 판단을 내릴 수 있는 사람이 되는 것이다. 따라서 필연적으로 권한이 높아지게 되며, 이에 따라 개개인의 책임도 막중해진다. 그러나 업무를 처리하다 보면 항상 성공만이 있는 것은 아니다. 위기를 맞이하게 되는 경우도 있다. 그러나 위기는 기회이다. 비록 어떤 업무를 추진하다가 실패를 맞이한다 하더라도 그 과정에서 최선을 다하였고, 또한 실패에서 어떤 교훈을 얻어 다음에 더욱 잘할 수 있는 능력을 가지게 된다면 사회는 그러한 사람에게 관대한 이해를 베풀게 될 것이다. 따라서 자신에게 냉철히 반성하고 또다른 방법을 통하여 목표를 향해 다시 한 번 시도하는 강인한 용기가 필요할 것이다.

다섯째, 무엇보다 인간을 존중한다는 원칙에 입각하여 직업생활을 하여야 한다. 미래 사회의 윤리는 전통사회의 윤리와 동일한 측면에서 이해할 수 있는 측면이 있는 동시에 새로운 사회만이 가지는 윤리적 측면이 존재하기도 한다. 그런데 이러한 것은 전혀 분리될 수 없는 것들이다. 미래 사회는 전통을 바탕으로 하여 이루어진 것이며, 미래 사회에서 추구하는 발전은 궁극적인 의미에서 인간을 위한 것이기 때문이다. 인간과 인간의 만남, 그리고 그 속에서 인간관계의 질서는 인간존중을 바탕으로 하여 이루어지는 것이다. 따라서 전통적으로 강조되는 윤리덕목이 미래 사회의 직업윤리에서도 하나의 원리로 작용하게 될 것이다.

**부록**

취업을 준비할 때 겪게 되는 일반적인 세 가지 관문은 서류전형, 적성 검사, 면접이라고 할 수 있다. 여기에서는 실제 취업 과정에서 이러한 것들에 관하여 어떻게 대처할 것인가에 관해 알아보고자 한다.

## 1. 서류전형

많은 기업들이 사원을 채용하는 과정에서 필기시험 대신 1차 서류 검토를 통해 면접 대상자를 선정한다. 이 때 기준 자료가 되는 것으로 자신이 작성해야 하는 서류에는 이력서, 입사지원서, 자기소개서 등이 있다. 이에따라 구직자들은 서류전형에서 자신이 가진 능력을 확실히 부각하고 홍보할 수 있는 남다른 노력을 기울여야 한다. 기본 항목인 자신의 용모, 학력이나 경력, 가족관계, 상벌관계, 특기사항 등을 빠짐 없이 기재하고 국·한문을 혼용하는 것이 유리하며, 서류의 우측 상단에는 직접 연락 가능한 전화번호와 지원부서를 명시하도록 한다. 급하게 연락할 수 있도록 핸드폰 번호를 함께 기재하는 것이 좋다.

꼭 체크해야 할 포인트는 자기 PR이 너무 지나쳐도 너무 겸손해도 안된다는 점이다. 그러나 면허, 자격증, 연구업적, 상벌 등에 대한 내용은 꼭 기록해 자신의 능력이나 장점을 돋보이도록 하는 것이 좋다. 자격면허는 공인된 자격증만을 기재해야 하지만 지망회사와 관계 있는 자격증이라면 비공인이라도 기입하는 편이 유리하며, 이 때에는 반드시 취득일과 발급기관을 명시해야 한다. 상벌사항은 교내·외 행사나 대회에서 수상한 사실을 기록하는데, 특히 외국어에 관련된 수상경력은 반드시 언급하는 것이 좋다.

자기소개서인 경우는 자기자신의 강점이 회사에서 어떻게 활용될 수 있을 것인지에 관해 드러내는 것이다. 그러므로 자신의 성장 역사가 아닌 향후 펼쳐지게 될 자신의 가치를 잘 표현해야 한다. 지원회사에 자신이 적합하다는 점을 보여주어야 하고, 구인 기업 입장에서의 자기소개서는 회사에서 필요로 하는 자격을 구직자가 지니고 있는지를 파악하는 기초 자료이다. 일반적으로 자기소개서를 작성할 때는 성장과정을 10%, 성격의 장

단점 10%, 학교생활 20%, 지원동기 40%, 입사후 포부 20%의 비중을 둬 작성하는 것이 좋다.

지원동기에 대한 기재가 중요한데, '내가 왜 이 회사에 들어가려고 하는지, 내가 왜 이직종을 택했는지'에 대한 이유를 적고 이를 위해 학창시절에는 얼마나 노력했는지를 나타낸 뒤 입사 후 어떻게 일하고 싶다는 내용을 일관성 있고 간결하게 기술한다. 자기소개서라는 제한된 지면에 자기를 PR하기 위해서 작성시 꼭 체크해야 할 포인트는 지면에 본인의 개성과 특정분야에 대한 전문성이 군데군데 나타나야 한다는 점이다. 그렇다고 지나치게 구인기업에 편중에 과시용으로 흐른다면 인사담당자로부터 서류검토시 누락될 수 있다.

자신감도 좋지만 지나치면 역효과를 일으킨다는 점에 유의해야 하며, 자아실현을 위하여 추상적인 내용보다는 지원동기와 포부를 구체적으로 밝힐 때 더 후한 점수를 받을 수 있다. 무엇보다도 충분한 시간을 갖고 미리 여러 번 작성하여 자신이 하고자 하는 애기가 모두 담아질 수 있도록 내용에 충실을 기하는 것이 중요하다.

## (1) 이력서

이력서는 채용자에게 본인보다 먼저 선을 보이는 응시자의 최초의 얼굴이며 작성자의 인간 됨됨이의 일면을 반영하는 기록이다. 취업을 희망하는 경우 어느 회사를 막론하고 입사원서와 함께 반드시 이력서를 제출하여야 하는데, 이력서가 자신의 용모, 학력이나 경력, 가족관계, 상벌관계, 특기사항 등을 파악할 수 있는 기초적인 자료가 되기 때문이다. 특히 최근 들어 신입사원 채용시 인성을 중시하는 경향이 확산되면서 서류전형에 의한 채용이 각 기업체의 채용방식의 주류를 이루고 있는 만큼 취업시 불이익을 당하지 않도록 기본적인 양식에 따라 정성들여 작성해야 한다.

이렇듯 이력서는 회사에 자신을 선보이는 첫 얼굴이다. 이력서에는 형식에 따라서 써야 할 항목과 어느 정도 본인의 의사대로 자유롭게 쓸 수 있는 항목이 있다. 전자는 기본 양식을 알고 있다면 문제가 없을 것이지만, 후자는 자기 나름대로 표현을 고안해서 보다 적극적으로 어필할 수 있다는 점, 또 어필해야 한다는 점을 명심하자. 다음 사항들을 유의해서 보다 적극적인 표현을 해보도록 하자.

우선, 면허·자격증란은 충실하게 쓴다. 특히 면허·자격증란에는 전직장의 업종·직종에 관련된 것은 물론, 취미에 가까운 것이라도 꺼리지 말고 쓰도록 한다. 자신에 관한 정보를 가능한 많이 제공하는 것은 자신의 전체 모습을 이미지화하는 데 중요하다. 자격을 취득하지 못했더라도 취득을 위한 통신교육을 받은 것, 자격증과 직접 관계는 없지만 학교교육 이외의 것, 예를 들면 영어회화 학원에 다닌 것 등도 빠뜨리지 말고 써넣는다.

또한 특기·취미란도 소홀히 하지 않는다. 다양한 취미나 스포츠를 통해서 전문 이외의 분야에도 관심을 갖고 있다는 것도 중요한 어필이 된다. 조금이라도 알고 있는 것이 있다면 취미·관심·흥미가 많음을 어필하라. 못하면 덮어놓고 좋아하는 것도 괜찮다.

그리고, 지망동기는 자신의 언어로 쓴다. 지망동기는 상투적인 표현은 피하고, 자신의 언어로 가능한 한 구체적으로 쓴다. 희망직종이나 희망 근무지란은 무조건 붙고 보자는 식으로 두리뭉실 넘어가려는 경향이 많은 것이 현실이다. 입사가 결정된 후 더 큰 홍역을 치르지 않으려면, 이 부분에 대한 자신의 입장과 의사를 사전에 분명히 해두는 것이 좋다.

이력서를 작성하는 요령은 다음과 같다.

① 간단명료하되 구체적이고 솔직하게 기술한다.

읽는 사람으로 하여금 짧은 시간 내에 작성자의 인적(人的)사항에 대해 알 수 있도록 기재 내용을 간추려 쓴다. 또한 출신학교나 학과, 자격증뿐만 아니라 수상 경력, 대내외적인 활동 등 자신의 능력이나 장점을 돋보이게 할 수 있는 사항을 기술하여 읽는 사람에게 호감을 갖게 하는 것도 중요하다. 그리고 반드시 과장됨이 없이 솔직하게 작성한다. 기업체에서는 성실한 사람을 요구한다. 그러므로 이력서 작성시 가장 주의해야 할 점은 허위나 과장됨이 없이 사실 그대로만을 기술한다.

② 정성들여 깨끗이 작성한다.

이력서는 자기 자신을 스스로 소개하는 글이므로 자필로 작성하는 것이 원칙이다. 특히 이 때 유의할 점은 명조체로 또박또박 쓰되 흑색 필기구를 사용한다. 그러나 최근에는 지원회사의 성향에 따라 워드프로세서를 이용하여 작성하는 것이 유리한 경우도 있다. 또한 국문이력서는 국·한문 혼용이 원칙이다. 그러나 과거에는 기업들이 국한문 혼용을 요구하기도 했으나 요즘은 그렇지 않으므로 한자는 꼭 필요한 곳에만 쓰도록 하고, 오자나 탈자가 없도록 주의한다. 아울러 틀린 글자가 있을 때는 수정액으로 지

우고 고쳐쓰기보다는 새로운 용지에 다시 쓰는 편이 좋다. 그리고 충분한
시간을 두고 작성한다. 시간적 여유를 가지고 차분하게 작성해야 내용도
충실하고 글씨도 깨끗하게 쓸 수 있다. 본인의 이력서를 작성해 디스켓에
담아놓고 필요할 때마다 수정해서 사용하는 것도 좋은 방법이다.

③ 인적사항

인적사항은 성명, 주민등록번호, 생년월일, 주소, 호적관계 등이다. 본적
이나 현주소는 통, 반까지 정확히 기재하여야 한다. 인적사항에 실제와 다
르다 하더라도 주민등록 등, 초본에 기재된 내용과 동일하게 적어야 한다.
특히 '호주와의 관계'란은 호주쪽에서 본 관계를 말하는 것이므로 착오 없
도록 주의한다. 이력서 우측 상단에는 직접 연락이 가능한 전화번호를 명
기하도록 하고, 특히 이력서상의 주소와 현거주지가 다를 때는 반드시 직
접 연락이 가능한 주소나 전화번호 등 긴급 연락처를 밝혀두어야 한다. 사
진은 단정한 것을 규격에 맞게 사용한다. 수수하면서도 단정한 정장에 밝
은 인상을 줄 수 있는 사진이 좋다. 명함판, 반명함판 크기의 사진을 요구
하는 곳이 많으니 두 가지 규격의 사진을 충분히 준비해 두는 것이 좋다.

④ 학력 및 경력사항

이력서 내용 중 가장 중요하고 핵심적인 부분이다. 연대순(年代順)으로
기술한다. 학력은 보통 고등학교 졸업부터 적는 것이 일반적이다. 입학날
짜나 졸업날짜는 관계서류를 찾아 정확히 기재하는 것이 좋다. 남자의 경
우 군복무 사항을 학력 사이의 해당기간에 넣는 것도 유의해야 한다. 군
(軍)경력 외에 특별한 경력이 없을 때는 학력과 경력을 구분하지 않고 군
경력을 학력 속에 포함시켜 연대순으로 기술한다. 한편 응시자는 입사희망
회사에서 요구하는 직종과 본인의 이력과 경력이 일치하는지 검토해야 하
며, 불필요한 이력내용의 나열은 피하도록 한다. 이는 아무리 훌륭한 기술
과 직능을 겸비한 인재라도 회사는 입사 후 조직에 융화되고 계통과 질서
의 대열에 설 수 있는 기본 자세를 지닌 사원을 필요로 하기 때문이다.

⑤ 특기 및 상벌사항

이것은 응시기업과 연관된 실무능력을 위주로 작성한다. 특기사항에서
는 각종 자격증, 면허증 발급 사항을 기재한다. 이 때는 국가가 공인한 자
격증만을 기재하는 것이 원칙이다. 자격증은 국가적으로 공인된 자격증을
발령청과 아울러 적고 교원자격증의 경우에는 취득예정일도 명시한다. 이
밖에 타자, 컴퓨터, 속기 등 사무관리 분야의 자격증이나 면허증 등 특기할

만한 내용을 기록한다. 이 때 응시기업의 업무와 연관된 자격증이라면 비공인이라도 기입하는 것이 유리하다. 상벌사항은 교내외 행사나 대회에서 수상한 사실을 기록하는데, 특히 외국에 관련된 수상경력은 반드시 언급한다. 그밖에 지망회사나 업무와 관계 있는 부류의 연구 업적, 아르바이트, 동아리 활동 또는 외국어 관련 서클활동 등을 기입하는 것도 자신을 돋보일 수 있는 방법이다. 이상의 내용을 다 쓴 후에는 '위와 상위(相違) 없음', '상기(上記)와 여(如)히 상위(相違) 없음' 또는 '위와 같이 틀림 없음'이라고 쓰고 한 줄 아래에 날짜를 년, 월, 일로 적는다. 그리고 맨 위의 성명란과 아래의 서명 뒤에 똑바로 선명하게 도장을 찍는 것으로 이력서 작성을 마무리 한다.

⑥ 마무리를 빈틈 없이 확인한다.

맨 윗부분의 성명란과 아래 서명 뒤에도 도장을 찍어 마무리함으로써 빈틈 없는 깔끔한 인상을 주도록 한다. 그리고 마지막으로 오 · 탈자나 틀린 부분이 없는지 다시 한 번 확인한다.


## (2) 입사지원서

필기시험을 없애고 서류전형과 면접 등으로만 치르는 최근의 입사전형 풍토에서 입사서류 작성은 매우 중요하다. 대부분의 기업들이 입사서류를 보고 면접 대상자를 추려내므로, 입사원서는 채용 담당자를 직접 만나 자기를 소개하는 것이라는 자세로 정성껏, 여유를 갖고 작성해야 한다. 입사하는 데 충분한 실력을 갖추었음에도 불구하고 입사서류에 오 · 탈자가 있거나 영어 단어, 한자가 틀리는 등 사소한 실수로 자신의 이미지를 구겨 탈락하는 경우가 생기지 않도록 성실하고 정확하게 자기를 나타내도록 하며, 절대로 허위나 거짓, 과장이 있어서는 안 된다. 작성 안내문을 참조하여 검정색 펜으로 깨끗이 쓰고 서류를 구기지 않도록 조심한다. 입사지원서를 작성할 때 일반적으로 주의해야 할 점은 다음과 같다.

① 의문점이 없도록 근거를 분명히 한다.

지원서에는 절대 허위나 과장이 있어선 안 된다. 사실을 있는 그대로 솔직하게 기재한다. 또한 의문점이 없도록 근거를 분명히 하여 작성하는 것이 좋다.

② 취업하려는 열의를 담자.

필체가 좋지 않더라도 취업하고자 하는 열의가 채용담당자에게 전달될 수 있도록 깨끗하게 정성껏 작성하도록 노력한다. 많은 양의 지원서를 다루다 보면 아무리 뛰어난 인재라 하더라도 필체가 엉망인 지원서에는 시선이 오래 머물기 어렵다.

③ 오자·탈자 확인은 필수다.

오·탈자의 확인은 아주 사소한 것처럼 보이지만 매우 중요한 사항이다. 한자를 사용할 경우 확실하지 않은 한자는 옥편으로 반드시 확인해서 쓰도록 하고, 가능한 한 정자로 쓴다. 다 작성한 후에도 다시 한 번 오·탈자를 확인해 보고, 만약 정정사항이 생겼을 경우에는 절대 수정액을 사용하지 말고 빨간펜으로 두 줄을 긋고 깨끗이 정정하도록 한다.

④ 규격에 맞는 최근 사진을 사용하자.

사진은 지원서에서 자신의 이미지를 표현하는 중요한 수단이다. 따라서 최근에 촬영한 것으로 면접시 좋은 인상을 줄 수 있는 밝은 인상의 것으로 선택한다. 또한 회사에서 요구하는 규격에 맞는 사진을 사용하도록 한다.

⑤ 특기사항을 적극 기재하도록 하자.

간혹 지원서 중에는 서클(동아리) 소개란이 있는 것을 볼 수 있다. 이 난은 대학 활동 사항을 통해 협동심, 리더십, 적극성 등을 체크하는 것이므로 어찌 보면 자신을 어필할 수 있는 절호의 기회라 할 수 있다. 서클 소개란에는 서클의 성격과 교내외의 활동사항 등을 기재하면 된다.

⑥ TOEIC, TOEFL 성적표를 첨부하자.

외국어란은 지원자의 영어실력을 평가하기 위한 난이다. 기타 가능한 외국어는 모두 적어주는 것이 유리하며, 회화실력은 뛰어나지 않아도 TOEIC이나 TOEFL의 성적이 뛰어날 경우 증빙서류를 첨부하면 가산점을 얻을 수 있다.

⑦ 회사소개 자료와 인맥을 충분히 활용한다.

지망회사는 향후 회사배치 등에 중요한 참고자료로 활용되는 만큼 최소한 회사소개 책자를 참고로 자신의 적성에 맞는 회사를 지망하도록 한다. '지원동기'는 면접시에도 자주 등장하는 질문이다. 회사에 대해 확실히 파악하고 지원하는 사람과 뚜렷한 동기 없이 지원하게 되는 사람은 분명히 차이가 있다. 또한 서류전형은 실무자 선에서 통과시키므로 기업과 관련 있는 인맥을 기재하는 것도 중요하다. 마지막으로 전산처리용 입사지원서 작성시 주의사항은 간혹 대기업들 중 입사지원서 외에 전산처리용 입사서류를 병행 작성토록 하는 곳이 있는데, 이 때는 전산처리용이라는 점을 감안, 잘못 기재하면 에러가 나므로 지원서 안내문을 읽고 그 지시에 충실히 따른다. 이를 실수해 탈락하는 비율이 10%를 넘는다고 하니 주의가 필요하다. 지원부문과 학교, 학과코드 등은 코드표를 참고하여 정확히 기입하며, OCR카드의 경우 안에 글자가 정확히 들어가도록 깔끔하게 적는다. 입사원서와 전산서류를 함께 제출할 경우에는 두 가지 내용이 똑같아야 함은 물론이다.

### (3) 자기소개서

최근 국내외 경영환경의 변화로 인해 과거의 인재관에서 탈피, 국제화·세계화시대에 적절하게 대처할 수 있는 새로운 인재를 원하고 있다. 학벌이나 성적 등 외적인 요소보다는 실질적인 업무능력이나 회사 적응력, 발전성 등을 알아보기 위해 이력서보다는 자기소개서를 중시하는 쪽으로 변하고 있다. 이력서가 지원자를 객관적으로 판단할 수 있는 자료가 된다면, 자기소개서는 보다 구체적이고 실질적으로 평가할 수 있는 근거가 된다. 자기소개서에는 성장과정이나 학생생활, 성격, 지원동기, 장래계획 등이 들어가게 되는데, 채용 담당자는 이를 통해 지원자의 인생관이나 논리적인 글솜씨, 표현능력 등을 알 수 있다. 20여 년 동안 자신의 역사를 단 몇줄로 모두 표현하기는 어려운 일이나 글로써 자신을 소개하는 것인 만큼 최대한 효과적으로 알려야 한다. 지원자가 채용 담당자라고 가정했을 때 눈에 확 띄면서도 기억에 뚜렷이 남을 수 있도록 심사숙고해서 작성한다.

① 상세하고 명료하게 적는다.

자기소개서는 이력서와 마찬가지로 쓸 이야기는 다 쓰되 너무 장황하면 안 된다. 즉, 문장은 간단 명료하면서도 구체적이고 현실성 있는 어휘를 사용해야 하며, 설득력과 논리를 갖추어야 한다. 분량제한이 없는 경우엔 200자 원고지 7매 정도의 분량이 가장 적합하다.

② 진솔하게 작성한다.

자기소개서도 역시 과장되거나 거짓된 내용이 있어서는 안 된다. 가정 형편이 어려웠다거나 하는 것들을 부끄럽게 생각할 필요는 없다. 오히려 그것을 극복하고 일어선 자신의 강한 의지를 보여주는 쪽이 좋다. 반대로 잘 보이기 위해서 없었던 일을 허위나 과장으로 꾸며대는 우를 범해서는 안 된다.

③ 개성 없는 평상어를 쓰지 말라.

'나는…', '저는…' 등의 평범한 어투로 시작되는 문장은 가급적 지양하는 것이 좋다. 이렇게 소개되는 자기소개서는 자칫 개성이 없다는 느낌을 주게 될 우려가 있다. 자기소개서도 가급적 하나의 작문을 하는 기분으로 적절한 제목을 붙여보는 것도 좋다.

④ 간결한 문체를 사용한다.

글을 읽다보면 글쓴이의 생각이나 지식의 깊이, 문장력을 알 수 있다. 이러한 부담감을 벗어나기 위해서는 자기소개서의 경우 과다한 수사법이나 추상적 표현을 피하고 간결한 문체의 단문을 사용하는 것이 요령이다. 접속사나 비유의 남발은 오히려 생각을 분산시킬 뿐이다. 또한 한문은 꼭 필요한 곳에만 적절하게 사용하는 것이 문장의 흐름에 도움이 된다.

⑤ 지나친 자신의 장점 서술을 금물이다.

자신이 지니고 있는 좋은 점이나 특기사항을 구체적으로 언급한다. 특히 외국어 능력이 뛰어나거나 리더십이 강하다거나 또는 업무수행상 도움이 될 수 있는 특기사항은 자신의 체험과 함께 자세히 기술한다. 그러나 지나친 자찬은 오히려 역효과를 낼 수도 있으므로 적절히 내세우는 한편, 한두 가지 단점도 시인하면서 개선의 노력을 소개해 보는 것도 좋다.

⑥ 성장과정을 언급한다.

어렸을 때부터의 성장과정을 연대기적으로 기술한다. 가족사항이나 가풍을 반드시 기술하고 중·고·대학 등 학창시절의 특기할 만한 사항을 독특한 체험이나 에피소드를 섞어가며 기술한다. 인사담당자가 가장 궁금히 여기는 것은 최근의 모습이므로 가급적 대학생활을 많이 언급하는 것이 좋다. 특히 대학의 학과와 전공을 명기할 때는 동기와 결과를 솔직히 작성하도록 한다.

⑦ 입사지원 동기를 구체적으로 밝힌다.

이는 막연한 일반론을 펼치는 것보다 희망회사와 연관이 있는 내용들을 함께 기술하는 것이 좋다. 희망회사의 업종이나 특성 등에 자신의 전공 또는 희망을 연관시켜 지원동기를 구체적으로 밝혀준다. 이는 위해서는 평소 신문이나 사보 또는 기타 자료 등으로 해당기업에 대해 미리 연구해 두는 것이 좋다.

⑧ 장래의 희망과 포부를 밝힌다.

앞으로의 희망이나 각오를 말할 때는 '열심히', '최선을 다해'라는 막연한 표현보다는 일단 그 회사에 입사했다는 가정 아래 목표 성취와 자기 계발을 위해 어떠한 계획이나 각오를 갖고 일에 임할 것인가를 구체적으로 언급하는 것이 좋다.

⑨ 시간적 여유를 갖고 깨끗이 작성한다.

자기소개서는 충분한 시간을 두고 초고를 작성해 여러 번 수정·보완하는 과정을 거친 후 작성하는 것이 좋다. 맞춤법에 유의함은 물론이고 시험관도 모를 난해한 한자어의 사용은 가급적 삼가야 한다. 자기소개서는 결국 입사를 위한 자기 PR이므로 지나치게 겸손하고 소극적인 모습을 보여 동정심을 자아내려는 생각은 금물이다. 입사하고자 하는 강한 희망과 의지, 그리고 정성을 보여주는 것이 가장 중요하다.

⑩ 국문자기소개서 실례

다음의 자기소개서를 참고해 보자.


나의 좌우명 - '적극적인 사고를 가지고 뜨거운 열정으로 노력하자'

---

토마스 에디슨이 2천 번의 실패를 거듭하고 전구를 발명했을 때 실패라는 말보다는 "2천 번의 단계를 거쳐 전구를 발명했을 뿐이야"라고 말했다고 합니다. 저는 그 모습에서 느끼게 되었습니다. '아, 바로 그거야. 내가 배워야 할 모습이라구!'

진부령의 봄을 맞이하여 이젠 사회에 첫발을 내디더야 할 준비를 해야 하는데 매우 설레면서도 한편으론 두렵기도 합니다. '한번 선택한 직장은 평생 직장이고 제2의 가정'이기에 누구보다도 신중하게 직장과 직업을 선택하고 싶습니다.

저는 1972년 서울에서 2형제 중 첫째로 태어나 그리 넉넉지 않은 형편 가운데서도 늘 성실하게 사시는 부모님을 통해 그 성실함과 강한 책임감을 배울 수 있었고, 어른에 대한 공경과 예의바름으로 종종 칭찬을 들으며 지내 왔습니다.

대학시절 4년간은 저의 인생에서 가장 중요한 전환점으로 기존 삶의 틀을 벗어나 좀 더 자유로우며 미래를 생각해보고 폭넓은 인간관계와 함께 소양을 넓히는 좋은 시기였습니다.

평소에 내성적인 성격으로 혼자 고민하며 남에게 의지하기 싫어했던 저는 대학 동아리인 합창단을 통해 음악과 함께 어우러진 인간미와 폭넓은 인간관계를 가질 수 있었습니다. 대학을 졸업하며 아쉬웠던 것 중에 하나는 합창단의 악보부장으로서 방대한 분량의 많은 곡들을 데이터베이스화해 보고 싶었던 것이었습니다.

날로 변해가는 사회 속에서 도태되지 않고 오히려 더 부각되려면 그만큼의 노력과 각오가 있지 않으면 안 되기에 군복무중에도 시간나는 틈틈이 영어 및 컴퓨터 공부에 힘을 기울였습니다. 감각을 잃어버리지 않기 위해 영어는 문법보다는 독해와 영문소설이나 생활영어를 통한 듣기에 중점을 두고 학습해 왔으며, 특히 컴퓨터는 MS-DOS 운영체계를 벗어나 '윈도우 95' 상에서의 자체 프로그램 활용과 그 운영체계를 바탕으로 정보화 사회의 핵심인 인터넷 이용능력에 주안을 두고 공부를 하고 있습니다.

물론 해야 될 일들과 많은 정보량에 비하면 아주 미약하긴 하지만 기초를 튼튼하게 하는 것이 차후에 높은 건물을 지을 수 있고 부실공사를 막을 수 있을 것이라 생각합니다.

저는 정보산업 분야에 일익을 담당하는 전문적인 통신 파트의 일원이 되고 싶습니다. 많이 부족하다는 것을 알고 있기에 현실에 안주하지 않고 좌우명을 되새기며 흐르는 물처럼 부단히 노력할 것입니다. 그 과정을 통해 국제화 감각을 키우고 컴퓨터에 몰입하여 노력과 성실을 겸비한 '실력있는 사람'이 되는 것과 더불어 '편안한 사람', '믿음직스러워 같이 일하고 싶은 사람'으로 인정받고 싶습니다.

지금은 두렵고 떨리는 마음으로 조심스레 모습을 드러내게 될 사회 초년생에 불과하지만 강한 패기와 쉽게 포기하지 않는 끈기를 가진 제가 여러분의 사람으로 자리매김을 할 수 있다면 놀라울 정도로 성숙된 모습을 보여드릴 것을 약속드립니다.

2000년 ○월 ○일
홍 길 동

## 2. 적성검사

### (1) 적성검사란?

적성검사(Aptitude Test)는 이미 일본과 미국 등에서 실시되었고, 우리 나라에서도 최근 들어 각 개개인의 특성을 바탕으로 학문연구와 각종 직업선택에 도움을 얻기 위한 도구로 활용되고 있다.

일반적으로 적성검사라 부르고 있는 검사를 크게 나누면 다음 4가지로 분류한다. 첫째, 지적인 능력을 측정하는 검사이다. 이것에는 지능검사 뿐만이 아니라 국어나 수학 등의 학력을 측정하는 학력검사도 포함되어 있다. 둘째, 개인의 행동유형과 정서적 상태 등을 측정하는 성격검사가 있다. 성격을 측정하는 대표적인 방법들은 질문지법, 투사법, 작업검사법의 3가지로 구분된다. 셋째, 직업 적성검사이다. 이것에는 사무계통, 기술계통 등으로 불리는 직업 군별에 따른 것과 단일 직업검사로 불려지는 것이 있다. 예를 들면 키펀치, 속기사, 타이피스트 등이 이에 속한다. 넷째, 개인의 흥미방향에 따라 어느 직업이 적합한가를 판단하려는 흥미검사가 있다. 이것은 여러 영역의 흥미정도에 따라 적성의 정도를 검사하는 것이다.

또한 적성검사는 진학적성검사, 직업적성검사, 예술(음악/미술)적성검사, 레디니스테스트(Readiness Test:준비도검사) 등으로 크게 나눌 수 있다. 직업적성검사는 다시 특수직업적성검사와 일반직업적성검사로 세분할 수 있다. 일반직업적성검사는 기초직무능력검사(능력적 측면)와 인성검사(성격적 측면)으로 나눌 수 있다. 기초직무(지식)능력검사는 SK, LG 등 대기업에서 신입사원을 채용할 때 쓰는 방식으로 기초직무적성검사, 기초직무능력검사, 종합적성검사, 직무능력평가, 기초직무지식평가 등으로 불린다.

### (2) 적성검사의 목적과 내용

기업에서 인사관리의 주목적은 각 직무에 있어서의 일의 내용, 책임, 권한, 자격조건 등을 분석, 조직에서의 그 상대적 중요성을 평가하여 각 기업 조직의 직무내용을 설계하고 소요인원을 산정하는 것이다. 기업에서 이러한 목적을 달성하기 위한 한 수단으로써 여러 가지 적성검사가 활용되어 왔는데, 일반 기초능력검사, 성격검사, 직업흥미검사, 감각동작능력검사 등이 있다. 종래에는 소수의 유능한 사람을 많은 사람들 중에서 선발할 때

적성문제가 다루어져 왔으나 차츰 특정 소수의 부적격자만을 제거하는 방향으로 전환되어 가고 있다. 특히 사무자동화와 공장자동화 등의 영향으로 감각, 동작능력의 중요도는 감소되고 있는 추세이다. 그러나 이와는 반대로 직무의 난이도에 적합한 적성배치라는 차원과 조직의 생산성이 조직구성원의 팀워크에 의해 달성된다는 점 때문에 기초능력검사와 성격검사의 중요성은 오히려 더 증가되고 있다. 각 검사들을 구성하고 있는 하위검사항목들 중 기업에서 어느 항목을 중시하느냐의 여부는 각 기업의 기업문화와 직무 내용에 따라 매우 상이하다. 그러나 가장 공통적인 강조항목은 정신건강(Mental Health)의 정도를 파악하는 검사항목일 것이다. 그 이유는 다음과 같다.

첫째, 조직의 생산성은 주로 조직구성원의 팀워크에 의해 이루어질 수 있는데, 직무 스트레스, 생활 스트레스 등 사소한 외부자극에 대한 내구력이 약한 사람이 조직 내에 있어 신경질을 자주 부리고, 정도가 심해 조직의 팀워크를 깨뜨리면 결과적으로 그 조직의 업무협조가 원활하게 이루어지지 않아 생산성이 저하되는 결과를 낳을 수 있기 때문이다.

둘째, 직무수행 중 야기될 수 있는 안전사고, 금전사고 등 각종 사고의 발생확률도 정신건강이 양호하지 못한 사람이 양호한 사람보다 높다는 사실 때문이다. 왜냐하면 정서가 안정되지 못하고 감정 통제력이 약한 사람들은 자기통제력이 약하여 순간적인 잘못이나 오판 가능성이 높기 때문이다.

셋째, 요즈음 기업에서 신경을 곤두세우고 있는 불건전한 노동운동 차원에서도 만약 어떤 불순한 이념의 소유자가 노동조합에 침투하여 조합원들을 선동할 경우, 충동성이 강하거나 자기 통제력이 약한 사람들은 그 선동내용의 합리성 여부를 숙고하지도 않고 쉽게 동조하여 조직의 생산성을 떨어뜨리기 때문이다.

또다른 강조사항은 의욕 정도 혹은 적극성 정도이다. 다소 업무의 특성에 따라 차이는 있을지언정 각 개인의 측면에서 볼 때는 생활에 대한 의욕이 충만해야 되고, 기업체의 측면에서 볼 때는 업무에 대한 근무 의욕이 왕성해야 함은 강조할 필요가 없을 것이다. 의욕이 높지 못하면 생산성이 저하되고, 그로 인해 조직은 존재가치를 상실하게 되기 때문에 많은 기업들이 각 개인의 의욕, 적극성, 도전성, 패기 등을 강조하게 된다. 그밖에 기업이 요구하는 인물상으로는 투철한 책임감, 협조성, 창조성, 인내력 등이

있는 사람으로 알려져 있다. 많은 직업분야에서 자신이 담당할 직업을 성
공적으로 수행하기 위하여 개개인의 특성과 각종 직업이 요구하는 특질을
서로 대비하여 그 적응성을 판단 측정하는 것이다.

　적성검사는 언어, 수리, 기억, 창의, 수공, 지각 등 여러 각도에서 분석된
다. 수검자의 잠재적인 능력에 따라 일부 항목에서는 우수한 점수가 나오
고 또 일부 항목에서는 저조한 점수가 나온다.

　① 언어능력

　그때그때의 상황에 맞게 단어를 사용하고 문장의 뜻을 빨리 이해하는
능력. 신문, 방송, 홍보, 문학, 어학, 법조계에서 일하는 사람들에게 절대적
으로 필요한 능력.

　② 수리력

　숫자를 정확하고 빠르게 셈하는 능력. 대부분의 직업에 필요한 기초적
능력이지만, 특히 수리/회계/통계분야에서 중요한 적성이다.

　③ 기억력

　암기력, 숫자를 복잡하게 부르거나 여러 가지 줄거리를 얘기하더라도
잘 기억해내는 능력. 이 능력은 모든 학문과 직업에 기본적으로 필요로 하
는 능력이다.

　④ 창의력

　새로운 것을 만들어내는 능력이다. 주로 문화분야에 관련된 학문이나
직종에서 요구되는 능력으로 소설가나 만화가, 디자이너에게 필수적인 요
소다.

　⑤ 공간지각능력

　물체를 90도, 180도 회전하거나 분해했을 때의 변화된 형태를 상상하
는 능력. 이 능력은 기계 설계나 건축분야에서 요구되는 것으로 입체적인
지각 능력을 말한다.

　⑥ 추리력

　자연적인 변화를 보고 그 기본 원리를 추구하거나 반대로 그 원리를 보
고 향후 전개 방향을 추정하는 능력이다. 이 능력은 자연과학, 사회과학 등
의 분야에서 필요로 하는 적성이다.

　⑦ 척도 이해력

　그래프나 차트, 지도 등과 관련된 지리적인 학문이나 업무를 수행할 때

필수적인 능력. 그래프에 나와 있는 곡선의 의미나 지도에 나와 있는 등고선 등을 빠르게 이해하고 정확하게 읽는 능력.

⑧ 수공능력

손동작과 관련된 능력. 시계수리공이나 인쇄공, 전자공, 세공과 같은 직종에서 요구되는 것으로 운동체에 신속히 반응하는 능력과 함께 분석력, 정밀력이 포함되어 있다.

## (2) 성격적성검사에서 주의할 점

문제가 혼란스러워도 전문제에 답을 해야 하는 것을 명심해야 한다. 기초능력검사는 무리하게 전문제를 답하지 않아도 되지만, 성격적성검사는 그 반대이다. 설문에 있는 모든 문제에 답을 해야만 한다. 'New SPI'는 4지선다형 방식이기 때문에 선택을 하기가 비교적 쉬운 편이지만, 2지선택식의 SPI는 자신에 관한 평가라 할지라도 스스로가 어느 쪽에 해당되는 지를 잘 모르는 설문도 많다. 그렇다 하더라도 무답률을 최대한 방지하기 위해 반드시 어느 한쪽을 선택해 답해야 한다.

'무답률'은 응시자의 응답태도로도 평가된다. 무답률이 높은 경우, 결단력이 없고 우유부단한 사람으로 평가되어 마이너스 효과를 초래하기도 한다. 또 회답하지 않은 항목이 1/10 정도가 될 경우는 진단 자체의 유효성이 사라지게 된다. 다행히 성격적정검사에는 제한시간이 없기 때문에 충분히 생각해 하고 자신이 어느 쪽에 해당되는지를 판단해서 문제에 답해야 한다.

자신을 잘 보여주기 위한 거짓 대답은 역효과를 불러일으킬 수도 있다는 것을 주의해야 한다. 이 검사결과가 자신의 채용을 좌우한다고 생각하면 아무래도 좋다고 판단되는 답을 선택하는 것이 이로울 것이라고 생각할 수도 있다. 그러나 이렇게 생각해서 거짓으로 회답을 하게 되면 평가자체에 신중성이 결여되게 된다. 성격적성검사 500문제에는 거짓으로 대답하는 것이 불가능하게 만드는 '자신을 잘 보여주기 위한 경향＝허구성척도를 측정하기 위한 설문'이 숨어 있다.

만약 '이제까지 거짓말을 한 적이 없다', '화낸 적은 없는가', '남을 헐뜯거나 쓸데없는 말을 한 적은 없다'라는 설문이 있다면 어떻게 답할 것인가? 누구라도 몇 번은 거짓말을 한 적이 있고, 화를 낸 적도 있을 것이고, 누군가를 헐뜯거나 핀잔을 주고 쓸데없는 소리를 한 적은 경험은 가지고

있을 것이다. 허구성을 체크하는 설문은 상식적으로 생각해 보면 모두 '아
니오'가 되겠지만, 잘 보이려고 하는 사람은 결국 '예'라고 답해버려 허구
적 척도의 득점이 높아지게 된다.

좋은 인상을 심어주어야겠다고 생각하는 것은 지극히 자연스러운 것이
다. 그렇기 때문에 다소 거짓 대답을 했어도 마이너스는 안 된다. 그러나
허구적 척도 부분이 극단적으로 점수가 높을 경우, 응답태도에 자신을 잘
보이려는 경향이 지나치게 많다거나 검사항목 전체에 본인의 성격 특성이
반영되지 않는 것으로 판단이 되어, 잘 보이려고 하는 경향이 최악의 결과
를 초래하게 된다. 또 스트레스를 잘 견디지 못하는 인물(스트레스를 받고
있는 것이 과도하기 때문에 회답방법을 잘못 알고 있는 사람), 특이한 견
해, 생각하는 방식이 독특하다는 특징을 갖고 있는 것으로 판단되기도 한
다.

500문항 중에는 표현은 달라도 똑같은 항목을 체크하는 설문이 곳곳에
분산되어 놓여 있기 때문에 시종일관 일치하지 않는 거짓 답을 하는 경우
는 제대로 된 평가가 나올 수 없다. A, B의 선택형 중 각각 장단점의 양면
이 있고, 어느 쪽을 선택하는 것이 꼭 좋고 올바른 것은 아니다. 기업에서
는 참신한 발상을 할 수 있는 사람을 선호하며, 착실히 직무를 수행할 수
있는 능력을 가진 사람도 선호한다. 리더십을 십분 발휘하는 사람만이 있
어서는 직장이 제대로 돌아갈 수가 없게 된다. 따라서 리더를 보조하는 사
람도 필요한 것이다. 하고자 하는 의욕과 활동성을 중시하기는 하지만 여
러 타입의 인재를 기업은 원한다. '이런 인물이 좋게 평가받는 인물이다'라
고 미리 결정하고 자신을 그 인재상에 맞추어 갈 것이 아니라, 소신 있게
대답하고 면접에서 자신의 장점을 최대한 보여주는 것이 가장 효과적인
대책이라고 말할 수 있다.

## 3. 면접

### (1) 면접 진행절차

면접 진행과정은 대기 → 면접장 입실 → 질의응답 → 퇴장의 순서로
이어진다. 그러나 전반적으로 무리 없이 면접에 임하기 위해서는 하루 전
부터 준비가 필요하다. 특히 면접 당일의 지각은 치명적인 결과를 가져올
수 있다. 회사에 도착해서부터 면접을 마치고 회사문을 나서기까지 전과정

을 한번쯤 마음 속으로 리허설해 볼 필요가 있다. 면접 진행과정은 다음과
같으므로 머리 속으로 그림을 그리며 자신의 행동을 설계해 보자.

### ① 면접 하루 전

면접장 위치를 모를 경우 사전에 교통편이나 소요시간을 파악해 둔다.
한번쯤 미리 가보는 것도 좋다. '위치는 대충 아니까, 근처에 가서 물어보
면 되겠지'라는 생각은 자칫 지각으로 연결될 수도 있다. 최종적으로 지원
기업 정보를 읽어둔다. 제출한 입사지원서 카피본도 다시 한 번 읽는다. 또
내일의 면접에 대비해서 정장, 셔츠, 넥타이, 양말 등 복장과 준비물을 한
자리에 준비해 둔다. 구두는 사전에 깨끗이 닦아두고 평소보다 조금 일찍
잠자리에 든다.

### ② 면접일 아침

가볍게 아침식사를 한다. TV뉴스나 조간신문을 통해 이슈가 되는 내용
이 있는지 살펴보고 필요한 내용은 기억해 둔다. 기업과 관련된 기사나 경
제, 정치면의 기사는 유심히 봐둔다. 세수을 하고 전날 준비해 둔 복장을
챙긴다. 전신 거울을 통해 최종 점검을 하고 예정시간보다 30분쯤 일찍 도
착할 수 있도록 여유를 두고 출발한다.

### ③ 회사 도착

회사에 도착하면 지정된 대기실로 간다. 회사측에서 출석현황 파악시
본인의 이름을 반드시 확인한다. 작성할 것이 주어지면 깨끗이 정성들여
작성하고, 그렇지 않을 경우 준비된 회사소개 자료를 보거나 면접 답변을
상기시켜 본다. 면접에 들어가기 전에 화장실에 다녀오거나 최종 복장상태
를 점검한다. 대기중에도 면접장에 앉아 있는 것과 마찬가지로 몸가짐을
흐트러뜨리지 않는다. 여성 면접자의 경우 대기실에서 화장을 고치는 일이
없도록 한다. 필요하면 조용히 화장실을 이용하도록 한다. 비스듬히 기대
거나, 다리를 꼬고 앉거나, 옆 사람과 소리 높여 잡담하는 등 불필요한 행
동은 삼가도록 한다.

### ④ 호명

회사측 진행자가 호명을 하면 '예'하고 정확히 답변을 한다. 동작을 빨
리 해서 지정된 문 앞으로가 노크한다. 안에서 '들어오세요'라는 소리가
있으면 조용히 문을 열고 들어간다. 특별히 '들어오세요'라는 말이 없을
수도 있으므로 1~2초 여유를 두고 들어가면 된다.

⑤ 입실

면접실에 들어가면 조용하고 확실하게 문을 닫고 정면에 앉은 면접관을 향해 30도 정도의 각도로 허리를 굽혀 정중하게 인사한다. 인사 후 선 상태로 '○○번 ○○○입니다'라고 수험번호와 이름을 말한다. 면접관의 앉으라는 지시가 있으면 조용히 의자를 당겨 앉는다. 상체를 펴고 두 손을 무릎에 가지런히 얹고 면접관을 주시한다. 남성의 경우 무릎을 어깨 넓이 만큼만 벌려 앉고, 여성의 경우 양 무릎과 정강이를 붙인 상태로 다소곳이 앉는다.

⑥ 질의응답

면접관의 질문이 시작되면 침착하게 청취한다. 무엇에 대해 묻고 있는 지를 잘 파악하고 잠깐 동안 머리 속으로 정리한 뒤 답변한다. 목소리 톤은 면접관이 활기차다고 느낄 수 있을 정도면 적당하다. 여성 면접자의 경우 특히 목소리 톤에 신경 써야 한다. 질문내용에 대해 이해가 잘 되지 않을 때는 한참 동안 머뭇거리거나 머리를 긁적이는 등의 행동을 하지 말고, '죄송합니다, 다시 한 번 말씀해 주십시오'라든지 '죄송합니다만 질문내용을 제대로 이해하지 못했습니다'라고 솔직히 말한다. 다시 질문을 하면 그에 맞춰 성실히 답한다. 음성은 정확히 알아들을 수 있도록 또박또박 말하고, 결론을 먼저 내린 다음 세부내용을 설명한다. 장황한 답변은 피하고, 답변 중간에 '에', '저', '그러니까' 등 필요 없는 용어가 나오지 않도록 주의한다. 질문내용을 잘 모를 때에는 잠깐 생각하는 듯하다 '잘 모르겠습니다'라고 솔직히 말한다.

⑦ 퇴장

면접관이 '이상 됐습니다', '수고하셨습니다' 등의 말로 면접이 끝났음을 알리면 자리에서 조용히 일어나 '감사합니다'라고 인사하고 나온다. 입 장시와 마찬가지로 조용히 문을 열고, 밝은 표정으로 퇴장한다. 면접장을 나온 이후에도 행동이나 말을 조심하고, 소란스럽게 타면접자와 대화하는 일이 없도록 한다.

## (2) 면접시 주로 오가는 질문

① 학력, 전공 등에 대한 질문

물론 이력서나 자기소개서에 나와 있지만 언제나 물어보는 질문 중 하나이다. 여기서는 이력서에 기재되지 않은 심층적인 내용이나 직무 연관

정도 등을 중심으로 물어본다. 가능하면 모집분야와 관련된 부분을 집중적으로 부각시키는 것이 필요하다. 단, 잘 모르는 것을 과장되게 이야기한다면 감점 요인이 될 수 있다는 점을 명심하기 바란다.

② 지원동기

이 질문 역시 가장 자주 등장하는 단골 질문이다. 물론 회사의 직무와 자신의 능력을 연관시켜 논리적으로 이야기하는 것이 필요하다. 특히 왜 이 회사를 선택했는지를 객관적이고 타당한 설명이 필요하다.

③ 성격과 장단점

자신의 장단점에 대한 질문도 언제나 빠지지 않는 질문이다. 여기서는 너무 장황하지 않고 간결하면서도 설득력 있게 자신의 장점을 이야기하는 기술이 필요하다. 단점의 경우 솔직하게 이야기하고 그러한 단점을 고치기 위한 노력을 설득력 있게 이야기하는 것도 좋은 방법이다.

④ 직업관

면접에서는 일반적으로 업무에 임하는 자세와 미래의 포부 등을 물어보는 경우가 상당히 많이 있다. 명확하고 구체적인 목표의 설정과 의욕을 표시하는 것이 필요하다.

⑤ 직무관련 지식

가장 중요한 질문 중 하나이다. 특히 경력사원의 경우 이 질문이 전체 질문의 90% 이상을 차지할 수 있다. 해당 업무에 대해 간결하고 명확하게 답변하며, 합리적인 근거(실적 등)가 있다면 금상첨화다.

⑥ 이직사유

경력 사원의 경우 언제나 나오는 질문 중 하나이다. 이 경우 전회사에 대한 험담을 주로 한다면 별로 좋은 인상을 받을 수 없다. 그보다는 '새로운 도전을 위해서', '이 회사에서 자신의 능력을 좀더 잘 발휘할 수 있어서' 등의 미래 지향적인 대답이 더욱 높은 점수를 받을 수 있다.

⑦ 급여 및 대우

이 질문에 대한 대답이 가장 어려운 부분일 것이다. 경력자의 경우에는 먼저 어느 정도 수준인지를 물어보는 것도 방법 중 하나이다. 사전에 언질이 없는 상태에서 너무 높거나 낮은 급여를 요구하는 것은 상당히 위험한 답변이 될 수 있다. 응시하기 전에 충분한 정보의 획득이 필요하다. 단, 신입사원 경우에는 회사의 기준급여에 따르겠다는 응답이 적절할 수 있다. 하지만 어떤 경우든 조정의 여지는 남겨놓는 자세가 필요하다.

### (3) 면접시 피해야 할 주의사항

① 지각만큼은 하지 말아야 한다.

지각이 가져오는 결과는 두 가지이다. 첫째로 기업 관계자로부터 신뢰성과 준비성이 없는 사람으로 낙인 찍힌다. 둘째로, 심리적으로 불안정한 상태가 됨으로 해서 면접에 임했을 때 제대로 답변하지 못하는 결과를 초래한다.

② 같은 대기자들과 농담을 삼가라.

인사와 함께 가벼운 대화는 괜찮지만, 일부 면접자 중에는 큰 소리로 떠들거나 회사정보에 대해 많은 것을 알고 있는 듯 떠벌리는 사람이 있다. 눈치를 받을 만한 일이다.

③ 습관에 주의하자.

무의식적으로 손이나 발을 계속 흔드는 사람이 있다. 면접 중에는 면접관의 눈에 사소한 것 하나도 다 포착된다. 많은 면접자들이 자신도 모르는 사이 손가락을 계속적으로 꼼지락대거나 발을 흔드는 경우를 본다. 이러한 행동은 정숙한 분위기라서 더욱 신경이 쓰인다. 주의하여야 하겠다.

④ 지나친 화장은 하지 말아야 한다.

면접 당일만큼이라도 너무 칼라풀한 메이크업은 삼간다. 향수도 마찬가지이다. 면접장을 진동시킬 정도의 향은 오히려 향수로서의 기능을 다하지 못한다.

⑤ 당일날 회사에서 제시하는 기재서류에도 성의를 다하도록 한다.

면접자가 이미 제출한 입사서류 외에도 면접 당일 회사에서 다른 양식을 제시하는 경우가 있다. '이미 한번 제출했으니까, 이건 대충 써도 되겠지' 라는 마음으로 성의 없이 작성하다간 부정적인 결과를 초래할 수도 있다. 당일날 기재한 서류가 면접관 책상에 올려질 수도 있다. 몇 번을 작성하게 하더라도 뭐든 기재하는 것에 대해서는 항상 최선을 다하도록 한다.

⑥ 복장에 대한 마지막 점검을 꼭 하라.

양복 깃을 세우고 면접장에 들어서거나 넥타이 라인이 한쪽으로 기울어 있는 경우, 소매나 바지 단이 접혀 올라간 경우 등 다양한 모습을 보이는 면접자들이 있다. 면접에 있어서 최종 종합점수는 작은 평가항목들의 합산점수임을 잊지 않아야 하겠다.

⑦ 면접 답변시 앵무새가 되지 말아라.

집단면접시나 집단토의시 일부 면접자 중에는 '저도 같은 의견입니다', '뭐 별다르게 말할게 없이 ○○○씨와 같은 생각입니다'라는 답변만 반복하는 사람이 있다. 결론은 같을 수도 있겠지만 전개과정이나 이유까지 꼭 같을 수는 없다. 이런 면접자는 우유부단한 성격에 판단력, 설득력, 논리력까지 부족한 사람으로 낙인받기 쉽다.

⑧ 회사를 나와 일정 범위를 벗어나기까지 말과 행동을 조심하라.

면접장을 벗어나는 순간은 해방감이 몰려온다. 긴장이 풀리기 때문이다. 면접자 중에는 면접장을 벗어나는 순간 양복을 벗어 제끼고 면접장에서 진행된 내용에 대해 미주알 고주알 떠벌리는 사람들이 있다. 분명한 것은 면접장 밖도 회사 내라는 점을 망각해서는 안 된다. 또한 회사 밖을 나서더라도 단정한 모습을 유지하는 것이 좋다. 회사에 근무하는 그 어떤 사람과 마주칠지도 모르기 때문이다. 회사 정문을 나서기까지 마주치는 직원들에게는 가볍게 목례를 하고 밝은 표정을 지어보이는 것이 좋다.

## (4) 면접시 자기소개하는 1분 스피치

흔히 '1분 스피치' 등의 명칭으로 불리는 자기소개는 자기소개서 등 지원서류에 나타나지 않은 응시자의 일면을 파악하는 동시에 프리젠테이션 능력도 함께 평가할 수 있다는 점으로 인해 거의 모든 면접현장에서 실시되고 있다. 이 때 자기소개를 하는 응시자들이 가장 유념해야 할 점은 단순한 '소개'에 그쳐서는 안 된다는 것이다. 주어진 자기소개 시간을 효과적인 '자기 PR'의 기회로 활용할 수 있어야만 면접에서 좋은 결과를 얻을 수 있다.

일반적으로 자기소개에 포함되는 내용은 가족상황과 대학생활, 성격상의 장·단점 및 지원 동기, 미래의 계획 등이다. 이 때 필요한 것은 시간 안배로 각각의 내용에 똑같은 시간을 할애할 필요는 없다. 부각시키고 싶은 내용이 좀더 많은 부분을 차지하도록 나름대로 우선순위를 정해두는 것이 좋다. 또 이 순위에 따라 순서를 배치하는 편이 연대기순으로 늘어놓는 것보다는 효과적이다.

특히 성격상 장·단점을 얘기할 때는 어설프게 명랑함·적극성·진취성 등을 장점으로 내세우는 것보다 자신의 단점을 장점으로 반전시킬 수 있는 지혜가 필요하다. 예를 들어 흔히 단점으로 비치는 소극적 성격을 가진 사람이 "자신은 적극적인 것이 장점이며 소극적 성격은 단점"이라고 말하는 것은 금물이다. "소극적인 점이 단점으로 비칠 수 있지만, 오히려 신중하고 진지하다는 면에서는 그렇게 볼 수 없다"는 식의 표현을 통해 전화위복의 계기로 삼는 것이 좋다. 그리고 특정 분야를 지망하지만 해당 분야와 관련된 특별한 경험이나 지식, 자격 등이 없는 경우 일에 거는 '의욕'을 강조할 필요가 있다.

하지만 이 때 필수요소는 그 근거가 명확해야 한다는 점이다. 단순히 멋진 일에 대한 동경으로 보이지 않도록 지원 동기와 자신의 미래상에 연관지어 '왜 이 일에 대한 의욕이 있는가'를 설명해야 한다. 단 지원 동기와 미래 계획은 실례를 들어가며 구체적으로 표현할수록 설득력을 가질 수 있다.

이밖에 자신이 지원한 업계 동향 등을 말할 때 전반적 현황을 늘어놓거나 평론가적 해설을 되풀이하는 것은 삼가는 편이 좋다. 많은 응시자들 가운데 두각을 나타낼 수 있는 가장 좋은 방법은 현재 회자되고 있는 업계 동향에 대한 문제점을 들고 일반적 의견에 반대 의견을 제기하는 것이다. 꼭 맞는 말이 아니라 하더라도 흐름이 논리적이기만 하다면 좋은점수를 얻을 수 있으므로, 실수를 해도 좋다는 각오로 지식보다는 의견을 마음껏 피력하는 쪽이 자신의 인상을 강하게 남길 수 있다.

자기 PR은 면접시험에 있어서 가장 중요한 포인트의 하나이다. 작성방법은 여러 가지가 있으나 여기에서는 작성하기 쉬운 방법을 소개한다. 앞에서 조목별로 자신의 PR 포인트를 정리하고, 전체구성 분량을 참고로 하면서 생각해 보자. 자기 PR은 모두 자신의 체험담을 바탕으로 작성하는 것이 면접관에게 어필하는 중요한 점이라는 것을 기억하자.

〈〈전체구성〉〉
자신의 신조, 가장 자랑할 수 있는 일 -------------- 전체의 약 30%
학교 생활에서 무엇을 했고, 무엇을 배웠는가 --------- 전체의 약 50%
장래의 전망, 사회인이 되기 위한 마음자세 ---------- 전체의 약 20%

(5) 실제 면접 사례
① 1분 동안 자기소개를 해보십시오.
- 경남 통영이 고향인 저는 어릴 적부터 꿈이 경영인이 되는 것이었습니다. 물론 그땐 큰 의미를 두고 한 말은 아니었습니다. 어쨌든 대학 전공

은 경영학을 선택했습니다. 취미나 특기가 있다면 남들이 안 가본 곳 가보기 및 야간산행입니다. 처음 만나는 사람들과 팀을 이뤄 등반하는 동안 다양한 이야기를 나눌 수 있어 좋고, 정상에 올라서는 성취감과 호연지기를 느낄 수 있어 좋습니다(중략).

☞ 자기소개는 출생에서 성장과정, 성격, 교우관계, 취미, 특기 등을 통해 자신을 표현하는 것이다. 상대방이 이해하기 쉽도록 구체적으로 설명한다. 결코 지루하지 않은 화법을 전개하여 자신에 대해 관심을 갖도록 유도해야 할 것이다. 주로 30초, 1분, 2분 등의 제한된 시간을 주고 소개받는 케이스가 많아지고 있다.

② 가족관계가 어떻게 됩니까?

- 부모님은 두 분 다 생존해 계십니다. 아버지는 작년에 중소기업진흥공단에서 정년퇴임하셨습니다. 제 위로 누나가 있고 아래로 2명의 남동생이 있습니다. 누나는 출가했고, 제 바로 밑 남동생은 현재 OO대학 3학년에 재학중이며, 막내동생은 고등학교 3학년으로 입시준비에 여념이 없습니다.

☞ 가족관계는 수험자의 가정환경과 성장배경을 통해서 가문이나 정서 등을 알고자 함이다. 그러므로 대답할 때에는 가족구성원수, 근무처, 동거현황 등을 정확하게 설명한 후 가족의 특징에 대해 이야기하는 것이 효과적이다.

③ 자신 성격의 장 / 단점을 말해 보십시오.

- 양방향적 성격으로 맺고 끊음이 분명합니다. 그래서 '줄자'라는 별명을 가지고 있기도 하지만, 사람사귐을 좋아해서 정감 있다는 말도 많이 듣습니다. 정해진 목표는 꼭 이루고 마는 적극적인 성격도 있고, 주변 어려운 사람들을 보면 그냥 지나치지 못하는 정적인 면도 강합니다.

☞ 자신의 사고방식, 행동방식, 흥미 등을 통해 자기 성격의 장 / 단점을 정확하게 파악하는 것이 중요하다. 이 질문에는 자신이 희망하는 직업이나 직무와의 관계를 고려하여 자신의 장점과 단점을 솔직하게 인정함으로써 장점은 키우고 단점은 개선할 것이라는 노력을 보여주는 것이 중요하다.

④ 가훈이 있다면 무엇입니까?

- '정의롭게 살자, 남을 생각하며 살자'입니다. 요즘처럼 개인주의, 이기주의가 만연한 시대에 살면서도 저희 가훈을 생각하면 한번씩 제 생활태도를 되돌아보고 반성하게 됩니다. 저희 부친께서는 꼭 하루에 한번씩 가

훈을 상기하라고 말씀하십니다.

☞ 가훈은 가족의 행동양식이자 정신적 규범이다. 가훈의 유무와 어떤 가훈을 가지고 있는지에 따라 가정환경이나 분위기를 엿볼 수도 있다. 또한 가훈을 지키기 위해 어떻게 생활하고 있는지까지 이야기할 수 있다면 좋은 답이 될 수 있다.

⑤ 우리 회사를 지망한 이유는 무엇입니까?

- 국제시장을 무대로 비즈니스를 한다는 것은 어린시절부터의 제 꿈이었습니다. 특히 부존자원 하나 없는 우리나라에서 국제경쟁력을 가지기 위해서는 무엇보다 수출/수입에 거는 기대가 크다고 생각합니다. 귀사의 역사와 전략적 해외진출 역량은 대학 1학년 때부터 지켜봐 왔고, 동경의 대상이었습니다.

☞ 목적과 동기가 명확하지 않은 지원자는 계획과 준비와 이상이 없는 사람과 똑같으므로 기업에서도 원치 않는다. 기업 뿐만 아니라 부서 지원 목적까지 뚜렷이 밝힐 수 있도록 준비할 필요가 있다.

⑥ 직장은 어떤 면을 보고 선택합니까?

- '인재제일'이라는 귀사의 슬로건은 많은 것을 생각하게 합니다. 특히 사원을 아끼고 자질을 최대한 키워주고자 하는 의지는 직원 개개인이 더욱 애사심을 발휘할 수 있는 원동력이 된다고 생각합니다. 자연히 직원과 회사가 함께 성장하는 문화가 다져지리라 판단됩니다. 저 역시 그 속에서 동반 성장할 수 있는 기회를 가지고 싶습니다.

☞ 대다수 지원자들은 기업의 인지도나 경제적 급부를 보고 기업을 선택한다. 아무래도 주변의 시선을 많이 의식하는 탓인 듯하다. 그렇다 하더라도 면접시 답변까지 급여나 지명도 때문이라는 인상을 주면 좋은 점수를 얻기 힘들다. 장래 비전이나 본인의 이상에 결부시켜 답하는 것이 현명하다.

⑦ OOO씨가 생각하는 우리 회사의 이미지는 어떻습니까?

- 사회와 지역발전을 위해 기업이윤 중 일정 부분을 할애하는 것을 보고 큰 호감을 가지게 되었습니다. '정직한 기업', '봉사하는 기업'이란 이미지가 확산되어 있는 것 같습니다.

☞ 부정적인 면보다는 긍정적인 면을 강조해서 이야기하는 것이 좋다. 단지 호감이 간다기보다 어떤 연유로 호감을 가지게 되었는지 몇 가지 구체적 사례를 통해 이야기하는 것이 좋다.

⑧ 우리 회사의 채용정보는 어떻게 아셨습니까?

- 계속적으로 귀사에 대한 정보를 스크랩해 왔습니다. 올해 초 전화문의를 했을 때 하반기 10월 중순쯤 채용계획이 있다는 말을 듣고 각종 매체를 유심히 지켜보았습니다. 그러던 중 귀사의 홈페이지에 올라온 채용정보를 보게 되었습니다.

☞ 대부분의 응시자들은 신문의 구인광고나 구직알선업체의 채용정보를 통해 입사지원을 하게 된다. 이 질문은 단순히 정보입수의 경로를 묻는 데 그치는 것이 아니라 입사지원을 하기 전에 지원회사에 대해 관심은 얼마나 갖고 있는지 알아보고자 함이다.

⑨ 대기업도 많은데 우리 회사 같은 중소기업을 선택한 이유는?

- 처음부터 저는 중소업체를 지망하고자 했습니다. 미약하지만 제 노력의 결과를 가시적으로 확인할 수 있는 업체에서 최선을 다해보고 싶습니다. 그러기에는 대기업보다 중소기업이 낫고, 스스로 기획하고 발로 뛸 수 있는 그런 환경 속에서 일하고자 합니다.

☞ 중소기업의 매력적인 부분을 부각시켜 답하는 것이 좋다. 노력한만큼 결과를 쉽게 확인할 수 있다거나, 의사결정이 바르고 다방면의 경험이 가능하다거나, 혹은 중소기업이 국가기반 산업의 근간이 되는 대만의 예를 들어 답변해도 좋다.

⑩ 우리 회사에 대해 아는 대로 말해 보십시오.

- 지난해부터 올해까지 2년 연속 '수출대상'을 받은 것으로 알고 있습니다. 최근 경제신문을 통해 귀사의 중남미 진출 기사를 읽었고, 특히 브라질에서의 반응이 좋은 것으로 알고 있습니다.

☞ 실제로 지원기업에 대한 정보는 틈틈이 준비해야 한다. 만약 사전에 스크랩해둔 자료가 없다면 면접 며칠 전이라도 인터넷을 통해 기업이념, 주력제품, 해외진출 현황, 최근 기업동향 위주로 확인해둘 필요가 있다.

⑪ 초임은 어느 정도를 생각하십니까?

- 적정한 기준에 따른 회사의 보수규정이 있을 줄 압니다. 일단 돈보다는 제게 주어진 업무를 먼저 생각하고 싶습니다. 굳이 희망한다면 초임은 80~90만원 정도면 만족하게 여기겠습니다.

☞ 임금은 근무조건 중에서 가장 민감한 사안이다. 무조건 회사의 방침에 따르겠다기보다는 사전 조사된 자료를 토대로 희망급여를 밝히는 것이 좋다. 정확히 얼마를 희망한다고 하기보다는 범위를 정해 융통성 있게 답

하는 것이 중요하다.

⑫ 우리 회사에서 언제까지 근무하실 생각입니까?

- 제 역량의 한계에 다다를 때까지 귀사와 함께 하고 싶습니다. 직업전
문화시대이니만큼 제가 맡은 업무에서는 최고의 장인이 될 때까지 귀사에
서 맡은 바 책임과 사명을 다하겠습니다.

☞ 기업의 입장에서 볼 때 어느 정도 경력이 쌓인 직원이 회사를 그만
두거나 자리를 옮길 경우 그만큼 손실이 뒤따른다. 일단 채용된 후 변함
없이 회사의 발전에 매진할 뜻임을 밝히는 것이 좋다. 그러나 과거처럼
'평생을 함께 하겠다'는 등의 답변을 할 필요는 없다.

⑬ 희망하지 않는 지역으로 발령이 난다면?

- 연고가 있는 서울이나 부산이라면 더욱 좋겠지만 근무지에 대한 편견
은 없습니다. 새로운 지역에서 견문을 넓힐 수 있는 기회라 생각하고 어떤
지역이든 기꺼이 응하겠습니다.

☞ 근무지는 지원자 입장에서 민감한 부문일 수도 있다. 입사를 위해서
무조건 좋다고 말할 필요는 없다. 단 이 질문은 꼭 어디로 발령낸다는 결
과를 가정하고 묻는 것은 아니므로 다소 융통성 있게 답할 필요가 있다.
'어디든 좋다거나', '어디는 안 된다'는 답변보다는 근무가능 지역을 강조해
서 말하는 것이 좋다.

⑭ 희망하는 업무가 있습니까?

- 학과, 동아리 및 개인적으로 활동했던 사회단체에서 기획업무를 주로
맡아보았습니다. 제 성격도 맡은 일에 대해 시장조사를 하고, 여러 가지 추
진방안을 생각하고 실행계획을 짜는 등 기획적인 업무에 흥미를 가지고
있습니다. 제 적성을 최대한 살리고 적극적으로 매진할 수 있는 기획부문
의 업무에 도전하고 싶습니다.

☞ '영업직입니다', '홍보직입니다'라는 단순한 대답보다는 희망업무에
대해 좀더 구체적으로 밝히는 것이 좋다. 희망업무를 밝히고 왜 그 업무를
하고 싶은지, 또 자신은 왜 그 업무를 해야 하는지에 대한 당위성을 밝히
는 것이 좋다. 희망 업무에 관련된 경험이나 아르바이트 경력 등이 있으면
작은 것이라도 적극적으로 활용하는 것이 좋다.

⑮ 만약 입사가 된다면 어떤 각오로 회사생활에 임하시겠습니까?

- 중남미 시장에 대한 관심과 무역업무에 대해 상당한 매력을 느껴왔
고, 귀사를 통해 두 가지 희망사항을 해결할 수 있으리라 기대됩니다. 만약

입사가 허락된다면 중남미 시장에서 탑 비즈니스 맨이란 닉네임을 얻을 정도로 최선을 다하겠습니다.

☞ 지원업무와 관련해서 미래 비전까지 구체적으로 밝힐 수 있으면 좋다. 단순히 '최선을 다하겠다'거나 '열심히 노력하겠다'는 말은 큰 감동을 주지 못한다.

⑯ 회사를 위해 어느 정도 공헌할 수 있습니까?

- 입사하자마자 제 역량이 회사의 매출에 크게 도움이 되지는 않을 줄 압니다. 하지만 맡은 바 업무에 최선을 다하고, 그 동안 배운 지식을 다한다면 머지않아 가시적인 결과물을 보일 수 있을 것이라 생각합니다.

☞ 입사 후 당장의 성과를 바라는 회사도 없고, 바로 성과를 낼 수 있는 신입사원도 드물다. 이 질문의 의도는 지원자의 애사심과 열정을 엿보고자 하는 것이고, 당장의 성과보다는 장차 회사를 위해 어떤 역할을 해줄 수 있을 것인가를 묻는 질문이다.

⑰ 10년 후 귀하의 자화상을 그려본다면?

- 중남미 지사장으로 파견되어 현지에서 Top Korea Business맨이란 타이틀쯤 달고 있지 않을까 합니다. 그때쯤이면 중남미 구석구석에 우리 회사 제품이 다 들어가 있을 겁니다. 물론 그만한 노력이 뒤따라야 할 줄로 압니다.

☞ 충분히 큰 이상과 포부를 밝히는 것이 좋다. 그러나 너무 현실성이 없는 답변은 피해야 한다. 되도록 맡은 업무와 관련해서 구체적으로 어떤 위치, 어떤 역할을 하고 있을 것인지를 밝히는 것이 좋다.

⑱ 상사가 납득할 수 없는 지시를 할 때 어떻게 하시겠습니까?

- 먼저 지시한 의도에 대해 정중히 여쭤보겠습니다. 다만 그러한 지시를 했을 때는 제가 미처 생각지 못한 어떤 연유가 있을 것으로 생각됩니다. 차분히 재확인을 하고 그 지시가 극단적으로 불합리한 것이 아니라면 따르겠습니다.

☞ 응시자의 업무자세 및 인간성을 보기 위한 질문이다. 연공서열 개념이 무너지고 있기는 하나 그것이 곧 인간성마저 무너짐을 뜻하는 것은 아니다. 기업에는 분명 명령계통이 존재한다. 그렇다고 상사의 지시에 맹목적, 절대복종식은 곤란하다.

⑲ 원치 않는 업무를 맡게 된다면 어떻게 하시겠습니까?

- 회사방침에 따라 최선을 다하겠습니다. 제 자신을 시험하고 적성을

파악해 볼 수 있는 좋은 계기로 생각하고 열심히 하겠습니다. 다만 어느 정도 업무경험을 쌓은 후 저에게 가장 적합한 업무로 조정이 가능하다면 회사나 개인의 발전에 큰 도움이 되리라 생각합니다.

☞ 이 질문의 의도가 반드시 그렇게 된다는 것은 아니다. 민감하게 받아들일 필요가 없으며, 되도록 회사의 방침에 따르겠다고 전제한 뒤, 이왕이면 자신의 역량을 최대로 살릴 수 있는 업무면 좋겠다는 희망으로 답변을 끝낸다면 좋은 반응을 얻을 수 있다.

⑳ 평소 스트레스는 어떻게 해소하십니까?

- 땀과 함께 스트레스를 해결합니다. 평소 자주 가는 스쿼시 연습장에서 한 시간 정도 땀을 흘리고 나면 몸과 마음이 가뿐해지고 새로운 의욕이 생겨납니다. 가끔씩은 어릴 적 고향 친구들을 만나 옛 추억을 떠올리며 마음을 정화시키기도 합니다.

☞ 스트레스는 사회생활, 조직생활 속에서 피할 수 없는 부문이다. 자신만의 슬기로운 대처법이 있다면 좋다. 어떤 과정이나 방법을 통해 훌훌 털어버릴 수 있다는 의지를 보여준다면 좋은 평가를 받을 수 있다.

㉑ 동아리 활동을 한 적이 있습니까? 했다면 어떤 동아리였습니까?

- '풍물패'에서 활동했습니다. 우리 것을 제대로 알아야겠다는 생각에서 시작했고 교내외 많은 활동을 했습니다. 특히 지난 여름방학에는 유럽으로 배낭여행을 가서 그곳에서 즉석 사물놀이 공연을 했는데, 수많은 관중이 몰려와 관심을 보여주었습니다. 가슴 뿌듯함과 함께 우리의 전통문화를 관광상품으로 내놓아도 되겠다는 생각을 하게 되었습니다.

☞ 동아리 활동은 곧 단체생활이다. 그 속에서 느끼고 경험한 바를 묻는 질문이다. 또한 적극적인 생활태도와 참여의식, 리더십 정도를 파악할 수 있는 질문이기도 하다. 그러나 반드시 동아리 활동을 해야 한다는 당위성은 없다. 그에 준하는 활동이나 경험이 있으면 그대로 밝히면 된다.

㉒ 아르바이트 경험이 있습니까?

- 학기중에는 시간이 없어 학업에만 열중했고, 방학 동안에는 선배가 운영하는 기획실에서 아르바이트로 일해 왔습니다. 거기서 광고, 이벤트에 대해 조금이나마 배울 수 있었습니다. 무엇보다도 현업에 계신 분들로부터 많은 현실적 도움말을 들을 수 있어 좋았고, 아르바이트 비용으로는 3개월간 유럽으로 어학연수를 다녀오기도 했습니다.

☞ 그냥 단순히 용돈이 필요해서 아르바이트를 했다는 답변보다는 어

떤 일을 했으며, 그것이 응시자의 직업관과 어떤 관계를 가지는지, 그 속에
서 느끼고 얻은 경험은 무엇인지 등을 구체적으로 밝히는 것이 중요하다.
아르바이트에도 분명한 목적의식이 있으면 호감을 줄 수 있다.

㉓ 좋아하는 스포츠가 있습니까?

- 스포츠라면 보는 것도 좋아하고 직접 동참하는 것도 좋아합니다. 특
히 구기종목에는 소질이 있어 중학교 때는 배구선수로 활약하기도 했습니
다. 요즘도 주말에는 조기축구회 회원으로 공을 차며 건강과 마음을 다집
니다.

☞ 이 질문을 통해서는 응시자의 건강과 활동성을 살펴볼 수 있다. '체
력이 곧 국력'이라는 말도 있듯이 건강한 신체에서 건전한 사고가 나온다.
의욕적으로 활동할 수 있는 인재를 기업에서도 선호한다.

㉔ ○○○씨가 생각하는 대인관계에 있어 가장 중요한 것은 무엇입니까?

- 상대방에 대한 배려와 희생이라고 생각합니다. 나 자신보다 상대의
입장을 먼저 생각해 보고 모든 일을 판단한다면 오해나 트러블은 없을 거
라 생각합니다. 아울러 마음으로 다가갈 때 상대방도 열린마음으로 다가올
것이라 생각합니다.

☞ 대인관계는 사회생활을 함에 있어 무엇보다 중요한 요소이다. 사람
사귐에 있어서 어떤 가치관을 가지고 있느냐에 따라 지원자의 인격과 성
품까지 엿볼 수 있고, 사회활동력이 있는지 없는지까지 파악이 가능하다.
상대에 대한 배려와 양보, 사랑의 정신이 깃들어 있음을 인식시킬 수 있다
면 좋다.

㉕ 휴일은 보통 어떻게 보내십니까?

- 새벽에 일찍 산에 오릅니다. 회원들과 모처럼 주말에 만나 한 주간의
안부도 묻고 새로운 회원들과 인사도 나눕니다. 새벽 일찍 올라갔다 점심
때 쯤이면 하산하므로 오후 시간도 유용하게 활용할 수 있습니다. 오후에
는 주로 서점에 나가 어떤 새로운 책이 나왔는지 살펴보고, 다음 한 주를
위해 차분히 계획을 세웁니다.

☞ 휴일이라고 해서 계획성 없이 지내는 것은 바람직하지 않다. 쉬는
가운데서도 절제와 계획이 있고, 다음 날을 위한 재충전의 시간으로 표현
된다면 좋은 점수를 얻을 수 있다.

㉖ 신문을 읽을 때 어느 면부터 보십니까?

- 1면에서부터 읽고 있습니다만 특히 관심을 가지고 보는 면은 경제면

입니다. 그 중에서도 미래사회 변화와 관계된 기사나 기업동향 등은 스크
랩 해두고 두 번 세 번 읽는 편입니다.

☞ 지원자의 정보력과 관심도를 묻는 질문이다. 어느 면을 보는지에 따
라 보다 구체적으로 질문해 들어갈 수도 있으므로 솔직하게 답하는 것이
좋다. 굳이 경제나 정치면이 아니어도 본인이 관심을 가지고 보는 면과 이
유를 밝히면 된다.

㉗ OOO씨가 생각하는 성공의 기준은 무엇입니까?

- 사회의 일원으로서 작은 한 부분이라도 제 힘을 보탤 수 있으면 그것
이 곧 행복이라고 생각합니다. 아울러 직장 내에서 전문인으로 인정받고,
가정에서나 주변인들로부터 된사람이라는 평가를 받을 수 있다면 그것이
곧 성공이라 생각합니다.

☞ 응시자의 가치관을 묻는 질문이다. 성공의 기준은 사람마다 다를 수
있으므로 정답은 없다. 돈이나 권력, 명예 등에 기준을 두고 답하기보다 보
람이나 성취의 기쁨을 대상으로 답하는 것이 바람직하다.

㉘ 실패를 경험해 본 적이 있습니까?

- 제O회 손해사정인 시험을 친구와 같이 준비한 적이 있습니다. 밤새워
같이 공부하고 시험에 응시했는데 저는 시험에서 떨어지고 친구만 합격을
했습니다. 실망도 많았습니다만 친구와 저의 학습습관을 비교해 볼 수 있
었고, 이후 부족한 점을 메우고자 노력했습니다. 다음해 치러진 시험에서
는 좋은 점수로 합격을 할 수 있어 무척 기뻤습니다. 지금 생각해 보면 그
때의 실패가 저에게 큰 도움이 되었던 것 같습니다.

☞ 사람은 실패를 경험하면서 성숙해진다는 말이 있다. 그런 의미로 받
아들인다면 그 경험과 함께 할 이야기가 많을 것이다. 중요한 것은 극복의
지를 보여주는 것이다. 좌절을 어떻게 극복해서 어떤 교훈을 얻었는지를
이야기할 수 있다면 좋다.

디지털시대의 직업윤리

초판1쇄 / 2001년 2월 20일
지은이　송재범 · 김현수
펴낸이　여국동
펴낸곳　도서출판 인간사랑
인쇄　백왕인쇄
제본　정민제본
■
출판등록 1983. 1. 26.
경기도 고양시 백석동 1256—6, 제일—3호
■
(411—360) 경기도 고양시 일산구 백석동 1256—6 1층
대표전화(031) 901—8144, 907—2003
팩시밀리(031) 905—5815
e-mail/IGSR@Yahoo.co.kr
■
정가 12,000원
■
ISBN 89—7418—119—3　94190